Christoph Blumhardt
Prediger, Politiker, Pazifist

JÖRG HÜBNER

Christoph Blumhardt

Prediger, Politiker, Pazifist

Eine Biographie

*Mit Vorworten von Landesbischof
Dr. h. c. Frank O. July und
Oberkirchenrat Prof. Dr. Ulrich Heckel
sowie mit einem Nachwort
von Prof. Dr. Jürgen Kampmann*

EVANGELISCHE VERLAGSANSTALT
Leipzig

Jörg Hübner, Dr., Jahrgang 1962, studierte Evangelische Theologie und Philosophie. Er ist Direktor der Evangelischen Akademie Bad Boll und apl. Professor für Systematische Theologie/Sozialethik an der Ruhr-Universität Bochum.

Bibliographische Information der Deutschen Nationalbibliothek: Die Deutsche Nationalbibliothek verzeichnet diese Publikation in der Deutschen Nationalbibliographie; detaillierte bibliographische Daten sind im Internet über http://dnb.dnb.de abrufbar.

© 2019 by Evangelische Verlagsanstalt GmbH · Leipzig
Printed in Germany

Das Werk einschließlich aller seiner Teile ist urheberrechtlich geschützt. Jede Verwertung außerhalb der Grenzen des Urheberrechtsgesetzes ist ohne Zustimmung des Verlags unzulässig und strafbar. Das gilt insbesondere für Vervielfältigungen, Übersetzungen, Mikroverfilmungen und die Einspeicherung und Verarbeitung in elektronischen Systemen.

Das Buch wurde auf alterungsbeständigem Papier gedruckt.

Cover: Fruehbeetgrafik, Thomas Puschmann, Leipzig
Coverbild: © Archiv der Evangelischen Akademie Bad Boll
Satz: Formenorm, Friederike Arndt, Leipzig
Druck und Binden: CPI books GmbH, Leck

ISBN 978-3-374-06049-8
www.eva-leipzig.de

Meiner neunjährigen Tochter Anthea gewidmet:
Die lebendige Hoffnung und das politische
Engagement Blumhardts sollen in der jüngeren
Generation Beachtung finden!

VORWORTE

Vorwort von Landesbischof Dr. h. c. Frank O. July

Mit Hochachtung und Bewunderung blicken wir im 21. Jahrhundert auf prägende Theologinnen und Theologen des 20. Jahrhunderts zurück. Im Rückblick wird uns bewusst, welche bleibenden Fragen diese Frauen und Männer auch in politisch verwirrenden Zeiten stellten, welche theologischen Herausforderungen bis heute noch nicht bewältigt sind und mit welcher Leidenschaft sie zugleich Theologie und gesellschaftliches Engagement miteinander verbinden konnten.

Im Jahr 2019 gehört bei der Erinnerung an diese prägenden Theologinnen und Theologen Karl Barth hinzu, der vor 50 Jahren starb und der 1919 den berühmten Tambacher Vortrag hielt, in dem er einen Ausweg nach der Katastrophe des Ersten Weltkriegs aufzuzeigen versuchte. Karl Barth vereinte eine tiefsinnige christologische Konzentration mit einem gesellschaftspolitischen Engagement – und er hielt dies auch zur Zeit der Nazi-Diktatur durch. Neben Karl Barth stand Dietrich Bonhoeffer für solch eine Verbindung ein; auch für ihn galt, dass sich eine christologisch orientierte Mystik verband mit einem Bekenntnis zum Menschen, zur Menschenwürde sowie zu einer menschengerechten Gemeinschaft in Politik, Kirche und Wirtschaft. Christus im Herzen – die Menschheit im Blick: Sowohl Karl Barth als auch Dietrich Bonhoeffer werden von dieser zusammengehörigen Zweipoligkeit bestimmt – ohne Wenn und Aber.

Hinter beiden Theologen steht jedoch ein anderer Theologe, der im gleichen Maße unsere Bewunderung verdient hat: Christoph Blumhardt nämlich. Ohne sein Lebenswerk, ohne seine Theologie und ohne seine Hoffnung auf das kommende Reich Gottes wäre die theologisch-politische Leidenschaft eines Karl Barth oder eines Dietrich Bonhoeffer nicht möglich gewesen. Deswegen steht es uns in Kirche und Theologie gut an, Blumhardts Lebenswerk 100 Jahre nach seinem Tod am 2. August 1919 zu erinnern und zu würdigen.

Was für Dietrich Bonhoeffer gilt, das lässt sich nämlich auch für Christoph Blumhardt sagen: Je näher uns das konkrete Leben und Wirken dieses Theologen vor Augen tritt, desto intensiver wird uns die bleibende Aktualität und lebendige Frische seines theologisch-politischen Denkens bewusst. Dietrich Bonhoeffer und Christoph Blumhardt verbindet vieles: die alles bestimmende und durch nichts gebrochene Christusbezogenheit, die sich daraus ergebende und durch nichts zu erschütternde Hoffnung auf eine andere, neue Zeit Gottes, das unabhängig bleibende politische Engagement, das Bekenntnis zu einer sich einigenden Menschheit, die zum Teil beißende Kritik am Nationalismus ihrer Zeit, das Engagement für die Würde eines jeden Menschen oder der internationale, globale Blick auf die Welt. Der auferstandene Christus ist für Dietrich Bonhoeffer und Christoph Blumhardt nicht ein persönlicher Seelentrost, sondern der den Kosmos verändernde Herr der Welt. Beide waren davon überzeugt, dass von diesem kosmischen Ereignis seiner Auferstehung eine Kraft ausgeht, die sich durch nichts aus der Welt bringen lässt.

Die Erinnerung an Christoph Blumhardt ist in der Vergangenheit eher selten lebendig gewesen – das ist schade. Die vorliegende Biographie will dies ändern. Wesentlich für diese Biographie ist die Auswertung der Archivalien der Familie Blumhardt, die sich durch das Bestreben von Jörg Hübner nun im Besitz der Evangelischen Akademie Bad Boll befinden. Seine

Biographie zeigt, dass Blumhardts Theologie durchgängig christologisch und politisch zugleich zu verstehen ist. Eindrucksvoll ist sein durch alle Jahre seines Lebens bleibendes Friedenszeugnis – auch in der Zeit des Ersten Weltkrieges, als fast alle Vertreter der Kirche auch in Württemberg sich dem kaiserlich geprägten Heldentum verschrieben hatten. Blumhardts Zeugnis für die Menschenrechtsbewegung im ausgehenden 19. Jahrhundert, sein zustimmendes Einstehen für die Sozialdemokratie in einer Zeit, als deren Politik von den größten Teilen der Kirche als Gegensatz zum Christusbekenntnis verstanden wurde, sowie seine scharfe Kritik am Nationalismus in einer Reichskirche lassen uns heute demütig werden. Blumhardts Kritik an der Kirche seiner Zeit lässt sich auf diesem Hintergrund sehr gut verstehen und einordnen.

Die Erinnerung an Christoph Blumhardt und sein Lebenszeugnis ist also in unserer Zeit mit seinen enormen Transformationen in Wirtschaft, Gesellschaft und Politik von bleibender Bedeutung – gerade auch für uns als Kirche. Es ist zu wünschen, dass Blumhardts theologisch-politisches und pazifistisches Erbe in unserer Mitte wieder besser angeeignet wird. Ich hoffe und wünsche, dass die Biographie dazu einen Beitrag leisten kann.

Vorwort von Oberkirchenrat Prof. Dr. Ulrich Heckel

Christoph Blumhardt d. J. und seine Bedeutung für die Evangelische Akademie Bad Boll

Vor nun 100 Jahren ist Christoph Blumhardt am 2. August 1919 gestorben. Im Kurhaus Bad Boll hat er seit 1869 an der Seite seines Vaters gewirkt und nach dessen Tod 1880 selbst die Leitung übernommen. Das Familienarchiv der Familie Christoph Blumhardt, in dem seine Andachten und Vorträge weitgehend erhalten sind, befindet sich seit gut zwei Jahren in der Evangelischen Akademie Bad Boll. Zwischen Kurhaus und Akademie sind es nur wenige Schritte. Beide Gebäude stehen für den Raum, der für das Leben des jüngeren Blumhardt entscheidend war. Der eine Pol war eine spezifische Reich-Gottes-Hoffnung, die über die von seinem Vater geprägten Impulse hinausführte, der andere die Sozialdemokratie seiner Zeit, für die er sich zeitweise öffentlich engagierte und von 1901 bis 1906 auch als Abgeordneter in den württembergischen Landtag einzog.

Zwischen Welten, die sich nicht wie selbstverständlich berühren, soll auch die Evangelische Akademie Bad Boll vermitteln. Sie wurde erst lange nach der Lebenszeit Blumhardts 1945 gegründet und ist die älteste der Evangelischen Akademien, die nach dem Zweiten Weltkrieg in Deutschland neu entstanden. Ihr Auftrag ist es, den Dialog zwischen Kirche und Gesellschaft zu gestalten: Dafür steht die Brücke im Logo der Akademie.

Deshalb trifft es sich gut, dass sich nicht nur Christoph Blumhardts Nachlass nun in der Evangelischen Akademie befindet, sondern auch der Akademiedirektor Prof. Dr. Jörg Hübner die neu zur Verfügung stehenden Quellen intensiv ausgewertet und eine neue Blumhardt-Biographie vorgelegt hat. Denn mit der Erinnerung an Christoph Blumhardt soll nicht etwa nur Bad Boller Lokalkolorit gepflegt werden, sondern die Gedanken, die er in den theologischen Diskurs und die sozialethische wie sozialpolitische Debatte seiner Zeit eingebracht hat, sind auch nach einem Jahrhundert Impulse, die im Profil der Arbeit der Evangelischen Akademie Beachtung verdienen und Resonanz erzielen können.

100 Jahre sind seit Blumhardts Tod vergangen. Von seinem Lebenswerk sind wir getrennt durch ein Jahrhundert mit einem weiteren Weltkrieg, zwei gesellschaftspolitischen Ideologien und zwei totalitären Diktaturen in Deutschland. Der Ost-West-Gegensatz bestimmte die zweite Hälfte des 20. Jahrhunderts. Karl Barth und die Dialektische Theologie, der Kirchenkampf und die Bekennende Kirche (auch mit ihren internen Auseinandersetzungen) haben das kirchliche Leben bis weit in die Nachkriegszeit geprägt. Diese theologischen Gegensätze sind heute Gegenstand der neueren Kirchengeschichte. Mit der Wende 1989/1990 ist die Mauer gefallen, sind die politischen Blöcke auseinandergebrochen. Die Welt ist seitdem wieder vielschichtiger und unübersichtlicher geworden.

Damit stehen wir in mancherlei Hinsicht vor ähnlichen Herausforderungen wie zu Blumhardts Zeiten vor dem Ersten Weltkrieg. Die Geschichte wiederholt sich zwar nicht, plumpe Parallelisierungen verbieten sich. Dennoch lassen sich nicht wenige bemerkenswerte Analogien beobachten. Wie die industrielle Revolution im 19. Jahrhundert die Lebensverhältnisse tiefgreifend veränderte, so bringt auch die Digitalisierung gegenwärtig enorme Umwälzungen in die Arbeitswelt und die Gesellschaft: neue Möglichkeiten, aber auch Verunsicherungen, Abstiegsbefürchtungen und Zukunftsängste. Profitierte die Gründerzeit von den Reparationsleistungen Frankreichs und erhoffte sie eine große ökonomische Rendite aus dem Kolonialismus, so hat auch in den letzten Jahrzehnten die Globalisierung der Wirtschaft enorm zur Steigerung des Lebensstandards beigetragen, während zugleich auch die Kehrseiten sozialer und ökologischer Probleme stärker ins Bewusstsein getreten sind. Andrerseits ist der Sozialstaat seit Blumhardts Zeit in einem Maß ausgeweitet worden, dass sich bei aller tatsächlich bestehenden Not angesichts des demographischen Wandels die neue soziale Frage aufdrängt, wie künftige Generationen die daraus erwachsenen Verpflichtungen erarbeiten können. Wie vor dem Ersten Weltkrieg ist seit dem Mauerfall die Machtverteilung zwischen den Staaten wieder komplizierter und die europäische Ordnung brüchiger geworden. Nach der Wende hat Deutschland seine Sonderrolle in der Nachkriegszeit hinter sich lassen müssen und ist nun in der Weltpolitik wieder stärker gefragt und gefordert. Und wie im deutschen Kaiserreich die Parteienlandschaft sozial und konfessionell gegliedert war, hat die große Integrationskraft der Volksparteien in den Jahren der »Bonner Republik« heute wieder nachgelassen und ist die Aufsplitterung der Gesellschaft in unterschiedliche Milieus weiter vorangeschritten. Der Islam stellt heute vor neue Herausforderungen, die für Blumhardt noch nicht am Horizont zu ahnen waren. Positionen werden derzeit wieder deutlich ideologischer vertreten und Richtungskämpfe schärfer ausgetragen, Populismus und Nationalismus haben zugenommen. Die wirtschaftliche Dynamik hat zwar sehr vielen Menschen Wohlstand gebracht, aber es wachsen auch Gefühle von Ohnmacht und Sorgen vor sozialem Abstieg, vor Verlust religiöser Identität, vor Abhandenkommen ethischer Maßstäbe, vor einem Auseinanderbrechen der Gesellschaft.

Auch die Kirchen sind diesen Entwicklungen unterworfen. Hatten sie im 19. Jahrhundert unter der Entkirchlichung der Arbeiterschaft besonders in den Industriestädten zu leiden, bestimmen heute demographischer Wandel, Säkularisierungstendenzen und eine häufige Neigung zu Patchwork-Religiosität ihre Lage. Wie vor dem Ersten Weltkrieg geben in den evangelischen Kirchen ein »Kulturprotestantismus neuen Stils« und an den Universitäten weithin eine liberale Theologie den Ton an. In Württemberg ist die Spannung zwischen einem (neu)pietistischen und einem linksliberalen Flügel so ausgeprägt wie in keiner anderen Landeskirche in Deutschland. Herausfordernd sind die Fragen, was Kirche und Gesellschaft zusammenhält, Halt gibt in bewegten Zeiten, Orientierung ermöglicht bei schwierigen Entscheidungen. Zeitgemäßheit und Schriftgebundenheit sind die beiden Pole, um die hier viele Diskussionen kreisen.

In einer solchen Situation gewinnt die Beschäftigung mit Christoph Blumhardt in mehrfacher Hinsicht an Reiz. Der zeitliche Abstand eines Jahrhunderts erleichtert eine differenziertere Wahrnehmung seines Weges, seiner Prägung, seiner Zeitbedingtheit, aber auch seiner unverwechselbaren Persönlichkeit. Umgekehrt sensibilisiert die zeitliche Distanz für die Einsicht, dass nicht nur Christoph Blumhardt ein Kind seiner Zeit war, sondern dass auch wir heute oft weitaus mehr von Traditionen, Konventionen und einem je zeitgenössischen Mainstream des Denkens beeinflusst sind, als uns gegenwärtig bewusst sein mag.

Umso attraktiver erscheint es, Blumhardts Werdegang nachzuverfolgen in der Spannbreite von pietistischer Prägung und politischer Parteinahme, in seiner zunehmenden Distanz zur Kirche und der wachsenden Kritik am Kulturprotestantismus, in seiner neuen Wertschätzung der Leibhaftigkeit des Menschen und aller Kreatur sowie einem kritischen Internationalismus, der gegen imperialistische und nationalistische Tendenzen angekämpft hat. In diesen Umbrüchen ist es interessant, nach Kontinuitäten und Diskontinuitäten zu fragen, wo er Altes zurücklässt, welche Motive er beibehält und welche Themen er neu aufgreift.

Es wäre aber zu einfach, nur »Abkehr vom Pietismus« und »Hinwendung zur Sozialdemokratie« zu thematisieren. Es gilt auch wahrzunehmen, dass er aus der politischen Arbeit der zerstrittenen Sozialdemokratie seiner Zeit wieder ausgeschieden ist und sich bei aller Friedenssehnsucht doch nicht der internationalen Friedensbewegung angeschlossen hat. Die unterschiedlichen Lebensphasen lassen eine wache und rege Persönlichkeit erkennen, die ringt und sucht, offen ist für Wandlungen und Wendungen, ein Gespür für Fragen und Nöte der Menschen zeigt, aber auch an Grenzen stößt. So fällt auf, dass Blumhardt bei allem sozialdemokratischen Engagement einen großbürgerlichen Lebensstil pflegte und für sich wie für seine Familie gehobene Standards beanspruchte. Undurchschaubar blieb am Ende auch das Beziehungsgeflecht zu seiner schließlich getrennt von ihm lebenden Ehefrau im Kontrast zu der Zusammenarbeit mit Anna von Sprewitz.

Unnachahmlich ist die biblische Färbung seiner Wortwahl, die fremd, teilweise auch befremdlich wirkt, wie er ohne Umschweife vom Reich Gottes auf Erden und der Vollendung der Schöpfung redet, dass bald der Heiland naht, die Zeit der großen Gnaden für alle Kreatur. Aber man kann sich fragen, ob das letztlich ziemlich redundant wiederkehrende Spektrum seiner Reich-Gottes-Verkündigung mit den zugehörigen Schlagworten so vielleicht doch nur in der Sonderwelt des Kurhauses mit seinen gut betuchten, zahlenden Kunden – modern gesprochen in einer »Milieugemeinde auf Zeit« – möglich war. Zugleich fällt auf, wie sehr seine Ausdrucksweise nicht nur von biblischer Sprache durchtränkt ist, sondern auch zeitgenössische politische Motive anklingen lässt bei der Rede von Reich, Volk und den Völkern, von Kampf, Streit und Sieg – und wie er sich einer religiös aufgeladenen Vorwärts-, Fortschritts- und Vollendungs-Rhetorik bedient. Nicht nur deshalb bleibt kritisch zu fragen, inwieweit er biblische Aussagen bisweilen auch kurzgeschlossen übertragen hat, wie sich die Bedeutung einzelner Begriffe bei ihm gewandelt und verändert, ja auch ins Gegenteil verkehrt hat. Manche Ausdrucksweise mag auf uns heute recht eigenartig wirken, aber sie provoziert umso energischer die Frage: Was hat er eigentlich sagen wollen? Wie würden wir es selbst ausdrücken? Mit welchen Worten können wir heute vom Reich Gottes anschaulich, hoffnunggebend sprechen?

Die Sperrigkeit Blumhardts hat einen Mehrwert, sie bietet eine Reibungsfläche für die Profilierung unserer eigenen Gedanken. Spannend ist seine Verbindung von Frömmigkeit und Weite, Hören und Handeln, Stillsein und Kämpfen. Beeindruckend und mitreißend wirken die Unerschrockenheit und Unverzagtheit, Zuversicht und Hoffnung, die religiös ausstrahlen und weltlich Orientierung bieten. Er trifft den Geist der Zeit in der Sehnsucht nach Erneuerung, Zukunftsorientierung, Vorwärtsdrängen. Reich Gottes und erwartete Allversöhnung eröffnen ihm einen weltweiten Horizont, in dem er jeden Menschen als Geschöpf und Ebenbild Gottes ansieht, die Nächstenliebe in Menschheitsliebe transformiert und – damals noch unerhört – sogar sagen kann, dass auch Franzosen Menschen sind.

Bemerkenswert ist zu jener Zeit schon sein Mitleid für die ganze Schöpfung, für alle Kreatur. Er stärkt den Sinn für das Gute, für Barmherzigkeit, Güte und Gnade. Das Motiv des Friedens verwendet er als religiösen Heilsbegriff, der angesichts der Gefallenen über das irdische Leben hinausführt und Trost spendet, aber nicht bei der Vertröstung steckenbleibt, sondern soziale Folgen im Engagement für den Frieden hat im Alltag, in der Praxis des Lebens, in der kirchlichen Arbeit.

Nach dem Ausscheiden aus der alltäglichen Leitung des Kurhauses hat Blumhardt seine Predigttätigkeit nicht aufgegeben, sondern dort auch weiterhin in unterschiedlicher Intensität wahrgenommen. Religion ist nichts Neutrales, Außenwahrnehmung und Äquidistanz reichen nicht aus. Gefragt ist eine authentische Überzeugung, die geistige Beheimatung ermöglicht und aus der religiösen Verwurzelung Kraft schöpft, die Lebensorientierung vermittelt und mit Hoffnung erfüllt. Hier verrät Blumhardt ein feines Gespür für den Gattungsunterschied, dass Predigten allgemeiner reden, weil sie stärker auf die Haltung und innerste Motivation der Hörerschaft zielen, während eine politische Rede praktische Probleme ansprechen und konkrete Lösungen bieten muss. Dieser Unterschied scheint Blumhardt bewusst geworden zu sein bei seinem Wechsel von der Kirche in die Politik, aber auch bei seinem Ausscheiden aus dem Landtag und dem Entschluss, nicht für den Reichstag in Berlin zu kandidieren. Am Ende bleibt die Frage nach der Quelle, dem Ruhepol seines Lebens: Stillsein zu Gott und Hören.

So lohnt sich die Beschäftigung mit Christoph Blumhardt für den Dialog zwischen Kirche und Gesellschaft auch heute. Es ist spannend, sich mit seinen Fragen und Antworten auseinanderzusetzen. Es wirkt anregend, sich an seinen Texten zu reiben. Für die Evangelische Akademie, aber auch darüber hinaus bleibt es eine Herausforderung, die Brücke zwischen diesen Welten zu schlagen, seine Anstöße in unsere Zeit zu übersetzen und heute neu fruchtbar zu machen.

INHALT

19 Einleitung

23 **Die Welt überwinden! (1842 bis 1888)**
25 Biographische Stationen
58 Theologische Wegmarken

71 **Weltchristentum und »Evangelium des Lebens« (Frühjahr 1888 bis 1893)**
73 Biographische Stationen
93 Theologische Wegmarken

107 **»Werde ein wahrer Mensch« (1894 bis Juni 1898)**
109 Biographische Stationen
130 Theologische Wegmarken

147 **Menschheitsliebe ist das Losungswort! (Juli 1898 bis September 1903)**
149 Biographische Stationen
187 Theologische Wegmarken

Inhalt

**209 Vorwärts zum Zukunftsstaat!
(September 1903 bis März 1913)**

211 Biographische Stationen

238 Theologische Wegmarken

**247 Die Welt des Krieges überwinden!
(März 1913 bis August 1919)**

249 Biographische Stationen
266 Theologische Wegmarken

287 Epilog

295 Nachwort (Jürgen Kampmann)

311 Anhang

313 Zeittafel

316 Ausgewählte, bisher unveröffentlichte Briefe oder Andachten

351 Literaturliste

355 Namens- und Ortsregister

358 Sachregister

361 Bildnachweise

362 Endnoten

EINLEITUNG

Wer als interessierter Christ oder Theologe das Stichwort »Bad Boll« hört, denkt zugleich an zwei weitere Stichworte: Evangelische Akademie – und dann vor allem an die beiden Blumhardts. Das Leben des »älteren Blumhardt«, das Wirken des Möttlinger Pfarrers und späteren Kurhausbesitzers Johann Christoph Blumhardt, der Bad Boll in den 1850er bis 1880er Jahren zu einem Seelsorgezentrum mit überregionaler Ausstrahlungskraft gemacht hatte, ist weitgehend erschlossen und erforscht worden, zuletzt durch die grundlegenden Arbeiten von Dieter Ising. Anders sieht es mit dem »jungen Blumhardt«, mit Johann Christoph Blumhardts Sohn Christoph Blumhardt aus. Dies liegt auch an der Quellenlage: Die Archivalien waren nur teilweise zugänglich. Große Teile des Nachlasses und Archivs befanden sich im Besitz der Familie und waren im Dachgeschoss eines Wohnhauses aus Blumhardts Zeiten untergebracht. Christoph Blumhardts jüngste Tochter Gottliebin Blumhardt hatte das Archivmaterial intensiv bearbeitet, gesammelt, geordnet, Handschriften erkannt, Archivmaterial aus anderen Orten in Kopien hinzugefügt und Dokumente abgeschrieben. Ihr Lebenswerk ist beachtlich. Sie hat auf diese Weise den Nachlass sowie das gesamte Archivmaterial vor dem Verfall bewahrt.

Seit 2016 befindet sich dieser Nachlass nun im Archiv der Evangelischen Akademie Bad Boll. Das äußerst umfangreiche Archivmaterial bietet geradezu einen Schatz an Zeugnissen einer hinter uns liegenden Zeit, wobei schon nach einer kurzen Zeit des Vertiefens in Originalnachschriften leicht erkennbar wird: Die in Blumhardts Zeugnissen verarbeitete Zeit ist unserer Zeit mit ihren massiven Herausforderungen gar nicht so unähnlich, und seine Antworten können anregend auf uns wirken.

Dieser Eindruck stellt sich allerdings erst ein, wenn das Archivmaterial gleichsam »ohne Brille« wahrgenommen wird. Die »Brille«, mit der bis heute auf den Sohn Christoph Blumhardt geschaut wird, ist gleichsam eine Brille mit dreifach geschliffenen Gläsern:

Zunächst einmal wird der unbefangene Zugang zu Christoph Blumhardt dadurch verstellt, dass sofort nach seinem Tod vor nun 100 Jahren am 2. August 1919 in der öffentlichen Wahrnehmung die Zurücknahme von Blumhardts Engagement für die Sozialdemokratie im Vordergrund stand. Es dominierte in der beginnenden Weimarer Republik, also in einer Phase, in der sich die Sozialdemokratie gerade 1919 selbst zu zerlegen drohte, in der breiten Öffentlichkeit eine kritische Wahrnehmung der sozialdemokratischen Position. Dass Christoph Blumhardt nur in einer Phase seines Wirkens offen dieser Partei gegenüberstand, um sich dann von ihr zurückzuziehen, wurde direkt nach seinem Tod zum Anlass genommen, seine damalige Position zurechtzurücken, ihn für seinen vermeintlichen Fehltritt zu entschuldigen und die »Stille« der letzten Jahre als Ausdruck seiner wahren Position zu verstehen. Die Zeitungsberichte, die direkt nach seinem Tod im deutschsprachigen Raum erschienen sind, sprechen in dieser Hinsicht geradezu Bände.

Zweitens hatte sich nach Blumhardts Tod ein Kreis von Blumhardt-Freunden gebildet, zu denen insbesondere Eugen Jäckh gehörte. Er vermittelte in seinem biographisch gehaltenen Buch, das 1950 veröffentlicht wurde, der Nachwelt Christoph Blumhardt als einen im Herzen durch und durch kirchlich ausgerichteten Theologen. Dieses Blumhardt-Bild passte in die restaurativ-konservativen Tendenzen der 1950er Jahre hinein. Blumhardts politische Äußerungen vor 1898 sowie seine scharfe Kritik am Krieg nach 1914 werden in diesem Zusammenhang fast vollkommen ausgeblendet bzw. bis in die Unkenntlichkeit hinein zurückgenommen. So entstand ein sehr verzerrtes Bild von Blumhardts Wirken sowie seiner Theologie. Schon

Leonhard Ragaz, der Christoph Blumhardt äußerst nahestand, schimpfte in seinen Briefen an Karl Barth in einer heftigen Art und Weise über diese »Boller« sowie insbesondere über Eugen Jäckh.

Schließlich sind durch Gottliebin Blumhardt Zusammenfassungen der Nachschriften von Blumhardts Ansprachen und Reden erstellt worden. Jedoch zeichnen sich diese maschinenschriftlichen Zusammenfassungen durch enorme Auslassungen aus; diese sehr fragmentarischen, teilweise äußerst entstellenden oder sogar ins Original eingreifenden Abschriften fanden vollständig Eingang in einer von Johannes Harder herausgegebenen, dreibändigen Ausgabe von Blumhardts Werken, die in den 1970er Jahren veröffentlicht wurde. Warum und mit welcher Absicht Gottliebin Blumhardt so handelte, wäre einer eigenen Forschungsarbeit wert. Auch hier gilt: Christoph Blumhardt wurde lediglich durch die »Brille« seiner Tochter wahrgenommen und gelesen.

Die vorliegende Biographie orientiert sich ausschließlich am nun zugänglichen, äußerst umfangreichen Archivmaterial aus dem Familienarchiv Blumhardt und verfolgt den Anspruch, Christoph Blumhardt möglichst unverstellt, vollständig und umfassend auf seinen biographischen Stationen, aber auch in seiner Theologie darzustellen. Die Schreibung der enthaltenen Originalzitate wurde dabei an die neue Rechtschreibung angepasst. Nicht nur die sozialdemokratische Phase steht im Fokus der Aufmerksamkeit, sondern der gesamte Lebensweg Blumhardts. Nach weiterem Archivmaterial, das gewiss vorhanden ist und höchstwahrscheinlich z. B. in Nachlässen seiner Schweizer Freunde zu finden wäre, wurde im Rahmen dieses Projektes nicht gefahndet. Dazu war das mehr als zwei große Schränke umfassende Material schon ausreichend genug.

Zum ersten Mal dürfte damit eine fundierte Biographie des faszinierenden Predigers, Pazifisten und Politikers Christoph

Blumhardt vorliegen. In Zeiten umfassender Transformationen und Herausforderungen unserer gesamten Gesellschaft könnte heutzutage von Blumhardts Theologie eine Ausstrahlungskraft ausgehen, die sich auf Kirche und Theologie, Politik und Wirtschaftspolitik anregend auswirkt.

Sehr bedanke ich mich bei den Nachfahren der Familie Blumhardt dafür, dass sie das Archivmaterial zur Verfügung stellten. Armin Roether, der Archivar der Evangelischen Akademie Bad Boll, unterstützte mich in mehrfacher Hinsicht engagiert in den Vorbereitungen zur Erstellung des Manuskripts. Er sowie Irmela Berger-Beyer und Prof. Dr. Jürgen Kampmann haben das Korrekturlesen übernommen, wofür ich ihnen sehr danke. Elisabeth Schönhuth stellte mir bereitwillig Fotomaterial zur Verfügung. Aus vielen Gesprächen mit Interessierten habe ich Anregungen mitgenommen: Christian Buchholz, Oberkirchenrat Prof. Dr. Ulrich Heckel, Prof. Dr. Traugott Jähnichen und Prof. Dr. Jürgen Kampmann haben bei mir durch ihre inhaltlichen Impulse immer wieder neue Resonanzen ausgelöst. Der Evangelischen Landeskirche in Württemberg danke ich für die finanzielle Unterstützung – auch dafür, dass sie die Biographie zu besonderen Anlässen verschenken wird.

KAPITEL 1

Die Welt überwinden!

(1842 bis 1888)

Biographische Stationen

Jesus ist Sieger! Geburt in kämpferischen Zeiten

Christoph Blumhardt wurde am 1. Juni 1842 in Möttlingen geboren, einer kleinen Gemeinde im Nordschwarzwald. Sein Vater Johann Christoph Blumhardt war in Möttlingen Gemeindepfarrer – aber kein gewöhnlicher Gemeindepfarrer, sondern ein Pfarrer mit umfassender historischer, literarischer, politischer und theologischer Bildung. Durch seine Beziehungen zur Basler Mission verfügte er über reiche internationale Kontakte. Zugleich gehörte er kirchensoziologisch betrachtet zur pietistischen Tradition Württembergs. Die Rolle des Vaters für den Werdegang Christoph Blumhardts ist kaum zu überschätzen – in Fortführung wie auch später in bewusster Abgrenzung vom Vater.

Noch etwas ist in Bezug auf die Rolle seines Vaters hinsichtlich seines Geburtsjahrs entscheidend: Seine Geburt fiel 1842 in ein Jahr, in dem sich im Pfarrhaus in Möttlingen etwas ereignen sollte, was für die Familie Blumhardt, aber auch für den württembergischen Pietismus als Narrativ von größter Bedeutung werden sollte: »Jesus ist Sieger!«

Was war geschehen? Der Vater Johann Christoph Blumhardt hatte Ende des Jahres 1843, als Christoph Blumhardt gerade einmal 18 Monate alt war, die psychisch schwer erkrankte junge Frau Gottliebin Dittus, die aus einem ärmlichen Haushalt stammte, endlich geheilt. Nach einem zwei Jahre dauernden Kampf, den Johann Christoph Blumhardt in Gebet und Fürbitte intensiv geführt und begleitet hatte, wurde die Frau vom »Geist der Besessenheit« befreit. Diese Heilung führte Johann Christoph Blumhardt zu der Überzeugung »Jesus ist Sieger!«. Um dieses Heilungsereignis in Möttlingen, das kirchengeschichtlich von größter Bedeutung ist, rankte sich bald eine Vielzahl von Legenden, Fragen, Untersuchungen und Berichten. Verbunden mit dem Leitspruch »Jesus ist Sieger« wurde es zu einem gewaltigen Narrativ in der württembergischen Kirchengeschichte – und darüber hinaus.

Von Möttlingen ging nach diesem Heilungswunder eine Erweckungsbewegung aus, die Tausende in den Bann zog, die Gemeinde Möttlingen bis an den Rand ihrer Möglichkeiten brachte und auch für die Familie zu einer echten Herausforderung wurde. Die gesamte Familie wurde in die Organisation der Gottesdienste, der unzähligen Besuche, der Seelsorge und der Heilungsversuche intensiv eingebunden. Dies betrifft auch den jungen Christoph Blumhardt. Das Heilungswunder sollte Christoph Blumhardt gerade in der ersten Phase seines Wirkens stetig begleiten: Die Jahre wurden in dieser Zeit von ihm so gezählt, dass sie den Abstand vom Möttlinger Heilungswunder angaben. Die Erweckung der Gemeinde in Möttlingen sowie die Hoffnung auf die Ausgießung des Heiligen Geistes verstand Christoph Blumhardt als das Aufscheinen einer neuen Zeit. Nach 1888 gab Christoph Blumhardt die Zählung der Jahre mit dem Verweis auf das Heilungswunder auf.

Interessant und bedeutsam zugleich ist es nun, wie Christoph Blumhardt 1887 – und damit noch in der gleichen Phase seines Wirkens vor dem entscheidenden Umschwung seines Denkens und seiner Orientierung im Jahr 1888 – dieses Heilungswunder beschreibt und zusammenfasst:

»In den Weihnachtstagen des Jahres 1843 nun kam es zu den letzten entscheidenden Vorgängen mit der Schwester Gottliebin, mit welchen ein Abschluss wenigstens vorläufig geschehen sollte. Mehrere Tage währte das Ringen fort, und unser seliger Vater hatte den Befehl Gottes empfunden, nicht mehr zu ruhen, bis die Gottliebin ganz frei sei. So hielt er denn auch Tag und

Nacht aus, in aller Stille darauf bestehend, dass auch das Letzte weichen müsse und namentlich die leiblichen Verzerrungen und Besitzungen aufhören müssen. Es folgte Sieg auf Sieg; aber es schien, als ob es kein Ende nehmen wollte. Mehrere Personen, Männer des Ortes, waren anwesend, zuletzt aber meist nur noch außer unserem seligen Vater der Bruder Hans-Jörg sowie Katharina, die Schwester. Letztere wurde ganz am Schluss in Mitleidenschaft gezogen, indem die Hauptmacht der Finsternis auf sie zu wirken begann, während sie die Gottliebin verließ. Katharina wurde einige Stunden wie rasend, doch bei vollem Bewusstsein. Nochmals kostete es einen heißen Kampf und viel Geduld und Glauben, bis auch sie frei wurde von dieser Macht unter dem weithin dringenden Schrei ›Jesus ist Sieger!‹. Damit war ein fast zweijähriger Kampf beendet, und es erfolgte jene Erweckung der Gemeinde Möttlingen, in welcher Alt und Jung, Männer und Weiber von einem alle Sünden offenbarenden Bußgeist ergriffen wurden und durch Vergebung der Sünden zu einem neuen Wandel sich berufen sahen.«[1]

An der Darstellung des Möttlinger Heilungsnarrativs aus der Sicht des Sohnes ist Zweifaches interessant und bedeutsam:

Anders als im Narrativ seines Vaters wird der Blick nicht nur auf die junge Gottliebin fixiert, sondern werden auch ihre beiden Geschwister Hans-Jörg und Katharina in die Betrachtung mit einbezogen. Zusammen mit den drei jungen Leuten wuchs Christoph Blumhardt in Möttlingen und dann auch in Bad Boll auf, da Gottliebin, Hans-Jörg und Katharina Dittus nach dem Heilungswunder Teil des Pfarrhauses wurden und alltägliche Dienste in der Pflege von Kranken oder in der Bewirtschaftung übernahmen. Dass Jesus Sieger ist, es zur endzeitlichen Ausgießung des Heiligen Geistes kommt und damit das Reich Gottes in die Gemeinschaften der Welt einbricht, band Christoph Blumhardt an diese drei Dittus-Geschwister und ihr Schicksal. Das macht erklärlich, warum nicht nur der Tod der Gottliebin im Januar 1872, sondern schon intensiver auch der Tod ihrer Schwes-

1 Ältere Aufnahme des Kurhauses Bad Boll

ter Katharina im Januar 1887 und dann in größter Tiefe der Tod des Bruders Hans-Jörg im März 1888 Christoph Blumhardt aus der Bahn warfen – deutlich mehr als der seines Vaters und dann auch später seiner Mutter. Der Tod von Hans-Jörg Dittus im März 1888 sollte also bei Christoph Blumhardt sehr grundsätzliche Fragen auslösen: Was behindert das Kommen des Reiches Gottes? Der Tod des Bruders Hans-Jörg im März 1888 markiert den entscheidenden Einschnitt in Christoph Blumhardts Biographie.

Zweitens zeigt dieser Rückblick aus dem Jahr 1887, dass Christoph Blumhardt nicht auf den Akt der Heilung der Gottliebin schaut, sondern insbesondere den befreiten Zustand nach der Heilung in den Blick nahm. Er lernte im freien Zusammenleben mit den drei Geschwistern, diesen Zustand als Inbegriff einer neuen Lebens-Zeit zu verstehen. Das freie Leben, das wahrhaftige Leben, das irdisch erfüllende Leben wurde für

Christoph Blumhardt zum Inbegriff einer neuen Zeit und einer neuen Gesellschaft.

Diese Variation des Möttlinger Heilungsnarrativs sollte später zum Nukleus werden, aus dem heraus sich eine gegenüber dem Vater andere, politisch gefärbte Reich-Gottes-Hoffnung entwickelte. Nicht die Seelsorge steht mehr im Zentrum seiner Theologie, sondern die neue Zeit inmitten der Gemeinschaft, der Inbegriff des Lebens und schließlich auch der Kampf gegen Missstände, die das Kommen des Reiches Gottes behindern sollten.

Anstrengender Schulunterricht (1859 bis 1862)

1852 kaufte der Vater Johann Christoph Blumhardt das Kurhaus in Bad Boll, um diesen Ort zu einem Seelsorgezentrum auszubauen und über die Grenzen Deutschlands hinaus bekannt zu machen. Der 10-jährige Christoph Blumhardt wuchs in Bad Boll auf und wurde zunächst von Hauslehrern unterrichtet, dann jedoch von seinem Vater zusammen mit seinem Bruder Theophil zum Besuch der Schule in Stuttgart und anschließend zum Seminar in Bad Urach (1861 und 1862) geschickt.

Aus dieser Zeit liegen nur sehr wenige Dokumente vor. Die in geringer Zahl vorhandenen Briefe an seine Eltern lassen jedoch erahnen, dass sowohl Christoph Blumhardt als auch seine Lehrer mit den Schulleistungen nur selten zufrieden waren. Der Schulunterricht wurde von Christoph Blumhardt als freudlos und furchtbar anstrengend empfunden. Hinzu kam vor allem, dass Christoph sich fortwährend mit seinen eifrigen und umtriebigen Eltern verglich: »Beim Lesen Eurer Zeilen musste ich unwillkürlich weinen, da ich fühlte, wie wenig ich euch entspreche.«[2]

2   Von links nach rechts: Theophil, Christoph und Carl Blumhardt, 1856

Insbesondere das Erlernen des Lateinischen und Griechischen bereitete dem jungen Christoph Blumhardt ziemlich viel Mühe, so dass er in den Briefen an seine Eltern darauf immer wieder zurückkam. Mit seinem Lehrer im Seminar war vereinbart worden, dass er ihm immer wieder Übungsaufgaben stellen sollte, die dann sogleich korrigiert wurden. Auch der Vater sandte ihm solche Aufgaben zu, um Christoph Blumhardt und seine Fähigkeiten zu verbessern.

Mit der Hilfe seiner Lehrer im Seminar Bad Urach sowie nach intensiven Studien gelang es ihm schließlich zusammen mit seinem Bruder Theophil, die Schulzeit erfolgreich im Sommer 1862 abzuschließen. Eine außerordentlich anstrengende und wenig erfüllende Schulzeit ging damit zu Ende. Dass sie auf Christoph Blumhardt und seinen Werdegang maßgeblichen Einfluss ausgeübt habe, kann stark bezweifelt werden. Allenfalls das intensive Studium der griechischen Sprache führte dazu, dass Christoph Blumhardt später immer wieder auf den Urtext der griechischen Bibel zurückgriff und die Luther-Übersetzung in Frage stellte.

Mühsames Theologiestudium (1862 bis 1866)

Nach dem Besuch des Seminars in Bad Urach wäre eigentlich der Weg ins Tübinger Stift vorgezeichnet gewesen, jedoch kam Christoph Blumhardt zusammen mit seinem Bruder Theophil im Herbst 1862 als »Stadtstudent« nach Tübingen, um dort das Theologiestudium aufzunehmen. Beide Brüder traten gegen den Willen seines Vaters in die Studentenverbindung »Normannia« ein.

Christoph Blumhardt hat offensichtlich das Studium als wenig ergiebig erfahren, wobei zwei Gesichtspunkte eine Rolle spielten: Auf der einen Seite setzte sich das fort, was schon auch für die Schulzeit galt: Er verglich sich fortwährend mit seinem Vater und meinte, dass er ihm gegenüber nur »klein« dastehe. »Manchmal sind es trübe Gedanken, die mich überfallen, wenn ich mir euch im Geist vergegenwärtige, wie ihr fort wirket und schaffet. Der Kontrast zwischen mir und euch tritt mir da so vor die Seele, dass mir allemal bange wird um meine Zukunft.«[3] Auf der anderen Seite fand er keine Freude an der theologisch-reflexiven Auseinandersetzung mit dem Stoff der Theologie, mit Büchern, Ansichten und dogmatischen Lehren. »Ich möchte oft alles über den Haufen werfen und durchgehen in ein schöneres Land, wo ich glücklich leben könnte. Wenn ich nur eins wüsste auf dieser Welt, ich glaube, ich würde es tun. Aber es muss eben jeder seine Plage haben, und ich habe auch mein Teil zu tragen und ergebe mich eben drein.«[4] Auch im späteren Rückblick auf seine Auseinandersetzung mit der wissenschaftlich aufgestellten Theologie erinnert sich Christoph Blumhardt überhaupt nicht positiv an sein Studium. Und dennoch darf der Einfluss von zwei Lehrern auf Christoph Blumhardt nicht unterschätzt werden, da sich deren Auswirkungen auch im späteren Leben stetig bemerkbar machen:

Der liberale Theologe Carl Heinrich Weizsäcker (1822 bis 1899), der im Wesentlichen Neues Testament lehrte und die historisch-kritische Erforschung der Bibel in Tübingen etablieren half, scheint die beiden Brüder erheblich beeinflusst zu haben: Zeit seines Lebens verwendet Christoph Blumhardt außergewöhnliche Bibelübersetzungen, die sich erheblich von der Lutherübersetzung unterscheiden und sich dadurch erklären lassen, dass er die Bibelübersetzung von Weizsäckers zurate zog, die ab 1899 auch in der sogenannten »Textbibel« aufging.

Neben Carl Heinrich von Weizsäcker lässt sich besonders ein Einfluss des Lehrers Johann Tobias Beck (1804 bis 1874) ausmachen, der zur Zeit des Studiums von Christoph Blumhardt Systematische Theologie lehrte und im Jahr 1862 einen »Leitfaden der christlichen Glaubenslehre für Kirche, Schule und Haus« herausgegeben hatte.[5] Der zentrale Begriff von Becks Theologie ist die »Königsherrschaft der Himmel«, die in die Welt eintritt, hier durch Christus initiiert wie eine selbstwachsende Saat wächst und in einer neuen Welt zur Vollendung kommt. Durch die »Organisationstätigkeit« des Gott zugeordneten Jesus Christus kommt es zu einer »allmähliche(n) Genesis neuer Menschen, einer neuen Geschichte und endlich einer neuen

Welt«.⁶ Dadurch erhält auch das »körperliche Naturleben« seine eigentliche Qualität zurück; der »unheilbare Krankheitsstoff« wird in diesem Prozess ausgeschieden und eine »Verklärungszeit der ganzen Natur« setzt ein.⁷ Das »Vollendungsziel« nennt Tobias Beck eine »neue Weltorganisation«, die zunächst durch »auserwählte Menschen« vorbereitet wird, bevor sie sich im Ganzen der Welt generalisiert. Das Ziel ist mit einem Bezug zu Hegel, Schelling und Oetinger die Allversöhnung der gesamten Welt: Mit Christus hat das Reich Gottes in der Welt angefangen. Nun kommt es zur »Reichsvollendung«, zur »Welt-Vollendung«, in der mit Christus alles untertan, alles Feindliche überwunden und alles Nichtgöttliche aufgehoben wird. Alles Ungerechte unter den Menschen wird ausgestoßen, so dass es zu einer Erneuerung der gereinigten Welt kommt.

Diese Vorstellung der Allversöhnung, die Hoffnung auf eine Überwindung des Todes im leiblichen Leben, die Unterordnung der Person Jesu Christi unter das universale Handeln Gottes, der Ausgangspunkt bei einzelnen Menschen, aber eben auch die universale Weite des Denkens – das alles sind Merkmale, die für Blumhardts Theologie und gesellschaftspolitisches Engagement später bestimmend sein werden. Auch wenn sich vergleichbare Überzeugungen im schwäbischen Pietismus bei mehreren Vertretern nachweisen lassen, so ist doch die Verbindung von Hegel, Schelling und Oetinger bei Johann Tobias Beck einmalig.

All diese Merkmale finden sich nachher bei Christoph Blumhardt wieder. Er war sich dessen nicht bewusst und hätte es immer von sich gewiesen: Aber Christoph Blumhardt kann nicht anders als ein Schüler Becks bezeichnet werden. Sein theologischer Lehrer in Tübingen hat dazu beigetragen, dass das Möttlinger Heilungsnarrativ endgültig von seiner individuellen Ebene auf eine kosmologische Ebene emporgehoben wurde. Die Allversöhnung, die Versöhnung der gesamten Kreatur, die Erneuerung der gesamten Welt und der endgültige Sieg über alles Lebenszerstörende war auch das Ziel, das Christoph Blumhardt zeit seines Lebens vor Augen stand und sein Wirken auch in der Politik antrieb.

Das mühsame Studium hatte sich auf diese Weise doch gelohnt. Christoph Blumhardt schloss im Sommer 1866 sein Studium mit einem »schlechten Examen« ab, wie er später im Rückblick betont.

»Stationierung« in Spöck, Gernsbach und Dürnau (1866 bis 1869)

Christoph Blumhardt war nach seinem Examen als Vikar zunächst in der durch die Erweckungsbewegung geprägten Ortschaft Spöck bei Karlsruhe »stationiert« (August bis November 1866), bevor er nach Gernsbach im Nordschwarzwald berufen wurde (Dezember 1866 bis März 1867) und schließlich nach Dürnau, dem Nachbarort von Boll, kam (April 1867 bis Juni 1869). Zwischenzeitlich nahm er auch Vertretungsdienste in der Gemeinde Hohenstaufen bei Göppingen (August bis September 1867) wahr. In allen Gemeinden hatte Christoph Blumhardt Vakanzen wahrzunehmen oder erkrankte Pfarrer zu entlasten.

Er setzte sich mit den verschiedenen Gemeindetraditionen kritisch auseinander und lernte vor allem, frei zu predigen: »Wenn ein Geistlicher nichts aus dem Stegreif tüchtig und wahr und lebendig predigen kann, hat er die Stufen nur halb erstiegen.«[8] Vor allem aber versuchte Christoph Blumhardt, sich am Vorbild seines Vaters abzuarbeiten – und erneut begegnen uns eine Vielzahl von Anmerkungen in den Briefen, wie »klein« und »wenig« er sich empfand: »Es liegt eine Gewalt in allem, was Papa redet. Umso kleiner kommen mir alle anderen vor, namentlich ich selbst. Es ist blutwenig, was unsereins bieten kann.«[9] Oder: »Ich muss mich immer wieder mit Papa verglei-

3 Von links nach rechts: Carl, Nathanael, Theophil und Christoph Blumhardt im Frühjahr 1870

chen und überhaupt jeden Geistlichen an Papa messen. Was sind wir alle doch für armselige Dinger!«[10] Christoph Blumhardt war in dieser Situation »unzufrieden« mit seinem Beruf: »So geht mir's. Es ist meine größte Anfechtung, und noch zieht mich's oft mit höllischer Gewalt auf andere Bahnen. Das ist's, was mich nur in seltenen Stunden innerlich glücklich und zufrieden werden lässt. Oft wenn ich viel, ja sehr viel getan habe, muss ich abends des Friedens entbehren, und es kommen mir Tränen in die Augen, wenn ich allein bin.«[11] Neben diesen sich in fast allen Briefen äußernden Selbstzweifeln an seiner Rolle als angehender Pfarrer begleitete er die ökonomischen Veränderungen im Kurhaus mit Interesse und sprach vom »Heidentum in der Wirtschafterei«: Menschen könnten es nicht lassen, Geschäfte nur deswegen zu betreiben, weil sie »geldbringend« seien. Die kritische Betrachtung einer einseitig am Kapital orientierten Wirtschaftsweise setzte nicht erst in der sozialdemokratischen Phase (1898 bis 1903) ein, sondern begann sich schon sehr früh zu entfalten.

Endlich glücklich!
Heirat mit Emilie Bräuninger (1870)

Im Januar 1870 verlobte sich Christoph Blumhardt, der mit konsistorialer Genehmigung ab dem Sommer 1869 als »Pfarrergehilfe« seines Vaters im Kurhaus tätig war, mit Emilie Bräuninger, Tochter des Pächters Gottlob Bräuninger vom königlichen Hofgut Einsiedel in Kirchentellinsfurt bei Tübingen. Zur ersten Begegnung mit Christoph Blumhardt kam es, als Emilie Bräuninger als »Haustochter« 1868 im Kurhaus ein »Haushaltsjahr« absolvierte, um den Geist des Zusammenlebens in Bad Boll kennen zu lernen. Christoph Blumhardts Bruder Nathanael war zudem 1869 als Praktikant im Rahmen seines landwirtschaftlichen Studiums auf dem Hofgut tätig; dieser heiratete später Emilies jüngere Schwester Christiane. Die Eltern von Emilie waren von der Hahn'schen Frömmigkeitsbewegung geprägt worden, woraus sich auch geistliche Anknüpfungspunkte für die Familie Blumhardt ergaben: »Diese innige Gemeinschaft wird auch Dir einmal Dein Hiersein verschönern. Sonstwo ist man der Meinung, man könne nur gut und glücklicher hausen, wenn man anderen nicht viel zu fragen habe und alles machen könne, wie man selbst es für gut finde. Uns geht's anders; gerade das, dass wir alles miteinander tun und jedes vom anderen weiß, dass es im Gebet des anderen Sache nicht vergisst, macht uns so glücklich, dass ich oft meine, es sei niemand so glücklich wie wir trotz der vielen Bedrängnis und Anfechtung, die auch nicht ausbleibt.«[12] Schon im Mai 1870 fand die Hochzeit in Bad Boll statt, wobei es wohl zu Unstimmigkeiten zwischen Christoph Blumhardt und seinem Schwiegervater Gottlob Bräuninger kam, da Blumhardt nach der Meinung seines Schwiegervaters zu viele Gäste zur Hochzeit eingeladen hatte. Christoph Blumhardt verteidigt sich in einem Brief an seine Braut, indem er auf die Reich-Gottes-Arbeit sowie erneut auf seinen Vater verwies:

»Kommet alle und tretet in Gemeinschaft mit uns und helfet mit im Bauen des Reiches Gottes! ... Der teure Papa, der mit allem die Sache des Herrn fördern will, würde davonlaufen, wenn wir's anders wollten, wenn wir's nur auf weltliches Vergnügen absähen.«[13] Christoph Blumhardt verstand seine Ehe mit Emilie als eine Vereinigung, die »höheren Zwecken« dient: Sie sollte sich über das »Gewöhnliche« erheben und »göttlich Ewiges« fortsetzen. Auch wenn Christoph Blumhardt auf den »höheren Zweck« seiner Ehe verweist, lassen die Briefe zwischen ihm und Emilie erahnen, dass beide sehr glücklich waren.

Der »Babelsturm« der Deutschen: Ablehnung des Nationalismus und der Kriegstreiberei (1870/1871)

Schon früh lassen sich entscheidende politische Kommentare bei Christoph Blumhardt nachweisen: Als 1866 der preußische König Wilhelm I. den Norddeutschen Bund gründete und nach 1867 auch die Aufnahme der süddeutschen Länder in den Bund anstand, beschrieb dies Christoph Blumhardt als »Ärmlichkeit unserer Zeit«: »Die Deutschen bauen sich einen Babelsturm zu ihrer Vereinigung, denken nur an sich und ihren Ruhm. [...] Alles ist nicht göttlich, sondern menschlich. Und ich habe, wenn Deutschland so einig wird, ein böses Gewissen.«[14]

Diese kritische Sicht auf den entstehenden Nationalismus vertiefte sich dann entscheidend im Deutsch-Französischen Krieg 1870/1871, den Christoph Blumhardt zeit seines Lebens immer wieder als Ausdruck einer fehlgeleiteten Politik begreiflich zu machen sucht. Schon direkt zu Beginn des Krieges, der dann die Gründung des deutschen Kaiserreichs einleiten sollte, schrieb Christoph Blumhardt an seinen Bruder Theophil: »Die Gottlosigkeit, unter den gegebenen Verhältnissen einen Krieg zu führen, ist groß, und man sieht, wie weit es die Zivilisation gebracht hat. Der Krieg liegt in der Eifersucht nicht der Könige, sondern der Nationen. Mit großer Energie wird unser Heer kriegsfertig gemacht.«[15] Erst recht erschüttern Christoph Blumhardt die Berichte seines Bruders, der als Feldgeistlicher eingezogen wurde und seinen Dienst in einem Lazarett wahrnehmen musste: »Es ist doch etwas Entsetzliches, wie leichthin die Menschenleben geopfert werden.«[16] Am Tag der Deutschen Reichsgründung nannte er Theophil Blumhardts Schilderungen vom »Gemetzel« der Schlachten »schaudererregend«[17]; vom Nationalstolz findet sich bei Christoph Blumhardt am Tag der Ausrufung des Kaiserreiches im Spiegelsaal von Versailles keine Spur – im Gegenteil: Der entstehende Nationalismus im Kaiserreich ruft nur Abscheu hervor: »Es ist ein Elend, dass man bei uns so raisonniert und damit den borniertesten Nationalistenhass pflanzt, den es nur geben kann. Im Herzen hat man die christliche Liebe nicht. Am Ende werden die Franzosen noch unsere Richter.«[18]

Im Laufe des weiteren Lebens spielt der Bezug zum Deutsch-Französischen Krieg immer wieder eine entscheidende Rolle bei Christoph Blumhardt. Er wird für ihn gleichsam zur »Ursünde« einer fehlgeleiteten Politik. Zeit seines Lebens setzte er sich nicht nur scharf mit der zunehmenden Militarisierung in Deutschland auseinander, sondern auch mit einem entstehenden Nationalismus im deutschen Kaiserreich. Im Zusammenhang mit der Hoffnung auf eine Allversöhnung, auf eine Welt-Vollendung musste Christoph Blumhardt das kosmologisch gewendete Narrativ »Jesus ist Sieger!« so verstehen, dass eine nationalistische Politik, die auf die Macht des Militärs setzt, der fortschreitenden Allversöhnung massiv entgegensteht. Mehr noch: Gerade weil Jesus Christus der Sieger dieser erneuerten Welt erst noch werden muss, ist eine nationalistische Politik genau das Gegenteil dieses Prozesses. Hier, also in der Kombination aus dem Bad Boller Narrativ und der Hoffnung auf eine Allversöhnung des gesamten Kosmos in der Zeit eines aufkeimenden Nationalismus, liegt die Wurzel für Blumhardts politisches Engagement – und es sollte in allen Facetten ausgerichtet sein auf das Kommen eines umfassenden Friedensreiches.

Aufforderung zu neuem Aufrichten: Tod der Gottliebin Dittus (1872)

Das Schicksal der Gottliebin Dittus, die Christoph Blumhardt in seinen Briefen liebevoll stetig »Mamo« nannte, begleitete er auch schon während der Studienzeit in Tübingen stetig. Ihre beginnende Krebserkrankung verstand Christoph Blumhardt als Anzeichen dafür, dass es in der Bad Boller Gemeinschaft noch nicht zum Besten bestellt war: Die Bedingungen für das Kommen des Reiches Gottes, für die Erneuerung der Welt, für die Allversöhnung bestanden, so Christoph Blumhardt, noch nicht: »Wo eben der Teufel, fein oder grob, nach Bad Boll sich einschleicht, da trifft er sie (sc. Gottliebin Dittus) als Hüterin, und es tut nicht gut, bis er wieder draußen ist.«[19] Ihren Tod am 26. Januar 1872 verstand er deshalb als »Gericht«, aber auch als Aufforderung zu »neuem Aufrichten« in Bad Boll.[20]

Mit einer gewissen Distanz begleitete er die tiefe Betroffenheit seines Vaters, der in seinen Predigten und Andachten des Frühjahrs 1872 den Tod der Gottliebin Dittus theologisch stetig zu verarbeiten sucht: »Letzten Sonntag hat er wieder die Geschichte der seligen Mamo in der Kirche durchgenommen und so ausführlich wie noch nie. Es tritt immer mehr die Hoffnung bei ihm hervor, dass bald etwas geschehe, was den Kampf und den Tod der Mamo rechtfertige. Sonst ist er überzeugt, dass der Tod notwendig war zu seiner eigenen Selbstständigkeit.«[21] Auch hier ist der Unterschied zwischen Christoph Blumhardt und sei-

Kapitel 1: Die Welt überwinden!

4 Von links nach rechts: Doris Blumhardt-Köllner, Gottliebin Dittus, Christoph Blumhardt

nem Vater mit Händen zu greifen: Während der Vater den Tod der Gottliebin Dittus persönlich und seelsorgerisch deutet, fokussiert sich der Sohn auf die bestehende Bad Boller Gemeinschaft und ihren Beitrag zum kosmologischen Sieg. Von Gottliebin Dittus berichtet er in diesem Zusammenhang nur in der dritten Person; das Vorgehen des Königlichen Konsistoriums gegenüber seinem Vater, der durch die stetige Thematisierung des Todesfalls die kritische Aufmerksamkeit der württembergischen Kirchenleitung auf sich zog, wird lediglich von Christoph Blumhardt berichtet. Es stellt sich sogar der Eindruck ein, dass auch dem Sohn die theologischen Deutungsversuche dieses Todes in einer Vielzahl von Andachten und Predigten »auf die Nerven« ging. Von einem weitreichenden Einschnitt in Christoph Blumhardts Leben durch den Tod der Gottliebin Dittus kann nach den vorliegenden Dokumenten also unter keinen Umständen gesprochen werden. Möglicherweise hängt dies auch damit zusammen, dass kurz nach dem Tod der Gottliebin Dittus am 6. März 1872 Blumhardts ältestes Kind Dorothea geboren wurde.

Bad Boll: Ein Bündel familiärer Verflechtungen

Die Bad Boller Gemeinschaft wurde im Wesentlichen durch vier miteinander vielfältig verwobene Familien gebildet: Neben Christoph Blumhardt lebte sein Bruder Nathanael Blumhardt (1846 bis 1921) in Bad Boll; er leitete den Hof und war mit Christiane geb. Bräuninger, einer Schwester von Emilie Blumhardt, verheiratet. Auch Maria Blumhardt (1840 bis 1923), das älteste Kind der Eltern Johann Christoph und Doris Blumhardt, lebte in Bad Boll: Sie war verheiratet mit Emil Brodersen (1836 bis 1895), dem jüngeren Bruder von Heinrich Theodor Brodersen (1829 bis 1912), der nach seiner Gesundung in Bad Boll Gottliebin Dittus (1815 bis 1872) geheiratet hatte.

5 Maria Brodersen-Blumhardt, Schwester von Christoph Blumhardt, verheiratet mit Emil Brodersen

6 Straße vom Haus Brodersen ins Bad

Schließlich lebte auch zeitweilig Christoph Blumhardts älterer Bruder Carl (1841 bis 1892) in Bad Boll; dieser hatte Ida Wagner, die Schwester von Eleonore Vopelius, einer späteren Förderin von Bad Boll, geheiratet. Christoph Blumhardts älteste Tochter Dorothea heiratete später wiederum Paul Theofil Emil Brodersen (1859 bis 1938), ein Kind aus der Ehe von Gottliebin Dittus mit ihrem Mann Heinrich Theodor Brodersen. Elisabeth Blumhardt (1877 bis 1962), eine weitere Tochter von Christoph und Emilie Blumhardt, heiratete wiederum Eduard Vopelius (1870 bis 1953), das einzige Kind von Eleonore Vopelius, die nach dem Tod ihres Mannes nach Bad Boll gekommen war.

Schon diese wenigen Hinweise, die sich vielfach erweitern ließen, zeigen, dass die Bad Boller Hausgemeinschaft, die zusammen mit den Dienstangestellten zeitweise aus mehr als 130 Erwachsenen und 30 Kindern bestand, fundamental von drei bis vier Familien bestimmt wurde: vornehmlich von den Familien Blumhardt, Brodersen und Dittus, dann aber auch von der finanziellen Leistungsfähigkeit der Familie Vopelius (Wagner). Dies entspricht der pietistischen Tradition, miteinander zusammenhängende Lebensgemeinschaften aufzubauen; zugleich erklärt sich daraus die ökonomische Überlebensfähigkeit einer solchen Einrichtung wie die des Kurhauses von Bad Boll, da alle Familienmitglieder zum großen Teil unentgeltlich zum Funktionieren des lokalen Gemeinwesens beitrugen.

Inspektor im Kurhaus (1869 bis 1880)

Mit der Genehmigung des Konsistoriums wurde Christoph Blumhardt nach seinem Vikariat als Inspektor im Kurhaus Bad Boll eingesetzt, um den Vater z. B. als Mitglied der Landessynode in Zeiten seiner Abwesenheit zu unterstützen. Zeitweise nahm Christoph Blumhardt gleichzeitig Aufgaben als Pfarrverweser wahr: in Dürnau (November 1870 bis März 1871) und in Gruibingen (April bis Mai 1871) jeweils nach dem Tod der dortigen Pfarrer.

7 Christoph Blumhardt als Inspektor im Kurhaus, vor 1880

Die Aufgaben als Inspektor im Kurhaus waren vielfältig: Im Vordergrund standen zunächst organisatorische Aufgaben im Einsatz der Bediensteten, aber auch die Beantwortung von Briefen, die Gäste oder Freunde des Kurhauses schrieben. In diesem Zusammenhang bemerkte Christoph Blumhardt einmal: »Die Kartenschreiberei ist doch eine herzlose und allzu bequeme Sitte; gut, dass ich's erfahren habe. Ich werde das Ding meiner Lebtag nicht mitmachen.«[22] Gerne übernahm Christoph Blumhardt den Konfirmandenunterricht in Bad Boll mit seinen zeitweise mehr als 30 Kindern, schwerer tat er sich anfangs mit dem Predigtdienst: »Morgen verreist Papa ins Badische; so habe ich zu predigen am Donnerstag. Es ist Angst davor, ich komme mir so schwach vor und meine, jeder andere sei würdiger zu predigen als ich. Der Herr helfe! Denn ich kann für mich selbst nichts, bin zu dumm dazu.«[23] Die Seelsorge an den Kranken in Bad Boll nahm im Laufe der Zeit immer mehr Raum ein, wie sich an den Themen in den dokumentierten Briefen sehr gut nachverfolgen lässt. Teilweise musste Christoph Blumhardt sich auch mit schwierigen Kranken auseinandersetzen: Der Fall »Amalie« im Sommer 1877 z. B. beherrschte Christoph Blumhardt über mehrere Monate. Erst nachdem er die Kranke, deren Nachname nicht mehr rekonstruierbar ist, einem Arzt am Bodensee vorgestellt hatte, verbesserte sich das Krankheitsbild der psychisch Erkrankten: »Der Herr sei uns gnädig, dass unser Haus befreit werde von dieser Person. Es ist doch schrecklich, wie die ganze Höllenmacht in einem Menschen stecken kann und wie Barmherzigkeit und Wohltat von solchen missbraucht wird, um der Hölle den Sieg zu verschaffen.«[24] In einzelnen Fällen konnte Christoph Blumhardt auch von einem Heilungswunder berichten: »Hier hatten wir von Samstagabend bis gestern gegen Abend einen heißen Kampf. Der kleine Gottlieb (Brodersen) bekam Luftröhrenentzündung der gefährlichsten Art. Der Arzt sah keine Hoffnung mehr. Aber wir hatten einen Heiland. Heute ist jede Gefahr vorüber.«[25]

Seelsorge, Krankenheilung, Andachtsgestaltung, Gästebetreuung, Organisation des Kurbetriebs – diese Stichworte zeigen, dass Christoph Blumhardt als Inspektor unter der Gesamtleitung des Vaters auch dessen Spuren folgte.

Tod des Vaters und schwierige Nachfolgeregelung (1880 bis 1881)

Plötzlich und gänzlich unerwartet starb der Vater am 26. Februar 1880. Damit trat eine völlig neue Situation für Christoph und Theophil Blumhardt ein: Wer sollte die Aufgabe der Leitung des Kurhauses übernehmen? Wie sollten die Dienste verteilt werden? Wer hatte die Verantwortung für was zu tragen? Wer sollte die Strategie der zukünftigen Entwicklung des Kurhauses verantworten?

Schon die Darstellung am Sterbebett des Vaters lässt die zeitweilig bestehende Rivalität zwischen beiden Brüdern erahnen. »Wir waren zusammen bei ihm; ich saß neben ihm. Und er redete ein schweres Wort. Ich antwortete unter anderen: ›Es wird gesiegt!‹ Da hob er mit letzter Anstrengung seine Hand auf, legte sie mir aufs Haupt und sagte: ›Ich segne dich zum Siegen.‹ Mein Bruder Theophil trat an meine Seite, und wir nahmen uns als gesegnet zum Siegen. Mit diesem Segen ausgerüstet wollen wir Geduld und Glauben halten. So haben wir eine Rüstung des Friedens, eine Rüstung des Gehorsams unter das Maß und eine Rüstung des Segens von unserem Vater, der als Knecht Christi uns und durch uns das ganze Haus und alle Freunde, auch auswärts, gesegnet hat zum Siegen.«[26] Christoph und Theophil Blumhardt teilten sich zunächst die Dienste im Kurhaus untereinander auf, wobei Christoph Blumhardt die Sonntagspredigt für sich beanspruchte – Ausdruck seines »hausväterlichen« Verständnisses, wie er meinte. In mehreren Andachten und Briefen wird angedeutet, dass die Frage der Führung und der Leitung des Kurhauses zwischen beiden Brüdern außerordentlich strittig war. Zeitweise scheint Theophil Blumhardt erwogen zu haben »auszuwandern«.

Durch Zufall wurde jedoch Ende 1880 die Pfarrstelle im Dorf Boll frei; im Februar 1881 wurde Theophil Blumhardt dort eingeführt, so dass Christoph Blumhardt glücklich aussprechen kann: »Wir stehen mit der Aufgabe, die unser Haus hat, vor einem bedeutenden Wendepunkt, indem morgen mein Bruder soll eingesegnet werden, für die Gemeinde verpflichtet. An sie gleichsam angebunden, ist uns damit die Aufgabe geworden, das Wort mit Freude zu predigen, das Geheimnis des Evangeliums kund zu machen in einer weiten, ausgedehnteren Weise.«[27] Der familiär bedingte Zusammenhang von Gemeinde Boll und Kurhaus Bad Boll bildete fortan die sich vertiefende Basis einer sich ausweitenden Gemeinschaft von Menschen, die auf das Reich Gottes hinarbeiten wollten: »Wir alle sind zusammengebacken, wir können nicht auseinander. Es ist durchaus auch mein Bruder in Boll, es fällt ihm nicht ein, einmal woanders hinzugehen, und meine Kinder später, wenn's auch hundert werden, sie müssen all da bleiben, das hoffe ich wenigstens.«[28] Mit der Übernahme der Pfarrstelle durch seinen Bruder Theophil in Boll war die Frage der Leitung geklärt: Christoph Blumhardt trat 1881 in die Fußstapfen seines Vaters und wurde fortan Kurhausbesitzer.

Seelsorge und Krankenheilung in den ersten Jahren nach 1881

Christoph Blumhardt führte als Kurhausbesitzer nach 1881 zunächst die Tradition seines Vaters fort: Dazu gehörte eine intensive Seelsorge, der heilende Umgang mit Kranken, die Ansage des nahe herbeigekommenen Reiches Gottes in den Andachten sowie die geistliche Versorgung der Gemeinde Bad Boll einschließlich der Konfirmation von jungen Menschen. Das Kurhaus Bad Boll war in dieser Konstellation ein sehr besonderer Ort, der in einer Abgeschiedenheit und auf Grund seiner geistlichen Atmosphäre auf eine gewisse Zielgruppe aus Deutschland wie auch der benachbarten Schweiz eine magische Anziehungskraft ausübte. Zwischen den Jahren 1881 und 1888 kamen jährlich im Durchschnitt mehr als 1.000 Gäste nach Bad Boll, wobei insbesondere zu den Zeiten um Ostern und Pfingsten herum das Kurhaus überbelegt war.

Die Art und Weise, wie Gäste dauerhaft mit der seelsorgerlichen Situation in Bad Boll immer intensiver in Kontakt kamen, lässt sich an einem Beispiel am besten nachvollziehen, wobei dieser Fall lediglich exemplarisch für eine Fülle von ähnlich gelagerten Situationen aufgeführt wird: Anlässlich des Trauergottesdienstes für Marie Kranzbühler am 9. Februar 1885, die Christoph Blumhardt wie auch viele andere Gäste als »Freundin« bezeichnete, fasste er ihr Leben summarisch so zusammen:

»Sie (sc. Marie Kranzbühler) wurde in unser Haus geführt durch ein Knieleiden und betrat zum ersten Mal Bad Boll im Jahre 1870. Sie suchte Heilung und fand sie; ohne Krücken konnte sie wieder in die Heimat zurückkehren; in wunderbar schneller Weise hatte ihr der Heiland geholfen. Diese Erfahrung verband die liebe Entschlafene aufs innigste mit unserem Vater. Fast jährlich brachte sie einige Monate in unserem Hause zu. Mit der Zeit wurde sie kränklich, und im Herbst 1879 – wieder in Bad Boll weilend – hätte sie eine Heimreise nicht mehr wagen mögen. So entschloss sie sich, hier ihre letzte Heimat zu suchen. Es entspannen sich auch bald enge Bande zwischen ihr und den hiesigen Familien, so dass wir sie zu den Unsrigen rechneten. Allerlei Anfechtung und Leibesnot machten ihr auch den Schutz der Gemeinschaft wertvoller. Im Laufe des Winters traten schwere Leibesnöte auf, und oft hatte sie es schwer, sich darein zu schicken. Doch der Herr blieb treu, und selbst in den letzten Tagen durften wir eine merkwürdige Leibeshilfe sehen, welche das drückende Grauen des Todes wegnahm. Der Herr tat Großes und wollte, dass die liebe Entschlafene nicht dem Tode verfiel. Er sah ihr Sehnen nach Erlösung, und mit starker Hand hat er sie herausgerissen. Im Frieden durften wir sie scheiden sehen.«[29]

Psychosomatische Erkrankungen bzw. Erkrankungen, die mit grundsätzlichen Fragen zur Sinnhaftigkeit des Lebens einhergingen, führten Gäste nach Bad Boll und in die Nähe des Seelsorgers Christoph Blumhardt, der auch im Nachgang zum Besuch im Bad Boll brieflich intensiven Kontakt mit den Gästen unterhielt. Predigtreisen z. B. nach Winterthur, Hamburg oder Elberfeld machten den besonderen Ort Bad Boll bekannt; die Wirkung dieser Predigtreisen kann auch als effektive Marketing-Maßnahme unter den Bedingungen der damaligen Zeit verstanden werden. Die intensive Seelsorge an den Gästen ermöglichte in vielen Fällen auch eine Aktivierung der physischen Widerstandskräfte, die seelsorgerliche Begleitung durch Briefe im Nachgang zum Besuch schaffte bleibende Verbindungen zum Kurhaus und seiner geistlichen Atmosphäre, so dass eine wachsende Zahl von Gästen die letzten Monate ihres Lebens – einem Hospiz vergleichbar – in Bad Boll verbrachten und auf dem Kirchhof begraben worden sind. Der Blumhardt-Friedhof in Bad Boll, der bis heute ein Kulturdenkmal darstellt, zeugt von dieser spezifischen Kultur des Kurhauses mit seiner Verkündigung des nahe herbeigekommenen Reiches Gottes in einer alle umschließenden Gemeinschaft von Menschen.

Der Fall von Marie Kranzbühler zeigt auch, dass Christoph Blumhardt der heilenden Kraft des Glaubens in diesen Jahren eine besondere Qualität zuschrieb. Die ärztliche Heilkunst würdigte Christoph Blumhardt wie auch sein Vater in einem besonderen Maße: »Ich kann es nicht leiden, wenn man den Arzt hinstellt wie einen Feind Gottes. Wie ich den Bäcker und den

Biographische Stationen

8   Kirchsaal im Kurhaus zur Zeit Christoph Blumhardts

Schmied und den Professor und den Schulmeister brauche, so habe ich unter Umständen auch den Arzt nötig, der den Beruf hat, mir zu sagen, wie's um meinen Leib steht.«[30] Dennoch schloss Christoph Blumhardt nicht aus, dass es ein darüber hinausgehendes Heilen Gottes gibt, das sich im fürbittenden Gebet dem Erkrankten erschließen kann. Im Rückblick auf die Krebserkrankung der sehr früh verstorbenen ersten Frau des Bruders Theophil Blumhardt führte er z. B. in einer Andacht aus: »Warum verlassen sich nicht die Leute auf den lieben Gott? Als ob der liebe Gott nicht auch eine Geschwulst wegnehmen könnte, sondern nur der Mensch das könnte. Bei unserer lieben Ida hat man auch wollen gewaltsam dreingreifen, und es hieß dann: Da setzen die Boller wieder ihren Kopf durch. Ja, wir haben ihn durchgesetzt, aber nicht zu unserem Schaden; denn die

Krankheit hat von Licht zu Licht geführt, und mit Hallelujah im Munde ist unsere liebe Ida gestorben.«[31] Christoph Blumhardt war davon überzeugt, dass »der innere Mensch« sehr viel »mehr Gewalt« auf den äußeren Menschen ausüben kann als umgekehrt.

Das Kurhaus in Bad Boll war unter dem Vater zu einem in Deutschland und weit darüber hinaus bekannten Seelsorgezentrum geworden; Christoph Blumhardt führte dieses Tradition zunächst einmal fort – einschließlich dem Vertrauen auf die heilende Kraft des Glaubens.

Ökonomie und Art der Gäste im Kurhaus Bad Boll

An der wirtschaftlich prosperierenden Entwicklung im deutschen Kaiserreich unter Kaiser Wilhelm I. nahm auch das Kurhaus Bad Boll regen Anteil. Die Zahl der Gäste stieg kontinuierlich, so dass Christoph Blumhardt schon Mitte der 1880er Jahre Erweiterungsbauten planen konnte: Das Kurhaus platzte angesichts des Besuchs »aus allen Nähten«. 1887 wurde im benachbarten Ort Eckwälden ein noch ruhigeres Gästehaus errichtet, und zu Beginn des Jahres 1888 kündigt Christoph Blumhardt eine umfassende Sanierung und Erweiterung der Gebäudestruktur an: »Die Räume des Zusammenkommens sind zu klein geworden, und so schwer es uns auch fällt, so müssen wir doch nun in diesem Jahr wiederum bauen, wodurch unsere Kirche einige Vergrößerung erhält und neue Wirtschaftsräume und besonders auch einen neuen Speisesaal und was dazu gehört, erhalten sollen.«[32] Die ökonomische Leistungsfähigkeit des Kurhauses wurde nicht durch den steigenden Zulauf der Gäste garantiert, sondern auch durch zwei andere wesentliche Faktoren:

Auf der einen Seite schuf der Zusammenhalt der vier Familien eine Situation, in der Familienmitglieder unentgeltlich Dienste im Kurhaus übernahmen, so dass z. B. das Ende der 1870er Jahre eingesetzte Kapital zur Errichtung eines landwirtschaftlichen Betriebes, der der Versorgung des Kurhauses mit Lebensmitteln diente und vom Bruder Nathanael nach Beendigung des landwirtschaftlichen Studiums geführt wurde, Mitte der 1880er als abgeschrieben bezeichnet werden konnte.

Auf der anderen Seite kam der Kapitalkräftigkeit der Bad Boller Gäste eine entscheidende Bedeutung zu. Zu Gast waren in Bad Boll nämlich im besonderen Maße Gäste, die in der prosperierenden Zeit vor dem Tod des Kaisers Wilhelm I. zu den gehobenen Schichten der Gesellschaft gehörten.

Eine nicht unbedeutende Rolle spielt hier beispielsweise Eleonore Vopelius, Frau eines saarländischen Unternehmers, der früh verstorben war, die mit ihrem einzigen, minderjährigen Kind Eduard nach Bad Boll kam. Sie unterstützte Christoph Blumhardt finanziell in einem beträchtlichen Maße in der Durchführung von Predigtreisen, aber auch in der Errichtung des Gästehauses in Eckwälden oder in der Finanzierung des Umbaus im Speisesaal.

In den 1880er Jahren gehörte auch Luise von Oertzen zu diesem Kreis von kapitalkräftigen Unterstützerinnen des Kurhauses: Sie besuchte als kränkelnde Frau Ende der 1870er Jahre zum ersten Mal Bad Boll. Luise von Oertzen stammte aus einem mecklenburgischen Uradelsgeschlecht und war Tochter des Präsidenten des Staatsministeriums Mecklenburg-Schwerin. Nach dem Tode ihrer Mutter Amanda von Oertzen im Jahr 1891 fand sie endgültig Heimat in Bad Boll. Sie tat sich als Nachschreiberin der Andachten von Christoph Blumhardt in einem besonders intensiven Maße hervor und begleitete ihn als organisatorische Assistentin auf seinen Predigtreisen. Als sie diesen Dienst aus gesundheitlichen Gründen aufgeben musste, kaufte sie die Villa Wieseneck in Jebenhausen. In der Nacht vor ihrer Über-

Kapitel 1: Die Welt überwinden!

9   Luise von Oertzen

siedlung 1897 verstarb sie; Anna von Sprewitz und Christoph Blumhardt konnten diese Villa nach ihrem Tod zu guten Konditionen erwerben.

Die beiden Beispiele verdeutlichen, dass kapitalkräftige und zum Teil auch adlige Gäste die Arbeit in Bad Boll in diesen Jahren unterstützten und ausbauen halfen.

Frühe Schriften: »Erbauliche Einblicke« (1885 und 1886)

Zwei im Selbstverlag erschienene, kleine Schriften waren für die Freunde des Kurhauses bestimmt. Mit den Gästen des Kurhauses wurde kontinuierlich Kontakt über die sogenannten »Briefblätter« gehalten; die »Erbaulichen Einblicke in die ersten Blätter der Heiligen Schrift 1. Mos 1 – 3« (1885) sowie die »Erbaulichen Einblicke in die ersten Kapitel der Offenbarung Johannis« (Februar 1886) sollten diese »Briefblätter« ergänzen.

Die von Christoph Blumhardt vertretenen theologischen Grundeinsichten dieser Jahre bis 1888 lassen sich hier wiederfinden: Der Auftrag und »Beruf« des Menschen ist es, die ganze Erde zum Paradies »umzugestalten«, was jedoch anfänglich missglückte. Der Kern der Ebenbildlichkeit des Menschen bleibt jedoch bewahrt, so dass Jesus als das wahre Ebenbild nun zusammen mit den Menschen, die an ihn glauben, »die Wiederherstellung der Kreatur und die Ausgestaltung der Schöpfung zum Paradiese« besorgen kann.[33] »Wohl uns Menschen! Trotz allem Verlust steht uns der höchste Gewinn bevor.« Christoph Blumhardt legt den biblischen Bericht von der Schöpfung bis zur Vertreibung aus dem Paradies als bleibende Verpflichtung des Menschen zur Humanität aus; vor allem geht es ihm darum, die »Hoffnung auf eine universelle Errettung des ganzen Menschengeschlechts«[34] in der Form einer »Wiedergeburt«[35] verständlich zu machen. Konkret und fassbar wird die universelle Wiedergeburt der Menschheit, die Wiederherstellung der Schöpfung in der »Fülle des Gotteslebens«, in ausgewählten Gemeinden »in der Stille«: Sie sind der »lebensvolle Keim einer Wiedergeburt der ganzen Kreatur«.[36] In den sieben Gemeinden der Johannesoffenbarung mit ihren unterschiedlichen Bestimmungen ist der Kampf der an Jesus glaubenden Menschen um das Reich Gottes geschichtlich-irdisch abgebildet. Das »Wachstum« der »neuen Kreatur« hin zur »vollendeten neuen Kreatur« vollzieht sich Stück für Stück, wobei Gott die letzte Freiheit zukommt. »Das mahnt uns zur Vorsicht, dass wir nicht allzu mechanisch das himmlische Geschehen uns denken und die Offenbarung als eine Art Wahrsagung auffassen.«[37]

Mit diesen beiden Frühschriften sind in der Aufnahme, aber auch in der Umformung der pietistischen Traditionen die Weichen für die weitere theologische Entwicklung Blumhardts gestellt: Die Wiederherstellung der Schöpfung im entschiedenen Kampf der Menschen für das Reich Gottes auf Erden, die Verpflichtung des Menschen zur Humanität, die Hoffnung auf eine global verbundene Menschheit oder die Rolle der kleinen, auserwählten Gemeinden – dies alles sind Grundüberzeugungen, die die später sich entfaltende politische Theologie Blumhardts vorbereiten helfen. Die Nähe Blumhardts zu seinem theologischen Lehrer Johann Tobias Beck ist in den Frühschriften mit Händen zu greifen.

Predigtreisen

Christoph Blumhardt unternahm nach dem Tod seines Vaters 1880 sowie der Übernahme der Leitung des Kurhauses 1881 mehrere Predigtreisen, die auch zum Ziel hatten, neue Gäste für das Kurhaus zu gewinnen. Durch einen vorliegenden, sehr ausführlichen Bericht der Nachschreiberin und organisatorischen Assistentin Luise von Oertzen lässt sich der Ablauf einer solchen Predigtreise für die Schweizer Predigtreise[38] im August 1886 sehr genau nachzeichnen:

Eine Reisegesellschaft von 20 Personen unter der Leitung von Christoph Blumhardt fuhr zunächst nach Winterthur: »In Romanshorn bekamen wir ein kleines Coupé, in welchem wir bald anfingen, ein Boller Lied ums andere zu singen, wozu uns das herrliche Himmelslicht anregte, welches unser ganzes Coupé durchleuchtete bis ins Herz hinein.«[39] In Winterthur predigte Christoph Blumhardt zunächst vor 3.000 Besuchern, »darunter viele, die seit Jahren in keiner Kirche gewesen waren«.[40] Es folgten in einer Woche acht Predigten und mehrere »Kinderlehren«; darüber hinaus hielt Christoph Blumhardt »Sprechstunden« ab, wobei der Andrang sehr groß war: »Im Schützenhaus standen die Leute schon auf der Treppe, und immer neue Scharen kamen, so dass Pfarrer Blumhardt gar nicht durchgekommen wäre.«[41] Während der gesamten Zeit wurde Christoph Blumhardt von Friedrich Zündel begleitet, mit dem er in dieser Phase seines Wirkens im engen Kontakt stand. Dem Reisebericht ist zu entnehmen, dass Christoph Blumhardt mehrere diakonische Einrichtungen besuchte, mit den Kranken sprach, sich insbesondere für epileptisch Erkrankte Zeit nahm und sich auch mit den Gegnern der Arbeit in Bad Boll auseinandersetzte und sie vom Gegenteil zu überzeugen suchte.

Aufenthalt in Berlin und Tod des Kaisers Wilhelm I. (März 1888)

Im März 1888 brach Christoph Blumhardt zu einer Predigtreise nach Berlin auf, wobei es sich dabei auch um den ersten Aufenthalt Blumhardts in Berlin handelte. Am Tag seiner Ankunft in Berlin war gerade Kaiser Wilhelm I. verstorben; Menschenmassen befanden sich in tiefer Trauer: »Mich überkam eine Wehmut: Ach, dass einmal im Reiche Gottes etwas geschehen dürfte, das so alle Menschen zu beherrschen imstande wäre! Ist es schon etwas Bewegliches, über Irdischem so viele Menschen eins zu sehen, was müsste es sein, wenn solches geschähe über Himmlischem!«⁴² Christoph Blumhardt gelang es durch seinen Kontakt zu adlig-konservativen Kreisen, den toten Kaiser noch einmal zu sehen: »Und mir war's ein großer Gefallen, den Kaiser zu sehen, ehe er einbalsamiert wurde. Er lag in etwas sitzender Stellung, das Haupt leicht gesenkt wie schlafend, ein edles Bild vergangener Menschlichkeit.«⁴³ Christoph Blumhardt scheint dieses Abschiednehmen von Kaiser Wilhelm I. noch einmal ein besonderes Bedürfnis gewesen zu sein, wobei sich ihm wohl bald der Eindruck einstellte, dass mit dem Tod dieses Kaisers eine alte Zeit zu Ende ging und eine neue beginnen würde: Dabei überwog das Maß an Unsicherheiten deutlich. Er verband es mit dem Glauben an die Naherwartung des kommenden Reiches Gottes, so dass er während des öffentlich pompös begangenen Vorbeizugs des Sarges zum Ausdruck bringen konnte: »Und der Eindruck wurde mir, dass eine Zeit zu Grabe getragen wird, welche vielleicht die letzte ruhige Zeit war, die wir haben, bis ein ganz Neues kommt. Wie sehnt man sich danach, dass das Reich Gottes nun auch einmal in seiner ganzen beseeligenden Wahrheit zum Ausdruck kommt!«⁴⁴

Christoph Blumhardt hielt in Berlin eine Fülle von Predigten und Vorträgen; fast während der gesamten Zeit war er Gast im Hause des Hofpredigers Adolf Stoecker. Dieser begleitete Christoph Blumhardt zu seinen Predigten, vermittelte Kontakte in die konservativen Regierungskreise Berlins hinein und tauschte sich offensichtlich stundenlang mit ihm aus. Christoph Blumhardt empfand auch angesichts des Engagements Stoeckers in der Berliner Stadtmission zunehmende Hochachtung vor ihm, wenn er auch begann, einen ersten kritischen Blick auf Adolf Stoecker zu werfen: »Stoecker ist mir dankbar für manches Wort, das ich redete, und ich empfing von ihm manche Anregung und Einblick in alle Verhältnisse. Der Mann mustert alles mit Genauigkeit durch und ist gesattelt in allen kirchlichen und politischen Fragen. Ich habe den Eindruck bekommen, dass er eine hier notwendige Persönlichkeit ist. Die Verhältnisse haben ihn geboren. Das hat nun freilich auch seine gefährlichen Seiten, und da wolle ihn der Herr schützen und leiten.«[45] Stoeckers scharfe Kritik an Reichskanzler Bismarck schloss sich Christoph Blumhardt allerdings an, wobei er jedoch vor allem seine Militärpolitik im Fokus hat: »Bismarcks Politik ist nach und nach einseitig geworden durch die Verhältnisse. Es muss alles herhalten zum einen Gedanken, mit Geschicklichkeit die bewaffneten Völker umeinander kreisen zu lassen. Wie lang das ohne Zusammenstoß geht, weiß kein Mensch.«[46]

Während der gesamten Predigtreise hielt Christoph Blumhardt vor allem Kontakt zu sehr konservativen Kreisen; in ihnen lebten noch feudalistische Ansichten. Die Sozialistengesetze wurden begrüßt und demokratische Ansinnen abgelehnt. Dazu gehörte z. B. auch Robert Viktor von Puttkamer, preußischer Innenminister. Im Hause von Puttkamers war Christoph Blumhardt zu Gast, als der Trauerzug des verstorbenen Kaisers vorbeizog. Wie auch Adolf Stoecker gehörte von Puttkamer zur Deutschkonservativen Partei, die sich für die Bewahrung der monarchischen Vorrechte stark machte, die Sozialdemokratie bekämpfte und sich scharf antisemitisch positionierte. Als Innenminister hatte Robert Viktor von Puttkamer dafür gesorgt, dass die liberalen Einflüsse in der gesamten Beamtenschaft zurückgedrängt und die Sozialistengesetze streng umgesetzt wurden. Dazu gehörte insbesondere der Streikerlass vom 11. April 1886, nachdem es der Polizei erlaubt war, streikende Arbeitnehmer festzunehmen, wenn der Streik von Sozialdemokraten organisiert worden war.

Auch wenn sich Christoph Blumhardt in dieser Zeit nicht erkennbar mit diesen Positionen identifizierte, so zeigt sich doch, dass er sich sowohl in Bad Boll in Bezug auf die Zielgruppe seiner Gäste wie auch hier in Berlin fast ausschließlich in Kreisen aus Adligen, Offizierskorps, Gutsbesitzern und Nationalkonservativen bewegte. Der Unterschied zu seiner späteren Positionierung könnte kaum größer sein.

Theologische Wegmarken

Das Ziel aller Dinge: Die Allversöhnung

Die Theologie Christoph Blumhardts wird von Anfang an durch und durch bestimmt von einer spezifischen eschatologischen Erwartung und Hoffnung, die sich am besten mit dem Stichwort »Allversöhnung« oder »Wiederbringung aller Dinge« zusammenfassen lässt. Christoph Blumhardt selber bevorzugt allerdings mehrfach das Stichwort »Wiedergeburt« zur Umschreibung seiner Hoffnung: In einer neuen Zeit, die nahe bevorsteht, kommt es zur Versöhnung der Lebensverhältnisse aller Kreaturen. Die Vorstellung des Gerichts und damit der Scheidung zwischen »Guten« und »Bösen«, zwischen »Gerechten« und »Ungerechten« wird vollkommen ausgeblendet. Stattdessen wird jeder Mensch und jedes Lebewesen so angesehen, als wenn sich alle auf dem Weg zur Allversöhnung hin zum Guten und Gerechten verändern können. Die Hoffnung darauf, dass das Gute den »Sieg« davontragen wird, dass das Bad Boller Narrativ »Jesus ist Sieger« Wirklichkeit hier und jetzt werden kann, bestimmt Blumhardts Ansichten durchgehend.

Insbesondere vier bedeutsame Akzente trägt diese Endzeiterwartung Blumhardts:

Erstens ist für Christoph Blumhardt das Evangelium nicht eine Art »Religion«, die dem Menschen das Leben mit seinen Widerwärtigkeiten leichter macht, sondern eine »Arbeit«, in der Gott zusammen mit uns »mitwirkt« zur »Erneuerung aller Dinge«.[47] Mit der Annahme des Evangeliums treten wir ein in eine Arbeit, »die der liebe Gott mit uns haben will, dass endlich der Sieg komme und die ganze Schöpfung in ein Neues verwandelt werde«.⁴⁸ Durchgängig spricht Christoph Blumhardt nicht alleine von der Wiedergeburt der Menschen, sondern davon, dass die ganze Kreatur einen endgültigen, heilvollen Abschluss finden wird. Es geht ihm um die notwendige Erneuerung der gesamten Schöpfung, um das Ineinander von Mensch und Natur, um die »Wiederherstellung der Kreatur« als einem Stück zu vollendender Arbeit Gottes an seinem Reich zusammen mit dem Menschen.

Zweitens: Die geschichtlich greifbaren Arbeiten an der »Siegesentwicklung über alle Arbeit« haben ein Ziel vor Augen, nämlich die irdische Überwindung des Todes. »Das Evangelium ist eine Mühe unseres lieben Vaters im Himmel«, alles daran zu setzen und sich mit allen Mitteln dafür einzusetzen, »bis auch der Tod weggeschafft ist«.⁴⁹ Zu lange habe sich gerade die Christenheit ganz gegen die Botschaft Jesu daran gewöhnt, den Tod als etwas »Unumstößliches« zu verstehen. Insbesondere ihr falle es überhaupt nicht mehr ein, an »dem Tod zu rütteln«. Stattdessen mache sie den Tod als »Feind« zum »Freund«, indem sie in der kirchlichen Praxis die Trostbotschaft etabliere. Dagegen bestehe die Erneuerung der Schöpfung in der schon auf Erden erlebbaren Überwindung des Todes.

Drittens ist diese »Wiedergeburt« keineswegs geistig, sondern leiblich zu verstehen. Bei der Erneuerung der gesamten Schöpfung handelt es sich um eine »Wiederherstellung des Leibes«.⁵⁰ Nicht »dem Geiste nach«, sondern »nach dem Leib«, äußerlich und leiblich, ganz und gar kreatürlich beginne die neue Zeit. Die »Wiederbringung aller Dinge« ereigne sich in der Verwandlung des Physischen, in der Neuwerdung der gesamten, leiblichen Kreatur.

Schließlich handelt es sich viertens bei der Wiederbringung aller Dinge um eine universale, für die ganze Welt gültige Entwicklung in der Geschichte, die keinen ausschließen wird: Jesus vollzieht »die Arbeit des Menschengeschlechts«. Der ganzen, universalen Menschheit, ohne jeden Ausschluss eines Menschen welcher Anschauung auch immer und an welchem Ort auch immer, muss »wieder« der »Glanz der Ebenbildlichkeit Gottes« zuteilwerden.[51]

Das Reich Gottes entwickelt sich also als »Wiederbringung aller Dinge« aus den irdischen Verhältnissen heraus, indem die Macht des Todes in geschichtlichen Vorwärts-Entwicklungen durch die Zusammenarbeit Gottes mit den Menschen gebrochen wird. In diesem Sinne versteht Christoph Blumhardt das Kommen des Reiches Gottes als einen organischen Prozess: Am Ende dieses Prozesses entsteht ein universales Friedensreich, in dem der Tod überwunden und die Leiblichkeit der gesamten Kreatur von allen Entstellungen befreit wird.

Die »schönste Arbeit«: Die Reich-Gottes-Arbeit

Wie auch sein Vater erwartete Christoph Blumhardt das nahe Herbeigekommen-Sein des Reiches Gottes. Veränderungen an der Natur schrieb er Signalkraft zu: Wenn zum Beispiel am Neujahrsmorgen »das rote Licht am Himmel«[52] mehrere Stunden vor Sonnenaufgang zu sehen war, dann verstand Christoph Blumhardt dieses Leuchten als »Hoffnungs-Strahlen, die der Allmächtige seinem Tag voraussendet«.[53] Gewiss erwartete Christoph Blumhardt das Einbrechen des göttlichen Friedenreiches noch zu seinen Lebzeiten; den Tod seines Vaters, erst Recht den Tod von Katharina und dann vor allem von Hans-Jörg Dittus verstand er als Verzögerung des Anbruchs der Gottesherrschaft, da immer noch nicht alles auf der Erde so präpariert sei. Dafür müsse noch hart gearbeitet werden. »Wie aber, wenn die Sache Christi auf Erden ins Rollen kommt? Und das kann bald kommen. Dann werden die historischen Entwicklungen rasch gehen, und es kann in einem halben Jahr so viel geschehen wie in 10 Jahren anderer Zeit.«[54] Im organischen Prozess des Vorwärtsschreitens hin zum Reich Gottes gibt es für Christoph Blumhardt nur eines: Kampf. Und dennoch: Diese Reich-Gottes-Arbeit sei »die früchtereichste, seligste, schönste Arbeit. Der Erfolg dieser Arbeit wird noch im Himmel glänzen, dort wird man es sehen. Wohl uns, wenn wir da haben mitarbeiten dürfen!«[55]

Christoph Blumhardt ist mit dieser Vorstellung vom nahe herbeigekommenen und in der Geschichte erlebbaren Reich Gottes ein Kind des württembergischen Pietismus, jedoch mit zwei entscheidenden Zuspitzungen und Veränderungen:

Die Terminierung des Einbruchs der neuen Zeit hängt nicht mehr von einem konkreten Datum ab, auf das alle Entwicklungen hin zusteuern, sondern davon, dass der Mensch die »Kräfte Gottes vom Himmel zieht« und damit alles Hinderliche aus dem Weg räumt. Eine automatische Erfüllung der Verheißung ist ausgeschlossen.

Zugleich wird der organische Prozess der Reich-Gottes-Entwicklung auf Erden nicht ausschließlich mit Fortschritten in der Heilsgemeinde, sondern mit dem Vorwärtsschreiten der gesamten Menschheit in Verbindung gebracht. Insbesondere die sich schon hier andeutende Umdeutung, die im Zusammenhang mit der Vorstellung von der »Wiederbringung aller Dinge« steht, wird von Christoph Blumhardt in den folgenden Lebensabschnitten energisch vertieft werden.

Sünde: Die »hässliche Kruste«

In der pietistischen Tradition stehend, hat Christoph Blumhardt die Auseinandersetzung mit der Sünde ebenfalls zu seinem Thema gemacht – aber in einer bemerkenswerten Art und Weise: Neben dem bleibenden Göttlichen, neben der bleibenden Ebenbildlichkeit des Menschen ist die Sünde für ihn nur eine »hässliche Kruste« und der Teufel ein »Nichts«. Wenn die Sünde, die wirklich durch die »schönste Arbeit« vernichtet werden kann, ihre Macht verloren hat, atmet die Kreatur auf. Der Mensch steht also nach Christoph Blumhardt im Kampf gegen die Sünde, aber dieser Kampf ist zu gewinnen. Die Folge wird sein, dass die gesamte Kreatur zu ihrer wahren Lebensbestimmung wieder zurückfindet bzw. diese dann endgültig frei wird. Zum letzten Sieg, zur Vollendung des »Leibeslebens« ist es noch nicht gekommen, »es ist nur ein gesteigerter Kampf mit Aussicht auf völligen Sieg«.[56] Pietistisch ist es, vom Kampf gegen die Sünde zu sprechen und zu diesem aufzurufen; etwas Neues und Anderes ist es jedoch, die Sünde lediglich als Oberfläche des Menschen zu beschreiben, die dem Menschen vorläufig noch den Tod bringen muss, aber vom Menschen so genommen werden kann, dass er der Verwandlungs- und Auferstehungszeit entgegengeht. Die Sünde wird zu einem zu überwindenden Faktor im organischen Prozess der Reich-Gottes-Entwicklung auf Erden – eine Vorstellung, die damit zugleich dem Menschen eine beinahe unfassbar große Fähigkeit zuerkennt. Christoph Blumhardt, der zeit seines Lebens in dieser Form von der Sünde redet und sich damit von der protestantischen Dogmatik weitgehend löst, kann nur so recht verstanden werden; eine Banalisierung der Sünde kann ihm nicht unterstellt werden, sondern eine enorm starke Sicht auf die Potentialität des Menschen. In diese Richtung weist auch seine Aufforderung, den Menschen nicht im Sinne einer »Bußpredigt« zu verdammen, sondern ihm den Sieg über den Tod und die bleibende Gottesverbundenheit zu vermitteln. An dieser Stelle wird deutlich, wie sehr sich Christoph Blumhardt von der pietistischen Tradition zu lösen beginnt, auch wenn er ihr äußerlich noch verbunden bleibt.

Leben und nichts anderes als Leben

Der Sünde und dem Tod gegenübergestellt werden bei Christoph Blumhardt schon in dieser frühen Zeit seines Wirkens die starken, gefüllten und synonym verwendeten Begriffe Geist und Leben.[57] Christus habe, so Christoph Blumhardt, zwar durch seinen Tod am Kreuz die Sünde ausgehalten und damit ihre Wirksamkeit durchlebt, aber trotz allem immer wieder daran festgehalten, »dass Mensch doch Mensch bleibe, Leben doch Leben bleibe, und trotz aller Folgen der Sünde das gewahr werde, was Gott aus dem Menschen machen will und was er am Menschen haben will«.[58] Jesus Christus ist der Inbegriff des Menschen, wie Gott ihn sieht, auf welchen Weg er den Menschen führt und was er einst aus dem Menschen machen wird. Dazu muss der Mensch seinen Teil hinzutun, was aber auch heißt, dass ein jeder »Schritte gegen den Tod«[59] unternehmen kann. Wenn das geschieht, werden »viele Tränen getrocknet« und der Tod in seine Grenzen verwiesen – endgültig. Es ist also Auftrag eines jeden Menschen, »eine Art Fortschritt auf das Leben hin« zu vollziehen und damit zu einem Geschöpf des göttlichen Geistes zu werden. Das ist die Verheißung, die Zukunftsperspektive und das Ziel einer wahrhaft göttlich-menschlichen Entwicklung, so Christoph Blumhardt: »Was wird einmal sein, wenn es offenbar wird und wir Leben und nur Leben zu gewärtigen haben.«[60]

Christoph Blumhardt versteht die Sünde als die überwindbare »hässliche Kruste« des Lebens und spricht dem Menschen eine bleibende göttliche Ebenbildlichkeit zu. Dies führt dann allerdings auch zu der Konsequenz, dass im geschichtlichen Prozess der »Wiederbringung aller Dinge« schon im irdischen Leben und nicht erst in einer geistig gedachten anderen Welt, der Tod als real überwindbar verstanden wird. Die Reich-Gottes-Arbeit der einzelnen Menschen und der Gemeinden verfolgt dann das Ziel, hier und jetzt das Leben hervorzubringen: »Herrschen zum Leben, das will Jesus und nicht zuletzt will er's in seiner Gemeinde für unten auf Erden. Also, sei treu. Es gibt große Aufgaben. O ihr Lieben, nicht damit, dass man bloß Völker ›christianisiert‹, wie man sagt, oder ›kultiviert‹, man möchte sterben an der Langeweile solcher Worte, sondern endigen muss es mit dem, dass unsere Lebenskrone kommt, der Sieg des Lebens durch die Welt geht.«[61] Auch wenn Christoph Blumhardt in der ersten Phase seines Wirkens noch nicht konkret wird, so lässt sich schon hier erahnen: »Leben« meint mehr als eine neue Einstellung zum Leben und es meint auch etwas anderes als eine erfolgreiche Evangelisierung. »Leben« steht für eine praktische Arbeit an und in der Welt!

Die Erde: Das Leibliche der Menschheit

Schon in dieser frühen Phase seines Denkens und Wirkens versteht Christoph Blumhardt den Menschen als einen Teil des Ganzen der Natur; mit seiner spezifischen Reich-Gottes-Hoffnung als der »Wiederbringung aller Dinge« hängt es zusammen, dass er dem Leiblichen eine hohe Bedeutung zuschreibt. Das Leibliche wird nicht gegenüber dem Geistlichen entwertet, sondern im Gegenteil als ein Organ verstanden, an dem die Wirkung des göttlichen Geistes offenbar werden muss: »Die Erlösung muss sichtbar werden. Deswegen dringt man in Bad Boll darauf, dass eine leibliche Wirkung gesehen werde von dem Vorhandensein Jesu Christi. Das ist der Kopf der Erlösung; und wenn ich nichts von Leiblichkeit erführe, dann wäre meine Sache Dunst. Es muss die Erlösung herein in die Welt.«[62] Die Abgrenzung von pietistischen Traditionen, in denen es zur Abwertung des Leiblichen kam, ist hier mit Händen zu greifen.

Weil Christoph Blumhardt die Erlösung der gesamten Schöpfung einschließlich aller Kreaturen und Geschöpfe erwartete, kann er dem Menschen einen besonderen »Beruf« zuschreiben: Der Mensch sollte in vollkommenster Weise auf Erden Gott vertreten und die Herrlichkeit Gottes hineintragen in die Kreatur. Die Aufgabe des Menschen ist, das Dunkle zurückzudrängen und der seufzenden Kreatur Licht zu bringen. Von dort aus musste Christoph Blumhardt der im ausgehenden 19. Jahrhundert zum ersten Mal sichtbaren Ausbeutung der Natur kritisch gegenüberstehen. Und in der Tat finden sich auch schon in dieser frühen Phase Belege dafür, dass Christoph Blumhardt sich mit dem Profitdenken kritisch auseinandersetzt:

»Die Kälte hat mir viel zu schaffen gemacht; wir haben viel dagegen gekämpft, es ist auch viel geschehen. Aber es hängt mit dem Herzen zusammen, und – was das schlimmste ist – eine ganze Klasse von Menschen wollen es so, weil sie dabei ihren Profit machen. So haben wir aufs neue die Erfahrung gemacht, wie der unbekehrte Mensch auch die Erde verderbt; er ist eben eine Art rechtlicher Herr, aber ein Tyrann, der in seines Herzens Dünkel sein Gebiet zerstört. Die Erde ist im weiteren Sinn das Leibliche der Menschheit, und der Schaden darin ist die leibliche Krankheit und der Tod infolge der Sünde. Hilfe ist nur in einer Bekehrung zu suchen.«[63]

Christoph Blumhardt war davon überzeugt: Nicht Gott schickt mit Sturm oder Gewitter die Schicksalsschläge, sondern der Mensch verdirbt Natur und Kreatur. »Frost und Hagel gehören zum Selbstmord der Menschheit.«[64] Das Ernstnehmen der natürlichen Grundlagen zieht sich von Beginn an durch Blumhardts Leben hindurch. Dies ist eines der besonderen Kennzeichen seiner politischen Theologie.

Erste Andeutungen einer Politischen Theologie

Schon Blumhardts Stellungnahme zum Deutsch-Französischen Krieg zeigte, dass für ihn die kritische Auseinandersetzung mit politischen Fragen zum christlichen Dasein hinzugehört – vor allem aber der Kampf gegen eine Welt des Todes. »Es ist sonderbar: So groß die Trübsal ist, sie kommt den Leuten nicht ins Bewusstsein. Es können Millionen verhungern, und wir bleiben auf Tanzboden und Theater, und es bricht sich kein Christ etwas ab darum. Es können Krieg und Schändlichkeiten kommen, es bricht sich kein Mensch etwas ab; man fühlt sich noch höchst christlich dabei. Ich lasse das ja den Leuten. Wenn aber unsereiner nimmer kann, so soll man es ihm nicht verargen. Und es sollte in der ganzen Christenheit so sein, dass man im Geist eine Art Betrübnis fühlte und einen starken Ansporn, Gott, den Erretter anzurufen wider die Trübsal, wenn solche Gräuel geschehen.«[65] Insbesondere vier Themenkreise beschäftigen Christoph Blumhardt in dieser Phase seines Wirkens: die »Großmacht der Deutschen«, die Frage nach der Bedeutung des Zolls, der Umgang mit dem Geld sowie schließlich die Friedensfrage.

Insbesondere der Umgang mit dem Geld spielt bei Christoph Blumhardt schon in dieser frühen Zeit eine gewichtige Rolle: In der prosperierenden Phase des deutschen Kaiserreiches nach der Ausrufung des Reiches bis hin zum Tod Kaiser Wilhelms I. beurteilte er den ständig wachsenden Reichtum in einer gewissen Schicht der Bevölkerung sehr kritisch:

»Werde kein Hammelpeter, der alle Tage in seinen Sparhafen hineinguckt und sich freut, dass es sich ein bisschen mehrt.«[66] Dies sei nichts anderes als Geiz, der auf Kosten anderer den größten Profit suche. Die »soziale Frage« sei dann gelöst, wenn die Menschen in allen Gesellschaften ein neues, sittliches Bewusstsein erlangen würden. Die Kirchen dagegen würden sich lediglich dem Zeitgeist anpassen und in diesem wachsenden

Reichtum mitschwimmen. Dabei wird, so Christoph Blumhardt, dann die wachsende Spaltung der Gesellschaft übersehen, vor der er angesichts der Kapitalsteigerung schon in den späten 1870er Jahren warnt: »Ja, Millionen sind's, die vor Not nicht mehr atmen können und im Tod liegen, und darunter keine Million, die sich vor Übermut und Hochgefühl und Lausbarkeit gar nicht zu fassen wissen. Ja, je mehr sich die Menschen im Ganzen dem Besitz hingeben und genießen wollen, desto mehr steigert sich das Elend – der Tod.«[67]

Zum Ausdruck kommen kann diese Spaltung der Gesellschaft auch in einer zunehmenden Gefährdung des Friedens. Das Aburteilen und Verdammen in der Praxis von Gemeinschaften und Nationen beurteilt Christoph Blumhardt als die eigentliche Krankheit seiner Zeit. Immer wieder betont er: Nicht drohen, nicht schimpfen, nicht verdammen! »Wir haben zu nichts Berechtigung als zur Liebe.«[68] Der Deutsch-Französische Krieg als kollektiver Ausdruck des gegenseitigen Verachtens verfolgt Christoph Blumhardt noch bis in die späten 1880er hinein: In einer Andacht des Jahres 1886 berichtet er von einem Traum, in dem Franzosen und Deutsche sich kriegerisch auseinandersetzen, dann aber erst durch Gottes Eingriff auf einen Weg des Friedens gebracht werden:

»Heute Nacht habe ich einen merkwürdigen Traum gehabt. Da waren zwei Heerlager drüben in unserem Garten. Unsere französischen Freunde von alter Zeit her, der alte Dieterlen an der Spitze, waren in dem einen Gartensaal und hinter ihnen wie ganz Frankreich. Im anderen Gartensaal waren wir versammelt und hinter uns wie ganz Deutschland. Ich stand in der Mitte drin, gehörte zu keiner Partei; ich war bald im Franzosenlager, bald im deutschen Lager, während die Kanonen mit furchtbarem Spektakel vorfuhren und alles rasselte und knatterte. Nun versuchte ich immer, den Franzosen vorzustellen, wie töricht er sei und wie schrecklich es wäre, wenn ein Krieg käme. Aber es hat alles nichts genützt; namentlich der Dieterlen ist stramm hingestanden und hat gesagt, es gehe nicht anders, Deutschland müsse Elsass wieder hergeben. Da ging ich zurück auf die andere Seite, befahl mich und alles in Gottes Hand und erwartete nun, dass es losgehen würde. Auf einmal tut es einen furchtbaren Donner vom Himmel herunter, und Blitz und Hagel fahren mit Prasseln unter die Heerlager, dass alles sich verschlupft und keiner mehr an den Krieg denkt, weder Franzosen noch Deutsche.«[69]

In dieser markanten Andacht wird nicht nur Blumhardts bleibende Auseinandersetzung mit dem Deutsch-Französischen Krieg greifbar, sondern auch seine Hoffnung, dass ein bleibender Friede sich alleine durch eine neue Geisteshaltung durchsetzen kann und darin letztlich ein Werk Gottes darstellt, das sich irdisch durchzusetzen beginnt. Blumhardts spezifische Deutung der Vorstellung von der »Wiederbringung aller Dinge« begegnet hier seinen pazifistischen Überzeugungen – und diese Verbindung wird eine der entscheidenden Wurzeln für eine politische Theologie sein, die sich in den folgenden Jahren entfalten sollte.

Kritik an der »Unterscheiderei zwischen Frommen und Unfrommen«

In der pietistischen Tradition seines Vaters stehend lässt sich bei Christoph Blumhardt eine Kritik an der »Lauheit« der Christenheit schon in den Jahren seines Vikariats nachweisen. Diese Kritik wird in den frühen 1880er Jahren präzisiert und gewinnt unter dem Leitmotiv der »Wiederbringung aller Dinge« dann auch eine neue, für die weitere Entwicklung sehr bedeutsame Facette: Die Begrenztheit des konfessionell aufgestellten Christentums gewinnt angesichts des Kulturkampfs in Deutschland vermehrt an Bedeutung.

Sie wird zunächst innerprotestantisch gewendet und lautet dann so: Die Zwistigkeiten innerhalb der protestantischen Konfessionsfamilie gefährden den gesellschaftlichen Frieden und sind damit ein Hindernis auf dem Weg zu einer universalen Friedensgesellschaft, auf die ja die »Wiederbringung aller Dinge« zuläuft. Die auf »Bekehrung« angelegte Missionsarbeit gerät damit ebenfalls in die Kritik: Wenn sie lediglich darin besteht, Menschen einer Konfessionskirche zuzuordnen und damit zugleich andere Denominationen zu diffamieren, gefährdet sie den Weg hin zur Versöhnung und zum kosmischen Frieden. »Das Schlimmste ist, wenn wir Christen immer die Leute anders machen wollen. Wo hat uns der liebe Gott gesagt, dass wir sollten die Leute bekehren? Das ist nirgends gesagt! Ich habe bloß in Jesu das Band des Friedens an die Leute zu schlingen. [...] Das ganze Werk Christi geht verloren mit der ewigen Unterscheiderei zwischen Frommen und Unfrommen. Wo hat das der Heiland getan? Das verderbt die Leute gewaltig.«[70] Damit nimmt Christoph Blumhardt eine Position jenseits der Linien des Kulturkampfes ein; er kritisiert das konfessionell aufgestellte Christentum entweder, weil es auch unter dem Einfluss amerikanischer Prediger lediglich »fromm« daherkommt und den Namen »Jesus« im Munde führt, ohne die gesellschaftlichen Probleme anzusprechen. Oder aber er kritisiert das konfessionell aufgestellte Christentum dort, wo es in dogmatischen Lehrformeln verharrt und zur Ausgrenzung anderer Menschen beiträgt: »Das gelehrte Christentum ist ein böses Ding. Es ist mir auch in meinem Hause oft für manche Leute Angst. ›Lernet doch nichts vom gelehrten Christentum‹, möchte ich jedem sagen, ›sondern werdet anders!‹ Es muss etwas Neues in einem leben; dann ist man anders und tut nicht bloß so. Wir wissen ja: eine Wiedergeburt ist für jeden bereit, seitdem der Heiland im Himmel ist.«[71] Da »Wiedergeburt« und »Wiederbringung aller Dinge« bei Christoph Blumhardt identische Begriffe sind, bedeutet dies in diesem Zusammenhang: Die Zukunftshoffnung auf eine neue Zeit und neue Gesellschaft, in der alle Menschen und alle Kreaturen zu einem friedlichen Ganzen zusammenfinden, ist auch das entscheidende Movens der Kritik an den Kirchen. Die Grenzen der konfessionellen Kirchen werden überwunden und es vollzieht sich eine Öffnung gegenüber den außerchristlichen Bewegungen, in denen es ebenfalls um eine »Wiederherstellung« aller Menschen bzw. Kreaturen und ihrer Lebensbedingungen geht.

Damit ist der Weg vorgezeichnet, den Christoph Blumhardt in den folgenden Jahren konsequent verfolgen wird. Es deuten sich damit zugleich die vier miteinander verwobenen, entscheidenden Elemente seiner theologischen Position an: die Hoffnung auf eine »Wiederbringung aller Dinge«, das aktive oder kämpferische Zurechtbringen wahrhafter Lebensbedingungen für alle Menschen und Kreaturen, die Mitarbeit an einem weltumfassenden Friedensreich jenseits der nationalen Bestrebungen sowie die kritische In Fragestellung einer am Individualismus, Profit und Reichtum orientierten Wirtschafts- und Lebensweise.

KAPITEL 2

Weltchristentum und »Evangelium des Lebens«

(Frühjahr 1888 bis 1893)

Biographische Stationen

Zerbrechen der bisherigen Hoffnungen
(Frühjahr 1888)

Während seiner Rückreise von Berlin über München, wo Christoph Blumhardt – wie auch schon zuvor in Berlin – gepredigt hatte, verstarb Hans-Jörg Dittus. Sein Tod kam nicht überraschend, sondern war nach einer längeren Zeit der Erkrankung durchaus absehbar gewesen. Dennoch löste sein Tod in Christoph Blumhardt tiefe Trauerprozesse aus. Mehr noch: Sein Tod leitete eine neue, entscheidende Phase seines Wirkens ein.

Die Rolle, die Hans-Jörg Dittus für Christoph Blumhardt eingenommen hatte, würdigte er in der Beerdigungsansprache am 23. März 1888. Christoph Blumhardt nannte Hans-Jörg Dittus dort einen »besonders ausgerüsteten Diener in unserem Hause«. In »geistlichen Dingen« sei bei ihm nie eine »Irrung« vorgekommen. Als »Ratgeber in allen Lebenslagen« sei ihm eine besondere »Macht des Betens« eigen gewesen: »Ich kann euch gar nicht sagen, was es mir gewesen ist, einen Mann zu haben, der immer ungeschminkt die Wahrheit sagte. Jeden Tag begab ich mich drei- bis viermal in sein Zimmer, damit ich doch immer konnte im Klaren bleiben; denn ich weiß, wie sich der Mensch täuscht auf Erden.«[72] Mit dem Tod des letzten der drei Dittus-Geschwister verlor Christoph Blumhardt einen wesentlichen Teil seiner Orientierung, weil Hans-Jörg Dittus das letzte Verbindungsglied zur Tradition seines Vaters darstellte. Das Bad Boller Heilungsnarrativ, das sich an einzelne Personen und deren Gesundung band, verlor endgültig seine Relevanz. Auch wenn es schon unter dem Einfluss der Theologie Johann Tobias Becks durch Christoph Blumhardt kosmologisch umgeprägt worden war, hatte er es in der pastoraltheologischen Praxis des Kurhauses bis 1888 in Seelsorge, Andachten und Gebetsheilungen fortgeführt. Nach 1888 lassen sich keine Schilderungen von Gebetsheilungen mehr in den Dokumenten finden – im Gegenteil: Die sehr kritische Abgrenzung von der Tradition der »Heilungsanstalt« Bad Boll tritt nun in den Vordergrund.

Mit Blumhardts Geburtstag am 1. Juni 1888 und seiner an diesem Morgen gehaltenen Andacht wird die Neuorientierung und der Wandel seines Wirkens zum ersten Mal greifbar, so dass das Frühjahr 1888 als der entscheidende Wendepunkt in seiner Biographie verstanden werden kann. »Heute ist ein ganz neuer Geburtstag, den ich heute feiere, mit ganz anderen Empfindungen als früher; denn ich musste alles hergeben, was ich lieb gehabt habe. Und heute stehe ich zum ersten Mal da als Einer, dessen Hoffnungen alle zu Grabe getragen sind, nämlich die nächsten Hoffnungen, die mir geschenkt wurden.«[73] Die Hoffnung auf das Kommen des kosmischen Friedensreiches, die Christoph Blumhardt fest an das leibliche Leben der drei Dittus-Geschwister gebunden hatte, war es nämlich, die im Frühjahr 1888 zerbrach. An die Stelle dieser an Personen ausgerichteten Hoffnung trat nun die Hoffnung auf ein göttliches Friedensreich, das durch die Zusammenarbeit von Gott und Weltgesellschaft herbeigeführt wird.

Schwere persönliche Krise (1889/1890)

Den wenigen erhaltenen Andachten des Jahres 1888 ist zu entnehmen, dass sich Christoph Blumhardt in einem sich verstärkenden Maße nicht mehr im Vollbesitz seiner Kräfte empfand. Ihm schien nach dem Tod von Hans-Jörg Dittus die Sinnhaftigkeit seines Tuns im Bad verloren gegangen zu sein; der Umgang mit den Gästen des Kurhauses fiel ihm immer schwerer. Christoph Blumhardt litt mit höchster Wahrscheinlichkeit an einer massiv fortschreitenden psychosomatischen Erkrankung. Unter den heute gegebenen Umständen wäre vermutlich von einer schweren Burn-Out-Erkrankung gesprochen worden – verbunden mit schweren depressiven Zuständen sowie einer psychosomatisch zu erklärenden, äußerst schmerzhaften Erkrankung im Magen- und Darmtrakt. Ausgelöst wurde sie durch die beschriebenen Todesfälle, aber auch durch eine Erkrankung seiner Frau Emilie in Folge der Geburt von Gottliebin Blumhardt (1889 bis 1976): Emilie Blumhardt war unter der Geburt auf Grund von Geschwülsten im Halsbereich beinahe erstickt, so die Schilderung Christoph Blumhardts. Sie musste im Frühjahr 1889 mehrfach notoperiert werden, wobei Christoph Blumhardt die erfahrene medizinische Tätigkeit der Ärzte und deren Fähigkeiten schwer beeindruckten. Christoph Blumhardt sah auch die Erkrankung seiner Frau durch das Ertragen von sehr hohen Erwartungen der Gäste in Bad Boll, für die Emilie als »Hausmutter« verantwortlich war, verursacht. Deswegen verreiste er mit seiner Frau am 13. April 1889 nach Italien, um von dort erst zwei Monate später am 14. Juni 1889 wieder zurückzukehren. Die zahlreich erhaltenen Briefe an seinen Sekretär Theophil Brodersen (1859 bis 1938), einem Sohn aus der ersten Ehe von Heinrich Theodor Brodersen und Gottliebin Dittus, geben ein lebendiges Zeugnis der inneren Kämpfe ab, die Christoph Blumhardt in dieser Zeit zu bestehen hatte:

In Norditalien erlebte er einen ihn abstoßenden Katholizismus, so dass sich seine kritische Haltung gegenüber der Institution Kirche entscheidend vertiefte: »An die Karwoche muss ich viel denken, die Glocken um den See herum bimmeln aus den armen Gräbern (genannt Kirchen) jämmerlich heraus und durstige Seelen strömten schon am Palmsonntag mit Weidenkätzchen in ihre Gräber. Wie gern hätte ich hineingerufen: ›Kommt

10 Christoph Blumhardt im Studierzimmer zusammen mit seinem Sekretär Theophil Brodersen, 1890

heraus!‹ Euer Gott ist nicht im Grabe! Er ist im Himmel, und auferstanden ist Jesus der Gerechte und Wahrhaftige unserer Zeit! Aber das ellenlange Geschrei der Pfarrer schlägt um die Ohren des Volkes so langweilig wie die Wellen des Sees an die Ufer plätschern. Das Geplätscher ist immer dasselbe und die Ufer bleiben dieselben. So sind die Kirchen in der Welt unter den Menschen.«[74] Die Kirchen, die er durchgängig in den darauf folgenden Wochen lediglich als »Gräber« bezeichnete, sind für Christoph Blumhardt ein einziger Ort des »Betrugs« und die Pfarrer »Betrüger«, die »das Volk für Narren halten«. »Die Seelen aber laufen diesen Huren nach, meinend, sie tun einen Gottesdienst.« Das Christentum als Ganzes stand für ihn auf einmal in Frage: »Oh, die Christen! Oh, das Christentum! Es hat alles zusammengeholfen, die Erde mit neuem Anstrich den Menschen gefällig zu machen, und darin liegt der Grundbetrug des Christentums. Die Alten seufzten nach dem Reich Gottes, alle Propheten und Männer Gottes im alten Bunde sehnten sich nach dem Reich, und wir sind zufrieden und machen uns heimisch mit dem Christennamen ohne Christus, mit Religionen ohne Leben.«[75]

Christoph Blumhardt suchte in Italien nach einem »neuen Weg« für Bad Boll, aber auch für sich persönlich. Jeden Wunsch der dortigen evangelischen Gemeinden nach einem Predigtdienst schlug er aus; er war offensichtlich froh, dass er nicht als Pfarrer erkannt wurde und stellte für sich den Predigtdienst sogar grundsätzlich in Frage:

»Aber ganz besonders unerträglich wird mir mein äußerer Stand und Beruf als Christ und noch mehr als Pfarrer. Es kommt mir vor, ich sei in diesem Rahmen wie ein Mensch, der in Soldaten-Uniform herumgeht, ohne Soldat zu sein. Vor Gott ist es ja wohl mit mir anders, aber es wäre mir unmöglich, mich hier unter den Menschen herauszugeben in der kirchlichen Eigenschaft eines Christen. Darum werde ich auch für alles Mögliche gehalten: Landwirt, Rittergutsbesitzer, dabei man sich noch alles Mögliche denken kann. Auf den Pfarrer ist, Gott sei Dank, noch niemand gekommen; der wenigstens scheint tot zu sein. Eine Marmorsäule werde ich aber nicht auf sein Grabmal machen lassen. Der Widerwille, den ich als Student gegen das kirchliche Amt hatte, wacht wieder in mir auf, so dass ich wohl zu kämpfen habe, auch nur einstweilen in diesen Rock hineinzuschlüpfen.«[76]

Im Christentum, das er im gleichen Zusammenhang als »Unmenschentum« und »Betrug am Leben« bezeichnete, wollte Christoph Blumhardt seinen Weg nicht mehr gehen; auch seine Zeitgenossen sah er in vollkommen anderen Bezügen stehen: Positive, lebendige Erwartungen würden nach seinem Eindruck auch die Zeitgenossen nicht mehr an das Christentum knüpfen. Aus diesem Grund suchte er auch für Bad Boll nach einem »neuen Weg«. Offen sprach er gegenüber seinem Sekretär in Bad Boll aus, dass er »krank« sei: Sein Körper sei wie ein »altes Rennpferd«, das verjüngt werden müsse. Seine Bindung an konkrete, einzelne Menschen wollte Christoph Blumhardt nach seiner Selbsteinschätzung ablegen und sich wie auch die Gemeinschaft in Bad Boll in die Freiheit führen.

Auch nach seiner Rückkehr zog sich Christoph Blumhardt in das in Eckwälden errichtete Gästehaus zurück, ohne irgendeine Andacht im Kurhaus zu halten. Vertreten wurde er in dieser Zeit durch seinen Bruder Theophil; sein Sekretär Theophil Brodersen steuerte in dieser Zeit weitgehend die ökonomischen Angelegenheiten des Bades, wenn Christoph Blumhardt auch schon erste Entscheidungen hinsichtlich einer baulichen, organisatorischen und personellen Reform des gesamten Kurbetriebes vornahm. Aus Eckwälden schrieb Christoph Blumhardt an seine Tochter Clara: »Ich sitze in Eckwälden als ein kranker Mann vor Menschen. Vor Gott aber will ich gesund sein, und meine Krankheit muss auch Gott dienen. Wie lange es dauert, weiß ich nicht. Es ist eine Leere, und diese muss ausgehalten werden, bis Neues wieder kommt am Himmel.«[77] Auch die Erkrankung von Emilie Blumhardt war noch nicht überwunden; im Spätherbst hielt sie sich für mehrere Wochen im Katharinenhospital Stuttgart auf, währenddessen Christoph Blumhardt als Vater versuchte, die heranwachsenden Kinder zu betreuen. Erst im Frühjahr 1890 sind dann wieder Andachten Blumhardts überliefert; es spricht vieles dafür, dass Christoph Blumhardt eine erste Predigt nach seiner Erkrankung am 13. April 1890, am Sonntag der Konfirmation in Württemberg, gehalten hat.

Weitere Kuraufenthalte und Erholungsreisen (1889 bis 1893)

Auch in den Jahren nach 1889/1890 unternahm Christoph Blumhardt immer wieder Reisen in die Schweiz, nach Italien, aber auch nach Böhmen, um sich zu erholen, Abstand von der Arbeit in Bad Boll zu gewinnen und um sich zu besinnen. Zumeist besuchte er auf diesem Wege auch Freunde, vor allem auf seinen Rückreisen nach Aufenthalten in Norditalien. Im März 1890 hielt sich Christoph Blumhardt ebenfalls in Bad Wörishofen zur Kur auf; auf diese Weise lernte er auch Pfarrer Kneipp kennen. In einem Brief stellte er die erste Begegnung mit ihm so dar: »Er fragte mich dann, was mir fehle, und ich ließ in meine Antwort die Rede fallen, dass ich sehr von Menschen überlaufen werde. Da sagte er: ›Wozu denn?‹ Ich: ›Es wollen mir viele beichten.‹ ›Beichten?‹, meinte er. ›Sind Sie ein katholischer Pfarrer?‹ ›Nein‹, sagte ich, ›aber wunderbarer Weise gibt's auch bei uns noch Beichte.‹ Damit war sein Interesse rege. Er bot uns Stühle an, setzte sich behaglich aufs Sofa und fing nun mit warmem Herzen an, uns auseinanderzusetzen, wie wir Protestanten uns der Zersplitterung hingeben.«[78] Mit Wasserbehandlungen und Diäten versuchte Christoph Blumhardt wieder zu Kräften zu kommen. Insbesondere während der Erholungsfahrten in Italien und der Schweiz (1891 bis 1893) erhoffte er, eine neue Orientierung zu finden, wobei gerade Natur- und Lebenserfahrungen eine zentrale Rolle für ihn spielten. Er begann wieder, »Lebenslust in dieser Freiheit und aufsprießenden Natur«[79] zu spüren. Zugleich sprach er erneut von den in Bad Boll nötigen »Neubildungen«, die anzugehen und durchzusetzen seien. Erst im Laufe des Jahres 1893 scheint sich Christoph Blumhardt endgültig von seiner langandauernden psychosomatischen Erkrankung nachhaltig erholt zu haben. Wiederum waren es Naturerfahrungen, die ihn stärkten. Während seiner Erholungsreisen in Oberitalien

1893 empfand er die Bergwelt besonders intensiv, so dass er schließlich aussprechen konnte: »Und so schwellen die Segel der Hoffnung auf Wiederbringung des Ursprünglichen.«[80] Diese letzte Bemerkung zeigt: Christoph Blumhardt geriet 1888 nicht nur deswegen in eine schwere Krise, weil er unter einer zu großen Arbeitsbelastung litt, sondern auch deswegen, weil ihm die Hoffnungsperspektive, die eschatologische Vision, mit dem Tod von Hans-Jörg Dittus verloren gegangen war. Während der Jahre zwischen 1890 und 1893 fand er zurück zu einem neuen theologischen Fundament, das er nun als das »Evangelium des Lebens für die ganze Kreatur« beschrieb.

Ökonomische Krise in Bad Boll und Umstrukturierungen (1890 bis 1893)

In den Jahren nach 1888 scheint das Bad vor großen ökonomischen Herausforderungen gestanden zu haben. Es muss wohl zu dieser Zeit Gerüchte gegeben haben, Bad Boll stünde kurz vor dem »Untergang« und dem Konkurs. Über mehrere Jahre hinweg klagte Christoph Blumhardt über mangelnde Besucherzahlen, erkannte jedoch aber auch, dass dies mit fehlenden Investitionen in die Infrastruktur des Bades, der desolaten Situation des von seinem Bruder Nathanael verwalteten Hofes sowie mit organisatorischen Mängeln im Kurbetrieb zusammenhing.

Um diesen Problemen abzuhelfen, ließ Christoph Blumhardt schon im Jahr 1889/1890 bauliche Veränderungen größerer Art vornehmen: Es wurde der große Saal vollkommen saniert und am 15. Januar 1890 mit einem Fest seiner zukünftigen Bestimmung übergeben. Im Gästehaus Eckwälden wurden 1891 neue, der Zeit angemessene Gästezimmer geschaffen und 1893 eine durchgehende Wasserversorgung auf allen Zimmern im Kurhaus herge-

11 Der Hof in den 1890er Jahren

stellt, wobei eine Quelle in einem Schieferbruch neu gefasst und mit einem Leitungssystem verbunden werden musste. Auch die Bewirtung der Gäste in der »Wirtschaft«, die Christoph »großen Kummer« machte, wurde verändert: Die Gäste sollten sich in der »Wirtschaft« erfrischen können, ohne dass Mitarbeitende des Kurhauses zugleich »ein Glas Bier« trinken und bei jedem Gespräch der Gäste untereinander mitreden. Christoph Blumhardt wollte mit solchen Maßnahmen dem hohen Wert der Gastlichkeit mehr Aufmerksamkeit zukommen lassen. Dies zeigen auch Versuche im Dezember 1893, den Empfang der Gäste sowie deren Betreuung im Laufe des Aufenthaltes personell vollkommen neu zu regeln. Schließlich setzte Christoph Blumhardt in diesen Jahren alles daran, ein geordnetes Rechnungswesen im Bad einzuführen: Es ist »auch bei uns stille, und nur immer werde ich angewiesen, das Meine auf Erden zu tun und, so viel ich kann, hier aufzuräumen und alles in Ordnung zu bringen. Es musste mit vielen ernst gesprochen werden: entweder – oder. Das Sich-gehen-Lassen vieler muss eben aufhören. Darum habe ich jetzt

12 Theophil, Christoph und Heinrich Theodor Brodersen beim Billardspiel im kleinen Speisesaal des Kurhauses. Im Hintergrund als ovales Bild: Johann Christoph Blumhardt. Der Spruch darunter lautet: »Israel vergiss mein nicht«

auch in allen Haushaltungen herumgeschaut und auch ein äußeres Rechnungswesen eingeführt, damit auch nach dieser Richtung mehr Wahrheit in Leben und Arbeit kommt. Fehler der Einzelnen sollen an den Tag kommen wie auch Gutes. Denn damit allein ist jetzt Gott gedient, dass nichts mehr sich verschlupft und versteckt und auch jedes selbständig wird und handelt aus eigener Liebe zur Wahrheit, nicht um meinetwillen. Wir dürfen nur an nichts mehr kleben und alles mehr provisorisch nehmen als bisher, dürfen wie der Vogel von Ast zu Ast fliegen ohne Sorgen; auch ein Nest muss frischweg wieder verlassen werden können. So bereiten wir uns am besten.«[81]

Alle Veränderungen und Reformen dieser Jahre müssen als Ausdruck für Blumhardts neues theologisches Fundament verstanden werden: Dem Kommen des Reiches Gottes muss durch menschliches Lebens-Handeln innerhalb der Welt entgegengearbeitet werden: Ein »Durchhangeln« im Sinne einer bloßen Jenseitserwartung sowie einer damit verbunden Entwertung des

Irdischen war für Christoph Blumhardt nach 1888 nun in keiner Weise mehr tragbar. Auch sein Arbeitszimmer im Kurhaus ließ er als Zeichen dieser Neuorientierung verändern: Er trennte sich von einer Fülle von theologischer Literatur und anderen »Christlichkeiten«. »Meine Liebe zu Gott ist, dass ich nun lebe und euch etwas sein kann im Leben.«[82]

Scharfe Abgrenzung von Adolf Stoecker (1892)

Während seines Berliner Aufenthalts im März 1888 war Christoph Blumhardt im Haus Stoeckers zu Gast; mit ihm hatte er eine Fülle von Gesprächen gesucht und seine Kontakte zu nationalkonservativen Vertretern genutzt. Dabei wusste er sich in Vielem mit Stoecker einig, wenn auch schon vor der Wende des Frühjahrs 1888 erste kritische Töne zu vernehmen waren. Insbesondere sah er schon damals die Parteiarbeit Stoeckers mit kritischem Auge an – nicht aus dem Grund, dass er die von Adolf Stoecker mitgetragene Partei ablehnte, sondern weil er mit dem Parteiengezänk nichts anzufangen wusste.

Nach seiner Neuorientierung im Frühjahr 1888 wich diese vorsichtige Kritik jedoch einer scharfen Ablehnung: Adolf Stoecker wird mit zum Teil beißender Kritik bedacht. »Stoecker tut mir leid. Die Idee, man brauche einen Reformator und er sei es vielleicht, durchbricht seine Wirksamkeit. Wir dürfen keinen Reformator mehr erwarten, sondern nur Christus, den Herrn und sein Reich.«[83] Dabei beabsichtigte Christoph Blumhardt keineswegs, die kirchliche Sozialarbeit als solche mit seiner Kritik zu treffen, wohl aber die Motivation ihrer Verantwortlichen und die Erwartungen der Hilfeempfänger: Christliche Dienste, die nur um der Seligkeit willen getan werden bzw. Gaben, die lediglich der Überwindung von Not dienen, ohne dass sich dabei die grundlegenden Verhältnisse und Strukturen oder auch Lebensweisen verändern, sind für Christoph Blumhardt Betrug an Gottes Verheißung einer zukunftsfähigen Welt. Kirchliche Sozialarbeit, die lediglich Wunden verklebt und oberflächliche Hilfe leistet, ist keine Arbeit, die dem wahren Leben, der Realisierung von gerechten Lebensverhältnissen und damit dem Kommen des Reiches Gottes dient. Mit einem solchen »Seligkeits-Christentum« hatte Christoph Blumhardt nach seiner Wende 1888 radikal und für die weitere Zeit seines Lebens endgültig gebrochen.

Bad Bolls berühmter Gast: Hermann Hesse (1892)

Vielfach Erwähnung findet die anekdotenhafte Berichterstattung darüber, dass im Jahr 1892 Hermann Hesse nach Bad Boll kam, nachdem sich seine Eltern, die der Familie Blumhardt über die Missionsarbeit schon lange bekannt waren, an Christoph Blumhardt gewandt hatten. Christoph Blumhardt war bereit, Hermann Hesse aufzunehmen: »Gerne bin ich bereit, Ihren Sohn aufzunehmen, und mit wärmster Teilnahme will ich mich seiner annehmen und sehen, wo der eigentliche Grund seiner Missbildung liegt. Es kann eine Gestörtheit sein und ein tieferes Seelenleiden vorliegen; es kann aber auch bloß eine Verschränktheit sein infolge der Schulbildung. Nicht alle jungen Leute ertragen die heutige Art des Studierens und verlieren sich selbst. Es wird viel darauf ankommen, wie er's aufnimmt, dass er hierher kommt. Ich rate, ihm selbst zunächst den Gedanken, hierher zu kommen, vorzulegen, dass sich in ihm selbst die Veränderung seiner Lebensstellung vorbereiten kann und es ihm nicht als eine Gewaltmaßregel erscheint. Vielleicht erkennt er selbst an, dass etwas Krankhaftes ihn umtreibt, so dass er gerne etwas für seine Gesundheit tut. Alles schroffe Behandeln muss vermieden werden; denn nur langsam wird sein Geist sich zurechtfinden.«[84] Christoph Blumhardt versuchte, Hermann Hesse für praktische Arbeiten zu begeistern, was ihm jedoch nur in einem sehr beschränkten Maße gelang: Das Ordnen des umfangreichen Notenmaterials im Kurhaus befriedigte Hermann Hesse nicht. Nach suizidalen Gedanken und Handlungen des jungen Hermann Hesse, der sich in eine 7 Jahre ältere Frau in Bad Boll verliebte, die seine Liebe nicht erwiderte, hatte Christoph Blumhardt zunächst empfohlen, Hermann Hesse in die Psychiatrie nach Göppingen zu bringen. Jedoch ergab sich dann doch, dass Hermann Hesse am besten in der »Schule für Schwachsinnige« in Stetten untergebracht werden könnte: »Recht froh bin ich, dass Pfarrer Schall Ihren Sohn aufgenommen hat. Es ist das Einzige, was mir noch einfiel. Es handelt sich darum, dass Ihr Sohn über seine Jugendjahre hinausgebracht wird, ohne dass er sich vollends zugrunde richten darf in seinem Ärger und Murren. Später, wenn er älter ist, hoffe ich, rektifiziert sich bei ihm vieles. Der eigentliche Verstand ist bei ihm unterentwickelt. Der kann aber nachkommen. Mit inniger Teilnahme gedenke ich seiner mit Ihnen vor Gott. Ich bin froh, mit dem Schrecken davongekommen zu sein, werde aber den Schrecken nicht bald wieder vergessen.«[85] Von der erlebten Stimmung in Bad Boll berichtet die Erzählung »Heumond« von Hermann Hesse. Insbesondere mit den Bewertungen Blumhardts über den jungen Hermann Hesse und dessen »Gestörtheit« ist diese kurze Begegnung mit Bad Bolls berühmtem Gast eine schöne Erzählung!

Familiäre Veränderungen (1889 bis 1892)

Schon Erwähnung fand, dass Emilie Blumhardt unter der Geburt des zweitjüngsten Kindes Gottliebin (geb. am 3. Januar

1889) schwer erkrankte. Nach mehreren Halsoperationen, die in diesem Zusammenhang nötig wurden, schrieb Christoph Blumhardt Ende Januar 1889 einen Dankpsalm, der auch in den Gottesdiensten ausgesprochen wurde: »Du sandtest Jesum Christum, unseren Herrn, er brachte Leben, wo Tod war; sein Leben hat uns Tote lebendig gemacht, und in ihm leben wir. Ja, in dir leben wir als die Gestorbenen, in dir, Herr Jesu, du Herrscher aller Welten!« Am 24. März 1889 wurde Gottliebin Blumhardt getauft; die Namensgebung erinnert an Gottliebin Dittus, die im Januar 1872 und deren Bruder Hans-Jörg genau ein Jahr zuvor, im März 1888, verstorben waren. Obwohl es dafür keine Nachweise in den Briefen gibt, ist davon auszugehen, dass die Namensgebung nicht zufällig getroffen wurde.

Blumhardts älteste Tochter Dorothea (1872 bis 1947) heiratete am 15. März 1892 Theophil Brodersen (1859 bis 1938), Blumhardts Sekretär und Geschäftsführer. Dessen erste Frau Berta Knödler (1854 bis 1890) war zwei Jahre zuvor verstorben und hinterließ vier Kinder. Schon im Vorfeld der Trauung muss es zu Gerede über die Beziehung von Theophil Brodersen und Dorothea Blumhardt gekommen sein, so dass sich Emilie und Christoph Blumhardt mehrfach darüber brieflich austauschen mussten. Auch die Hochzeitsvorbereitungen scheinen Christoph Blumhardt nicht sonderlich erfreut zu haben: »Das Äußere des Festes macht mir ohnehin Mühe vor Gott. Mir kommt's vor wie ein Karneval vor der Fastenzeit. Aber man muss es ebenso halten, weil alle Welt es so will und man anders nur Anstoß erregen würde. Vielleicht darf's dann noch zu etwas dienen.«[86]

13   Emilie Blumhardt mit Gottliebin Blumhardt auf dem Schoß, 1890
14   Dorothea Blumhardt und Theophil Brodersen
15   Gesellschaftswagen bei der Abfahrt der nordischen Verwandten in Bad Boll nach der Hochzeit von Dorothea Blumhardt mit Theophil Brodersen. Die Zurückbleibenden: Theodor Brodersen mit seiner Frau und hinten rechts: Emilie Blumhardt

Biographische Stationen

16 Immanuel und Gottliebin Blumhardt

Wenige Wochen nach der Hochzeit verstarb Blumhardts ein Jahr älterer Bruder Carl (1841 bis 1892) in Bad Boll. Schon in den Jahren zuvor hatte sich Christoph Blumhardt intensiv um seinen Bruder gekümmert, mit dem er zusammen aufgewachsen war. Carl Blumhardt hatte versucht, mit dem Erbteil seines Vaters in der Nähe von Elberfeld eine Firma aufzubauen, in der Loren für den Eisenbahnverkehr hergestellt wurden. Dieses Unternehmen scheint ökonomisch zu einem Desaster verkommen zu sein, so dass Christoph Blumhardt der drohenden Insolvenz dadurch zuvorkam, dass er im Oktober 1890 nach Elberfeld fuhr, um das Unternehmen an einen befreundeten Pfarrer in Elberfeld zu verkaufen. Carl Blumhardt holte er im Anschluss an den Verkauf des Unternehmens nach Eckwälden, wo er von nun an lebte. In seiner Traueransprache beschrieb Christoph Blumhardt seinen Bruder durchaus liebevoll als Lebenskünstler: Er habe keinen Atemzug ohne Angst getan an der Seite seines Bruders. »Wir hatten uns lieb, wie kaum zwei andere. Er war gleichsam ein wilder Büffel und ich ein zahmes Büblein.«[87] Er war »wie Gold, aber eine Sprungfeder in ihm war nicht ganz in der Ordnung«.[88] So kam es zu »Lebensschicksalen«, die ihn tief fallen ließen, so Christoph Blumhardt.

Schließlich wurde im gleichen Jahr 1892 Blumhardts jüngstes Kind Immanuel (1892 bis 1916) geboren und am 21. August 1892 von Christoph Blumhardt getauft.

»Gedanken aus dem Reich Gottes«

Die neue Einsicht, die sich nach 1888 für Christoph Blumhardt auftat und die neue Perspektive, die sich dadurch für das Leben im Kurhaus eingestellt hatte, findet sich zusammengefasst in dem Büchlein »Gedanken aus dem Reich Gottes, im Anschluss an die Geschichte von Möttlingen und Bad Boll und unsere heutige Stellung. Ein vertrauliches Wort an Freunde«. Es lag im Selbstverlag zwar erst 1895 gedruckt vor, spiegelt aber die Wende des Jahres 1888 wider und ist deswegen dieser Phase von Blumhardts Wirken zugeordnet. Im Zentrum der kleinen Abhandlung und Besinnung steht die Abgrenzung Blumhardts von seinem Vater: Dort habe die Losung geheißen: »Jesus ist Sieger!« Mit ihr konnte es sozusagen bedeuten, gegen den »Feind« auch einmal »loszuschlagen«. »Es war eine Zeit, in welcher Auge und Ohr auf den Feind gerichtet war; und dabei konnte das eigene Leben einstweilen in den eben gegebenen Formen und Einrichtungen bleiben.«[89] Die äußeren Institutionen innerhalb wie außerhalb der Kirche spielten keine Rolle, da es ja nur darum ging, gegenüber dem »Feind« in den Kampf zu ziehen und für die Zeit, wenn Gott kommt, »gerüstet« zu sein. So habe der Vater gelebt und so habe das Kurhaus sich eingerichtet. Nun aber sei die neue Losung: »Sterbet, so wird Jesus leben!« Damit stelle sich die neue Frage danach, wie die äußeren Ordnungen beschaffen seien. Es gehe um »Fortschritte« auf dem Weg hin zum gereinigten Leben der gesamten Schöpfung. Mit einer großen »Beschämung« gegenüber dem bisher Gelebten gehe diese neue

Einsicht einher. »Es gilt beweglich zu sein für Überraschungen, es gilt Fortschritte zu gewinnen, Überlebtes abzuschaffen, Zeitgemäßes anzunehmen«[90] – auf dem Weg hin zu dem einen Ziel: »die Aufhebung des Todes«. Diese Veröffentlichung Blumhardts zeigt sehr deutlich, wie und in welcher Tiefe Christoph Blumhardt sich vom Ansatz seines Vaters gelöst hatte und eine eigene Position einnahm. Sie zeigt aber auch, wie durchgängig Christoph Blumhardt von der Hoffnung auf eine Weltumwandlung, auf eine Allversöhnung bestimmt war.

Die Wende: Aufgabe der Sonntagspredigt in Bad Boll (1893/1894)

Auch wenn sich dieser Schritt schon länger angekündigt hatte, wurde es am 31. Dezember 1893 zum ersten Mal öffentlich: Christoph Blumhardt hatte für sich beschlossen, an den Sonntagen im Kurhaus – zunächst einmal für eine Übergangszeit – keinen formellen Gottesdienst mehr durchzuführen. In der Andacht am Altjahrsabend sprach er es zum ersten Mal aus, um es zugleich sowie auch am nächsten Tag gegenüber seiner Gemeinde zu begründen. Die Haus- und Gastgemeinde des Kurhauses bestand aus 150 bis 200 Gottesdienstbesuchern; sie scheint durch die Ankündigung Blumhardts betroffen und irritiert reagiert zu haben. Dies jedenfalls legen die Briefe zwischen Christoph Blumhardt und seiner Frau Emilie, die von einer Verärgerung mancher Gäste zu berichten weiß, sehr nahe. Ob Christoph Blumhardt mit diesen Reaktionen seiner Gäste und Hausbewohner gerechnet hatte, lässt sich nicht belegen, wird jedoch angesichts seiner ausführlichen Begründung in den letzten beiden Predigtgottesdiensten des Kurhauses anzunehmen sein. Höchstwahrscheinlich nicht gerechnet hatte er jedoch mit den sich daraus ergebenen Reaktionen im Dekanatsamt Göppingen, die sich erst im Januar 1894 abzeichneten und die schließlich dazu führten, dass aus einer Übergangsregelung eine endgültige Aufgabe der pfarramtlichen Rechte für die Bad Boller Hausgemeinde wurde.

Am Altjahrsabend 1893 kündigte er seinen Schritt vor der Haus- und Gastgemeinde im Gottesdienst so an:

»Ich will morgen noch einmal predigen und es dort auch in der Kirche verkündigen, dass an den nächsten Sonntagen keine förmliche Predigt gehalten werden wird hier; wer zu einer Predigt gehen will, hat ja immer unsere Dorfgemeinde, wo man hingehen kann und wo ich wahrscheinlich auch von Zeit zu Zeit hingehen werde. Die Meinigen bitte ich, mir auch in den äußeren Arrangements unseres Hauses in dieser Richtung beizustehen. Wenn es möglich ist, möchte ich, dass am Sonntag etwas später gefrühstückt wird, dass auch unsere Dienstboten sich hineinsetzen können und dann wollen wir miteinander fröhlich frühstücken und über direkt vorliegende Fragen uns besprechen.«[91]

Christoph Blumhardt begründete seinen entscheidenden Schritt zur Aussetzung des sonntäglichen Predigtgottesdienstes im Kurhaus zunächst damit, dass der Gottesdienst nur noch aus formellen Gründen besucht werde. Von ihm gehe keine verändernde Wirkung mehr auf die Teilnehmer aus: Man besuche, so Christoph Blumhardt, nur noch den Gottesdienst, um Gott ein »Opfer« zu bringen, »und dann ist es fertig«. Zugleich sei der Gottesdienst aus der Perspektive der Pfarrer nichts anderes mehr als »geistliches Getue«; er sei das »eitle« Festhalten an Festzeiten oder der verkrampfte Versuch, einen ganz und gar »unzeitigen Text« auszulegen, um daraus etwas »geistlich« an den »Haaren herbeiziehen« zu können. Im Gottesdienst komme Gott nicht mehr recht zur Sprache. Mit lauten Reden und eigener Sprache solle man aber den Weg hin zur Weltvollendung nicht vorauseilen. »›Es ist zu viel!‹, höre ich eine Stimme. Ihr macht mir Konkurrenz, und darum schweigt ihr einmal!«[92] Von diesem Zwang auf Seiten der Gottesdienstbesucher, für die der Gottesdienst zum »Opfer« werde, wie auf Seiten der Prediger, die einen unzeitigen Text auszulegen versuchen, wollte Christoph Blumhardt alle Beteiligten befreien. Gäste und Mitarbeiter sollen im Bad ein durch und durch »freies Leben« erfahren.

Der entscheidende Grund für die Aussetzung des sonntäglichen Gottesdienstes war jedoch noch ein anderer: Christoph Blumhardt ging es in der »Reich-Gottes-Arbeit« darum, dass das konkrete »Leibesleben« eine Veränderung erfährt. Das »Evangelium des Leibes für die ganze Kreatur« stand im Zentrum dieser Phase seines Wirkens. »Alle Verhältnisse der heutigen Zeit schreien nach Beispielen des Guten, nach Beispielen der Wahrheit.«[93] Die Menschen sollten, so Christoph Blumhardt, endlich »Menschen des Lebens« werden – und sie werden dies, indem sie den eigenen Leib zu dem Ort machen, an dem sich der wahre Gottes-Dienst vollzieht. »Da steigen wir also gleichsam von geistigen Höhen herunter auf den ganz einfachen Boden des Lebens, wo wir versuchen wollen, Wahrhaftiges und Richtiges zu gewinnen, damit man uns nicht mehr an den Worten fromm heißt und gottesfürchtig, sondern an den Taten.«[94]

Mit dieser Entscheidung setzt sich eine Linie fort und durch, die diese Phase seines Wirkens durch und durch bestimmt: eine Hinwendung hin zur Welt, zum irdischen Leben, zur Gestaltung der Weltverhältnisse, zum Erneuern der menschlichen Strukturen – als Voraussetzung dafür, dass dem kommenden Reich Gottes auch von menschlicher Seite aus der Boden bereitet wird. Gott und Welt, Gott und die Menschen, Gott und seine Schöpfung sind zwar radikal voneinander geschieden, aber auch zwingend miteinander verwoben und aufeinander im Sinne einer echten »Kooperation« angewiesen: Ohne das Wirksamwerden beider Seiten kann daraus nicht das werden, auf das alles hinausläuft: nämlich die »Wiederbringung des Ursprünglichen«.

Theologische Wegmarken

1888: Eine neue Losung für Bad Boll

Ohne jeden Zweifel ist davon auszugehen, dass auch für Christoph Blumhardt selber das Jahr 1888 zu einem Wendepunkt in seinem Wirken geworden ist – auch in theologischer Perspektive. Er habe nämlich eine »Stimme vom Himmel« her gehört, die rief: »›Sterbet! So wird Jesus leben!‹ Nicht ihr, ihr könnt nie bestehen, aber wenn ihr nichts mehr wollet, so wird Jesus für uns und in euch leben, und er kann bestehen, ihr nicht! – Das ist die Erklärung, weswegen seit dem Juli dieses Jahres (denn von da datiert es sich) diese Predigt in Bad Boll geführt wird.«[95] In dieser kurzen, zusammenfassenden Beschreibung seiner Kehrtwende des Frühjahrs 1888, die Christoph Blumhardt selber in den Monat Juli legt, finden sich markante und entscheidende Aussagen in theologischer Sprache wieder, die das »Neue« der »Losung« für Bad Boll zur Sprache bringen.

»Nicht ihr, ihr könnt nie bestehen!«: Mit diesen Worten macht Christoph Blumhardt deutlich, dass sämtliche Bindungen an konkrete Menschen aufzugeben sind. Menschen können »nie bestehen«; jede Bindung an sie führt doch nur in die Unfreiheit. Mit dem Tod von Hans-Jörg Dittus im März 1888 und dem Zusammenbrechen seiner bisherigen Hoffnungen wurde ihm dies deutlich vor Augen geführt. Aber nicht nur konkrete Menschen, sondern auch konkrete Orte wie Bad Boll erscheinen ihm von nun an eine zu »kleine Welt«. Nicht der konkrete Ort mit seiner Geschichte, nicht die enge Gemeinschaft mit ihren kulturellen Prägungen ist für Gottes zukünftige Welt und sein Friedensreich bedeutsam, sondern die international zusammenhängende und weiter zusammenwachsende Welt: »Was jetzt als ein neuer Gedanke hindurch muss, was auch die Weltgeschichte und die ganze Entwicklung der Menschheit predigt, ist ein internationaler Himmel. Jetzt könnt ihr sagen, was ihr wollt – es gibt keinen deutschen Himmel mehr, kein englischer, kein französischer, sondern einen internationalen und das muss auch mein Haus repräsentieren.«[96] Wenn auch, wie Christoph Blumhardt zugleich betont, durch den engen Kontakt der Familie Blumhardt mit der Missionsbewegung immer schon Gäste aus der weltweiten Christenheit das Gemeinde- und Hausleben prägen, so wird spätestens mit der Wende des Jahres 1888 der globale Zug in Blumhardts Denken tragend und bestimmend. Der kritische Internationalismus Blumhardts, das entscheidende Fundament seines theologischen Denkens nach 1888 bis zu seinem Tod, ist in der »neuen Losung« angelegt. Das »Neue« an seiner »Losung« des Jahres besteht in der bewussten Abkehr von einer auf die Bad Boller Gemeinschaft ausgerichteten Lebensart.

»Sterbet! So wird Jesus leben!«: Dieser Aufruf tritt von nun an an die Stelle des bisherigen Bad Boller Narrativs »Jesus ist Sieger!«. In ihm vollzieht sich die Abkehr von der im Pietismus fest verankerten »Blut-Christi-Theologie«, aber auch von einer eher passivischen Haltung der »verkehrten« Welt gegenüber. Es müsse, so Christoph Blumhardt, nun zu einer »Auferstehungszeit« kommen, in der das »Auferstehungsleben an die Stelle des heutigen Sterbenslebens« tritt. Die ganze »Auferstehungsgewalt, die sich im Himmel gebildet hat, die ganze Welt Gottes muss herunter auf die Welt, und wir müssen sie da haben und wir werden noch den Triumph mithaben, dass Jesus Christus wiederkommt als der Auferstandene«.[97] Der Ruf nach, der Kampf für Leben, für ein Mehr an Leben und echter, wahrer Lebensqualität durchzieht Blumhardts Theologie in dieser Phase äußerst markant.

Die Losung »Sterbet, so wird Jesus leben!« darf also in dieser Phase seines Wirkens nicht als Abschiednehmen von der Welt verstanden werden, sondern als Aufruf, die Welt und das in ihr zur Wirkung kommende Leben im Besonderen zu achten und zu pflegen. Damit kommt eine entscheidende Wendung in den Blick, die sich nach 1888 massiv durchsetzen wird und für alle weiteren Jahre seines Wirkens bestimmend sein wird: Das Reich Gottes, die Allversöhnung, wird absolut konsequent diesseitig gedacht. Das Reich Gottes, das kosmische Friedensreich, wird als weltliche Größe vorgestellt und auch nicht nur auf einen engen Kreis der Glaubenden begrenzt. Pointiert kann Christoph Blumhardt noch im Juli 1888 aussprechen: »Ja, ich rühme mich dessen, ich will Weltchristen machen; d.h. Christen, die ein Herz haben fürs Reich Gottes, das sein Reich aller Welt werden soll, dass sie für den Gott sich begeistern, der ein Gott alles Fleisches ist.«[98]

Das Stichwort »Weltchristentum« ist entscheidend für die Zeit, die im Frühjahr 1888 begann. Auf eine »richtige Theologie«, auf korrekt interpretierte dogmatische Fixierungen, auf ein exakt vollzogenes Christsein oder auf eine Bindung an eine begrenzte Konfession kommt es Christoph Blumhardt nun endgültig nicht mehr an, sondern alleinig darauf, dass sich der Mensch als wahrhaft menschlich lebender Zeitgenosse positioniere. »Es gilt vor Gott weder Christ noch Heide; es gilt heute nur noch der Mensch. Du Mensch, seiest du, wer du wollest, komm her und opfere dich und sei mit ein Kämpfer für Gott und für den Menschen Jesus! Suche nicht ›Christen‹, suche Menschen!«[99]

Dem Reich Gottes muss von Seiten der Menschheit der Boden bereitet werden – und es geschieht dort, wo der Mensch sein wahrhaftes Menschsein lebt, achtsam mit sich, seinem Leib, seinen Mitmenschen und der gesamten Kreatur umgeht, sich von den Bindungen an ein konfessionell aufgestelltes Christentum löst, also ein »Weltchristentum« lebt, international zu denken bereit ist und damit als Auferstehungszeuge zukunftsfähige Lebensräume schafft.

Bad Boll – keine »Heilungsanstalt« mehr!

Mit Vehemenz und in sehr vielen Andachten dieser Phase nachweisbar wendet sich Christoph Blumhardt gegen das Verständnis, Bad Boll sei eine »Heilungsanstalt«. Teilweise sucht er sogar die bisherige Aufstellung des Kurhauses zu entschuldigen; er spricht in diesem Zusammenhang von einer verfehlten Entwicklung im Kurhaus, die dringend zu überwinden sei. Die erwartungsvolle Bitte einzelner Gäste um Gesundung wird von Christoph Blumhardt nach seiner Wende im Frühjahr 1888 abgetan: »Wenn viele Kranke zu mir kommen und sagen, ich solle mit ihnen beten, so ist das schon recht. Aber besser wäre es, wenn sie sagten: Ich bin mit Recht krank; denn ich habe mit meinem Leib getan, was ich wollte; ich habe gleichgültig in die Welt hinein gelebt. Jetzt aber will ich meinen Leib und alle meine Sachen dem lieben Gott übergeben.«[100] Die Erkrankung wird versachlicht, von jeder göttlichen Einflussnahme befreit und zu dem gemacht, was sie rein leiblich ist: zu einem medizinischen Phänomen, das auch in einer fehlerhaften Lebenshaltung begründet liegen kann. Gäste und Briefeschreiber, die schnell gesund werden wollen, werden von Christoph Blumhardt nun als »töricht« bezeichnet. Sie wollen »schnell fertig sein« und »bequem leben« und »verscherzen« sich damit den Weg zum Himmelreich, weil sie ihre eigenen Handlungsmöglichkeiten, zu einer neuen Lebensführung zu finden, übergehen. Die Hoffnung seiner Gäste auf Heilungswunder wird von Christoph Blumhardt von nun an als eine andere Abart der Leibesverachtung verstanden. »Mitkämpfer« für das Reich Gottes werden sie damit nicht, da sie die Ebene des Konkret-Leiblichen übergehen.

Christoph Blumhardt spricht zwar immer noch von »Wundern«, aber das Wunder ist für ihn nun nicht mehr die Heilung eines kranken Menschen, sondern seine wahrhafte Menschwerdung. »Sagt nicht, der Blumhardt will wieder Wunder! Ja, ich will auch Wunder, das Wunder, dass wir Menschen werden, Menschen Gottes werden – anders kann ich mir keine Hilfe denken! Und alles andere achte ich für Trug, nur das Eine, damit ist uns geholfen, das muss anders werden.«[101] Die wahrhafte Menschwerdung beginnt darin, dass der Mensch seinen Leib achtet, ihn als Basis des irdischen Lebens und des ewigen Lebens zu verstehen beginnt. Im Essen und Trinken, im Schlafen und Arbeiten, im geselligen Zusammenleben wie in der Verstandesarbeit muss das Menschwerden beginnen, so Christoph Blumhardt. »Im Leiblichen muss ich anfangen. Wenn ich da nicht klug bin, wie will Gott das Geistliche geben? Wer nicht die Lebensbasis gründlich für Gott ausgebildet hat, wer nicht die Gerechtigkeit und Wahrheit im Leib zu suchen und zu finden imstande ist, der wird nicht wandeln ›vor dem Herrn im Lande der Lebendigen‹.«[102]

Die Achtung des Physischen, die Zuwendung zur realen und konkreten Welt, der Schutz der natürlichen Lebensgrundlagen werden zur Basis seiner immer politischer werdenden Theologie. Dies führt auch dazu, dass Christoph Blumhardt die im Zuge der fortschreitenden Industrialisierung beginnende Übernutzung der natürlichen Grundlagen scharf kritisiert. Überall, so führt er im Sommer 1893 aus, gehe eine »Menge ursprünglicher Natur« zugrunde und werde zur »Wüste« gemacht – in Italien, im Vorderen Orient wie in Amerika. Der »Raubbau« nehme überall erschreckende Maßstäbe an und den Menschen gehe die »irdische Wendung« des Glaubens verloren. Dabei sei doch Jesus Christus auferstanden. »Wenn du das glaubst und kannst deinen Leib nicht hineintragen und schützen vor dem Verderben, so ist dein Glaube eine lächerliche Sache!«[103] Die »Vollendung der Schöpfung« beginne damit, dass wir uns und andere in Schutz nehmen, nicht an uns sowie an anderen verkommen lassen und auf den Leib achten. »Die Verheißungen sind ja alle für diese Erde gegeben. Sorgt mit Freuden für eure Kinder, Familien, Güter, Gewerbe in der Hoffnung, dass alles muss verklärt werden, das alles kann der liebe Gotte einmal noch brauchen!«[104] Die Zuwendung zum Leiblichen, zur gesamten Schöpfung, eben das »Evangelium des Leibes für alle Kreatur« ist das, was Christoph Blumhardt in dieser Phase als das »Weltchristentum« bezeichnet.

»Nationenhumbug« und der Krieg als schandbare Erscheinung

Es wurde schon mehrfach darauf hingewiesen, dass sich Christoph Blumhardt nach 1888 von Bad Boll als einer lediglich lokalen Größe, in der eine besondere christliche Gemeinschaft gepflegt wird, energisch zu lösen begann. Im Frühjahr 1888 sprach er von einem »internationalen Himmel«, der im Werden ist. Die zunehmende Wahrnehmung der internationalen Zusammenhänge im ausgehenden 19. Jahrhundert versteht Christoph Blumhardt als eine Bewegung, die »von Gott kommt, dem Gott, der ein Gott der Völker ist«. Dass nach und nach der »Geist der wahren und gerechten Internationalen« aufkommt, bewertet Christoph Blumhardt zunächst einmal äußerst positiv, wobei er allerdings nicht die imperiale Politik Wilhelms II. meinte, sondern einen kritischen Internationalismus, der auf mehr Gerechtigkeit im globalen Kontext drängt. »Endlich, endlich kommt ja dann die Zeit, wo sie (sc. die Rechtstriebe Gottes) stärker sind als der heutige Nationenhumbug.«[105] Wer dagegen – wie Kaiser Wilhelm II. – nur das Nationale im Blick habe und interessengeleitet agiere, provoziere damit letztlich den Krieg – und der ist in Blumhardts Augen nichts anderes als eine »schandbare Erscheinung«. Der Wahrheitsgott, der Gott, der alle Völker liebt, werde in jedem Krieg ad absurdum geführt. »Wir sollten uns schämen, den Christennamen hervorzuheben, während noch Krieg unter uns ist.«[106]

Die pazifistische Grundhaltung Blumhardts, die eschatologisch motiviert ist und die den Kern seiner Zukunftshoffnung darstellt, tritt mehr und mehr in Erscheinung – gerade auch in der zweiten Phase seines Wirkens. Sie begegnet hier verstärkt in der Abwendung von einer dominanten europäischen Leitkultur sowie in einer kritischen Auseinandersetzung mit Missionsbewegungen, die den imperialen Trieb europäischer Staaten verstärkend begleiten. Die Europäer sehen die Völkerstämme in Afrika und anderswo lediglich als »ungebildet« an, treten als die dominierenden Besserwisser auf und vernichten vollkommen zu Unrecht die indigene Kultur. Stattdessen liefern die betrügerischen Europäer »schlechtes Wasser und schlechten Branntwein« – alles Zeichen dafür, dass Europa, so Christoph Blumhardt, nicht vom Evangelium berührt sei. »Wir beschmutzen alles, wo wir hinkommen, und da kann sich niemand ausschließen, wir gehören mit dazu und machen einen üblen Eindruck bis in die höchsten Himmel hinein.«[107]

Auch die christliche Missionsbewegung habe an diesem »Beschmutzen« der Völker Afrikas oder Chinas regen Anteil. Sie christianisiere, indem sie »europäisiere«, im Gewand des Religiösen die europäische Leitkultur den indigenen Völkern aufdrücke und damit lediglich zum verlängerten Arm der imperialen Politik verkomme. Die Art der Weltmission solle konzeptionell, wenn sie friedensstiftend wirken will, dringend überdacht werden: »Denn es sollte auch einmal eine solche Mission aufkommen, da die Missionare von den Heiden getrieben werden und nicht immer nur die Heiden vergewaltigt werden. […] Vollkommen muss es sein, wenn in jedem Volk das Wesen Gottes in Christus natürlich und wahr in eigener Sprache und Sitte hervorsprudelt, dass auch einmal wir Europäer lernen könnten und zu lebendigerem Wesen angespornt würden.«[108] In einem beeindruckenden Maße finden sich hier bei Christoph Blumhardt Überlegungen, die in unserer Zeit »Postkolonialismus« genannt werden.

Kapitel 2: Weltchristentum und »Evangelium des Lebens«

Die Zeit der Kirche: Vorbei!

Kirchenkritik gehört zur inneren DNA des württembergischen Pietismus hinzu und ist der pietistischen Tradition, der Christoph Blumhardt entwachsen ist, seit dem 1743 erlassenen Pietistenreskript eigen. Schon vor der Wende des Frühjahrs 1888 war die Kritik an den Konfessionskirchen wahrnehmbar; sie entzündete sich bei Christoph Blumhardt vor allem an der konfessionellen »Unterscheiderei« bzw. an der Abgrenzung der christlichen Konfessionskirchen von den vermeintlich »heidnisch« lebenden Zeitgenossen. Mit der Wende des Frühjahrs 1888 wird die Kirchenkritik Blumhardts ungleich schärfer: Die Kirchen und das Christentum als Ganzes werden in Frage gestellt. Es sei ein Jammer, so Christoph Blumhardt, dass sich die Menschen Gott und Christus nicht mehr anders vorstellen könnten als »in einer dumpfen Kirche« oder in einer »gelehrten Predigt, die Herz und Nieren erstarren machen«. Gott zeige sich aber dort nicht, sondern alleine in allem Wahrhaftigen, »das Leben ist« und dem kosmischen Versöhnungshandeln einen Weg bereitet. Mit der Italienreise begann Blumhardts scharfe Kritik am kirchlichen Handeln, mit der Aufgabe des sonntäglichen Predigtgottesdienstes Ende 1893 endete dieser Prozess der Abgrenzung. Christoph Blumhardt war davon überzeugt: Die Zeit der Kirche mit ihren Gebräuchen, Sitten und konfessionellen Abgrenzungen ist vorbei. Im Fortschreiten hin zum kosmischen Friedensreich haben die Kirchen ihre Rolle endgültig eingebüßt.

Blumhardts Kirchenkritik fußt auf folgenden Einschätzungen: Die Kirchen sind zu einer Machtgröße verkommen und stellen damit das Evangelium in Frage. »Die Kirche macht sich groß, mächtig, herrschend, wird wie Babylon, aber Gott schweigt. Und schweigend wollen auch wir heute sein, denn wir schämen uns.«[109] Die Ursache für diese in den Kirchen gelebte Machtfülle sieht Christoph Blumhardt in den noch immer nicht überwundenen Anleihen an den Strukturen des »Römischen Reiches« begründet. »Wir stecken noch in den Schuhen des alten römischen Kaiserreiches.«[110] Diese Strukturen müssen zwangsläufig zusammenbrechen, da sie dem Menschen und seinen Eigenarten zuwider sind; so, wie das Römische Reich seinen Zusammenbruch erlebt hat, wird auch das konfessionelle Christentum seinem Ende und seinem Zusammenbruch entgegengehen.

Schon jetzt werden die Menschen in den Kirchen zu den »gottlosesten Menschen« herangebildet: Die Menschen sind am Christentum »ungläubig« geworden, da sie in ihm nicht zum versöhnenden Handeln, sondern zu »lästernden, spottenden Menschen« erzogen werden. Sie werden es, indem sie sich von anderen abgrenzen und alles besser wissen – vor allem, wenn es um dogmatische Formulierungen und Entscheidungen gehe. »Und wie gesagt, da muss es einem die Schamröte ins Gesicht treiben.«[111] Die Kirchen, so die Kritik Blumhardts, sind zu einem reinen Menschenwerk verkommen, in dem das wahre Evangelium des Lebens und der Achtung des Leibes nicht mehr vorkomme. Deswegen: »Wer weiß, wie lange die Christenheit noch besteht? Wir glauben an Gott, aber die Kirche ist von Menschen zusammengesetzt, und wenn's nicht vorwärts geht, wenn wir nicht zusammenhalten, bricht ein Stück los, um von Neuem geboren zu werden.«[112] Davon war Christoph Blumhardt also überzeugt: Es muss die Kirche durch etwas »Neues« ersetzt werden, wobei in dieser Phase noch nicht erkennbar ist, was dieses »Neue« sein soll. Die Zeit zwischen 1888 und 1893 diente Christoph Blumhardt in besonderer Weise zunächst einmal der Abgrenzung vom »Alten« – in Bad Boll, seiner Tradition, aber auch generell.

Zur Abgrenzung gehört auch Blumhardts Kritik an den Kirchen, die sich auf eine »Produktion« von religiöser Seligkeit und Wohlgefühl beschränken und das reale Leben dabei übersehen. Die Weltabgewandtheit der Kirchen bei gleichzeitiger Orientierung an ökonomischen Kategorien ist für ihn zu einem echten

Ärgernis in dieser Zeit nach 1888 geworden. Für ihn sind die Kirchen lediglich noch ein »Religionsfabrikgeschäft«.[113] »Den lieben Gott hat die Kirche wie zu einem Volkseigentum zu machen gewusst. Vor Hölle und Fegefeuer lebt alles, aber Gott ist ein Nichts.«[114] Die Kirchen in ihrer aktuellen Aufstellung sowie das bestehende Christentum führen den Menschen nicht mehr zu Gott – im Gegenteil. »Wir wollen Fabriken haben, da alles gleich ist, anstatt eines Gartens, da alles voll Abwechslung ist. Da liegt das größte Hindernis des Fortschritts im Menschentum.«[115] Der »Fortschritt des Menschentums« ist nach Christoph Blumhardt nicht mehr in und von den Kirchen, sondern lediglich jenseits der Kirchen zu erwarten.

Schließlich macht Christoph Blumhardt besonders deutlich, dass sich das Konfessionelle verflüchtigt und überholt habe. Stoeckers Versuche, mit der Berliner Stadtmission neue Wege der Christianisierung zu gehen, um die fortschreitende Säkularisierung im ausgehenden 19. Jahrhundert zu überwinden, kann Christoph Blumhardt nicht mehr nachvollziehen. Mehr noch: In der fortschreitenden Säkularisierung kann er sogar positive Zeichen einer neuen Zeitenwende erkennen: »So müssen wir uns auf andere Verhältnisse gefasst machen. Die Kritik stürmt auf alles ein, auch auf die Kirche; sie ist eigentlich schon fort. Die Kirche existiert für Millionen nicht mehr, auch im Katholizismus. Es ist auch das Ende unserer Konfessionen gekommen; das Alte lässt sich nicht mehr halten: Will heute einer religiöse Versammlungen halten, so geht er in ein Theater, in einen Konzertsaal.«[116] Das Konfessionelle sieht Christoph Blumhardt in eine neue Bewegung des Geistes »ohne Bibel, ohne Kirche« sich auflösen – für ihn kein Anlass zur Klage, sondern zur positiven Wertschätzung. Christoph Blumhardt hatte sich damit von seinen pietistischen Wurzeln endgültig gelöst: Die Kirchen und das Christentum in seiner konfessionellen Aufstellung sind für ihn in einer Zeit des »Weltchristentums« überflüssig geworden. Eine schärfere Kritik an der Kirche ist kaum vorstellbar – und sie hat sich bei Christoph Blumhardt weit vor seiner sozialdemokratischen Phase eingestellt. Sie ist durch und durch eschatologisch motiviert: Das festgefügte Denken der Konfessionskirchen, ihre Weltabgewandtheit und Leibfeindlichkeit bewertet er als »Hemmschuh« für einen Fortschritt der Menschheit hin zur Weltvollendung.

Jetzt kommt die Schöpfungszeit!

Diese Vision durchzieht Blumhardts gesamte Theologie auch in der Zeit nach 1888: die Wiederbringung aller Dinge, die Vollendung der Schöpfung. Christoph Blumhardt versteht das kommende Reich Gottes als Vervollständigung der zerbrochenen und zerbrechenden Schöpfung – und darauf hat der Mensch als cooperator dei energisch hinzuarbeiten. Stärker als in den Jahren zuvor fordert Christoph Blumhardt das energische Mitwirken des Menschen ein: Die Menschen sollen endlich »Kämpfer für das Reich Gottes«, »Kämpfer für die neue Welt« oder »Mitkämpfer« werden. Und im gleichen Atemzug wiederholt Christoph Blumhardt unermüdlich: Es muss die neue Zeit im irdischen Leben zum Vorschein kommen. »Mit Christus leiden! Dass dazu die Herzen fehlen, ist die Not des Heilands. Er war überall praktisch, hat leben wollen im Leben. Und er stellte eine Geschichte des ewigen Lebens in Aussicht. […] Wir müssen arbeiten und das Heil ausrufen da, wo Gott uns haben will! Es muss im Himmel und auf Erden Gott gedient werden, auf der Erde soll es werden, auf Erden sollen wir uns dazu hergeben. […] Denn hier auf der Erde soll Schritt für Schritt dem Tode etwas abgerungen werden, das ist die Hauptsache.«[117] Die Entwicklung des Heils ist nicht das Neue, das auf die Welt zukommt, sondern das Heil, das Leben und die Überwindung des Todes entwickeln sich aus der Welt heraus. Welt und Reich Gottes werden in einer Zielperspektive von Christoph Blumhardt zu einer Einheit verwoben.

Damit im Zusammenhang steht aber auch, dass Christoph Blumhardt sich seit 1888 vehement gegen jede Entwertung des Irdischen auflehnt. In einer neuen Weltzeit, in der die Menschen ohne Bibel, ohne Kirche und ohne Sonntagsgottesdienst auszukommen haben und auskommen können, gilt es, dem Recht auf Leben seine nötige Beachtung entgegenzubringen – gegenüber jedermann und gegenüber jedem Geschöpf. In seiner ersten Predigt nach seiner Gesundung am 13. April 1890 wird diese Überzeugung besonders auffällig anders als in den Jahren zuvor von Christoph Blumhardt vorgetragen: »Wenn hier der Herr Jesus Christus handgreiflich mit Fleisch und Bein auferstanden vor den Jüngern erscheint, so ist damit ein Anfang gemacht der neuen Kreatur, der neuen Schöpfung, der Erneuerung des Menschengeschlechts.« Weiter heißt es in der gleichen Predigt im Blick auf eine Ablehnung jeder Jenseitsorientierung: »Hier unten, nicht droben in der unsichtbaren Welt, nicht um den Thron Gottes, sondern hier auf Erden ist Jesus erschienen, und hier auf Erden will er immer wieder der Erschienene sein, und hier auf Erden dürfen wir Ihn als den Erschienenen und als den Erscheinenden suchen.« Christoph Blumhardt geht es um ein »Praktisches Christentum«, um eine neue Orientierung am Lebensrecht eines jeden Menschen – so lässt sich seine Vision vom Weltchristentum »ohne Bibel, ohne Kirche« verstehen.

Die Orientierung Blumhardts am Begriff »Leben« führt dazu, dass nach 1888 die Achtung des Leiblichen und der Schöpfung mehr und mehr in den Mittelpunkt seiner praktisch-theologischen Überlegungen rückt. Jesus Christus ist in diesem Zusammenhang der »Lebensfürst«, und die Menschen haben mit ihm dafür zu kämpfen, dass nichts Leibliches verdirbt: »[…] an unserem Leibe, oder an uns herum, an den Bäumen, Tieren usw. Gott kann alles einmal brauchen.«[118] Die Wiederherstellung der Gottebenbildlichkeit des Menschen ist das Ziel, die Befreiung des Menschen von einer Vermischung seines Lebens mit Elementen, die den Tod bringen. »Aber es müssen die Zeiten wieder kommen, da es heißt: Halt! Jetzt ist's aus! Die Vermischungszeit hat ein Ende, jetzt kommt die Schöpfungszeit! Man muss es werden; jetzt wollen wir auch im Leiblichen neu werden. Aber das geht nur, wenn die Vermischung aufhöre; da kann man nicht jedes christliche Geschwätz brauchen; da müssen wir alles Menschliche opfern, damit es Gottes allein sei.«[119]

Es ist deutlich erkennbar, dass für solch eine Achtung des Leiblichen sowie allen irdischen Lebens der Bezug zum konfessionellen Christentum nicht mehr unbedingt notwendig erscheint. Christoph Blumhardt hat sich für ein »Weltchristentum« nach 1888 stark gemacht, das sich gerade nicht von der Welt abwendet, sondern in einer radikalen, politisch übersetzbaren Weltzuwendung gelebt wird und dabei auch von einem »Fortschritt« der Menschheitsentwicklung hin auf eine zukunftsfähige Welt sprechen kann. Die Grundlage für die sich daran anschließende eher politische Phase seines Wirkens ist gelegt, die Abwendung vom kirchlichen Leben ist äußerlich und theologisch vollzogen.

KAPITEL 3

»Werde ein wahrer Mensch«

(1894 bis Juni 1898)

Biographische Stationen

Zwischen Aufgabe des Gottesdienstes und In Fragestellung der Katastrophentheorie
(Januar 1894 bis Sommer 1898)

Eine neue Periode des Wirkens Blumhardts beginnt unbezweifelbar im Januar 1894 mit der Aufgabe des sonntäglichen Gottesdienstes im Kurhaus sowie mit dem daraus sich ergebenden Verzicht auf die parochialen Rechte. Kasualhandlungen wie Taufen oder Trauungen durften damit im Kurhaus nicht mehr gefeiert werden. War die Zeit nach dem Frühjahr 1888 gekennzeichnet von einer Abwendung von der Konfessionskirche, so ist die Zeit nach dem Verzicht auf die sonntäglichen Predigtgottesdienste gekennzeichnet von der Hinwendung Blumhardts zu innerweltlichen Freiheits- und Friedensbewegungen wie auch zur Sozialdemokratie.

Ein deutlicher Einschnitt dieser Phase ist nach hinten bestimmt durch eine neuartige »Losung« – im persönlichen Bereich ausgelöst durch eine erneute Erkrankung im Frühjahr 1898, die höchstwahrscheinlich hinsichtlich des Krankheitsbildes erneut einem Burnout-Phänomen mit depressiven Phasen entsprach. Im Gegensatz zur schweren psychosomatischen Erkrankung 1889/1890 in der vorangegangenen Phase dauerte die Erkrankung im Frühsommer 1898 allerdings nur über einen sehr viel kleineren Zeitraum an, währenddessen sich Christoph Blumhardt zur Kur in Bad Mergentheim – zusammen mit Anna von Sprewitz – aufhielt. Im Laufe dieser Zeit kam es zu einer theologischen Neupositionierung, die zur Folge hatte, dass sich Blumhardt endgültig der Sozialdemokratie zuwandte.

In Anna von Sprewitz' Biographie wird berichtet, dass Christoph Blumhardt sich während der Kur mit sozialdemokratischer Literatur auseinandergesetzt habe. Dies legt ein Verständnis nahe, demzufolge Christoph Blumhardt auf einem theoretischen Weg – quasi am Schreibtisch – zur Sozialdemokratie gefunden habe. Dabei wird jedoch nicht berücksichtigt, dass zeitgleich zum Kuraufenthalt im Juni 1898 eine Reichstagswahl stattfand, in der die Sozialdemokraten deutliche Gewinne verzeichnen konnten. Wenig später tagte Anfang Oktober 1898 der Parteitag der Sozialdemokraten in Stuttgart. Dessen entscheidende Themen waren neben der Handels- und Zollpolitik vor allem die kritische Auseinandersetzung mit dem Revisionismus. Dazu wurde ein Brief des nicht anwesenden Eduard Bernstein vorgelesen, in dem dieser die Richtigkeit der »Katastrophentheorie« des Kommunistischen Manifestes energisch bestritt. In diesem Brief fand sich auch der entscheidende Satz Bernsteins, nach dem ihm die Bewegung »alles«, das Endziel des Sozialismus jedoch »nichts« sei. Auf die gesellschaftlichen Gegenaktionen zu den ausbeuterischen Tendenzen des Kapitals setzte er mehr Hoffnung als auf den Zusammenbruch des Kapitalismus.

Die weitere Entwicklung Blumhardts in den Jahren nach 1898 lässt vermuten, dass sowohl die Reichstagswahl im Juni 1898 wie auch der Stuttgarter Parteitag Anfang Oktober 1898 einen deutlicheren Einfluss auf ihn ausgeübt haben dürften als die bloße Lektüre sozialdemokratischer Veröffentlichungen. Es wird hier deswegen davon ausgegangen, dass die dritte Phase seines Wirkens mit dem Verzicht auf die sonntägliche Gottesdienste begann und mit der neuen politischen Konstellation im Sommer 1898 endete.

Verlust der Parochialrechte und Beibehaltung des Pfarrertitels (Januar 1894)

Christoph Blumhardt hatte am 31. Dezember 1893 seiner Hausgemeinde angekündigt, dass er zum 1. Januar 1894 den Sonntagsgottesdienst im Kurhaus einstellen wolle. Damit löste er offensichtlich unter seinen Gästen erhebliche Irritationen aus, obwohl sich äußerlich nicht viel änderte: Der Zeitablauf im Kurhaus wurde so geregelt, dass die Gäste den Sonntagsgottesdienst in der Stiftskirche Boll besuchen konnten. Die Morgen- und Abendandachten wurden weiterhin durchgeführt; Kasualhandlungen waren seit Jahren kaum noch vorgekommen, so dass in dieser Hinsicht eine Änderung äußerlich nicht zu registrieren war.

Dennoch sah sich Christoph Blumhardt durch die kritischen Rückfragen seiner Gäste gezwungen, im Dekanatsamt Göppingen die Veränderung im Kurhaus anzuzeigen, was am 10. Januar 1894 geschah. Über die Begründung berichtete der Dekan anschließend dem Konsistorium: Er, Blumhardt, habe die von Gott ihm eigentlich zugewiesene Aufgabe darin erkannt, dass er sich auf die vorbildliche Darstellung praktischen Christentums in seiner Person und in seinem Hause mehr als bisher beschränken müsse. In diesem Zusammenhang wurde die Frage laut, ob Christoph Blumhardt auch auf den Pfarrertitel verzichten wolle. Obwohl seit mehreren Jahren eigentlich eine positive Antwort Blumhardts zu erwarten gewesen wäre, schreckte dieser offensichtlich vor diesem letzten Schritt noch zurück. Gegenüber dem zuständigen Dekan in Göppingen gab er nämlich zu Protokoll, dass er auf diesen Titel keinen besonderen Wert lege, jedoch verhindert werden solle, dass seine Person in ein zweifelhaftes Licht gegenüber den Gästen im Kurhaus gerate. Aus diesem Grund fügte der Dekan seinem Bericht für das Konsistorium in Stuttgart folgende Bemerkung an: Davon, dass Pfarrer Christoph Blumhardt etwa bei seinem Verzicht auf die Parochialrechte in Bad Boll den Zweck im Auge hätte, sich von Verpflichtungen gegenüber der Kirche frei zu machen, um in seinen Äußerungen gegenüber der Kirche größere Freiheit zu haben, sei in der Besprechung nichts zutage getreten. Der Ulmer Generalsuperintendent merkt in der Sitzung des Konsistoriums am 16. Januar 1894 allerdings dennoch kritisch an, dass es ihn merkwürdig stimme, dass Blumhardt diese Erklärung nicht handschriftlich unterzeichnet habe. Es setzte sich im Konsistorium trotz dieses berechtigten Einwandes der Kompromiss einmütig durch: Christoph Blumhardt solle auf die parochialen Rechte in Bad Boll verzichten, den Pfarrertitel jedoch beibehalten. Die Kirchengemeinde Boll, die unverzüglich zur Stellungnahme aufgefordert wurde, stimmte noch im Januar 1894 zu, so dass damit der Entschluss Blumhardts auch formal korrekt geregelt war.

Christoph Blumhardt hatte in den Jahren vor 1894 dem konfessionellen Christentum sein Ende vorhergesagt und die kirchliche Praxis einer heftigen Kritik unterzogen. Diese Kritik wurde in den Jahren nach 1894 zunächst zurückgenommen, wobei von der Sache her sich nichts an Blumhardts Position geändert hatte. Er wusste sich lediglich dazu befreit, der konfessionellen Kirche den Rücken zu kehren, sie nicht weiter zu beachten und seine Hoffnung auf außerkirchliche Reformbestrebungen zu setzen. Genau dies lässt sich nachweisen: Christoph Blumhardt wandte sich der Friedensbewegung, der Menschenrechtsbewegung sowie dem wachsenden kritischen Internationalismus seiner Zeit zu. Ihren größten Rückhalt fanden diese Bewegungen in der Sozialdemokratie, so dass mit dem wachsenden Interesse an den genannten zivilgesellschaftlichen Bewegungen auch der nächste Schritt schon in nuce wesentlich angelegt war.

Friedrich von Bodelschwingh:
Blumhardt ist ein Irrlehrer! (Herbst 1894)

Christoph Blumhardt und Friedrich von Bodelschwingh hatten sich im Kurhaus Herisau, einem Pendant zum Kurhaus Bad Boll jenseits der Grenze zur Schweiz, in dem orthodoxe und pietistische Theologen aus Deutschland regelmäßig zur Kur verkehrten, näher kennengelernt. In Herisau überschnitten sich die Netzwerke beider, und immer wieder kam es zwischen ihnen zum Briefaustausch über konkrete Kranke, aber auch über Methoden zur Behandlung von Epileptikern. In der Beurteilung des Einsatzes von spezifischen chemischen Substanzen zur Behandlung der Epilepsie waren sich Christoph Blumhardt und Friedrich von Bodelschwingh jedoch auch schon zu dieser Zeit nicht einig.

Zum Eklat kam es zwischen beiden Theologen, als im Oktober 1894 »Fräulein Kraft«, die sich sehr oft in Bad Boll aufgehalten und zu Christoph Blumhardt über Jahre hinweg Vertrauen aufgebaut hatte, in einer der sozialen Einrichtungen Bethels dauerhaft Unterkunft fand. Ihre Darstellung der theologischen Position Blumhardts rief bei Friedrich von Bodelschwingh scharfen Widerspruch hervor. Interessant ist nun, um was es in diesem Zusammenhang ging. Bodelschwingh schrieb nämlich an Christoph Blumhardt: »Ich wusste ja von verschiedenen Sachen, dass du gegenwärtig ganze neue und besondere Anschauungen über die Entwicklung des Reiches Gottes hast und mit der Arbeit der Kirche keineswegs einverstanden bist, namentlich nicht mit den Pietisten des alten Schlages.«[120] Diese Kritik an der konfessionell aufgestellten Kirche alleine jedoch war nicht Grund dafür, dass Bodelschwingh von nun an Blumhardt der »Irrlehre« bezichtigte. Hinzu kam vielmehr eine andere Fragestellung: »Hat nun Fräulein Kraft deine Anschauungen in diesem Liede richtig wiedergegeben, die sie kommentierte, dass du eine Verklärung der Erde, eine Überwindung des leiblichen

Todes vor der Wiederkunft Christi verkündigst, so hatten wir in der Tat Pflicht und Recht, gegen eine Lehre aufzutreten, welche in Gottes Wort keinen Grund hat. Es wurde uns ganz klar, namentlich nach dem, was Pastor Kraft mir sagte, dass du dich in diesem Stück nicht auf Gottes Wort, sondern auf persönliche Offenbarungen stellst. Da zu gleicher Zeit bei Fräulein Kraft auch ein ziemlich verächtliches Wesen gegen andere Christen, und namentlich gegen unsere Bruderkirche hervortrat, und sie behauptete, du seiest etwas ganz Besonderes, ein besonderes Phänomen in der Kirche, so mussten wir in der Tat nicht sowohl gegen Dich als gegen deine Irrlehre auftreten – immer unter der Voraussetzung, dass Fräulein Kraft wirklich wiedergibt, was du meinst.«[121] Friedrich von Bodelschwingh vertrat im weiteren Verlauf des Briefes die Ansicht, dass Christoph Blumhardt krank sei, wobei er auf dessen zurückliegende Erkrankung Bezug nahm und damit die »Irrlehre« zu erklären bzw. sogar zu rechtfertigen suchte.

Es ist erkennbar, dass es in dieser Auseinandersetzung mit Friedrich von Bodelschwingh um Blumhardts eschatologisches Verständnis ging. Zu Recht hatte dieser erkannt, dass Blumhardts Anschauungen in Gänze vom Verständnis der »Wiederbringung aller Dinge« sowie insbesondere von einer präsentisch-diesseitigen Variante dieser Lehre getragen wurden. Dabei unterschlug Friedrich von Bodelschwingh allerdings Blumhardts Anschauung einer organischen Entwicklung hin zu einer Weltvollendung – und genauso wenig hatten er und »Fräulein Kraft« die politische Theologie Blumhardts, die fest damit verbunden war, in den Blick genommen. In dieser isolierten, verkürzenden und auf den einzelnen Menschen bezogenen Deutung musste die Darstellung den Widerspruch eines Theologen erregen, der fest in der lutherischen Dogmatik verankert war.

Es ist nicht bekannt, dass Christoph Blumhardt diese persönlichen und diffamierenden Angriffe Friedrich von Bodelschwinghs, die im Mantel der vorgegebenen Seelsorge daherkamen, kommentiert hat. Briefe oder andere Dokumente sind im Archiv nicht vorhanden; jedoch ist aus der Tatsache, dass sein Bruder Theophil im November 1894 einen Brief an Friedrich von Bodelschwingh verfasste, zu entnehmen, dass die Angriffe aus Bethel Christoph Blumhardt erheblich zugesetzt haben könnten. Auch hier ist bedeutsam, mit welchen Inhalten Theophil Blumhardt sich an Friedrich von Bodelschwingh wandte: »Was mich aber nachgerade innerlich empört, das ist die eine, seit 5 Jahren – im Jahr 1889 wurde er leiblich krank – geflissentlich in frommen Kreisen kolportierte und mit bösartiger Zähigkeit festgehaltene Lästerung wider meinen Bruder, dass er selber ›krank‹ sei. […] ›Christoph Blumhardt redet Irrlehre, weil er irrsinnig ist‹, d. h. nach der Ausdrucksweise der frommen Juden: daimonon echei. Das ist allerdings die beste und wohlfeilste Art, jemanden mundtot zu machen und in seiner Würde lahm zu legen für den Augenblick, aber eine dauerhafte Waffe ist das doch nicht; sie wird bald versagen. Denn Wahrheit bleibt Wahrheit, auch wenn sie zeitweise von Menschen zur Narrheit gestempelt wird. Es tut mir leid, dass Sie, geehrter Herr Pfarrer, diesen Lästereien wider meinen Bruder auch in Ihrem Herzen Raum gegeben haben.«[122] Dieser Antwort ist also zu entnehmen, dass Christoph Blumhardt in frommen Kreisen zunehmend auf Ablehnung stieß und als Sonderling verschrien wurde. Ebenfalls ist erkennbar, dass seine schwere psychosomatische Erkrankung 1889/1890, während der es in der Tat zu einer Neuorientierung seiner Theologie und vor allem seiner Kirchenkritik gekommen ist, als Anlass genommen wurde, die Integrität Blumhardts anzuzweifeln. Es scheint also in frommen protestantischen Kreisen das Gerücht gegeben zu haben: Christoph Blumhardt vertritt eine Irrlehre, weil er selbst irre ist.

Bestätigt wird dies durch Friedrich von Bodelschwinghs Antwort, der sich von seinem Urteil nicht abbringen ließ: »Ich war in Berlin in einem Kreis sehr warmer Freunde Ihres lieben Bruders, und fast einstimmig kam ohne Veranlassung meinerseits das gleiche Urteil: Es liegt hier bei ihm ein tiefes Seelenleiden vor; auf eine andere Weise ist sein Verhalten nicht zu erklären. Solche Auffassung ist nicht lieblos, sondern erhält erst recht in der Liebe und in der Fürbitte gegen den, der so lieblos urteilt über ungezählte Gotteskinder, die treulich genau dem Worte Gottes glauben, leben und sterben möchten.«[123] Auch diese Antwort ist an Abwertung kaum zu überbieten, da sie unterstellt, dass eine psychische Erkrankung der Anlass dafür sei, dass der Betroffene sich gegenüber anderen Auffassungen kritisch verhalte. Eine Auseinandersetzung mit den theologischen Fundamentalfragen unterbleibt auf diese Weise – eine durchaus zweifelhafte Reaktion. Christoph Blumhardt dürfte diese Antwort von Bodelschwinghs intensiv wahrgenommen haben, und sie wird ihn durchaus nicht »kalt« gelassen haben, denn gerade in den Andachten 1894/1895 setzte er energisch seine Versuche fort, sein spezifisches Verständnis vom nahe herbeigekommenen Gottesreich zu präzisieren.

Ein folgenreicher Schnitt:
Trennung von Nathanael Blumhardt (Februar 1895)

Schon seit längerer Zeit machten die Zustände in der »Ökonomie«, also in der Verwaltung des landwirtschaftlichen Betriebes von Bad Boll, Christoph Blumhardt Sorgen. Zugleich empfand er – auch aus einer tiefen Verbundenheit zur Natur heraus – tiefe Sympathien für die Landwirtschaft. Das Wachsen der Pflanzen und des Getreides wurden für ihn zu einem illustrierenden Bild für den organischen Prozess der fortschreitenden Reich-Gottes-Entwicklung. Deswegen mussten die Zustände in der Ökonomie, die von seinem Bruder Nathanael verwaltet wurde, in den Blickpunkt seines Interesses treten.

Bedingt durch einen schweren Unfall bei einer Reparatur des Leitungssystems im Schwefelbrunnen des Kurhauses, infolgedessen durch austretendes Kohlenmonoxid drei Mitarbeiter den Tod fanden, sah sich Christoph Blumhardt genötigt, die Verhältnisse auch im angeschlossenen landwirtschaftlichen Betrieb zu ordnen und sich von seinem Bruder Nathanael, der höchstwahrscheinlich Alkoholiker war, endgültig zu trennen. Dass dabei der Impuls zur Trennung von Christoph Blumhardt ausging, beweist ein Brief an seine Tochter Clara: »Oft ist mein Herz aufgewühlt wie ein sturmgepeitschtes Meer. Denn ich hätte nicht gedacht, dass in unserem eigenen Kreise so viel Unbeweglichkeit wäre, wie es jetzt am Tage ist. Leider habe ich nur zu langsam den Gedanken an eine Trennung von Onkel Nathanael gedacht und habe damit den Heiland betrübt. Denn er hat gesagt: ›Ärgert dich deine rechte Hand, so hau sie ab!‹ Das soll nun geschehen, und wir wollen nicht mitleidig zurücksehen; sonst werden wir zur Salzsäule wie Lots Weib. Möchte nun Nathanael die rechte Buße finden, nachdem er sich bereit hat finden lassen, aus dem Wege zu gehen, wo er doch nicht recht mitlaufen kann. Ein eigentliches Weinen seiner Seele, dass es dahin kommen musste, bemerke ich leider nicht. Er wird, wie ich hoffe, bis zum Frühjahr mit einigen seiner Söhne bereit sein, nach Neuseeland zu reisen, wohin später seine Familie nachkommen soll. […] Möchte es nur vorwärts gehen! Denn ich ahne, dass wir keine Ruhe von oben bekommen, bis diese Sache erledigt ist. Wenn ich nur bald einen einfachen Verwalter bekomme, der die Geschäfte übernehmen kann.«[124] Am 22. Februar 1895 brach Nathanael Blumhardt tatsächlich unter großer Beteiligung der Bevölkerung endgültig von Bad Boll auf, um nach Neuseeland auszureisen und dort einen neuen landwirtschaftlichen Betrieb aufzubauen. Anna von Sprewitz übernahm wenig später die Ökonomie des Kurhauses. Zugleich führte diese Trennung von Nathanael Blumhardt vermutlich zu unterschiedlichen Beurteilungen zwischen Christoph und Emilie Blumhardt, wobei zugleich zu be-

17 Emilie und Christoph Blumhardt bei der Silbernen Hochzeit im Mai 1895

denken ist, dass Nathanael mit der jüngeren Schwester Emilie Blumhardts verheiratet war und diese vermutlich auch Partei für ihre Schwester ergriffen hat. Dieser Umstand erklärt auch, warum Emilie Blumhardt, als es wenige Jahre später in der Ehe zwischen Christoph und Emilie Blumhardt kriselte, für mehrere Jahre nach Neuseeland zu ihrem Schwager, ihrer Schwester und der Familie Nathanael Blumhardt übersiedelte. Schon 1896 war auch ihr Sohn Friedrich nach Neuseeland ausgewandert, um zunächst als Helfer auf dem Hof seines Onkels Nathanael Blumhardt tätig zu werden.

Ein weiterer Schnitt: Auseinandersetzung mit der Familie Brodersen (Mai 1895)

In einem Anbau des Kurhauses, dem sogenannten »Gnadenbau«, wohnten verschiedene Mitglieder der Familie Brodersen, mit der Christoph Blumhardt ebenfalls verwandt war. Den Briefen ist zu entnehmen, dass die Bewohner dieses Gebäudetraktes im Kurhaus Bad Boll regelmäßige Andachten und geistliche Versammlungen abhielten, die nicht mit dem übrigen geistlichen Leben des Kurhauses abgestimmt waren. Im Mai 1895 sah Christoph Blumhardt sich gezwungen, diese geistlichen Versammlungen aufzuheben. Gegenüber seiner Tochter Clara hob er in einem Brief hervor: »Sonst ist auch mir Schweres angekommen, indem ich das Zusammenkommen im Gnadenbau allabendlich aufheben musste. Es war nicht mehr nach dem Geiste, und es konnte diese Versammlung kein Organ für Gottes Offenbaren werden. Der Eifer für Gottes Sache konnte nicht durchbrechen. Und so muss ich mehr unter Fremden arbeiten, und die Eigenen sollen sich an die Fremden anschließen, die oft mit großem Eifer und viel Begierde horchen auf Gottes Willen. Und da wird es eher zu einer Tat kommen.«[125]

Gerade an der letzten Bemerkung wird erkennbar, dass sich Christoph Blumhardt von jeder Form eines frommen, auf die Innerlichkeit und Seligkeit bedachten Lebens zu verabschieden suchte. Insbesondere hatte er erkannt, dass die vielfältigen familiären Verflechtungen im Kurhaus zu einem Problem für den Kurbetrieb geworden waren. Neben der Trennung von Nathanael Blumhardt kam dies in der Abgrenzung von der Familie Brodersen zum Ausdruck. Christoph Blumhardt bemühte sich in dieser Zeit seines Wirkens verstärkt um die Professionalisierung des Kurbetriebes. In der bewussten Gestaltung auch des ökonomischen Lebens in Bad Boll ist sein Anliegen erkennbar, jedes Hindernis aus dem Weg zu räumen, das den Fortschritt der Reich-Gottes-Geschichte blockieren könnte. Die bewusste Gestaltung des Lebens in der Welt stand in dieser Phase im Mittelpunkt seines Tuns: Das Leibliche wird von Christoph Blumhardt in besonderer Weise positiv bewertet – und es wird nicht mehr auf die familiären Bindungen beschränkt, sondern gerade bewusst davon getrennt.

Aufbau neuer Kontakte und Freundeskreise: Howard Eugster-Züst

Zwischen Christoph Blumhardt und dem Appenzeller Pfarrer Howard Eugster-Züst kam es nach 1894 zu einer intensiven Verbindung: Die Zahl der Briefe wuchs erheblich an; zugleich kam es zu zahlreichen Besuchen von Howard Eugster-Züst in Bad Boll. Nach einem seiner Besuche schrieb er an Christoph Blumhardt: »Man ist eben jedes Mal wieder ein neuer Mensch, wenn man von Boll kommt. Ich hoffe und bete zu Gott um Deinetwillen, dass in uns als die Handlanger Jesu die Kraft sich mehre, Dein Gebet erhört werde und Dir die Frucht Deiner Leiden erwachse, in der Erlösung und Befreiung aller Kreatur für ihren Gott und ihren Vater.«[126] Umgekehrt betonte Christoph Blumhardt: »Du bist der einzige, der mir vom Reich Gottes schreibt ohne Beimischung von menschlichem Wünschen und Wollen. Dass Du die Welt des Fleisches vergessen kannst und einzig im Bereich Gottes und seiner Schöpfung bleiben kannst, ist mir eine Gnade, Dir von Gott gegeben.«[127] Beide Theologen tauschten sich mehrfach über gemeinsame Freunde in der Schweiz aus, die sich insbesondere im Heinrichsbad in Herisau trafen. Diese Kurstation war (wie schon erwähnt) seit den 1870er Jahren ein Ort, an dem sich maßgebende und profilierte Protestanten aus dem orthodoxen und pietistischen Milieu des In- und Auslandes trafen. Zur Leitung der Kurstation gehörte ein Verwandter der Frau von Howard Eugster-Züst; der leitende Arzt des Heinrichsbades, Paul Wiesmann, unterhielt zudem intensive Kontakte zu beiden Theologen.

Howard Eugster-Züst nahm die sich verstärkende spezifische Reich-Gottes-Botschaft Blumhardts intensiv auf und erfuhr sie – seiner eigenen Einschätzung nach – als Ermutigung in seiner Seelsorge: »So könnte ich Dir noch viel erzählen von einer ganzen Menge scheinbar kleiner Fügungen, aus denen immer etwas vom Himmelreich herausglänzt, auch in mancherlei Widerwärtigkeiten, so dass meist nur übrigbleibt zuzuschauen, wie das Regiment Gottes offenbar wird.«[128] Insbesondere bemerkenswert ist, dass Eugster-Züst auf Blumhardts Bekenntnis zur »große[n], allumfassende[n] Versöhnung, welche Gottes Wille ist über aller Kreatur und welche die Frucht des Blutes Jesu Christi ist«,[129] positiv reagierte oder es sogar zu verstärken versuchte: »Der Fels der Offenbarung Gottes, Christus allein, soll es sein, dem wir folgen, bis das Ziel errungen ist, das Seufzen der Kreatur aufhört, und die Herrlichkeit Gottes strahlt über seine Schöpfung.«[130]

Ein neuer Versuch: Ausschließlich vegetarische Ernährung im Kurhaus (1895)

Durch die Anregung seines Sohnes Hermann, der Arzt war und sich auf Kindeserkrankungen spezialisiert hatte, versuchte Christoph Blumhardt, im Kurhaus Formen des Naturheil-Verfahrens anzuwenden. Dies entsprach seiner in dieser wie auch in der vorangegangenen Phase erkennbaren Ansicht, das »Seufzen der Kreatur« zu hören und aktiv für Fortschritte hin auf dem Weg zur Allversöhnung zu sorgen. In diesem Sinne nahm Blumhardt Eindrücke von seinen Reisen auf und führte im Kurhaus grundsätzlich vegetarische Kost ein. Das »Wehgeschrei der Tiere« beim Essen von Fleisch habe schon immer in seinen Ohren geklungen; zugleich war sein Sohn Hermann zu der Erkenntnis gelangt, dass vegetarische Kost sehr positive Erfolge bei epileptischen Erkrankungen auslösen könnte. Diese Umstellung der Ernährung im Kurhaus musste Christoph Blumhardt jedoch schon nach einem halben Jahr wieder zurücknehmen, da seine Gäste scharf opponierten: »Die Küche musste ich wieder

18, 19   Kurpark und Gesamtanlage aus Kurhaus und Hof Mitte der 1890er Jahre

verändern. Das stille Murren wurde laut. So soll man an der Tafel wieder Fleischbrühe und zweimal Fleisch haben. Es hat mir viel zu schaffen gemacht. Aber ich schicke mich drein. Ehe eine wirklich einheitliche Begeisterung auf unserer Seite einen Strom hervorrufen kann, der Wahrheit in der Natur Ehre zu geben, kann man die Sommerfrischler nicht zwingen, auf ihre ›kräftige‹ Kost zu verzichten.«[131]

Der Natur »Ehre« geben, also die energische Absicht Blumhardts, der Schöpfung ihren besonderen Wert zukommen zu lassen und dies in das organische Vorwärtsschreiten hin zum

Reich Gottes einzuordnen, gehörte in dieser Zeit seines Wirkens zu dem Verständnis der »Wiederbringung aller Dinge« hinzu. Dass es dazu noch vielfältiger Haltungsänderungen bedurfte, konnte Christoph Blumhardt aber an diesem Vorgang rund um den Versuch, eine konsequent vegetarische Ernährung im Kurhaus einzuführen, deutlich ablesen.

Ein erstes Bekenntnis zur Sozialdemokratie: Die Sedanfeier am 2. September 1895

Nach dem Deutsch-Französischen Krieg 1870/1871 wurden im deutschen Kaiserreich von 1871 bis 1919 am sogenannten »Sedantag« Feste begangen: An diesem Tag wurde an die Kapitulation der französischen Armee am 2. September 1870 nach der Schlacht bei Sedan, in der preußische, bayerische, sächsische und württembergische Truppen gemeinsam den Sieg errungen hatten, erinnert. Innerhalb der deutschen Bevölkerung gab es durchaus auch verschiedene Widerstände gegen diese Sedanfeiern – besonders in der Arbeiterschaft. 1895 spitzte sich der Konflikt der Sozialdemokraten mit Kaiser Wilhelm II. zu, indem diese den französischen Sozialdemokraten ein Telegramm zusandten und sich darin gegen »Krieg und Chauvinismus« aussprachen sowie ihnen »Gruß und Handschlag« anboten. Kaiser Wilhelm II. hatte zwar für den 2. September 1895 den Arbeitern und Angestellten der Staatsbetriebe einen arbeitsfreien Tag in Aussicht gestellt, konnte jedoch die Proteste der Sozialdemokraten nicht verhindern. Er reagierte scharf mit Beschlagnahmungen und Verhaftungen wegen Majestätsbeleidigung.

Bemerkenswert ist nun, dass Christoph Blumhardt auch im Kurhaus am Vorabend des 2. September 1895 eine Sedanfeier mit einer Andacht beging und darin den Tag zu einem Friedensfest deklarierte. Diese Reaktion kann nicht anders als ein erstes, noch indirektes und zaghaftes, aber in der Konsequenz deutliches Bekenntnis zur Sozialdemokratie verstanden werden. In seiner Andacht gab sich Blumhardt als überzeugter und engagierter Pazifist zu erkennen, der sich mit Vehemenz der sich verstärkenden Militarisierung Deutschlands unter der Ägide Kaiser Wilhelms II. verschloss: »Von Jahrhunderten her ist eine gewisse Kriegslust in Fleisch und Blut der Europäer übergegangen und auf andere Völker hereingekommen. Diese Kriegslust herrscht immer in gewissen Teilen der Bevölkerung; aber das eigentliche sesshafte Volk weiß nichts davon. Immerhin lässt es sich auch leicht dafür begeistern, weil die Idee im Hintergrund schimmert: Es muss Krieg sein. Man hat bis jetzt in der politischen Welt noch keine Lösung gefunden für gewisse Fragen, außer durchs Schwert; aber es ist eine Schande, dass es keine andere Lösung geben soll als das Drauflos-Schlagen und sehen, wer gerade der Glücklichere ist; denn man kann kaum sagen: der Mächtigere.«[132]

Christoph Blumhardt begrüßte demgegenüber die international vernetzten Friedensbestrebungen im ausgehenden 19. Jahrhundert, die zur Haager Friedenskonferenz führten, und betonte 1895: »Heute aber ist es eine gewisse Freude, dass doch ein starker Strom vorhanden ist unter allen Völkern, der zum ersten Mal, so lange die Welt steht, durch die Völker hindurch die Gewissheit verbreitet: Krieg ist Verbrechen. Das war noch nie. Das ist auch so eine Neuheit des 19. Jahrhunderts; das ist wichtiger als Eisenbahnen. Es wird zwar Mühe kosten, den Rest von Kriegslust, der noch vorhanden ist, durch diesen anderen Friedensstrom zu überwinden; denn wir sind wie hypnotisiert von den vielen Kriegsgeschichten. Es gibt heutzutage Kinder, denen tut es leid, noch keinen Krieg erlebt zu haben[,] und Alte, die sich glücklich schätzen, dass sie welchen erlebt haben. Da ist also noch etwas zu überwinden. Aber ich hoffe, es wird überwunden; damit dieses überwunden werde, muss freilich ein gewisser Geiz in der Politik aufhören.«[133]

Der »Geiz in der Politik« sowie das Mehr-Haben-Wollen seien »die Wurzel allen Übels«: »Man will immer noch mehr, noch mehr, und das ist die Hebelkraft für den Krieg.«[134] Die Haltung in der industrialisierten und kapitalisierten Welt, nach der der Mensch sich nicht befriedigt zeigen kann, schaffe den Boden, auf dem das friedliche Miteinander der Gesellschaften verhindert werde. »Es ist nicht nur Ländergeiz, es ist auch Ehrgeiz; nicht nur Völkergeiz, sondern auch Ruhmgeiz, in welchem wir drinstecken; darin liegt eine gewisse Torheit.«[135] Gegenüber solch einer kollektiven gesellschaftlichen Verzerrung aller Verhältnisse müsse es Aufgabe der sich zu Christus bekennenden »wahrhaften Menschen« sein, eine andere Vision zu leben, den Nationalitätenbegriff aufzugeben und dem Geist Gottes und damit der Gemeinschaft mehr Raum zu geben. »Das große Erdenrund mit seinen Völkern, was könnte das ein freier Tummelplatz sein für richtige Menschen, und wie kleinlich haben wir es gemacht, indem wir uns als Tiger und Lämmer, als Füchse und Gänse verteilt haben auf Erden, da natürlich die Füchse die Gänse fressen.«[136] Europa müsse endlich eine andere Geschichte beginnen und den »Wahnsinn« aufgeben, der die Völker seit dem 16. Jahrhundert gepackt habe: »Denn das ist ein wahrer Blödsinn seit Jahrhunderten: Da sitzen ein paar Völkerchen und vergehen sich gegenseitig. Wären wir Wilde, dann könnten wir uns ja fressen; nun aber, da uns Gott den Geist gegeben hat, dass wir die übrigen Völker beherrschen können, nun sollen wir solche Völker sein wie vor Jahrhunderten gewesen sind?! Wohl uns, wenn uns die Augen aufgehen, dass das Blödsinn ist! [...] Und wir in Europa merken nicht, dass diese ganze Geschichte des Völker-Zerfleischens ein Unsinn ist, dass ein Wahnsinn mit uns spielt.«[137] Angesichts dieses in Europa kollektiv gelebten und kulturell gepflegten »Wahnsinns« und »Blödsinns« sei es schon ein Fortschritt, dass »nur wenige Menschen« die Augen aufmachten und sich für Änderungen grundsätzlicher Art stark machten. Sie seien ein Teil der Bewegung geworden, die zum Reich Gottes hinführe: In ihnen spiegele sich der wahrhafte Gottesdienst wider. Mit den »nur wenigen Menschen« und der »Bewegung« können angesichts der gesellschaftlichen Diskussion des Jahres 1895 keine anderen als die Sozialdemokraten gemeint sein, denen Christoph Blumhardt angesichts ihrer Friedensbestrebungen größte Sympathien zukommen ließ, mehr noch, denen er zum ersten Mal öffentlich die Rolle zuschrieb, wahre Reich-Gottes-Kämpfer zu sein.

Gemeindedienste vor dem Frühstück (1895 bis 1897)

Schon im Jahr 1894 übernahm Christoph Blumhardt Vertretungsaufgaben in der Stiftskirche Boll für seinen immer öfter erkrankenden Bruder Theophil. Einem Brief an seine Frau Emilie ist zu entnehmen, dass ihm diese kirchliche Tätigkeit leicht fiel, jedoch auch keinen sonderlich positiven Ertrag erbrachte: »Seit gestern habe ich die Pfarrverweserei im Dorf Boll begonnen, was mich wesentlich mehr beschäftigt. Ich kann aber doch meist vor dem Frühstück fertig werden. Ich habe also schon um 8 Uhr Taufe, Krankenbesuche und vorher Schule. Das ist bequem, dass die Bauerleute früh aufstehen; ich gewöhne mir's leichter an, als ich gedacht habe. So hoffe ich auch, verhältnismäßig leicht mit der Pfarrei fertig zu werden. Wenn ich nur alles so geschwind anpacken könnte wie das! Dann wäre bald viel geschafft.«[138] Anfang 1897 erkrankte Theophil Blumhardt sehr ernst an einem Zungenkarzinom, das operativ entfernt wurde. Daran schlossen sich Kurbehandlungen an; zeitweise kehrte er im späten Frühjahr 1897 wieder nach Boll zurück, um 1900 endgültig und damit frühzeitig aus dem aktiven Dienst als Pfarrer auszuscheiden. Die Vertretungsdienste, die Christoph Blum-

20 Von links nach rechts: Katharina, Elisabeth, Salome, Hanna, Clara, Gottliebin, Dorothea, Immanuel, Georg, ein nicht identifizierbares Kind (vermutlich ein Enkelkind), Hermann

hardt für seinen erkrankten Bruder im Dorf Boll übernahm, können als nicht besonders intensiv bezeichnet werden; dies war auch nicht nötig, da das Konsistorium zur Entlastung eine offizielle Vertretung bestellt hatte.

Ebenfalls ein neuer Kontakt: Richard Wilhelm (1898)

Über Vertretungsdienste in der Stiftskirche Boll kam Richard Wilhelm als Vikar in Kontakt mit Christoph Blumhardt, der in der Folge zu einem seiner entscheidenden Promotoren wurde – vertieft durch die spätere Verlobung und Heirat mit Blumhardts Tochter Salome. An Emilie Blumhardt konnte Christoph Blumhardt deswegen schon im Februar 1898 schreiben: »Dass es im

Hause so gut geht, ist mir eine große Freude. Der liebe ›vicario‹ gibt sich alle Mühe. Die Leute sind sehr befriedigt von ihm, da er auch sichtlich etwas empfängt für seine Andachten und sonstigen Vorträge.«[139]

Neuorientierung in Bad Mergentheim (Frühsommer 1898)

Christoph Blumhardt war nach der sehr ernsten psychosomatischen Erkrankung im Jahr 1888 mehrfach im Laufe der folgenden Jahre zu Erholungsreisen in Norditalien sowie an der Adria unterwegs. Zwischen 1894 und 1898 brach er allerdings selten zu Reisen auf – bis zur Phase einer erneuten Erkrankung Anfang 1898: »Was mich betrifft, so leide ich nicht mehr besondere Schmerzen. Aber meine Schwäche ist noch groß. Ich fühle meine Kräfte schwer verbraucht.«[140] Da sich diese Zustände auch im Frühjahr nicht besserten, entschied sich Christoph Blumhardt für einen Kuraufenthalt in Bad Mergentheim. Er brach am 4. Juni 1898 auf, dabei begleitete ihn Anna von Sprewitz. Noch zu Beginn seiner Kur schrieb er an seine Frau: »Das Aufstehen kostet mich noch Mühe. Aber ich hoffe, es bringt auch das eine Erneuerung des Leibes. Eine gewisse Müdigkeit, die ich früher nicht kannte, liegt auf meinem Leibe. Im Geiste bin ich stets bei Gott und bin zuversichtlich seiner Hilfe. Etwas Großes muss freilich geschehen, dass die Bande, die so sehr lähmen und die in den Menschen liegen, sich lösen.«[141] Insbesondere die Beeinflussung durch Gespräche, Seelsorge und Beanspruchungen schienen Blumhardt sehr viel Mühe zu machen und (seiner Wahrnehmung nach) enorme Unfreiheit auszulösen: »Sobald sich aber Beziehungen bilden, dann kommt der Druck. Forderungen von Mensch zu Mensch, Rechte der Menschen an Menschen, wie sie sich ausbilden, das gibt ein Netz, auf dem die Spinnen der bösen und giftigen Gedanken herumlaufen. Diese Spinnen möchte ich abfangen können. Ich hoffe aber, sie sterben ab, wenn wir nichts wollen als Kinder sein.«[142]

Am Ende der Kur, in der sich Christoph Blumhardt auch anlässlich der bevorstehenden Reichstagswahl mit sozialdemokratischer Literatur beschäftigte, stand dann allerdings eine neue Erkenntnis: »Ich habe viel zu danken für das, was mir Gott hier geschenkt hat: eine neue Garantie, dass wir vorwärts kommen. Jetzt freue ich mich, mit neuer Kraft nach Hause zu kommen, wenn's auch Kampf gibt. Wir wollen nur immer getrost sein, nicht an uns denken, sondern an Gott, für dessen Recht wir einstehen. Geht's bei uns noch durch allerlei durch, so fragen wir nichts danach, wenn nur an allen Menschen Gottes Reich und Recht in seiner Liebe durchbehauptet wird.«[143] Obwohl nicht direkt erkennbar ist, um welche neue Erkenntnis es in diesem Zusammenhang ging, deuten die Stichworte »vorwärts«, »Kampf« sowie »Gottes Recht« an, dass damit die neue Positionierung gemeint sein muss, die seit dem Sommer 1898 hervortrat: die sich vertiefende positive Bezugnahme zur Sozialdemokratie. Dabei handelt es sich allerdings nicht um eine Neuorientierung, sondern eine konsequente Weiterentwicklung der Position, die sich schon mit der Wende im Jahr 1888 angebahnt hatte. Mit der Sedanfeier 1895, aber auch in Andachten des Jahres 1894 kam es schon zu einer positiven Würdigung der Sozialdemokratie. Der kritische Internationalismus der Sozialdemokratie, ihre Friedensbestrebungen, aber auch ihre In Fragestellung des Nationalismus waren die entscheidenden Anknüpfungspunkte, die Christoph Blumhardt lebendig aufzunehmen wusste.

Theologische Wegmarken

Die neue Tatsache: Eine neue Weltordnung

Die Allversöhnung, die Weltvollendung, die neue Zeit oder eben die »neue Weltordnung« treten – auch bedingt durch die Auseinandersetzung mit Friedrich von Bodelschwingh – bei Christoph Blumhardt in den letzten Jahren vor dem Jahrhundertwechsel immer deutlicher in seinen Andachten und brieflichen Äußerungen zum Vorschein. Immer schärfer, das heißt aber auch: immer konkreter, werden seine Vorstellungen davon, wie die »neue Weltordnung« auszusehen hat. Ziel des göttlichen Handelns sei es, »die Erde zu einem Himmel zu machen, die Menschen darzustellen als seine Geschöpfe, an denen schließlich weder Sünde noch Tod auch nur nagelsgroß [sie] verderben könne. Dafür will ich einstehen, das sage ich, denn außer mir tut es niemand, das aber sage ich, und das ist mein Jesus.«[144] Die leibhaftige Erde, die Gott dadurch gewürdigt habe, dass auf ihr Jesus gestorben und auferstanden ist, soll vollkommen werden: Die hier lebenden Menschen müssen teilhaben an der neuen Weltordnung – und nicht erst dann, wenn sie sterben: »Nein, da, mitten im Fleisch ist Blut, da ist das Reich Gottes! Es ist kein Geisterreich, es ist ein Menschenreich!«[145] Die Jenseits-Orientierung der christlichen Frömmigkeit wird von Christoph Blumhardt vollkommen abgelehnt und die Verwandlung des Leibes, der gesamten Kreatur sowie der gesamten Schöpfung im Hier und Jetzt erwartet. Mehr noch: Christoph Blumhardt sah es erwiesen an, dass es schon jetzt Anzeichen dafür gebe, dass die Entwicklung auf eine Vollendung der gesamten Erde zulaufe. Er sprach in immer neuen Varianten von einer »neuen Weltordnung« von einem »Menschenreich«, einem »neuen Menschengeschlecht« oder von einem »Friedensreich«.

Die »neue Welt« zeichne sich vor allem dadurch aus, dass dem Tod die Macht genommen, der Tod endgültig zurückgedrängt worden sei und die Auferstehung sich zu realisieren beginne. Die Auferstehung Jesu Christi bedeutet für Christoph Blumhardt keine Lehre, keine Auffassung der Dinge, sondern vielmehr eine »neue Tatsache«: »ich möchte sagen, [es ist] eine neue Weltordnung mit Jesus Christus in die Welt gekommen.«[146] Diese umfassende »Erneuerung der ganzen Erde« konnte Christoph Blumhardt gleichsetzen mit der Feststellung: »Das ist Jesus!« Alles lief für ihn zu auf eine »Vervollkommnung des Leibes«, wobei er diese durchaus konkret verstehen konnte als eine Wandlung der physischen Elemente, des Blutes und der Nerven. Die am Ende des 19. Jahrhunderts sich verstärkende biologische Erkenntnis sowie die Lehre Darwins konnte er in seine theologischen Erkenntnisse einbeziehen, um zu bekennen: »Die Lumperei, die wir sehen und die durch die ganze Schöpfung geht, und die man uns ins Gesicht wirft wie einen verwesenden Leichnam, die dürfen wir im Glauben wegschaffen und dürfen um Gottes willen in Christus dem Auferstandenen hier in der Schöpfung, in der wir leben, das Reich Gottes erwarten und nicht in dem Himmel.«[147]

In immer neuen Wendungen und Beschreibungen macht Christoph Blumhardt deutlich, dass er das geschöpfliche Leben auf eine neue Zeit zulaufen sieht und dass der Mensch als »Krone der Schöpfung« von Gott dazu berufen sei, dieser Entwicklung Bahn zu schaffen. Es müsse verhindert werden, dass der Mensch dem Reich-Gottes-Fortschritt im Wege stehe. Die »Vervollkommung des Leibes«, die »Aufhebung des Todes« und die »neue Weltordnung« sind für Christoph Blumhardt in dieser Phase seines Wirkens das alles beherrschende theologische Thema und der Motor aller anderen theologischen Entfaltungen – auch in den Jahren zwischen 1894 und 1898. Wie auch in den vorangehenden Jahren hat Christoph Blumhardt die »neue Weltordnung« zulaufen sehen auf ein umfassendes Friedensreich, in dem Jesus Sieger ist und nicht die »Löwen und Tiger«, die uns das reale Leben bedrohlich streitig machen. Kurzum: Es geht ihm um eine »ganz neue Schöpfung« als einer Vollendung des Paradieses im Diesseits.

Leben, Leben, Leben!

Für die Durchsetzung einer »neuen Weltordnung« ist es – so Christoph Blumhardts Perspektive – entscheidend, dass der Mensch davon abgebracht wird, seinen Leib in sträflicher Weise zu vernachlässigen. »Ich will das fest gesagt haben: im Leibe liegt das Leben, und ich möchte fast bitten: lasset euch nicht so betrügen, als ob euer Leibesleben so gleichgültig wäre! Manche werfen ihr Leibesleben weg wie einen Schmutz, sie werden es aber einmal erkennen, dass das gerade das allerschlimmste ist, was sie erleben können: keinen Leib mehr zu haben.«[148] In beeindruckender Deutlichkeit und Vehemenz vertritt Christoph Blumhardt noch stärker als in den Jahren zuvor die Position, dass die Beachtung der Leiblichkeit die besondere Herausforderung seiner Zeit darstelle. Er kann sogar so weit gehen, dass er vom alles entscheidenden »Evangelium des Leibes« spricht: »Hier liegt der Punkt. Ich möchte es in die Welt hinein schreien! Ja, ich möchte sagen: Die sind alle Diebe und Mörder, die dem Volk nicht das Evangelium des Leibes verkündigen und nicht die Auferstehung für die Menschen behaupten.«[149]

Theologisch bekräftigt wird die ungewöhnliche Formulierung vom »Evangelium des Leibes« mit der Erinnerung daran, dass Jesus Christus auf dieser konkreten Erde und inmitten der Leiblichkeit gelitten hat und auferstanden ist. Gott habe nicht eine »duftige, luftige Religion« gewollt, sondern eine »recht massive Lebensgestaltung voll nüchterner Natürlichkeit und Wahrheit, voll Empfindungen im Leben fürs Leben«. Deswegen habe der Mensch sich und seine Umgebung zu erhalten für ein »blühendes Leibesleben«.[150] Dazu müssten jedoch – dies ist eine neu hinzukommende Perspektive in dieser Phase seines Wirkens – die Verhältnisse, in denen die Leiblichkeit des Menschen geschädigt wird, reformiert werden. Denn es sei strukturelle Sünde, wenn das Leibesleben dadurch im System verachtet werde, dass der Leib immer unten, die in der Industrie herzustellenden Dinge jedoch oben stünden.

Pointiert kann Christoph Blumhardt in diesem Zusammenhang die alles entscheidende soziale Frage in den Mittelpunkt der Auslegung rücken und sich auch hier schon 1894 als Sozialdemokrat »auf Annäherung« äußern: »Es gibt Fabriken, wo Giftstoffe verbreitet werden, da ist es ärztlich nachgewiesen, dass die Menschen dabei zu Grunde gehen; aber darum kümmert sich kein Mensch, obwohl das Sünde ist gegen den Leib. […] Aber so löst man die soziale Frage nicht. Das Geschäftmachen ist im Blut, das kann nicht durch den bloßen Willen verändert werden, der Wille richtet da gar nicht aus. […] Es handelt sich um eine Riesenvergebung, die uns Menschen zu Teil werden muss, dass wir nicht dies Geschäft über den Leib setzen. Und in Folge dieser Vergebung muss bei uns der energische Schritt geschehen, mit welchem wir den Leib in die Höhe bringen und die Beschäftigung darunter steht. […] Alle Religion nützt deswegen nichts, weil sie nach der Seite hin keine Kraft hat, und die christliche Religion hat am meisten dieses Leben der Menschen missachtet. So schätzt man das, was Gott als Leben gibt, geringer als das, was der Mensch im Augenblick lieb hat; aber bis man das den Leuten beibringt, dass sie sich sagen: das ist eine Sünde, wird es wohl noch ein Jahrzehnt brauchen. Wenn wir unsere Geschäfte so treiben, dass es uns gleichgültig ist, ob jemand dabei stirbt, das ist Sünde. […] Es wird nur gefragt: Was ist Profit?, aber nicht: Was gehört zum Leben? Das Christentum schafft auch keine wirklich neuen Zustände, weil wir noch nicht vorwärts gekommen sind; es ist auch bei den frommen Leuten noch nicht bis aufs Blut gekämpft worden.«[151] Zu Recht hat hier Christoph Blumhardt – ähnlich wie der Soziologe Max Weber später 1904 – zur Geltung gebracht, dass der »Geist des Kapitalismus« auch von christlichen Impulsen gespeist und getragen wird. Anders aber als Max Weber nimmt Christoph Blumhardt in diesem Kontext den teilweise sehr sublimen Geist der Leibesmissachtung in der protestantisch-christlichen Praxis äußerst kritisch in den Blick. Auf der Vorstellung von der Allversöhnung sowie einer Weltvollendung aufbauend sucht er theologisch nach einem Ausweg aus einer Geisteshaltung, die den Ausbeutungsmechanismus des kapitalistischen Wirtschaftens nur noch weiter befeuerte.

Ausgehend von dieser Beobachtung findet Christoph Blumhardt zum ersten Mal in seinem Wirken auch einen positiven Zugang zur Rede von der Würde des menschlichen Lebens, zur Rede von den Menschenrechten, aber auch zur Rede vom Lebensrecht jeder Kreatur. »Bei vielen Menschen ist ja das dritte Wort ein Verfluchen von Menschen, Tieren, Verhältnissen, so dass es ein Wunder ist, dass nicht alles – wie man in Schwaben sagt – verreckt.« Anders soll es jedoch bei den Menschen sein, die von der Hoffnung auf eine Allversöhnung »Träger des Geistes Gottes« geprägt sind: »Wo wir stehen, da sollte Segen sein; jedem Menschen, Tieren, Pflanzen sollten wir mit einem Segen nahen. Oh, ihr wisst nicht, von welchem Einfluss das wäre. Christus war Segensmensch. Er segnete den Himmel, und der Himmel lachte; er segnete die Erde, und die Erde lachte; er segnete die Menschen, und die Menschen lachten; er segnete die Tiere, und die Tiere lachten; er segnete die Pflanzen, und die Pflanzen lachten. So sollen wir in der Liebe Gottes durch Christum segnen, segnen, segnen! Dann braucht es kein solches Gebet, kein solches Frommsein.«[152]

Sowohl die Beachtung der menschlichen Leiblichkeit und der Schutz allen kreatürlichen Lebens als auch die Hochschätzung des Begriffs »Leben« finden sich in der vorangehenden Phase von Blumhardts Leben angelegt, werden jedoch nach 1894 mit einer so beeindruckenden Vehemenz, Selbstverständlichkeit und Dominanz betont, dass sie in dieser Form als Ausdruck einer neuen Haltung verstanden werden können, die mehr und mehr auf Blumhardts politisches Engagement zuläuft, das zwischen 1894 und 1898 zum ersten Mal konkrete Formen annimmt. Die modernen Menschen im Zeitalter der Industrialisierung, so betont Christoph Blumhardt, »brauchen Licht, aber glaubet es: nicht Aufklärung: Leben, Leben, Leben! Und das Leben ist das Licht der Menschen, nicht geistige Erkenntnisse!«[153]

Werde ein wahrer Mensch!

In der Silvester-Ansprache 1897 betont Christoph Blumhardt: »Das sei unser Losungswort für das neue Jahr. Werde ein wahrer Mensch! Das tut hauptsächlich not. Dann können wir offene Augen haben für die Ziele des Reiches Gottes.«[154] Den »wahren Menschen« kann Blumhardt zugleich auch den »Ganz-Menschen« oder den »Welt-Menschen« nennen. Vor allem grenzt er den »Ganz-Menschen« – wie auch zwischen 1888 und 1893 – ab von seiner religiösen, konfessionellen oder nationalen Prägung. Wer Jesus nachfolgt, kann bekennen, dass er weder »Deutscher«, »Katholik usw.« ist, sondern einfach nur: »Ich bin Mensch!« Denn: Das Reich Gottes ist an keine »Scholle« oder einen »bestimmten Ort« gebunden, sondern die ganze Welt gehört dazu.

Es durchzieht Blumhardts Rede vom »wahren Menschen« das Bekenntnis zu einer durch nichts zu unterschätzenden Potenzialität eines jeden Menschen. Eine Reduktion des Menschen auf seine Herkunft, seine religiöse oder nationale Bindung widerspreche dem Recht Gottes an jedem Menschen. Auch wenn Christoph Blumhardt in der vorangehenden Phase vom wahren Menschen als dem Ziel der Reich-Gottes-Arbeit sprechen konnte, ist der sich verstärkende Bezug zur Menschenrechtsbewegung im ausgehenden 19. Jahrhundert neuartig: »Heut will man in der Öffentlichkeit mehr und mehr für alle Gleichheit haben; und das haben nicht wir gemacht, sondern Gott hat es gemacht. [...] Man begreift eigentlich nicht die langsame Entwicklung, dass man nicht in erster Linie fragt, was der Mensch als Mensch ist, nicht was er ist durch das, was ihm in die Wiege zugekommen ist. Heute dürfen wir mit allen Menschen Verkehr haben; es gibt keine verschlossenen Wege mehr; das ist ein bedeutender Ruck dem Reiche Gottes entgegen. Das Reich Gottes ist nicht vom Himmel gefallen; es wächst wie alles andere auch. [...] Wir müssen anders werden; die Grundlage dazu muss sein, dass wir wie Jesus Christus werden, der keinen Unterschied mehr zwischen den Menschen machte.«[155] Die sich verstärkende Menschenrechtsbewegung konnte Christoph Blumhardt als Indiz dafür verstehen, dass das Reich Gottes in Entwicklung begriffen ist und die Menschheit in einer »Offenbarungszeit« steht.

In diesem Zusammenhang kann Christoph Blumhardt die in der vorangegangenen Phase seines Wirkens vollzogene Abgrenzung vom konfessionellen Christentum verstärken: Die konfessionellen Kirchen werden von ihm als überflüssig bezeichnet; sie sollen »unter den Tisch« gestellt werden. Dagegen: »Die Menschheit ist die Kirche, die große Versammlung, in welcher Gott zeugt in geschichtlicher Folge, bis sie's alle gleich haben.«[156] Nicht die Religiosität sei heute von Bedeutung, sondern die Fähigkeit, jeden Menschen als Menschen anzuerkennen. Der Rang eines Menschen ist für ihn nebensächlich geworden, auch die jeweilige religiöse Bindung, wobei Christoph Blumhardt zunehmend auch nicht-christliche Religionen im ausgehenden 19. Jahrhundert in den Blick nimmt: »Ich habe freilich keine Religion wie ein Muhammed, aber ein Mensch will ich sein. Mache meinetwegen Fehler, so viel du willst, aber sei Mensch zu Menschen!«[157]

Schließlich kommt ein weiterer Aspekt hinzu: Jeder Mensch kann eine Bedeutung für das Ganze der Welt gewinnen, während nach Blumhardts Ansicht die Rolle der Nationen abnimmt. Jeder Mensch ist, so wiederholt er in diesen Jahren kontinuierlich, »menschheits-groß« oder ein »Weltmensch«. Von einem jeden Menschen kann eine Auswirkung ausgehen, die weit über das Lokale, Regionale und Nationale hinausgeht: »Wir sind Welt-Menschen; wir gehören der ganzen Welt. Wir müssen nach der Welt fragen, nach den Völkern fragen, nach der Erde, nach den Menschen fragen.«[158] Die internationale Dimension der menschlichen Wirksamkeit nimmt nach 1894 mehr und mehr an Bedeutung ein – und diese verstärkte Wahrnehmung geht einher mit einer Betonung des Rechts eines jeden Menschen unabhängig von seiner Bindung an Religion, Konfession und Nation. Die Gleichheit eines jeden Menschen ist die entscheidende Botschaft dieser Jahre. Dadurch, dass Christoph Blumhardt die Rede vom Recht eines jeden Menschen auf Leben in den Kontext der Reich-Gottes-Bewegung einordnet, wertet er diese deutlich auf und verleiht ihr ein immenses Gewicht.

»Es brennt auch in Europa ein Licht ...«

Wie auch in den Jahren zuvor wird Blumhardts Botschaft bestimmt von der Reich-Gottes-Botschaft in ihrer spezifischen Form einer von Gott gewollten und gewirkten Allversöhnung. Dabei grenzt sich Christoph Blumhardt – wie nun schon hinreichend beschrieben – von Vorstellungen gewisser pietistischer Kreise ab, nach deren Überzeugung man Tag und Uhrzeit des

Wiederkommens Christi bestimmen könne. Vielmehr ist er davon überzeugt, dass die »Veränderungen zum Guten« im Zusammenhang damit stehen, dass in Gemeinschaften und Bewegungen das Gute »herausgekämpft« werden muss. »Wenn das nicht möglich ist, dann kommt der Bann über die Erde, [...] dann kann es wieder Krach geben wie schon einmal, dass die Erde wieder wüst und leer werden muss wie vor der Schöpfung. Das kann auch sein. Aber einstweilen müssen wir es doch festhalten, dass die Veränderungen nicht nur möglich sind, sondern es muss uns auch ein Anliegen sein, dass sie wirklich werden, weil sich der Heiland mit unserer Erde verknüpft hat, und den Heiland kann man eben nicht ohne weiteres beseitigen.«[159] Die Menschen werden von Christoph Blumhardt in einer beeindruckenden Weise gewürdigt: Sie können in Kooperation mit Gott daraufhin hinwirken, dass die Erde lebenswert wird für alle Menschen.

In der vorangehenden Phase seines Wirkens hatte Christoph Blumhardt den Punkt erreicht, an dem er zum Urteil kam, dass die christlichen Kirchen für diesen Prozess der Weltversöhnung nicht die geeigneten Partner sind. Es sind lediglich einzelne Christen, und die von Blumhardt so titulierte »kleine Herde« überall auf der Welt, die dazu beiträgt, dass es zu einer Veränderung auf diesem Planeten kommt. Auch den Nationalstaaten konnte er keine bedeutsame Rolle mehr zuschreiben. Vielmehr waren es für Christoph Blumhardt die Freiheitsbewegungen seiner Zeit, auf die er seine Hoffnung setzte – oder mehr noch: die er als entscheidenden Faktor im organischen Prozess der Reich-Gottes-Entwicklung verstehen konnte. Diese Ansicht darf als das spezifisch Neue der Jahre zwischen 1894 und Juni 1898 angesehen werden.

Es sind vier Freiheitsbewegungen seiner Zeit, in denen Blumhardt einen Fortschritt hin zu einer »neuen Weltordnung« verzeichnen konnte:

Erstens kann er der im ausgehenden 19. Jahrhundert entstehenden Menschenrechtsbewegung eine höchst bedeutsame

Rolle zuschreiben. In diesem Zusammenhang würdigt er die Französische Revolution äußerst positiv als die eigentliche Reformationszeit der Menschheit: »Er [Gott] schenkte eine Idee von Christus der Revolution, und die nimmt den Prügel und bringt es durch: Heute gilt Freiheit, Brüderlichkeit, Gleichheit, wenigstens im Prinzip. Wir sind froh, dass diese Idee wenigstens da ist.«[160] Sehr prägnant zeichnet Christoph Blumhardt die Werte Brüderlichkeit und Gleichheit in ein kollektives Streben nach Freiheit ein und kann deshalb fortfahren, dass diese »Idee als Macht« nach uns greift, »wenn wir hören, dass in Afrika ein Sklave herumläuft[,] oder wenn irgendein Stamm rücksichtslos unterdrückt wird«.[161]

Die allen Menschen gleich zukommende Würde und die ihnen zustehenden Rechte werden in diesen Jahren zum ersten Mal in den Blick genommen, und Christoph Blumhardt kann sogar die Unveräußerlichkeit dieser Menschenrechte ansatzweise formulieren und als Ausdruck des göttlichen Geistwirkens verständlich machen: »Aber nicht nur das freut uns, sondern dass diese Idee eine Macht hat, vor der Könige und Kaiser sich beugen müssen, und der nächste beste Mensch hat ein Recht, und so hat es der Heiland eigentlich wollen.«[162]

Neben der Menschenrechtsbewegung ist es zweitens die Friedensbewegung, auf die Christoph Blumhardt seine Hoffnung setzt. In den kirchlichen, insbesondere in den pietistischen Kreisen werde, so Blumhardt, die Hoffnung auf ein endzeitliches Friedensreich aufgegeben und jede Friedensbewegung abgelehnt, was er scharf kritisiert. Auch deswegen kann er den Kirchen, die die fortschreitende Militarisierung im Kaiserreich unterstützten, keine Bedeutung mehr zuschreiben: »Ich habe einen Brief bekommen von einem Friedensmenschen, von einem Hauptführer der Friedensliga. Den Leuten ist furchtbar viel daran gelegen, dass statt des Krieges Friede möchte aufkommen. [...] Dieser Mann nun schreibt mir, dass er von den religiösen Menschen, von den kirchlichen Menschen nicht nur scheel angesehen wird, sondern es sogar ausdrückt, man hasse ihn um dieser seiner Friedensliebe willen. Darüber wurde ich traurig; denn es ist doch keine Dummheit, wenn der liebe Gott uns Menschen gibt, nicht in unseren Tagen, die sagen: ›Der Krieg muss aufhören‹, und man verachtet sie gerade in den frommen Kreisen. Das ist ein Beweis, dass man zufrieden ist mit seiner ›Religion‹, wie es Vater und Großvater gehabt haben; aber von einem Fortschritt will man nichts wissen, sie können es nicht fassen. Und doch: Im Namen Jesu dürfen wir nicht zufrieden sein und müssen immer fortschreiten wollen; wie sich die Sachen später gestalten werden, das geht uns nichts an. Aber eines geht uns an: Es muss Frieden werden auf Erden.«[163] So kann Christoph Blumhardt in den Jahren nach 1894 im Blick auf die verschiedenen Freiheitsbewegungen von einer »Offenbarungszeit«, einer »Christuszeit« oder einem »Ruck dem Reich Gottes entgegen« sprechen und den »Fortschritt« hin zum »Erdenhimmel« loben.

Ausdruck der neuen Gottes-Zeit, die schon im Begriff ist, nach uns zu greifen, ist für Christoph Blumhardt drittens eine wachsende internationale Bewegung: »Heute ist Jerusalem die ganze Welt, und das Volk, das für Gott kämpft, hat es mit der ganzen Erde zu tun; heute ist Japan gerade, was Deutschland ist, heute ist der Si-Hun-Tschang so wichtig wie der Kaiser, heute sind die Mohren und Gelben gerade dieselben; der Präsident Krüger in Transvaal tut es heute den Franzosen und Deutschen zuvor. Heute geht es weit hinaus, heute handelt es sich um eine Erneuerung der ganzen Erde. Das ist Jesus!«[164] In der Phase einer sogenannten »ersten Globalisierung« identifiziert sich Christoph Blumhardt damit keineswegs mit der imperialen Politik der europäischen Mächte oder des deutschen Kaiserreichs, das einen »Platz an der Sonne« für alle Deutschen suchte, sondern mit den Interessen der verschiedenen Volksgruppen, Regionen und Staaten. Deren zum Teil äußerst zaghafte Suche nach eigener Identität versteht er als Ausdruck eines kritischen Internationalismus: »Gott Lob! Wenigstens das kleine Erdbällchen wollen wir einstweilen halten, vielleicht können wir später noch Größeres umfassen, aber heute umfassen wir den Erdball; dieser ganze Ballen, den der liebe Gott wie einen Gummiball in die Hand nehmen kann, das ist Jerusalem, und das soll in die Gerechtigkeit hinein geführt werden und in die Wahrheit.«[165]

Darüber hinaus erkennt Christoph Blumhardt einen Fortschritt der Menschheit hin zum Reich Gottes viertens darin, dass die soziale Frage zunehmend ernstgenommen wird und die Unterdrückung eines Menschen auf Grund seines sozialen Status in den mehr und mehr entstehenden Öffentlichkeiten nicht mehr hingenommen wird: »Es brennt auch in Europa ein Licht, man kann es nicht mehr ertragen, wenn reiche Leute Arme schinden. Heute müssen die Menschen zittern, wo eine Rohheit aufkommt. Das ist auch ein Licht. Es schlägt gewaltig an unsere Herzen: Seid Menschen!«[166]

Damit zeigt sich: Mit den Stichworten »Fortschritt«, »Vorwärts«, »Friedensbewegung« und »Internationalität«, die in dieser Phase von Christoph Blumhardt massiv betont werden, beginnt bei ihm eine sich steigernde Auseinandersetzung mit der Sozialdemokratie, die in der öffentlichen Wahrnehmung unter den veränderten politischen Rahmenbedingungen nach dem Ausscheiden Bismarcks aus der kaiserlichen Politik mehr und mehr an Gewicht gewann.

Die Sozialdemokratie: Eine prinzipienorientierte Menschheitsbildung

Die bewusste oder christlich sublim verbrämte Missachtung des Leibes, die von Christoph Blumhardt als »Sünde« bezeichnet wird, ist für ihn – wie oben gezeigt wurde – der Anknüpfungspunkt für eine immer intensiver werdende Beschäftigung mit der sozialen Frage. Damit verbunden ist eine scharfe Kritik am fehlgeleiteten Profitdenken, das nicht nur die Lebensgrundlagen eines jeden Menschen missachtet, sondern alle Lebensverhältnisse zu dominieren beginnt. Mit der »Tatsache« der »neuen Weltordnung« muss ein solches Profitdenken notwendigerweise in Konflikt geraten: »Und wie im Irdischen ein Mensch, wenn er bloß auf seinen Profit schaut, widerwärtig wird, so wird einer auch im Reich Gottes widerwärtig, wenn er nur seinen Profit im Auge hat und nicht über sich hinaus kommt in der Liebe zu Gott.«[167]

Christoph Blumhardt gibt seiner Überzeugung Ausdruck, dass diese Lebensweise in sich nicht Bestand haben kann, sondern notwendigerweise zusammenbrechen muss – und er kann auch schon erste Anzeichen dafür ausmachen: »Die Geldberge, die rollen auseinander. Da macht die Welt bankrott; das fängt auch schon an. Andere sind auf dem Kriegsberg: ›Nur recht viele Soldaten!‹ Alle diese Berge rollen auseinander, aber es geht langsam, man kann nicht heute auf einmal alles Militär abschaffen. Die alten Berge müssen selber zusammenfallen, nur langsam.«[168] Die Bewegung betroffener Bürger und aufrecht agierender Zeitgenossen, die dem »Zusammenbrechen« und »Zusammenfallen« einen Weg bereitet, ist für Christoph Blumhardt im besonderen Maße die Sozialdemokratie. Im Oktober 1894 verdeutlicht er dies in einer Andacht, in der er die Verzerrungen der Gesellschaft zum Thema macht, so: »Ich habe […] vor den Sozialdemokraten nicht Angst; sie sind doch etwas Klares, sie haben ein Prinzip; sie sind eine Menschheitsbildung, von der man weiß, was sie will[,] und mit der man rechnen kann. Viel gefährlicher sind die Menschen, denen man mit gar nichts mehr imponieren kann, denen alles wurscht ist; die Ideale sind ihnen alle entschwunden. Sie sind ganz verzerrt von dem eigentlichen Wesen der Schlange.«[169]

Die »Prinzipien«, die Christoph Blumhardt innerhalb der Sozialdemokratie findet, sind deren Friedensbestrebungen. Im Zusammenhang mit der Friedensfeier zum Sedantag 1895 wurde dies oben schon analysiert. Hinzu kommt für Christoph Blumhardt zudem die Internationalität der sozialdemokratischen Bewegung. »Heute ist ein Neues schon in der Luft, und dem müssen wir entgegen kommen, innerlich einstweilen möge es kosten, was es wolle[,] und ebenso unnachsichtig die alten Schläuche liegen lassen, als wir es sonst bei etwas Hinderlichem tun. Die Prinzipien, auf denen die Weltgeschichte sich aufgebaut hat in Europa, sind falsch, die Prinzipien, wodurch die Völker ins Blutvergießen gekommen sind. Wenn wir das Lied singen: ›Ein Hirte und eine Herde‹ und werfen diese alten Prinzipien, wo man müsste Händel haben, nicht aus dem Haus hinaus, so sind wir Heuchler.«[170] Die »Welt«, womit Christoph Blumhardt die »alten« Nationalstaaten Europas meinte, bringe dieses »Neue« nicht zustande, für das heute im Geist Gottes gekämpft werden müsse. »Ich weiß mich in Indien, in Afrika, in Amerika, in der ganzen Welt mit gewissen Geistern verbunden. Es braucht nur noch kurze Zeit, dann werden wir das Neue miteinander haben dürfen in der ganzen Welt.«[171] Das »Neue« wird für Christoph Blumhardt repräsentiert durch die Menschenrechts- und Friedensbewegung, dann aber auch durch die Sozialdemokraten: »Es ist ja ein ganz neuer Himmel geworden; wir bekommen eine ganz neue Zeit. Heute sehen wir jeden Schmutz im verborgensten Winkel von Afrika. Heute können wir das unsägliche Elend bis in den letzten Winkel sehen.«[172]

Es wird also erkennbar, aus welchem Geist heraus Christoph Blumhardt die Sozialdemokratie zu schätzen beginnt: Sie ist für ihn die Bewegung innerhalb der Bevölkerung, in der die Friedensbewegung sowie die wachsende Internationalität am meisten Rückhalt gewinnen könnten. Von diesen »Prinzipien« aus hat Christoph Blumhardt in der Zeit vor 1898 Zugang zu dieser Partei gewonnen, wobei er das große Gesamte im Blick hatte: eine Bewegung innerhalb der Weltgeschichte, in der jeder Mensch zu seinem Recht kommt und seinem Potenzial Beachtung geschenkt werden kann. Dieser »Fortschritt« und dieses »Vorwärts« hin zum Reich Gottes bestimmen Blumhardts Denken und Handeln in der Phase zwischen 1894 und 1898.

Die Grenzpfähle der kirchlichen Dogmatik überwinden!

Christoph Blumhardt hat in dieser Phase seines Wirkens die Notwendigkeit verstärkt betont, dass es zu einer theologischen Neubesinnung kommen müsse; seine Kritik an der traditionellen Dogmatik, die auch in den Jahren zuvor deutlich erkennbar war, nimmt – angeregt auch durch die Auseinandersetzung mit Friedrich von Bodelschwingh – deutlich präzisere Züge an. In der Reich-Gottes-Arbeit müssen alle »Grenzpfähle« weichen; der Mensch solle immer so angesehen werden, dass er für die Seligkeit und Versöhnung bestimmt sei. Die Theologie sei so auszurichten, dass sie Jesus als den Mann für alle Menschen auf dieser Erde vor Augen führe. Dazu solle »die Theologie« eine auf Trennungen bedachte Eschatologie, Sündenlehre sowie die einseitig auf eine Gnadenlehre ausgerichtete Christologie aus dem Weg räumen.

An der »üblichen« Eschatologie kritisiert Christoph Blumhardt als »größten Fehler«, dass die kirchliche Dogmatik wieder den Tod eingeführt habe: »Mit dem Tod schlagen wir Christus aus dem Feld, mit dem Tod hat der Romanismus die Welt angeführt; keinen Propheten und keinen Mann Gottes würdet ihr so närrisch reden hören wie unsere Dogmatik, es ist ein total anderer Boden.«[173] Mit einer solchen Eschatologie bekehre man Menschen lediglich zum »Heidentum«, so Christoph Blumhardt sehr pointiert. Dass der Mensch ein Geschöpf der Ewigkeit und die Überwindung des Todes eine »Tatsache« ist, werde in der traditionellen kirchlichen Dogmatik nicht beachtet, sondern durch eine auf Trennungen bedachte Eschatologie ersetzt. In ihr gebe es den »Teufel« oder den »Satan« wie auch einen endzeitlichen »Weltenbrand«; dies sei alles »unbiblisch« und mit Christus als dem Überwinder des Todes nicht vereinbar. Auch die Erde werde vor dem Kommen einer neuen Zeit nicht »verbrennen«, denn: »Natürlich, Gott wird nicht verbrennen[,] und seinen Fußschemel verbrennt er auch nicht; wenn der liebe Gott die Erde verbrennen würde, würde er etwas von seiner Hand verbrennen und von seinem Mund.«[174] Eine solche auf »Scheidungen« ausgerichtete Eschatologie sei zu überwinden.

In diesem Zusammenhang findet Christoph Blumhardt auch scharfe Worte für die traditionelle Sündenlehre: »Was fragen wir nach der Sünde, wenn uns das Evangelium gepredigt wird von dem Jesus, der von Gott gesandt ist ins Fleisch, damit das Personenleben Gottes in Menschen herausgerettet werde vom Betrug der Sünde und des Todes? Es ist ja alles erlogen, es ist ja lauter Betrug, was Sünde heißt und was Tod heißt. Aber ewig wahr ist der Mensch und die Kreatur Gottes.«[175] Sünde ist für Christoph Blumhardt keine Tatsache, sondern lediglich das »Nichtige« oder ein »Nichts«: »Vom Bösen wissen wir nichts, das ist nichts. In der Bibel ist auch ein Wort dafür, für die falschen Götzen: ›Nichts‹. Sie heißen nichts. Auch von der Sünde wissen wir eigentlich nichts. Weg davon! Guck weg! Gerechtigkeit ist, Wahrheit ist, Leben ist, Sünde ist nichts. Das Gute, das Lebensvolle ist, da gibt es Geschichte, alles andere hat keine Geschichte; das sind nur Staubwolken, vergängliches Wesen, das früher oder später total aufhört und vergessen sein wird.«[176] In seiner Jugend sei in der pietistischen Tradition die Lehre von der Sünde Hauptbestandteil seines Konfirmandenunterrichtes gewesen. »200 Seiten« habe diese Lehre umfasst. »Vergesst es! […] Wir müssen die Vorläufer sein von denen, die alles Übel, Sünde und Tod vergessen haben und gerade mitten im Übel sagen: Es ist nichts, ist verlogen! Nein, es ist nichts!«[177] Eine Theologie, die das Fortschreiten Gottes hin zur Weltverwandlung durch eine dominierende Sündenlehre behindert, schmälert nach Blumhardts Überzeugung die Potenzialität der Menschen und manifestiert sich damit als gesellschaftliches Stehen-Bleiben.

Die Eigenaktivität des Menschen im Rahmen einer Reich-Gottes-Bewegung wird nach Blumhardts Urteil auch behindert durch eine Christologie, die vorrangig alles von Christus erwartet, nichts aber dem Menschen zumuten will und kann: »Es ist natürlich sehr viel leichter, mit der Kirche zu sagen: Ich habe nichts zu tun, Christus hat alles für mich vollbracht; jetzt lebe ich[,] wie ich mag[,] und dann sterbe ich selig.« [178] Damit aber schrecke die Menschheit vor den »Riesenaufgaben« zurück und beschränke sich auf das Feiern von Gottesdiensten – eine fatale Entwicklung für das Fortschreiten hin zum kosmischen Friedensreich.

In einer am Ende des 19. Jahrhunderts bemerkenswert mutigen Art und Weise hat Christoph Blumhardt die Grenzen der protestantisch geprägten Theologie (nicht nur) seiner Zeit ausgelotet und nach Alternativen gesucht, um die drängenden Probleme der Menschheit besser angehen zu können – immer das eine Ziel im Blick: das kosmische Friedensreich auf Erden, die Aussöhnung der gesamten Schöpfung, die neue Weltordnung.

KAPITEL 4

Menschheitsliebe ist das Losungswort!

(Juli 1898 bis September 1903)

Biographische Stationen

Friedensarbeit im Umfeld der Haager Friedenskonferenz (1899)

Die Friedensbestrebungen im ausgehenden 19. Jahrhundert hatten Christoph Blumhardt geradezu elektrisiert. Er verstand sie als *das* ermutigende Zeichen einer neuen Zeit. Dazu gehörte an erster Stelle das sogenannte »Zarenmanifest« vom August 1898. Was war geschehen? In einer Denkschrift hatte der russische Zar völlig überraschend zu einer internationalen Konferenz eingeladen, um für alle Völker »die Wohltaten des Friedens« abzusichern und um den Rüstungsbestrebungen in der ganzen Welt ein begrenzendes Ziel zu setzen.

Im militärisch unter Kaiser Wilhelm II. aufgerüsteten Deutschland löste diese Initiative höchstens ein »mildes Lächeln« aus, zumeist jedoch wurde die Initiative aus dem Osten als ein taktisches Manöver verstanden, als eine gefährliche Finte des Zaren. Anders allerdings Christoph Blumhardt: »Die Völkerwelt macht mir Freude, und etwas von der großen Hoffnung, die wir haben durch den Christus der Welt, der Welt Heiland, will in unseren Tagen zur Erfüllung kommen!«[179] Mit dem Friedenszeichen »vom russischen Thron« nahe sich zum ersten Mal, »so lange die Welt steht, wenigstens das Wort, und wenn es auch nur einstweilen ein Wort ist: ›Friede auf Erden, Friede unter den Völkern! Kein Krieg – Friede!‹«[180] Solch ein Aufruf, so Blumhardt, könne nur von Gott kommen, denn inmitten der menschlichen Ohnmacht und Begrenztheit sei er nicht vorstellbar. Deswegen: »Vielleicht darf man einmal sagen: ›Im Jahr 1898 hat der Friede begonnen!‹«[181] Über die Beschränktheit dieser Initiative machte sich Christoph Blumhardt allerdings auch keine Illusionen: Man werde darüber spotten, man werde die Initiatoren belächeln, es werde vermutlich bei den Verhandlungen nichts Besonderes herauskommen – und er sollte mit dieser Vermutung Recht behalten. »Aber es kann ganz gut das herauskommen, dass die Herrscher gute Eindrücke voneinander bekommen und die regierenden Minister und Herren unter Christus kommen.«[182]

Während der Haager Friedenskonferenz (Mai bis Juli 1899) als Folge des Zarenmanifestes finden sich eine Fülle von Andachten Blumhardts mit friedensethischen Überlegungen, so dass davon auszugehen ist, dass er die zähen Verhandlungen aufmerksam verfolgte. In Göppingen nahm er nach einem Zeitungsbericht an einer Versammlung der »Gesellschaft für den Frieden«, der Vorläuferorganisation der Deutschen Friedenskonferenz, teil. Er fiel dabei mit einer flammenden Rede zum ersten Mal in der Öffentlichkeit durch sein utopisches Denken auf: Nach einem Zeitungsbericht vom November 1899 sei er in einer Art und Weise aufgetreten, »die man an vielen seiner Amtsgenossen vollständig vermissen muss. Zu jener Zeit schon war es uns klar, dass sich Pfarrer Blumhardt in einem Widerstreit zweier Lehren sich [!] befinden müsse.«[183]

Bezeichnenderweise wird in diesem Zeitungsbericht auch ein Zusammenhang zwischen Blumhardts Engagement in der Friedensbewegung und seinem späteren Bekenntnis zur Sozialdemokratie hergestellt. Gibt es dafür weitere Hinweise und Belege?

Diese Biographie geht in der Tat von einem engen Zusammenhang zwischen beidem aus. Während in der deutschen Öffentlichkeit die erste Haager Friedenskonferenz kaum auf positive Resonanz stieß, verhielten sich bedeutende Wortführer der Sozialdemokraten wie August Bebel und Karl Kautsky anders: Sie lobten die Ergebnisse dieser Friedenskonferenz als Ausdruck eines wachsenden Internationalismus. Es spricht deswegen viel

21   1.6.1899, Geburtstag von Christoph Blumhardt. Links: Der Gärtner Hans Weber. Dritter von links: Christoph Blumhardt, daneben Gottliebin Blumhardt. Dritter von rechts: Pastor Gustav Benn, Vater von Gottfried Benn. Rechts: Eduard Vopelius

dafür, dass diese Reaktionen Christoph Blumhardt dazu angeregt haben, sich intensiver den Sozialdemokraten zuzuwenden. Als Beleg für die Stichhaltigkeit dieser These kann gelten: Zeitlich parallel zur ersten Haager Konferenz häufen sich Andachten, in denen die Bewegung der Sozialdemokraten positiv Erwähnung findet. Kann dies ein Zufall sein? Das ist kaum wahrscheinlich, denn für Christoph Blumhardt gehörten die Friedensbewegung und die Friedensbotschaft Jesu, die für ihn das markante und herausragende Zeichen seiner Botschaft war, eng zusammen. Die dem Haager Friedensimpuls zustimmende Bewegung der Sozialdemokraten musste er dieser Botschaft des Evangeliums zuordnen und sich deswegen verstärkt mit dieser auseinandersetzen.

Kapitel 4: Menschheitsliebe ist das Losungswort!

Erste Kontaktaufnahme mit den Sozialdemokraten (1899)

Schon im Mai 1899 hatte sich Christoph Blumhardt für den 1. Mai als Festtag der Arbeiter stark gemacht: »Seht[,] das ist Himmelreich, wenn den Leuten in solchen einfachen Sachen der Knopf aufgeht.«[184] Dagegen befinden sich für Christoph Blumhardt die »normalen« Pfarrer in »Schwindeleien«: Sie beten, dass Gott die Not wenden möge, und bemühen sich nicht, die bestehenden Verhältnisse zu verändern. So gehen sie den Verursachenden der Not auf den Leim. Sie schimpfen über die Armen und versuchen, diese von sich wegzudrücken. Blumhardt hielt dies im Lichte der Botschaft des Evangeliums für unverantwortlich und brach im Juni 1899 nach seinem Selbstverständnis endgültig mit solchen »Schwindeleien« gegenüber den Arbeitern: Er machte sich in einer öffentlichen Versammlung der Sozialdemokraten am 16. Juni 1899 stark gegen die sogenannte »Zuchthausvorlage« Kaiser Wilhelms II., nach der die Teilnahme an Streiks mit Zuchthausstrafen geahndet werden sollte. In einer Göppinger Protestversammlung nannte Blumhardt die Einbringung des sogenannten »Gesetzes zum Schutz des gewerblichen Arbeitsverhältnisses« im Reichstag ein »Verbrechen an der Gerechtigkeit«; er für seine Person stehe den Bestrebungen der Arbeiter »sympathisch gegenüber«.

Kurz vor dem Beginn des Parteitages der Sozialdemokraten in Hannover (9. bis 14. Oktober 1899), an dem Christoph Blumhardt als Gast teilnahm, machte er in einer Versammlung in Göppingen am 2. Oktober 1899 erneut von sich reden: Nach einem Zeitungsbericht führte Blumhardt aus, dass ihn die Lage der Arbeiter »fast schwindelig« mache. Änderung an den Verhältnissen gebe es nur in einer »völlig neuen Gesellschaft«. Die Sozialisten ordnete er dabei den utopisch Denkenden, einer christlichen Endzeithoffnung, zu: »Möge die Zeit kommen, in der es gelingt, die Gesellschaft anders zu ordnen, wo nicht mehr das Geld, sondern das Leben der Menschen die Hauptsache ist! Was werden muss, das ist ein christliches Reich, das ist eine Gottesordnung.«[185] Damit waren die neuen und entscheidenden Themen Blumhardts vorgegeben: Kritik des Profitdenkens, Orientierung an den freiheitlichen Menschenrechten sowie eine Überwindung des Kapitalismus. In alledem sah er das kommende Gottesreich hereinbrechen.

Doch nicht diese ersten beiden Kontaktaufnahmen mit den Sozialdemokraten, sondern eine Rede während einer Versammlung am 24. Oktober 1899, zwei Wochen nach dem Hannoveraner Parteitag, machte schließlich Christoph Blumhardt schlagartig weit über Württemberg hinaus bekannt und ließ ihn binnen weniger Wochen zur Skandalperson Nummer eins in bürgerlichen und christlichen Kreisen werden. In dieser Rede stellte er die Analogie her: Jesus ist ein Sozialist – umgeben von zwölf Proletariern. Damit, so Blumhardt, müsse auch er auf der Seite der »Lebenssuchenden« in der »Arbeiterklasse« stehen, die danach streben, die Verhältnisse zu ändern. »Aus dem Sozialismus scheint etwas von der Ordnung heraus, die ich seit Jahren erhofft habe. Ich bin überzeugt, es wird gehen, wenn es einmal eingeführt ist, dass jeder Mensch das Recht hat[,] zu leben und als eine Persönlichkeit neben den anderen zu sein, ohne sich zu schinden und zu darben. Man muss nur wollen. Der Gedanke ist da; wir wollen helfen, dass er groß wird. Denn der Sozialismus will nicht Leben nehmen, er will Leben geben. Mit voller Wucht meiner Überzeugung sage ich es: Es geschieht vonseiten [!] der sozialistischen Partei der größte Kampf gegen den Egoismus.« Am Schluss seiner Rede bekannte sich Christoph Blumhardt dazu, dass er selbst in seiner Person und mit seinen Möglichkeiten zu einer neuen Zeit beitragen wolle, in der »wir eine sozialistische Gesellschaft erleben«. Das sei das Ziel: Frieden zu wollen auf Erden und ein großes Stück Internationalismus zu leben. Mit »außerdeutschen Menschen« müssen man sich im gleichen

Maße beschäftigen wie mit »deutschen Menschen«. Christoph Blumhardt konnte seinen Aufruf zur sozialistischen Weltumwandlung so zusammenfassen: »Bekommt Weltherzen!«

Auch diese berühmte Rede am 24. Oktober 1899 zeigt: Der Hoffnung auf ein Friedensreich auf Erden kam zentrale Bedeutung zu. Die Abwendung von den konfessionellen Kirchen ermöglichte es Christoph Blumhardt, sich der Friedens- und Menschenrechtsbewegung sowie einem kritischen Internationalismus zuzuwenden – und damit hatten sich für ihn letztlich die Türen zur Sozialdemokratie geöffnet.

Christoph Blumhardt als überzeugter Sozialdemokrat

Wenige Tage nach der öffentlichen Versammlung der Sozialdemokraten am 24. Oktober 1899 wurde Christoph Blumhardt Mitglied der sozialdemokratischen Partei – und das aus voller Überzeugung, nach reiflicher Überlegung sowie nach einer mindestens zwei Jahre andauernden Auseinandersetzung mit dieser Partei. Den letzten Anstoß dazu gab schließlich, so die bisherige Analyse, die Positionierung führender sozialdemokratischer Parteivertreter zur Haager Friedenskonferenz.

Die von Anna von Sprewitz später vermittelte Lesart, Christoph Blumhardt sei nur »notgedrungen« nach einem Bericht in der liberalen Zeitung »Hohenstaufen« vom 25. Oktober 1899 unter der Überschrift »Blumhardts Bekenntnis zur Sozialdemokratie« Parteimitglied geworden,[186] ist dagegen vollkommen unhaltbar und Ausdruck einer tendenziösen Interpretation, die bedauerlicherweise dann auch bei Eugen Jäckh und Robert Lejeune zu finden ist.[187] Sie beabsichtigt, Christoph Blumhardt im Sinne einer Apologetik als einen im Herzen kirchentreuen

Theologen vorzustellen. Danach sieht Blumhardts Schritt in die Parteiarbeit wie ein großes Missverständnis aus, das er nur, um den Arbeitern nicht zu schaden, nie widerrufen habe. Eine solche Lesart steht mit den bisher an Hand seiner Biographie gewonnenen Erkenntnissen im Widerspruch und ist abwegig. Es ist vielmehr davon auszugehen, dass Christoph Blumhardt mit Überzeugung und mit voller Absicht der sozialdemokratischen Partei beigetreten ist – und das wenige Tage nach der Versammlung am 24. Oktober 1899. Dies jedenfalls legt ein Brief seines späteren Fraktionskollegen Wilhelm Keil nahe: Demzufolge hat Blumhardt ihm »kurz nach der Göppinger Versammlung« einen Brief geschrieben, »in dem er seinen Beitritt zur Partei erklärt hat«.[188] Dieser Brief Blumhardts ist leider allem Anschein nach nicht mehr erhalten geblieben – weder im Familienarchiv Blumhardt noch im Nachlass Keil oder in den SPD-Parteiakten in Göppingen.

Voller Überzeugung legte Christoph Blumhardt seiner Hausgemeinde am Tag nach der ihn weit über Württemberg hinaus bekannt machenden Versammlung seine Position in der Morgenandacht dar: Mit der Mitgliedschaft in der sozialdemokratischen Partei habe sich ihm eine Tür aufgetan, »und als ich mich umsah, war ich in einer neuen Welt. Und wer die Welt einmal gesehen hat, kann nicht mehr zurück. Diese Welt sehe ich zum ersten Mal. Hier wird mein Herz international gestillt, endlich, endlich!«[189] Die Sozialdemokraten greifen nach Blumhardts Verständnis die Botschaft auf, die von Jesus Christus in die Welt gebracht, aber von den christlichen Kirchen missachtet worden sei: die absolute Beachtung des Menschen, seiner Rechte und Fähigkeiten. Blumhardt führte aus, dass nirgendwo so viel Berührung mit Jesus gegeben sei wie auf dem Boden des Sozialismus. Dies betreffe die »Moral« und die »Prinzipien« der Sozialisten. Jesus sei der Erste und Einzige, der die Einheitsidee der Menschheit zur Geltung gebracht habe. Sie finde sich über die vielen Jahrhunderte hinweg erst bei den Sozialisten wieder.

»Ich halte diese Vereinigung (der Sozialisten) für die christlichste, dieses hohe Maß an Menschenwürdigung, die Idee, alle Menschen sind gleich[,] und niemand darf um des eigenen Vorteils willen geknechtet und beherrscht werden.« Stärker als in den zuletzt zitierten Ausführungen kann jemand kaum zum Ausdruck bringen, dass die Parteimitgliedschaft Ausdruck seiner vollen Überzeugung ist!

Wenige Tage nach der Göppinger Versammlung am 24. Oktober 1899 stellte Blumhardt nach der Hausgemeinde auch der Kommunalgemeinde in Boll seinen Standpunkt öffentlich vor. Während einer Versammlung in einer Gastwirtschaft in Boll am 4. November 1899 führte er aus, dass für ihn die Aktionen der »Proletarier« ein Zeichen dafür seien, dass eine »neue Zeit« komme, »die Zeit Gottes, in der Gerechtigkeit und Friede auf Erden wohnen wird«.[190] Quer durch die Gesellschaft hindurch vollziehe sich ein Demokratisierungsprozess; zugleich sei die »soziale Frage« in allen Schichten der Gesellschaft angekommen, so dass sie von keinem mehr als nebensächlich abgetan werden könne. Die äußeren Verhältnisse hätten sich also wesentlich gewandelt. Keiner könne sagen, dass damit die Sittlichkeit der Menschen schlechter geworden sei – im Gegenteil. Gerade die institutionelle Antwort auf die »soziale Frage«, die Reform der Verhältnisse, aber auch die Protestbewegung der Arbeiter seien ein Beleg dafür, dass der Mensch durchaus anders werden könne. Selbst in den »untersten Schichten« gebe es den ernsten Willen nach einem anderen Leben, nach einem auf das Wohl des anderen bedachten Verhalten. »Kommen wir in andere Verhältnisse, dann werden sich die verleugnungsvollen Menschen schon finden.« Die Sozialdemokratie ist für Christoph Blumhardt ein Ausdruck dieses kollektiven Willens der »Verleugnung« und der Überwindung eines blinden Egoismus, der lediglich am Profit sowie am Wachstum des Kapitals interessiert sei. Damit war Blumhardt bei seinem politischen Thema: der Auseinandersetzung mit der Überschätzung des Kapitals. »Wir wollen nicht einen Umsturz, wo alles umgedreht wird, sondern wir wollen den Umsturz, den Jesus angekündigt hat, den Umsturz des Kapitals! Das Kapital ist der Tyrann des heutigen Menschen. Es spielt erst seit 100 Jahren diese Rolle, dass der Mensch ohne Geld absolut gar nichts ist. Land und Wald waren früher nicht ein Kapital. In unserer Zeit wird alles zu Geld, alles wird danach geschätzt. Der Teufel des Kapitals, die Spekulation, kommt überall hinein, und zuletzt kommen wir in die Verschuldung. Das ist die Herrschaft des Kapitals.«[191]

In der Hausgemeinde hatte Christoph Blumhardt versucht, den Sozialismus im Lichte des Evangeliums zu rechtfertigen, in der Kommunalgemeinde dagegen konnte er wirtschaftspolitisch grundsätzlicher werden. Den erklärenden Ausführungen in der Hausgemeinde wie auch in der Kommunalgemeinde ist allerdings ein Dreifaches gemeinsam:
- Erstens der persönliche Ausdruck der vollen Überzeugung seiner Mitgliedschaft in der sozialdemokratischen Partei,
- zweitens die feste Hoffnung auf eine fundamentale Umwandlung der Gesellschaft sowie
- drittens der Bezug zur Friedens- und Menschenrechtsbewegung.

In der Kirche eine Skandalfigur, in der Öffentlichkeit umstritten: Reaktionen auf Blumhardts Parteieintritt

Mit dem Bericht von der Göppinger Parteiversammlung vom 25. Oktober 1899 setzte in Deutschland eine derartige mediale Kommentierung des Parteibeitritts Blumhardts ein, dass (wie schon erwähnt) Christoph Blumhardt mit einem Schlag weit über Württemberg hinaus bekannt wurde. Zeitungen in Köln,

Berlin oder Hamburg berichteten von diesem Vorgang in Bad Boll; lebhaftes Interesse fand Blumhardts Schritt auch in der Schweizer Presse.[192] Die jahrelang durch Predigtreisen und Briefe gepflegten Kontakte machten sich hier bemerkbar – vor allem in den Gegenden um Bern, Basel, Winterthur und Rorschach. Sehr viel differenzierter als in Deutschland wurde dort der Parteibeitritt kommentiert – zum Teil sogar mit Versuchen, Blumhardts Schritt positiv zu würdigen. Ansonsten überwogen mit Ausnahme von sozialdemokratisch beeinflussten Zeitungen die kritischen Töne.

Beispielhaft dafür soll hier lediglich die Argumentation im Göppinger Wochenblatt dargestellt werden: Unter der Überschrift »Soziale Theologie. Einiges zu den Ausführungen des Pfarrers Blumhardt« wurde in zwei Ausgaben mit dem Anspruch, den Vorgang anders als in vergleichbaren Zeitungen »neutral« zu analysieren, »Pfarrer Blumhardt–Boll« als »ideal veranlagter Sozialist« dargestellt. Seine Angelegenheit sei entweder ein pathologischer Fall oder aber Ausdruck einer letztlich doch unmenschlichen »Superhumanität«. »Aber was spricht denn überhaupt aus den Darlegungen Blumhardts? Zunächst einmal ein voll gerüttelt Maß Selbstüberhebung. Blumhardt bezeichnete sich, wenn wir nicht irren, als einen Mann von europäischem Ruf. Man weiß nicht, ob man bei einer solchen Feststellung ernst bleiben oder lachen soll.« Die abschätzige Beurteilung der Person Blumhardts ist selbst in dieser »neutralen« Analyse mit Händen zu greifen. So wird in Frage gestellt, ob sich Blumhardt wirklich mit Karl Marx auseinandergesetzt habe und die Ablehnung aller Religionen im Sozialismus wirklich kenne. Vor allem aber wurde interessanterweise der Bezug Blumhardts zu einem kritischen Internationalismus sowie zur Friedensbewegung negativ kommentiert: »Ist es denn wirklich nötig, ein Stück Internationalismus in uns aufzunehmen, um Menschen zu werden? Können wir nicht auch als Deutsche gute Menschen sein[,] und können wir nicht weiter als Deutsche auch Freunde der Darbenden, der Bedrückten sein?«[193] Die Besserung der Verhältnisse setze doch erst ein, wenn national gedacht werde. »Oder will Pfarrer Blumhardt vielleicht auf Grund seiner Darlegungen zu einem neuen Parteichen die Ursache geben, vielleicht zu einer international-christlich-sozialen?«[194] Der Schwerpunkt der »Blumhardtschen Lehre« liege jedoch in seiner Friedensbotschaft. Diese sei allerdings eine »Irrlehre«: Denn der Mensch sei zum Kämpfen bestimmt, und höre der Kampf auf, so gebe es auch keine Energie mehr, und der Einzelne erschlaffe nur noch. So hat man also diesen Kommentar zu verstehen: Nicht der friedvolle Umgang, sondern der Kampf gehöre zu dem, was jeden normalen Menschen auszeichne. Deswegen sei Blumhardts Standpunkt dem sinnlosen, realitätsfernen »Reich der Utopien« zuzuordnen. Es wurde schließlich prophezeit, dass Blumhardt als »ein Sozialist des Augenblicks« binnen Jahresfrist vergessen sei und dass ihn »außer seinen Badegästen« und denen, die in Bad Boll seine Hilfe erfahren haben, keiner mehr kenne.

Bedeutungsvoll an dieser »neutralen Analyse« des Falls ist insbesondere, dass die treibende Kraft eines eschatologisch motivierten Pazifismus erkannt wird. Sie ist es auch, die Christoph Blumhardt in einem »Antwortschreiben an seine Freunde« vom 13. November 1899 hervorhebt. Dieses Schreiben war notwendig geworden, nachdem manche seiner Freunde ihm vorgeworfen hatten, er führe den Kurbetrieb durch sein politisches Engagement in den Ruin. Gegenüber der Kritik gerade aus kirchlichen Kreisen verteidigte er die religionskritische Orientierung der Sozialdemokratie, um schließlich zu betonen: Die Freiheitsbewegungen in der Geschichte der Menschheit sollen nach den Prinzipien der Sozialdemokratie »eben nicht blutig, sondern unblutig« vollendet werden. »Blut hat immer derjenige vergossen, der der in den Verhältnissen der Völker liegenden Vorwärtsbewegung ein gewaltsames Halt gebieten wollte. Vorwärts müssen wir, die soziale Frage fordert irgendeine Lösung; Lösung kann aber nur erreicht werden auf dem Wege neuer Ordnung in den Eigentumsverhältnissen.«[195] Das »endliche Ziel des Friedens« und damit das »Endziel« des »Reiches Gottes auf Erden« verfolge diese Partei – und das sei ein Ziel, das Jesus mit seiner Botschaft des Evangeliums wirkungsvoll mitten in der Welt angestoßen habe. Deswegen sei die sozialistische Bewegung ein »Feuerzeichen am Himmel« oder ein »Werkzeug« Gottes.

Christoph Blumhardt musste sich gerade auch mit Kritik in der kirchlichen Öffentlichkeit auseinandersetzen: Die pietistisch orientierten Presseorgane kommentierten seinen Schritt äußerst negativ, indem sie die Unvereinbarkeit von christlichem Bekenntnis und Mitgliedschaft in einer sozialdemokratischen Partei betonten: »Ein bewusster Christ kann nicht Sozialdemokrat sein und ein bewusster Sozialdemokrat kann nicht Christ bleiben.« Zudem wurde Christoph Blumhardt mehrheitlich eine Reduktion der Theologie auf das Sichtbare, Zeitliche und Diesseitige vorgeworfen. Sünde und Erlösung durch Jesus Christus, so die Meinung pietistischer Kreise in Württemberg, kenne Blumhardt offenbar gar nicht. Sein ehemaliger Freund Adolf Stoecker, der lebendige Kontakte zu Korntal, dem Gnadauer Verband und damit zu den bedeutungsvollen pietistischen Kräften Württembergs unterhielt, stimmte in diese Kritik mit ein: Er warf Christoph Blumhardt theologischen Subjektivismus vor und sah dessen Kritik an der konfessionellen Kirche als verfehlt an. Sein Schritt in die Sozialdemokratie hinein vertiefe lediglich die Erosion der staatskirchlichen Verflechtung und der Volkskirche, für die sich Stoecker stark machte.

Damit entstand auch zwischen den Christlich-Sozialen einschließlich der »Freien Kirchlich-Sozialen Konferenz« und Christoph Blumhardt ein tiefer, trennender Graben. In der württembergischen Kirche hatte Christoph Blumhardt keinen festen und einflussreichen Kreis mehr, der ihn und sein Engagement unterstützte. Hatte bislang seine als seltsam wirkende Positionierung im zeitgenössischen Pietismus noch einen gewissen Reiz ausgeübt, wich diese noch verbliebene Anziehungskraft einem vehementen Widerstand. Auch wenn diese Distanz schon vorher hätte wahrgenommen werden können, wurde sie in der kirchlichen Öffentlichkeit erst mit Blumhardts Schritt in die Sozialdemokratie vollzogen. Christoph Blumhardt wurde in der kirchlichen Landschaft zur persona non grata; in der öffentlichen Meinung überwog die Ablehnung, lediglich sozialdemokratisch Gesinnte hatten noch Verständnis für seine Anschauungen.

Verlust oder Verzicht? Der Pfarrertitel (1899)

Nach mehreren Maßregelungen und Amtsenthebungen von Pfarrern in der württembergischen Landeskirche, insbesondere nach dem disziplinarischen Vorgehen gegen Pfarrer Christoph Schrempf, der die Verwendung des Apostolischen Glaubensbekenntnisses im Gottesdienst in Frage gestellt hatte, war klar: Christoph Blumhardt musste mit einer sehr ernsten Reaktion des Konsistoriums rechnen. Diese ließ auch nicht lange auf sich warten: Am 7. November erließ das Königliche Evangelische Konsistorium an das Königliche Dekanatsamt Göppingen den Erlass, dass es der Kirchenleitung »geboten« erschien, Blumhardt solle den Amtstitel »Pfarrer« niederlegen. Dabei wurde auf die Vorgeschichte Bezug genommen: Auf die Zuerkennung des Titels mit Wirkung vom 31. März 1885 sowie auf Blumhardts Darlegung vom 10. Januar 1894, er lege auf den Pfarrertitel keinen besonderen Wert. Deswegen hoffte das Konsistorium auf die Einsicht Blumhardts, dass er selbständig nach Rücksprache auf den Pfarrer-Titel verzichten werde, wenn ihm die Gründe dargelegt würden. Als Begründung wurde auf die Kenntnisnahme »zahlreicher öffentlicher Blätter« verwiesen, in denen Blumhardts »Stellung zu religiösen, sozialen und politischen

Fragen« insbesondere auf »sozialdemokratischen Versammlungen« bekanntgemacht worden sei. Gemeint waren damit die vielen Zeitungsberichte in Württemberg und weit über Württemberg hinaus. Das Konsistorium hoffte also, den »Fall Christoph Blumhardt« möglichst geräuschlos und ohne »Maßregelung« bewältigen zu können. Einen weiteren »Fall Schrempf« konnte es wohl nicht brauchen, denn die Kirchenleitung spürte: Die protestantische Volkskirchlichkeit in Württemberg geriet ins Schwanken, und die Bindung der Landeskirche an die königliche Regierung wurde zunehmend kritisch in Frage gestellt. Ein zusätzlicher Skandalfall hätte in solch einer Gemengelage weitere kritische Rückmeldungen nach sich gezogen – und das war tunlichst zu vermeiden.

Am 12. November 1899 wurde Christoph Blumhardt der Erlass zugestellt; noch am gleichen Tag antwortete er schriftlich: »Nachdem ich von dem Inhalte desselben Kenntnis genommen habe, erkläre ich schon hier meine Bereitwilligkeit, dem Wunsche des Königl. Konsistoriums zu entsprechen. Zu persönlicher Rücksprache mit dem Königl. Dekanat werde ich mir erlauben, mich nächsten Dienstag den 14. Nov. vormittags zwischen 11 und 12 Uhr im Dekanatsamte einzufinden.«[196] Das 20-minütige Gespräch zwischen Dekan Schnaidt und Christoph Blumhardt am 14. November 1899 verlief dann nach den Protokollunterlagen des Dekanatsamtes aber eher konfrontativ: In der Bewertung der Sozialdemokratie hätte der Gegensatz zwischen dem Dekan und Blumhardt wohl kaum größer sein können. Die Schlussbemerkung des Berichts zeigt aber auch, dass der zuständige Dekan auch die Ehrlichkeit und Authentizität seines Gesprächspartners in Frage stellte: »Nachträglich wurde mir von meinen Familienangehörigen gesagt, was ich nicht selber sah, dass Blumhardt am Dekanatshaus vorfährt in feinem Cab, bespannt mit zwei schönen Rappen in silberglattiertem Geschirr, auf dem Bock ein gallonischer Kutscher mit Kokarde am hohen

Hute und Glacéhandschuhen.«[197] Protokollmäßig wurde indes folgende offizielle Sprachregelung festgehalten: Christoph Blumhardt scheidet im Frieden aus dem Kirchendienst, ja mit Dank gegenüber dem Konsistorium, von dem er manche freundliche Rücksichtnahme erfahren habe. Und: Christoph Blumhardt tue es nicht nur leid, sondern es mache ihn sogar bitter, dass es in der Kirche so wenig Freiheit und Barmherzigkeit gebe. Raum dafür, dass jeder den Fähigkeiten entsprechend Christus verkündigen könne, gebe es in dieser Kirche nicht.

In den folgenden Tagen wurde die »Verzichtsleistung« Blumhardts in den eher liberal gesinnten Zeitungen sehr kritisch kommentiert: Nach deren Perspektive habe Christoph Blumhardt nicht den Mut aufgebracht, in sozialdemokratischer Haltung den Kampf mit dem Königlichen Konsistorium aufzunehmen, er sei feige und nehme nicht die Haltung eines Demokraten ein. Deswegen sah sich Blumhardt genötigt, in der »Schwäbischen Tagwacht« am 22. November 1899 eine Stellungnahme abzugeben. Darin übernahm er die protokollmäßig festgehaltene Sprachregelung gegenüber dem Dekan und sprach erstens von einer »Erleichterung«, von jeder Verpflichtung gegenüber der kirchlich-dogmatischen Position befreit zu sein. Bei seinem jetzigen öffentlichen Auftreten benötige er vollständige Unabhängigkeit und eben kein enges kirchliches Korsett. Zweitens betonte er jedoch auch seine Enttäuschung von der Kirche: Sie sei »von ihren Dogmen und staatlichen Einrichtungen abhängig«, weswegen ein »Kampf« mit dieser »in bestimmten Gesetzen gebundenen Staatsbehörde« schlichtweg »nutzlos« sei. Dieser Kampf sei vielmehr dem Kommen Gottes zu überlassen. Eine diplomatisch gut verpackte, in ihrem Kern jedoch scharfe Kritik an der Kirche, die härter wohl kaum ausfallen könnte!

Deswegen konnte Christoph Blumhardt im Rückblick ein halbes Jahr später auch betonen: Weil das »Geradeausgehen« gegenüber den Täuschungen der Welt einen »harten Kampf« koste, »bin ich aus dem Grunde aus der Kirche ausgetreten. Es hat mir leidgetan, denn es gibt viele ehrliche Leute und Pfarrer drin, aber ich konnte die Zauberei, die drin ist, nicht mehr mitmachen (Bilder, Crucifixe). Die Menschen verpflichten sich durch diese Zaubereien immer mehr zu Heimlichkeiten.«[198] Das aktive Verb »austreten aus der Kirche« – es darf keineswegs mit dem heutigen Rechtstitel eines »Austritts« aus der Mitgliedschaft in einer Kirche verwechselt werden – verdeutlicht: Christoph Blumhardt hat den Verzicht auf den Pfarrertitel als bewussten, positiven Schritt nach vorne verstanden. Musste er 1885 noch um den Amtstitel eines Pfarrers »voller Ergebenheit« das Konsistorium bitten, damit er gegenüber seinen Gästen recht dastehen konnte, so war er 1899 auch aus ökonomischen Gründen schon derart gefestigt, dass er den Titel »Pfarrer« nicht mehr benötigte, um sein Kurhaus gewinnbringend führen zu können. Zugleich zeigt seine rückblickende Bemerkung auch, dass er der konfessionell aufgestellten und mit dem Staat strukturell verquickten Landeskirche keine bedeutende Rolle im gesellschaftlichen Transformationsprozess seiner Zeit mehr zuschrieb. Es dürfte also verfehlt sein, von einem »Rauswurf« Blumhardts aus der Kirche zu sprechen; vielmehr ist davon auszugehen, dass er sich schon lange zuvor von der Amtskirche verabschiedet hatte. Mit dem aktiven Verzicht auf den Pfarrertitel bekräftigte er lediglich noch einmal seine Einstellung. Der Beschluss des Königlichen Konsistoriums kam ihm nur zur rechten Zeit. Allein die seinem Eindruck nach feige Art, die direkte Auseinandersetzung mit ihm nicht zu suchen, sondern auf Zeitungsberichte und damit auf die öffentliche Wirkung seiner Worte sich zu beziehen, enttäuschte ihn wohl menschlich. Zugleich bestätigten sie sein Urteil: Diese Kirche ist zu sehr in das Staatswesen verstrickt und nicht dazu in der Lage, die Botschaft vom Reich Gottes ernsthaft zu verkündigen.

Im Feuer der Auseinandersetzung: Wahlkampf und Wahl in den Landtag (1899/1900)

Im Frühjahr 1900 beschloss die Bezirkskonferenz der Sozialdemokratie für das Oberamt Göppingen, Christoph Blumhardt als Kandidaten ins Rennen für die Landtagswahl im Dezember zu schicken – und damit stand er auf einmal im Feuer der Auseinandersetzungen. Sie wurden öffentlich wahrnehmbar zunächst in den Zeitungen Württembergs ausgetragen: Der »Schwäbische Merkur«, eine der nationalkonservativen »Deutschen Partei« nahestehende Zeitung, stichelte sofort, jetzt würden die Sozialdemokraten angesichts der Aussichtslosigkeit ihrer Lage die gewöhnlichen Waffen ablegen, um in ihrer Not zum Christentum zu greifen. Die »Schwäbische Tagwacht«, das den Sozialdemokraten nahestehende Presseorgan, reagierte scharf und verwies darauf, dass Religion ja Privatsache sei. Im Übrigen stehe Christoph Blumhardt ganz auf dem Boden des Parteiprogramms. Es war sofort klar, dass zwischen dem Kandidaten der Deutschen Partei und dem der Sozialdemokraten der eigentliche Kampf ausgetragen werden würde. Für die anderen Parteien, für die liberale Volkspartei sowie für die Zentrumspartei, war Christoph Blumhardt ein ernstes Problem: Sie konnten ihn nicht so leicht marginalisieren. Vor allem war es unmöglich geworden, die Sozialdemokraten generell als Religionsfeinde abzustempeln und damit in Verruf zu bringen.

Christoph Blumhardt musste in dieser Zeit eine große Anzahl von Wahlreden halten. Täglich absolvierte er in mindestens zwei Dörfern des Bezirks Wahlkampfauftritte. Hinzu kamen aufgrund seiner schlagartigen Berühmtheit weit über Württemberg hinaus unzählige Vorträge. Der Wahlkampf war für ihn ohne Zweifel hart. Er hatte im Bezirk Göppingen, wenn er erfolgreich sein wollte, sehr viel aufzuholen: Bei der letzten Wahl zur Zweiten Kammer im Jahr 1895 lagen die Sozialdemokraten nach der nationalen Deutschen Partei und der liberalen Volkspartei eher abgeschlagen auf Platz drei. Nur die Zentrumspartei hatte noch weniger Stimmen erringen können.

Christoph Blumhardt war »begierig«, das Ergebnis der Wahl kennenzulernen. Dabei brachte der erste Wahlgang am 5. Dezember 1900 noch keine Entscheidung: Keiner der Kandidaten konnte die nötige Mehrheit auf sich vereinigen. Der Unternehmer Fetzer von der Deutschen Partei errang 2.360 Stimmen, der Unternehmer Gutmann von der Volkspartei 2.030 Stimmen. Christoph Blumhardt erhielt – dies war schon eine Sensation – aber die meisten Stimmen: 3.678 Bürger aus dem Bezirk Göppingen hatten sich für ihn ausgesprochen. Die Volkspartei, die aus der letzten Wahl zur Zweiten Kammer siegreich hervorgegangen war, hatte bis zuletzt versucht, Christoph Blumhardt zu diffamieren: Er sei erst ein halbes Jahr Mitglied seiner Partei, vollkommen unerfahren und vor allem im Wahlkampf ein Versager. Für den 18. Dezember 1900 wurde die Stichwahl angesetzt: Zwischen den Kandidaten Gottlob Fetzer und Christoph Blumhardt musste es zur Entscheidung kommen. Diese gewann zur Überraschung vieler Blumhardt schließlich deutlich für sich: 5.132 Stimmen konnte er auf sich vereinigen, Gottlob Fetzer von der Deutschen Partei nur 3.826 Stimmen. In den vier Bezirken der Industriestadt Göppingen überwogen die Stimmen für Christoph Blumhardt; die Arbeiterschaft hatte ihm die Treue gehalten. In den Dörfern der Umgebung war das Bild nicht einheitlich. Lediglich in Boll war die Lage klar: 236 Bürger stimmten für Christoph Blumhardt, lediglich 29 für Gottlob Fetzer. Für die Sozialdemokraten war diese Wahl ein großer Erfolg.

Für Blumhardt hatte dieser Erfolg eine »tiefere Bedeutung«, wie er seinem Schweizer Freund Howard Eugster-Züst bald nach der Stichwahl schrieb: Er verstand seine Wahl als eine »Ehrenerklärung« gegenüber allen Versuchen der Nationalisten, ihn in der Öffentlichkeit verächtlich zu machen und zu diffamieren: »Dass die Stadt Göppingen mir diese Ehrenerklärung

22   Die sozialdemokratischen Landtagsabgeordneten 1901 bis 1906 in Württemberg

gab, hat jedermann frappiert. Niemand dachte es. Nun erwartet man auch viel von mir.«[199]

In der Zweiten Kammer des Württembergischen Landtages waren 70 Abgeordnete vertreten. Als stärkste Partei errang die Volkspartei 26 Sitze, das Zentrum kam auf 18 Mandate. Die Sozialdemokratie erhielt immerhin fünf Mandate – ein riesiger Erfolg, weil bei der letzten Wahl mit dem Schreiner Karl August Kloß aus Stuttgart nur ein einziger Abgeordneter für die Sozialdemokraten in den Landtag eingezogen war. Neben dem Theologen Christoph Blumhardt und dem Handwerker Karl August Kloß waren in der Zweiten Kammer nun drei Journalisten in der Fraktion der Sozialdemokraten zu finden: Wilhelm Keil und Karl Hildebrand als Redakteure der »Schwäbischen Tagwacht« sowie Leonhard Tauscher als Redakteur der am meisten profilierten sozialistischen Zeitung »Sozialdemokrat«.

Für Christoph Blumhardt persönlich, für die Fraktion der Sozialdemokraten im Württembergischen Landtag sowie für die politische Situation in der Arbeiterstadt Göppingen war der Wahlausgang also ein beachtlicher, riesiger und bemerkenswerter Erfolg. War der Wahlkampf für Blumhardt auch anstrengend gewesen – dass er darunter gelitten hätte, lässt sich in keinem Dokument nachweisen. Wenn er zu klagen hatte, dann war es über die »närrischen Nationalisten unter den Protestanten«, die ihm Mühe machten.

Christoph Blumhardt:
Ein begehrter und begabter Redner (1900/1901)

Seitdem sich Christoph Blumhardt öffentlich auf die Seite der Sozialdemokraten geschlagen hatte, kam ihm erhöhte Aufmerksamkeit zu. In einer wachsenden Anzahl von Fällen wurde er gebeten, in Parteiversammlungen in Württemberg, aber auch im Rahmen anderer öffentlicher Diskussionen zu sprechen – den Zeitungsberichten dieser Zeit lassen sich noch die jeweiligen Themen und Fragestellungen entnehmen. Einige wenige Beispiele mögen das Spektrum, dem er sich gewidmet hat, illustrieren:

Am 12. Dezember 1899 stellte er sich zusammen mit dem sozialdemokratischen Pfarrer Pflüger aus Zürich einem Streitgespräch über »Die Religion«, am 14. Januar 1900 in Aalen über »Christus in der sozialen Entwicklung«, am 28. Januar 1900 in Feuerbach über »Das Reich Gottes«, am 11. Februar 1900 in Nürtingen über »Die soziale Bewegung in ihrer Entwicklung und in ihren Zielen«, am 25. Februar 1900 in St. Georgen über »Christentum und Sozialdemokratie«, am 27. Februar 1900 in Dornstetten über »Der Sozialismus im Lichte des Reiches Gottes« oder am 18. März 1900 in Pfullingen über »Warum kann ein Christ Sozialdemokrat sein?«.

Drei Themenkreise waren es also, für die Christoph Blumhardt ansprechbar war: Erstens war er auf Grund seiner Profession dazu geeignet, die Sozialdemokratie vor dem Vorwurf der Religionslosigkeit zu verteidigen. Zweitens konnte man ihn als geschichtlich Interessierten erleben: Die Entwicklung der sozialen Frage von den idealen Anfängen bei Plato über die Rolle der Bauernkriege und der Französischen Revolution bis hin zum wissenschaftlichen Fortschritt der Neuzeit war sein Thema. Dabei blieben die Frühsozialisten wie Robert Owen, Henri de Saint-Simon und Charles Fourier nie unerwähnt; mit ihrer Positionierung zu den Themen Privateigentum, Utopie sowie Recht auf Arbeit wurden sie für Christoph Blumhardt zu den wichtigsten Gewährsmännern einer zukunftsfähigen Gesellschaft. Und drittens war Blumhardt darauf bedacht, die lebensdienliche Perspektive des Reiches Gottes im gesellschaftlichen Diskurs seiner Zeit wachzuhalten.

Am Beispiel der Rede in Feuerbach am 28. Januar 1900 zum Thema »Das Reich Gottes« wird deutlich, wie er diese Fragen anging und ins Gespräch brachte. Von sämtlichen Reden sind leider keine Mitschriften oder Redemanuskripte erhalten geblieben; Christoph Blumhardt hatte es sich zur Angewohnheit gemacht, frei zu sprechen – in den Andachten wie auch in seinen öffentlichen Reden. Nach einem Bericht der »Schwäbischen Tagwacht«, die den Sozialdemokraten nahestand, heißt es zunächst einmal, dass die Veranstaltung »stark besucht« war, so dass Christoph Blumhardt seine Freude über das Interesse an einem »religiösen Thema« zum Ausdruck brachte. Es ist also davon auszugehen, dass mehrere hundert Besucher zu dieser Veranstaltung geströmt waren. Der Wunsch seiner Zuhörer und aller Menschen – welcher Weltanschauung auch immer –, dass es zu einer neuen Gesellschaft kommen müsse, decke sich mit dem, was Jesus über das Reich Gottes ausdrücke. Hinzu komme allerdings eine andere entscheidende Entwicklung, nämlich die eines verstärkten wirtschaftlichen Wachstums. Dies jedoch bedinge eine Gesellschaft freier Menschen. Wenn es also zur Entkirchlichung auf allen Ebenen komme, so sei dies keine unbedingt negative Entwicklung, sondern Folge einer Neuaufstellung einer wirtschaftlich starken Gesellschaft, in der die konfessionell aufgestellten Kirchen nicht die rechte Antwort leisten könnten, da sie selber zu sehr in einem Korsett aus Dogmen und staatlichen Vorgaben steckten. Entscheidend seien vielmehr utopisch denkende und an einem Zukunfts-Ideal sich orientierende Menschen, die weltgroß dächten und denen das Recht eines jeden Menschen am Herzen liege. Blumhardt sprach in anderen Zusammenhängen hier immer wieder von einem »unbewussten Christentum« seiner Zeitgenossen. Genau das sei auch die Hoffnung der Arbeiter von heute, so dass man die Seligpreisung Jesu heute anders zu übersetzen habe: »Selig sind die Proletarier, denn das Himmelreich kommt zu ihnen.«[200]

Während Blumhardt in den Andachten vornehmlich biblisch orientiert sprach und insbesondere nach 1894 erkennbar konkreter wurde, griff er in der freien Rede seiner Vorträge offensichtlich weiter aus. Er konnte sich von der kirchlich geprägten Dogmatik ganz entfernen, ohne die Grundüberzeugungen christlicher Lehre aufzugeben. Dadurch entstanden neue Denkformen und Argumentationsmuster, die bis heute belebend wirken. Weil er mit kirchlich nicht gebundenen Bürgern eine andere Zielgruppe vor sich hatte, konnte er sich quasi eine »nicht-religiöse Interpretation biblischer Begriffe« (Dietrich Bonhoeffer) vornehmen. Die zunehmend säkularer werdende Gesellschaft im ausgehenden deutschen Kaiserreich nahm er durchaus ernst und versuchte, für sie neue Redeformen in Aufnahme christlich geprägter Hoffnungsperspektiven zu finden.

Von den zwischen 1898 und 1903 gehaltenen Vorträgen dieser Art sind neben einer Rede in der Gaststätte »Zur Post« in Boll am 4. November 1898 leider nur zwei weitere Referate erhalten geblieben: Die am 15. April 1901 in Berg gehaltene Rede über »Die Prinzipien der Sozialdemokratie« sowie der am 24. November 1902 in Basel gehaltene Vortrag »Christus und das Evangelium in der modernen Welt«. Beide Reden geben einen exzellenten Einblick in Blumhardts Denken in diesen Jahren; sie sind herausragende Dokumente seiner Hoffnung auf eine neue Gesellschaftsordnung.

In »Die Prinzipien der Sozialdemokratie« (1901) entwickelte Christoph Blumhardt die Prinzipien einer neuen Gesellschaftsordnung und damit die aus seiner Perspektive zu beachtenden Prinzipien der Sozialdemokratie aus einem menschenrechtlichen Ansatz heraus. Das erste Prinzip ist für ihn die Freiheit: Ein freier Mensch entwickelt sich zum Guten. Je freier die Verhältnisse durch die Garantie der Religions- und Wissenschaftsfreiheit sowie der politischen Freiheit sind, desto mehr wird er aus sich selbst heraus sich und seine Umgebung zu etwas Gutem entwickeln. Das zweite Prinzip ist für ihn die kommunistische Verwaltung gewisser Gebiete des gesellschaftlichen Lebens, gesellschaftlicher Güter und natürlicher Ressourcen. Beide Prinzipien, die umfassende Freiheit des Geistes sowie die gemeinschaftliche Ordnung der Gesellschaft, sah Blumhardt als aufeinander bezogen – und wo dies geschehe, beginne sich eine neue Gesellschaft zu entwickeln.

In seinem Vortrag »Christus und das Evangelium in der modernen Welt« (1902) schlug Christoph Blumhardt ein anderes ihn immer wieder beschäftigendes Thema an: den Fortschritt in der Entwicklung der Menschheit, der von Christus ausgeht und der sich geschichtlich konkretisiert. Fast im Hegelschen Sinne sieht er den Geist Gottes in der Geschichte manifest werden, so dass er von dort aus die weitere geschichtliche Entwicklung extrapoliert. Von Jesus sei ein fortschreitender Prozess ausgegangen, der nicht mehr rückgängig zu machen sei, sondern der von Millionen Menschen in Gang gehalten werde: die Veränderung der Welt in dem Sinne, dass die soziale Gleichstellung aller Menschen das Ziel ist. Auf diese Weise werden die Völker, die Menschen und auch die Sozialdemokraten zu Werkzeugen Gottes. Selbst die industrielle Revolution spielte für Christoph Blumhardt in diesem Zusammenhang eine bedeutsame Rolle: Die Umwälzung der Gesellschaft hin zu einem Abschied von Feudalismus und Obrigkeitshörigkeit, also die Gleichstellung aller Menschen, wird durch die Maschine befördert. In seiner Zeit sieht Christoph Blumhardt den Punkt kommen, in dem das Evangelium auf politischem Boden auftritt. »Wir haben früher alles Gute von der Kirche erwartet. Heute löst der Staat die Kirche ab.«[201] Der Staat, seine Regierung und seine Organe haben das Gute zu schaffen, was durch das Evangelium angekündigt ist. Wegen seiner Universalität und seiner Einbettung in eine Gemeinschaft aus anderen Staaten, in der man sich »schämen muss, wenn man heute Krieg führt«, löst der Staat die Kirche ab. Interessanterweise spielt in dieser von Blumhardt skizzierten universalen Geschichtsentwicklung hin zu einem Friedensreich, in dem jedem Menschen die gleichen Rechte zukommen, die Kirche überhaupt keine Rolle. Mehr noch: »Von der Kirche und vom Christentum will ich jetzt nicht reden, ich könnte sonst bitter werden; denn die hat einen buckligen Weg hinter sich. Ja, ich weiß wohl, dass es eine Zeit gab, da der Finger Gottes über der Kirche war, aber sie hat ihn nicht beachtet.«[202] Deswegen werden die christlichen Einrichtungen veralten, überholt werden – und dennoch bzw. jenseits der Kirche wird die geschichtliche Entwicklung ihrer Vollendung zutreiben: der Beendigung der Unterdrückung eines Menschen und der Achtung eines jeden Menschen. »Das ist Christus in der modernen Welt.«

In seinen vielfältigen Reden zeigte sich Christoph Blumhardt als ein auf den Fortschritt der Menschheit bedachter Zeitgenosse – die düster ahnende Stimmung des Fin de Siècle, die sich wie Mehltau auf die Blüten und Blätter dieser Zeit zu Beginn des 20. Jahrhunderts legte, lässt sich bei ihm nirgendwo finden. Den typischen Pessimismus seiner Zeit beantwortete er mit einem Fortschrittsgedanken, der sich nicht an den Errungenschaften der technisch-industriellen Revolution im ausgehenden 19. Jahrhundert abarbeitete, sondern sich an der Entwicklung eines kommenden Friedensreiches orientierte. »Statt immer zu klagen, sollte man sich doch des Fortschritts freuen«, sagte er in Basel. Christoph Blumhardt war nicht von einem technischen Fortschrittsglauben, nicht von einem ethischen Optimismus, sondern von einer eschatologischen Fortschrittshoffnung beseelt: »Es muss besser werden.« Das war für ihn das Evangelium seiner Zeit – und in seinen Reden fand er das Medium, mit dem er diese konkrete Theologie in besonderer Weise ausleben und verständlich machen konnte.

Einzug in den Landtag (1901)

Einen Monat nach seiner Wahl begann für Christoph Blumhardt auch schon der Alltag im Landtag – und dieser nahm feierlich mit höfischen Ritualen seinen Anfang, wozu Einführungsgottesdienste sowie die Festrede des württembergischen Königs gehörten. Die sozialdemokratische Fraktion blieb geschlossen dieser Zeremonie fern, und Christoph Blumhardt oblag es, dieses Verhalten der einzigen Oppositionspartei, das als Skandal empfunden wurde, in einer »Adressdebatte« zu verteidigen. Blumhardt erlebte auf diese Weise zum ersten Mal die harte Realität der Politik, als er höhnisches Gelächter und Zwischenrufe wie »Hört! Hört!« oder »Zur Sache!« hinnehmen musste. Inhaltlich machte er deutlich, dass die sozialdemokratische Fraktion zwar auf dem Boden der Verfassung stehe, diese jedoch im Sinne einer echten demokratischen Verfassung weiterentwickelt sehen wollte. Dazu müsste allerdings das »feudale Beiwerk« fortfallen und der Landtag zu einer »rein freien Kammer« werden. Blumhardts

23 Christoph Blumhardt im Landtag: Mittlere Bankreihe, zweiter von links. Links neben ihm: Karl Schmidt (Maulbronn, Chefredakteur), rechts neben ihm: Ernst Berroth (Landwirt, Crailsheim), Vinzenz Weiß (Neuenbürg, Redakteur), Leonhard Tauscher (Canstatt, halbverdeckt). In der Reihe vor ihnen (von links nach rechts): Prälat Ernst von Demmler (Ulm), Prälat Paulus von Braun (Schwäbisch Hall), Prälat Karl von Berg (Ludwigsburg) und Prälat Ernst von Wittlich (Stuttgart). Links hinter Blumhardt (stehend): Wilhelm Vogt (Neckarsulm, Landwirt)

Versuch, eine Verfassungsänderung im Sinne der »großen Menschenfrage« sowie einer echten Demokratisierung anzustoßen, scheint auf keine große Resonanz gestoßen zu sein – im Gegenteil: Die weiteren Redner machten während dieser »Adressdebatte« deutlich, dass Christoph Blumhardt sich mit seinen Einlassungen »verlaufen« habe. Seine Überlegungen wurden nur als sinnlose Abschweifungen wahrgenommen. Insofern ist davon auszugehen, dass Blumhardt einen schwierigen Start im Landtag hatte und sich Anerkennung durch die anderen Landtagsabgeordneten erst noch erarbeiten musste, was ihm allerdings durch seine weiteren Redebeiträge auch gelang.

Skizze einer Agrarwende im beginnenden 20. Jahrhundert (1901)

Schon mehrfach hatte sich Christoph Blumhardt mit landwirtschaftlichen Fragen auseinandergesetzt – auch deswegen, weil der zum Kurbetrieb gehörige Hof seit seiner Zeit als Inspektor von ihm immer wieder besondere Aufmerksamkeit einforderte. Die Frage der Tierzucht spielte in den 1880er Jahren bei Blumhardt eine wichtige Rolle, wobei er auf das Tierwohl bedacht war. Beispiele einer vorbildlichen Tierzucht lernte er auf Gutshöfen seiner Freunde kennen und versuchte, sie auf seinem Hof ebenfalls einzuführen. Schließlich führte er (wie schon geschildert) aus ethischen Gründen auch eine grundsätzlich vegetarische Ernährung im Kurhaus in Boll ein, wobei er diesen Versuch nach einem Jahr auf Grund des Protestes seiner Gäste wieder aufgeben musste.

Nach der Eröffnung des Landtages wurde Christoph Blumhardt als Teil der einzigen wirklichen Oppositionspartei in die Justizkommission berufen; damit war er für die Vorbereitung von Gesetzesentwürfen beratend zuständig. Inhaltlich meldete er sich im Januar 1901 zum ersten Mal zu Wort, als es um die Zukunft der Agrarbetriebe ging: Im Rahmen einer geplanten Stellungnahme des Staatsministeriums zur Beratung eines entsprechenden Gesetzes im Bundesrat stand die Erhöhung des Getreidezolls zum Schutz der inländischen Agrarwirtschaft auf der Tagesordnung. Blumhardt vertrat äußerst engagiert die Meinung, dass ein höherer Zoll auf Getreide den Landwirten überhaupt nicht helfen werde.[203] Stattdessen werde der höhere Zoll auf importiertes Getreide nur von Finanzspekulanten zur Erhöhung ihres Profits genutzt und an die Verbraucher weitergereicht werden. Die Folge seien höhere Brotpreise – und das gehe vor allem zu Lasten der arbeitenden Bevölkerung. Zölle seien daher kein Beruhigungsmittel, sondern vielmehr ein »Beunruhigungsmittel«, gegen das es nur einen Ausweg gebe, dass man es sich wieder »vom Halse bringe« und die Zölle prinzipiell aufhebe, wie Christoph Blumhardt mit Vehemenz im Landtag zum Ausdruck brachte.

In diesem Zusammenhang sprach er sich für landwirtschaftliche Genossenschaften und agrarische Selbsthilfeorganisationen aus. So hatte auch der umstrittene Sozialdemokrat Eduard Bernstein argumentiert. Die Befürwortung von Genossenschaften wurde in der Sozialdemokratie am ehesten im Kreis der Revisionisten ausgesprochen. Christoph Blumhardt berichtete zur Illustration seiner Meinung in der Zweiten Kammer von ihm bekannten Beispielen von Konsumvereinen aus der Schweiz. Eine staatliche Intervention helfe der Agrarwirtschaft nicht, sondern schaffe nur Anreize für eine wenig förderliche Agrarstruktur. Die Landwirtschaft, die Blumhardt als zweiten bedeutsamen und notwendigen Wirtschaftsfaktor neben der Industrie hervorhob, werde über Selbsthilfeorganisation und kleine Betriebe zu einer richtigen Struktur finden.

Insbesondere bekannte sich Christoph Blumhardt im Landtag zu einer »prinzipiell freihändlerischen Natur«. Es liege in der

Luft, dass das Zollsystem wieder zurückkehre und das Freihandelssystem sowie der Freihandelsgedanke in den Hintergrund gedrängt werden werde – für Blumhardt eine außerordentlich problematische Entwicklung. Denn: »Wir stehen im Zeichen der Weltwirtschaft, im Zeichen des großen Weltverkehrs, wir könnten jetzt wohl Zölle erheben und Deutschland kann sich abschließen gegen andere Länder, aber politisch genommen ist das mehr oder weniger rückständig. Es kommt ja doch die Zeit, da wird unser Vorteil erkannt werden nicht darin, dass wir Grenzen machen, sondern dass wir die Grenzen aufheben. Wir müssen eine Politik und eine Zeit erkennen, die mit der ganzen Welt in Verkehr treten müssen, und die sich in keiner Weise im eigenen Land abschließen können.«[204] In diesem Punkte besaß Christoph Blumhardt einen erstaunlichen Weitblick – auch in der Bewertung der Nationalstaaten Europas: Im »kleinen Europa« müsse das Gegeneinander der Nationalstaaten, das sich in der Zollpolitik zeige, aufhören und einem Füreinander weichen. Das »ewige Rivalisieren« der Staaten gegeneinander sei in einer kleiner werdenden Welt nicht mehr zeitgemäß.

In der württembergischen Fraktion wurde Christoph Blumhardt damit zum Wortführer der Sozialdemokraten, die sich in ganz Deutschland im Herbst 1901 mit Petitionen, Eingaben und öffentlichen Veranstaltungen gegen eine Einführung von Zöllen auf Getreide stark machten und der kaiserlichen Politik scharf widersprachen. Im Land Württemberg fanden mehrere Protestversammlungen gegen eine Einführung von Getreidezöllen statt, an denen sich auch Blumhardt als Redner beteiligte. In Göppingen zum Beispiel meldete er sich am 2. März 1901 mit den gleichen Argumenten zu Wort: Getreidezölle würden nur dazu führen, dass die arbeitende Bevölkerung durch steigende Brotpreise hungere. Er brachte seine Hoffnung zum Ausdruck, dass die landesweite Protestwelle, die von den Sozialdemokraten angeführt wurde, die Vorlage des Staatsministeriums hinwegfege. Auf sein Drängen hin verabschiedete die Versammlung dann eine Resolution, in der der württembergischen Regierung der Vorwurf gemacht wurde, sie habe sich durch die Position der Rechten zu schnell verführen lassen.

Auch in mehreren Andachten wurde die Zukunft der Landwirtschaft Thema: Jesus komme, so Christoph Blumhardt, praktisch, und das werde im Umgang mit der Natur beginnen. Den Einsatz von chemisch erzeugten Düngemitteln lehnte er ab: Der wahrhaftige Weg der Landwirtschaft sei der natürliche Weg; vor allem müsse der Kommunismus in die Landwirtschaft kommen, wobei er dabei eine Reform des Bodenrechts, eine Konzentration auf immer größer werdende Agrarbetriebe sowie schließlich eine genossenschaftliche Organisation im Blick hatte. Zumeist handelte es sich in den Andachten bzw. in den sich anschließenden Gesprächen allerdings nur um Andeutungen; umfassende und systematisch entwickelte Entwürfe fehlen darin leider. Wenn überhaupt, dann liegen Skizzen einer zukunftsfähigen Agrarwirtschaft vor, aber es ist davon auszugehen, dass Christoph Blumhardt fast an so etwas wie eine »Agrarwende« dachte: Den überschaubaren, auf natürlichen Wegen arbeitenden und genossenschaftlich organisierten Agrarbetrieben schrieb er eine bleibende Bedeutung im Sinne einer neuen, verwandelten Gesellschaft zu.

Eisenbahnlinien, Eisenbahnfinanzierung, Eisenbahnorganisation und Eisenbahntarife: Eine Mobilitätsstrategie (1902)

In der Zeit seines Vikariats hatte Christoph Blumhardt in Gernsbach die positive Auswirkung des Baus einer neuen Eisenbahnlinie kennengelernt. Diese Erfahrung mag Anstoß dafür gewesen sein, dass er in seiner Landtagsfraktion schnell zu einem Experten für die Fragen rund um Eisenbahntarife und Eisenbahnlinien sowie deren Finanzierung wurde. Sein Fraktionskollege Wilhelm Keil führte diese Beschäftigung später in einem Brief an Eugen Jäckh als Beleg dafür an, wie intensiv sich Christoph Blumhardt in die parteipolitischen und praktischen Fragen seiner Zeit eingearbeitet hatte.[205]

Engagiert befasste sich Blumhardt in der ersten Jahreshälfte 1902 im Landtag mit der Einrichtung von Eisenbahnlinien im Stuttgarter Umfeld. Inhaltlich sprach er sich entschieden für die Förderung der »Verbindungslinien« zwischen den aufblühenden Städten in der Stuttgarter Peripherie aus; einer bloßen Konzentration der Eisenbahnlinien hin auf das Zentrum Stuttgart stand er äußerst kritisch gegenüber. Den Eisenbahnlinien schrieb er als Mobilitätsinstrument Nummer eins eine herausragende volkswirtschaftliche Bedeutung zu: Erstens sei es ein Unding, dass Arbeiter, die in den industrialisierten Städten ihr Geld verdienten, »sieben, acht, neun, zehn Kilometer Tag für Tag bei jedem Wetter und bei allen Unbilden der Witterung hin- und hergehen müssen« – und das für einen zu geringen Lohn. Die Schädigung an Leib und Leben werde durch den Verdienst in keiner Weise aufgewogen.[206] Zweitens komme es aufgrund fehlender Mobilitätsmöglichkeiten zu einer zunehmenden Landflucht – mit der Folge, dass die städtischen Ausgaben für den Schulunterricht sowie für die »Armenpflege« ins Unermessliche steigen würden. »Es wird da auch für die Arbeiter teuer; denn die Logis, welche die Arbeiter bezahlen müssen, übersteigen doch weit das Maß dessen, was ein Mann, der vielleicht 900 oder 1.000 Mark oder noch weniger verdient, leisten kann. In dieser Beziehung ist die Bahn von volkswirtschaftlicher Bedeutung und wird mit großer Freude, ich möchte sagen, mit einer innerlichen Lebensfreude von Hunderten und Tausenden begrüßt werden.«[207] Drittens setzte sich Christoph Blumhardt als Landtagsabgeordneter aus dem Wahlbezirk Göppingen für seine Region ein: Er sprach bewusst von einer zu schaffenden »Verbindungslinie« zwischen

Göppingen und Schwäbisch Gmünd. Diese werde zu einem regen Warenverkehr zwischen beiden Industriestädten beitragen und damit durch den Austausch von Gütern zu deren Aufblühen führen. Die Errichtung von Eisenbahnlinien, so die durchgängige Argumentation Blumhardts, sei also keine Last, sondern ein günstiges Mittel zur Entwicklung der kleinstädtischen Regionen.

Ebenso intensiv setzte sich Christoph Blumhardt in diesem Zusammenhang mit der Finanzierung und Organisation der peripheren Verbindungslinien auseinander: Er betrachtete die neuen Eisenbahnlinien als staatliche Investition in die Zukunft. So kostspielig die Schaffung solcher peripheren Verbindungslinien auch sei: Blumhardt war sich sicher, dass sie sich langfristig lohnen, zu höheren Steuereinnahmen führen und die kommunalen Haushalte erheblich entlasten würden. Dies alles müsse man zusammenrechnen, um zu dem Ergebnis zu kommen, dass der Ausbau des Eisenbahnnetzes nicht nur aus volkswirtschaftlichen und sozialen Gesichtspunkten, sondern auch in ökonomischer Perspektive unbedingt geboten sei. Organisatorisch sollten die Eisenbahnen einer »süddeutschen Eisenbahngemeinschaft« zugeordnet werden. Mit Vehemenz setzte sich Christoph Blumhardt gegen seinen Fraktionskollegen Wilhelm Keil zur Wehr, der für die Angliederung an eine »Reichseisenbahngemeinschaft« plädierte. Eine solche war für Blumhardt nichts anderes als ein Ausdruck absolutistischen Geistes – denn er sah das Reich insgesamt von einem »preußisch-absolutistischen« Geist »vergewaltigt«. Einer süddeutschen, demokratisch verfassten Eisenbahngemeinschaft schrieb er deswegen noch eine andere Bedeutung zu: Sie sei ein »Hebel«, mit dessen Hilfe man das gesamte »Reich, wie es heute ist«, erschüttern könne.[208] In einer solchen Organisation des Eisenbahnwesens kam für Christoph Blumhardt also ein »Protest« gegen das »heute sogenannte Reich« zum Ausdruck. Die aufgrund des preußischen Geistes gelebte Untertänigkeit im Reich sei eine historische Erscheinung, die dringend zu überwinden sei – und hierin sah er seine sozialdemokratischen Kollegen in der Pflicht. Während einer Konferenz der süddeutschen sozialdemokratischen Landtagsabgeordneten im Herbst 1901 scheint es hier zu einem massiven Konflikt zwischen Wilhelm Keil und Christoph Blumhardt gekommen zu sein, wobei Blumhardt mit seiner Argumentation offensichtlich überzeugen konnte.

Schließlich setzte sich Blumhardt im Juni 1902 auch noch mit einer detailreichen Gesetzesnovelle zur Reform der verschiedenen Eisenbahntarife auseinander: Insbesondere für eine Reduktion der Eisenbahntarife im Nahverkehr sowie für die einfachen Klassen machte er sich im Landtag erfolgreich stark.

Insgesamt gesehen zeigt sich Christoph Blumhardt hier als ein reformorientierter Realpolitiker, dem es nicht nur um die Perspektive der Arbeiterklasse ging, sondern der auf eine Umgestaltung der gesamten Gesellschaft abzielte. Feudalismus, Absolutismus und Zentralismus waren für ihn Kampfbegriffe für Einstellungen, gegen die er sich mit Hilfe der Landespolitik mit allen Kräften zu wehren suchte. Eine zukunftsfähige Mobilitätsstrategie war für ihn ein Hebel, mit dessen Anwendung er meinte, diesen überkommenen Geist überwinden zu können.

Perspektiven einer Bildungspolitik: Die sogenannte »Schulaufsichtsdebatte« (1901 bis 1903)

Im württembergischen Landtag waren die Prälaten der Evangelischen Kirche in Württemberg mit Sitz und Stimme anwesend; Vertreter des Königlichen Konsistoriums saßen auf der Regierungsbank und waren damit genauso präsent. Diese auch durch Personen gelebte Verbindung von Thron und Altar muss als Rahmenbedingung mitbedacht werden, wenn eine Gesetzesnovelle im Landtag beraten wurde, in der es um die Rolle der Geistlichen in der Frage der Schulaufsicht ging: Wer nimmt die Dienst- und Fachaufsicht in den Volksschulen wahr? Sollen es wie in der Vergangenheit auch die örtlichen Geistlichen sein? Allein schon die Fragestellung musste von den Vertretern der Kirchen im Landtag als Angriff auf ihre Machtbasis verstanden werden.

In der Debatte über die Schulaufsicht bezog Christoph Blumhardt 1901 bis 1903 mehrfach engagiert Stellung und wurde in dieser Frage zum Sprecher seiner Fraktion. Auf die offensichtlich zutage liegende Machtfrage ließ er sich allerdings gar nicht ein, sondern konzentrierte sich auf die Frage, wie sich die Volksschulbildung – und diese wurde damals von 90 Prozent der Schüler wahrgenommen – verbessern ließe.

Zunächst einmal betonte er die Notwendigkeit einer ausreichenden Volksschulbildung gerade für dörfliche und verarmte Bevölkerungskreise sowie für den Fortschritt allgemein. »Das Bedürfnis ist groß[,] und zwar auf allen Seiten«.[209] Diesem Bedürfnis nach ausreichender Bildung für die Masse der Bevölkerung stehe jedoch der »heutige Gegensatz der Konfessionen« als größtes Hindernis entgegen. Der Konfessionalismus stifte nicht nur gesellschaftlichen Unfrieden, sondern erziehe die Menschen schleichend zu einer Unfreiheit und unterlaufe damit das eigentliche Ziel einer ausreichenden Bildung. »Konfession heißt […] Stillstand: denn die Konfession will Menschen, die, in gewissen Dingen wenigstens, nicht mehr denken.«[210]

Aus diesem Grund plädierte Christoph Blumhardt dafür, die übliche Klassengröße von bis zu 100 Schülerinnen und Schülern deutlich zu reduzieren. Zugleich setzte er sich dafür ein, den Umfang von zehn Religionsunterrichtsstunden pro Woche deutlich zu verringern – zugunsten der Stärkung des Unterrichts in naturwissenschaftlichen Fächern. Auch die Lehrerfortbildung sollte von konfessioneller Einmischung befreit werden. Schließlich schlug er vor, die Ortsschulaufsicht den evangelischen oder katholischen Pfarrern zu entziehen. An die Stelle der Ortsgeistlichen sollten nach seiner Vorstellung professionell ausgebildete Ortsschulaufseher treten, die zum Bindeglied zwischen den Familien und der Volksschule werden sollten. Auf keinen Fall sollten sie sich aber wie im bis dahin etablierten System in pädagogische Belange einmischen und eine Fachaufsicht gegenüber den Lehrern wahrnehmen. Hier befürchtete Blumhardt, dass auch bei bestem Bemühen aller Beteiligten keine wirklich kompetente Aufsicht erfolge. Dies aber komme der Volksschule und damit den zu fördernden Schülern nicht zugute.

Eine solche Reform der Volksschule sei jedoch nur der Anfang; langfristig schwebte Christoph Blumhardt eine vollständige Herauslösung des konfessionellen Religionsunterrichtes aus der Volksschule und seine Verlagerung in die Kirchengemeinden vor. »Die Kirche würde zu ihrem Zweck und Ziel kommen können, auch wenn sie den Katechismusunterricht innerhalb der Schulstunden vollständig aufgeben würde. Was dem Geistlichen an Zeit noch zukommt, in der Kirche, in Gottesdiensten oder im Privatverkehr, das ist so viel, dass alles erreicht werden könnte.« Den Lehrern stehe eine »religiös-sittliche Unterweisung«[211] zu, den Pfarrern in den Kirchengemeinden dagegen der »eigentliche Religionsunterricht«. Die Schule, so Christoph Blumhardt, sei ein Staatsinstitut und damit deutlich von der Kirche zu trennen. In der Schule sollten die Kinder zu »edlen und sittlichen Menschen« erzogen werden. Im Laufe ihres weiteren Lebens möchten sie sich dann den verschiedenen Konfessionen anschließen, die ihnen wichtig geworden seien. »Dass aber alle Menschen oder auch nur die Mehrzahl den Wunsch haben, religiös-konfessionell zu sein, das, meine Herren, ist doch nicht richtig.«[212]

Damit machte sich Christoph Blumhardt zusammen mit seiner Fraktion für eine nicht-konfessionelle, dafür aber in der Wertigkeit enorm gestärkte Volksschulbildung stark. In seinen Ausführungen spiegelte sich ein massives bildungspolitisches Problem seiner Zeit wider: Gegenüber den Gymnasien und Realschulen wurden die Volksschulen in ihrer Ausstattung massiv benachteiligt. Daran wollte Blumhardt etwas ändern und damit die Benachteiligung eines großen Teils der Bevölkerung durch ein deutlich verbessertes Bildungsangebot an den Volksschulen überwinden. Dass er dabei auch die konfessionellen Grundlagen antasten musste, lag in der Natur der Sache und entsprach seiner bisher erkennbaren Position. Allerdings wäre es abwegig zu behaupten, Blumhardt habe hier sein eigenes persönliches Problem, also den Konflikt mit der Evangelischen Kirche in Württemberg, zum Thema gemacht. Abgesehen davon, dass es für ihn (wie er oft beteuert hat) ein solches Problem gar nicht gab, würde eine solche Deutung die eigentliche Zielrichtung seiner Äußerungen verfehlen und verzeichnen: die Verbesserung des Bildungsangebotes in den Volksschulen.

Begeisterung für die Sozialdemokratie

In der ersten Hälfte seiner Zeit als Landtagsabgeordneter war Christoph Blumhardt ein begeisterter und engagierter Mitarbeiter in seiner Fraktion. Er ließ keine Sitzung der Zweiten Kammer aus, obwohl er die Doppelbelastung von Landtagsmandat und Leitung des Kurhauses zu übernehmen hatte. Schon Erwähnung hat gefunden, dass Blumhardt im Herbst 1899 am sozialdemokratischen Parteitag in Hannover als Gast teilnahm. Nachweisbar ist ebenfalls seine Teilnahme an den Parteitagen in Lübeck 1901 sowie in München 1902. Zugleich hielt er eine Fülle von Vorträgen und Reden zur Bedeutung der Sozialdemokratie oder zur sozialen Entwicklung. In der Partei und ihren Gremien fühlte er sich bis zum Frühjahr 1903 wohl: Immer wieder finden sich in seinen Briefen Hinweise darauf, dass er die Gradlinigkeit, die Ehrlichkeit und das Verständnis der Sozialdemokraten außerordentlich schätzte. Im Spätsommer 1902 wollte ihn die Partei sogar als Abgeordneten für die Reichstagswahl 1903 vorschlagen und nominieren. Blumhardt lehnte dieses Ansinnen jedoch ab, da sich Ende des Jahres 1902 ein gewisses Unwohlsein einstellte: Die Lage in seiner Partei veränderte sich vor dem entscheidend werdenden Parteitag in Dresden 1903. Die Revisionisten und Reformer der Partei, für die Eduard Bernstein stand, verloren an Boden gegenüber den radikalen Sozialisten.

Christoph Blumhardt beobachtete mit Unwillen »formelle Zänkereien« und Streit unter den Sozialdemokraten. Vom 12. Mai bis zum 20. Juni 1903 fehlte er erstmalig während der Sitzungen des Landtages; seine Redebeiträge im Landtag wurden immer seltener und waren zunehmend weniger grundsätzlich als in den ersten Jahren seines Landtagsmandats. Christoph Blumhardt begann am Zustand seiner Partei erheblich zu zweifeln.

Politik, Mission, Europa und die globale Welt: Förderung der Missionsarbeit Richard Wilhelms in China

Richard Wilhelm, ehemals Vikar in Boll und Gehilfe im Kurhaus Bad Boll, hatte nach seiner Verlobung mit Christoph Blumhardts Tochter Salome im Januar 1899 drei Monate später die Missionsarbeit in Tsingtau (China) aufgenommen. Mit ihm stand Blumhardt in einem intensiven Briefaustausch. Die Briefe Wilhelms an ihn sind leider nicht mehr erhalten, lediglich Abschriften der Briefe Blumhardts nach China liegen vor und sind auch in einer von Arthur Rich herausgegebenen Ausgabe ediert worden.[213] Den sehr zahlreichen Briefen ist zu entnehmen, dass Christoph Blumhardt die Arbeit seines Schwiegersohnes nicht nur finanziell und organisatorisch im Kontakt mit der entsendenden Missionsgesellschaft unterstützte, sondern auch konzeptionell zu prägen wusste: Richard Wilhelm solle ein Apostel Jesu Christi und nicht ein »Apostel der europäischen Christenwelt« sein. Er müsse in China eine politische Rolle spielen, dagegen sei sein Pfarrer-Dasein bloß »Nebensache«. Richard Wilhelm ermutigte er darin, die Taufe von Chinesen zu unterlassen und stattdessen Bildungseinrichtungen und Krankenhäuser aufzubauen. Das Reich Gottes, die Grundlage der Liebe und Schonung für alle Menschen, müsse in die Politik hinein; in der Politik gestalte sich das Wohl und Wehe, das Wachsen und Untergehen der Völker. Das Ernstnehmen und Umgestalten der sichtbaren Welt, die Umwandlung der gesamten Welt, war auch in den Briefen an Richard Wilhelm der Fokus, mit dem Christoph Blumhardt ein neues, damals vollkommen ungewöhnliches Missionsverständnis anzuregen wusste.

Daneben spiegelt sich in den Briefen Blumhardts dessen scharfe Kritik am Kaiserreich, an der fortschreitenden Militarisierung, am europäischen Agieren beim Boxeraufstand 1900/1901 oder an den feudalen, verkrusteten Strukturen wider – all dies Themen, die er auch in Bad Boll oder im Landtag ansprach. Wenig verwunderlich ist deswegen auch, dass er den christlichen Gemeinden für die Zukunft keine bedeutsame Rolle mehr zuschreiben konnte: Mit ihnen sei es »allemal aus«.

Das imperiale Verhalten Deutschlands wie auch anderer europäischer Mächte lehnt Christoph Blumhardt in seinen Briefen nach China massiv ab. An seine Tochter Salome schrieb er zum Beispiel im Juni 1900: »Im Geist der Wahrheit betrachtet, begeht Europa ein Unrecht, in dieser Weise die Welt zu erobern, um Profit an ihr zu haben. Religionspolitisch tummeln wir uns unter den Völkern, als ob wir das größte Recht dazu hätten, und haben doch Unrecht. So lodert Zorn auf und frisst blindlings um sich her.«[214]

Theologische Wegmarken

Das Reich Gottes ist politisch!

Der konkrete Bezug zur Welt, die Hinwendung zur Welt sowie die positive Bewertung der Welt sind das theologische Kennzeichen dieser Phase. »Vorwärts, ihr faulen Christen! Hinein in die Welt, nicht heraus! ›Hinein!‹ – das ist Christus.«[215] Christoph Blumhardt wandte sich damit explizit von einem Pietismus ab, der die Welt als »gottlos« bezeichnete und sich in »Konventikeln« zusammenfand, um die vermeintlich »böse« Welt zu überwinden. Mehr noch: Christoph Blumhardt bezeichnete den Akt der Zuwendung zur Welt als das, was Jesus Christus erst wirklich ausmacht: »›Hinein!‹ – das ist Christus!« Blumhardt argumentierte so: Gott hat in Jesus Christus die Welt gewürdigt und geehrt, denn hier ist Jesus Christus gestorben und auferstanden. Darum können diese Welt, ihre Geschichte, ihre Natur und ihre kulturelle Entwicklung nicht beliebig sein. Vielmehr läuft die Welt in einem sich vertiefenden Fortschritt auf ihre Vollendung in Christus zu. Daraus ergibt sich die Schlussfolgerung: Wer sich als Mensch der Welt zuwendet, sie achtet, wahrhaftig gestaltet und gerecht ordnet, wer also etwas zum Fortschritt der Welt beiträgt, der ist im Akt einer solchen Zuwendung schon »Christus«. Blumhardt kann sogar so weit gehen, dass er in zugespitzten Aussagen von Menschen als den »Christussen« spricht. Zumeist jedoch beschreibt er die konkrete Zuwendung zur Welt, die den Zweck verfolgt, diese konkrete Erde fortschrittlicher zu gestalten, als ein christusanaloges Geschehen.

Das Ziel allen Fortschritts wird dabei – wie in allen anderen Phasen seines Lebens auch – von Blumhardt das Reich Gottes genannt. Deutlicher als in den Jahren zuvor wird jedoch dieses nahe herbeigekommene Reich Gottes als durch einen politischen Akt hervorgebracht, ja als sogar ganz in Politik aufgehend beschrieben.

Das Reich Gottes ist keine jenseitige Größe, sondern vollzieht sich »hier auf Erden«.[216] Jedoch ist das Reich Gottes explizit nicht das Wilhelminische Reich – auch nicht nur in Ansätzen; mit dem deutschen Kaiserreich hatte Christoph Blumhardt in dieser Phase seines Lebens endgültig gebrochen. Kaiser Wilhelm II. und dessen Politik lehnte er entschieden ab – und das hatte vor allem zwei erkennbare Gründe: Erstens betreibe (nach dem Urteil Blumhardts) Kaiser Wilhelm II. mit seiner militärischen Aufrüstung sowie seinen imperialen Bestrebungen eine geradezu unmenschliche Politik: Im Genozid an den Hereros und Namas gehe er über Leichen. Zweitens »scheue« sich der Kaiser, die »Proletarier«, die Arbeiterinnen und Arbeiter, zu achten und damit selber »ein Proletarier zu werden«. Er verfahre nach dem gleichen Muster wie die Pietisten: Er »fliege« über die scheinbar »gottlosen Welten« hinweg und verachte die Menschen: So werde er und werde seine Politik (nach Blumhardts Deutung) zu einem entscheidenden Hindernis auf dem Weg hin zum nahenden Reich Gottes. Blumhardt wurde damit allein schon dadurch politisch, dass er das Reich Gottes als ein Gegenbild zum deutschen Kaiserreich zeichnete.

In diesem Zusammenhang suchte Christoph Blumhardt auch nach Wegen, alle feudalen, auf Aussonderung bedachten Strukturen, denen er selbst entstammte und auf die er sich im Kurhaus Bad Boll in den letzten Jahrzehnten auch aus ökonomischen Gründen verlassen konnte, endgültig abzustoßen. Öffentlich sichtbar wurde dieses Bestreben (wie bereits geschildert) bei der Eröffnung des Landtages: Zusammen mit seiner Fraktion entzog er sich dem »feudalen Beiwerk«. In den Reden und Andachten betonte er immer wieder: Das Reich Gottes kommt aus den Massen heraus, besonders aus den Massen, die unterdrückt werden und in Demonstrationen aktiv werden: »Das ist die Menschheit!« »Vorwärts« hin zum Reich Gottes geht es dort, wo Menschen sprachfähig werden und das erfahrene Unrecht nicht mehr hinnehmen, sondern in Protesten zum Ausdruck bringen. Das »Rumoren« in der Gesellschaft, das Ringen der Arbeiterklasse, ist daher nicht ein zu unterdrückender Zustand, sondern ein Hinweis darauf, dass die »neue Einheit der Menschheit«, die »neue Volksgemeinschaft«, im Entstehen ist. Deswegen konnte Blumhardt schlussfolgern: »Darum will ich Sozialist sein.«[217] Der Sozialismus, so wie er ihn verstand, war eine menschheitsorientierte, auf den Frieden bedachte und auf die Entwicklung eines jeden Menschen abzielende, internationale Bewegung. Als einer der ersten Theologen seiner Zeit hatte Blumhardt damit die bedeutsame Rolle der Zivilgesellschaft als Motor einer agilen Gesellschaft zu würdigen gewusst.

In der sozialistischen Bewegung sah er auch verwirklicht, wofür das praktische Leben Jesu steht: Frieden, Achtung eines jeden Menschen sowie die Überwindung aller nationalen Grenzen. Aus diesem Grund konnte Christoph Blumhardt auch zum Ausdruck bringen, dass für ihn der Sozialismus gegenwärtig die am meisten christliche Bewegung in der Geschichte der Menschheit sei. Mehr noch: Aus ihr heraus werde sich das Reich Gottes entwickeln. Die Sozialdemokratie sei ein Werkzeug, das Gott sich erwählt habe, um diese Welt zum Reich Gottes zu machen: »Diesen Nagel bekommt man nicht mehr aus der Welt. Aber es muss etwas Höheres kommen.«[218]

Auch wenn Christoph Blumhardt in dieser Phase seines Wirkens ein begeisterter Sozialdemokrat aus christlicher Überzeugung war, so schwingt in dieser Bemerkung »Aber es muss etwas Höheres kommen« doch eine gewisse kritische Distanz mit. Zweifelsohne kommt Blumhardt das große Verdienst zu, zum ersten Mal im öffentlichen Raum das Verdikt »Christlicher Glaube und Sozialdemokratie verhalten sich wie Feuer und

Wasser« theologisch in Frage gestellt zu haben. Zugleich jedoch hat er die christologisch fundierte Verbindung zwischen Sozialismus bzw. Sozialdemokratie und Christentum nicht in den Himmel gelobt, sondern mit einem »Aber« und damit mit einer Einschränkung versehen: Die Sozialdemokratie sei lediglich ein »Werkzeug« und lediglich »zur Zeit« das Beste, was den drei Kriterien Frieden, Menschenachtung und Entgrenzung des Nationalen am nächsten stehe.

Diese Einschränkung und dieser Vorbehalt gegenüber der Sozialdemokratie hängen auch damit zusammen, dass für Blumhardt das Reich Gottes das »Ende«, die »Krisis«, der »Umschwung« schlechthin, die vollständige Umwandlung der Welt darstellte. Die Überwindung des Todes und aller unmenschlichen, todbringenden Verhältnisse, die »Allversöhnung«, die »Umwandlung aller Dinge« traute er dem Sozialismus oder der sozialdemokratischen Bewegung nicht vollständig zu – bzw. er konnte diese damit nicht in Gänze identifizieren. Die Sozialdemokratie war für ihn eben nur ein »Werkzeug«, mehr aber nicht. Der »Keim des Himmelreiches« sei zwar in alle Menschen gelegt, das Reich Gottes sei im Werden begriffen und ein sich inmitten der Weltgeschichte entwickelnder »Organismus«, aber im Letzten doch die »Zeit der Wiedergeburt« und die »Zeit der Auferstehung«, die alleine Gottes Wirken vorbehalten bleibe. Aufgabe der Menschen sei es, diesem Kommen des Reiches Gottes, das Blumhardt in direkter Aufnahme sozialistischer Terminologie als »Zukunftsstaat« bezeichnen konnte, jedes Hindernis aus dem Weg zu räumen. Er betonte in diesem Zusammenhang immer wieder, dass diese Beschränkung der menschlichen Wirksamkeit allerdings nicht bedeute, dass es den vorwärtsschreitenden Prozess der Reich-Gottes-Bildung auch ohne den Menschen gebe. Einem solchen quietistisch angelegten Urteil widersprach er energisch: Gott braucht die Menschen, ohne sie kommt das Werden der neuen Zeit überhaupt nicht voran. Der praktisch wirksame Mensch, der gegen alles Ungerechte aufsteht, ist als

»Kämpfer für das Reich Gottes« der alles entscheidende Mitarbeiter Gottes.

Der »hauptsächliche Fehler«, dem (so Christoph Blumhardt) die Gesellschaft verfallen sei und mit dem sie dem Prozess der Reich-Gottes-Bildung im Wege stehe, sei das durchgängig vorhandene Prinzip des »Beherrschens«. Immer stelle sich einer über den anderen. Die vielen Menschen, die abschätzig von der Soziologie zur »Masse« erklärt würden, seien deswegen verloren, weil das bestehende politische System in einer »Herrschermoral« den einzelnen Menschen degradiere und klein mache. Ihm würden die Beteiligungsrechte, aber auch die elementaren Lebensrechte entzogen. Historisch sah Blumhardt die »Herrschermoral« im Römischen Reich verankert; durch sie sei die Welt »krank« geworden. Sie habe – unterstützt durch das konfessionelle Christentum – zur »Gewalt-Methode« gegriffen. Die imperiale Politik des deutschen Kaiserreiches war für ihn ebenfalls nichts anderes als der Ausdruck einer »kranken« Gesellschaft, für die der vorsätzlich herbeigeführte Tod von hunderttausenden Menschen lediglich eine Randerscheinung darstelle. Diese »Herrschermoral« finde ihre Fortsetzung im Nationalismus, Egoismus und Kapitalismus, aber auch in den unzähligen Versuchen, andere Menschen zu verdammen. Dagegen vermochte Christoph Blumhardt nur eine Vision zu setzen: »Wir hoffen auf eine neue Gesellschaft in Freiheit.«[219]

Mit dieser Zustandsbeschreibung redete er die »Welt«, also die ihn umgebende Gesellschaft, nicht grundsätzlich schlecht: Er konnte in ihr Fortschritte hin zu einer »neuen Gesellschaft« erkennen und dafür insbesondere die Sozialdemokratie als Indiz geltend machen. Jedoch müssten noch die letzten Hindernisse für das Kommen einer neuen Zeit aus dem Weg geräumt werden. Die Hoffnung auf das Reich Gottes, in dem jeder Mensch zu seinem Recht komme, in dem keiner mehr hungere, in dem freie Menschen lebten oder in dem die Gesellschaftskrankheit Geiz ein Ende habe, war für Christoph Blumhardt der entscheidende Motor, um mit Begeisterung die bestehenden politischen Verhältnisse seiner Zeit in Frage zu stellen. Er war der Begründer einer sehr konkret werdenden Theologie: Gerade weil er die Hoffnung auf das jetzt schon kommende und sich in der Weltgeschichte durchsetzende Reich Gottes als das wahre Evangelium verstand, nahm er die Welt, die Gesellschaft und ihre Herausforderungen so ernst. Die Erwartung einer neuen Zeit katapultierte ihn nicht *aus* der Welt heraus, sondern gerade *in* die Welt hinein. Das Reich Gottes war für ihn durch und durch politisch.

Das Reich Gottes in seinen kosmischen Dimensionen – die ökologische Frage

Als das »Reich des Volkes, der Proletarier und der Freien«, also als politische Größe, kam dieser neuen, verwandelten Welt für Christoph Blumhardt immer auch eine kosmische Dimension zu: Das »Himmelreich« ist ihm keine »Geistesgeschichte«, keine »geistige Bewegung« oder gar ein »religiöser Gedanke«, sondern es »gibt der Erde erst den rechten Glanz und die rechte Fruchtbarkeit, dass die Menschen Menschen werden können, und der Himmel gibt das Licht, dass die Menschen wirklich leben können«.[220] Die neue, auf uns zukommende Welt, der »Zukunftsstaat« umfasst die gesamte Schöpfung. Es ist bemerkenswert, dass Blumhardt die Reich-Gottes-Hoffnung schöpfungsmäßig gedacht hat: Die Erlösung umfasst die gesamte Menschheit, den ganzen Kosmos und damit auch die verwandelte Natur. »Christus ist generaliter gekommen«, hat er immer wieder betont.

Daraus ergibt sich aber auch die Verpflichtung, die natürlichen Grundlagen der Menschheit in besonderer Weise zu achten: Die Kapitalisierung der natürlichen Ressourcen ist genauso lebenszersetzend wie die Unterdrückung der »Proletarier« durch unmenschliche Arbeitsbedingungen. Oder: Die bewusste Vernichtung von Pflanzen und Tieren ist genauso todbringend wie die Beschäftigung von Kindern in Schwefelfabriken. Für Blumhardt liegt das Reich Gottes in der Verhältnisbestimmung des Menschen zur Erde sowie zur Natur begründet; nimmt die Menschheit ihre Verantwortung vor der Schöpfung nicht ernst, so legt sie dem Kommen des Reiches Gottes Hindernisse in den Weg und wird damit zum Stolperstein für eine neue Gesellschaft. »Man sollte das, was Gott geschaffen hat, nicht zu Geld machen. Wald und Feld und Wasser, das hat Gott gemacht, das darf nicht mein sein.«[221]

In den gegenwärtigen Verhältnissen seiner Zeit, in der Phase einer sich vertiefenden Industrialisierung zu Beginn des 20. Jahrhunderts, sah Christoph Blumhardt enorme Gefährdungen auf die Menschheit zukommen: »Kurz – wir und die Erde sind in einem Missverhältnis.« Die Lösung der alles entscheidenden »soziale Frage« beschränkte sich für Christoph Blumhardt nicht darauf, dass die Gerechtigkeitslücke in der Gesamtgesellschaft geschlossen, die Arbeitswelt humanisiert oder das Rentensystem zukunftssicher gemacht werde, vielmehr komme es erst dann zur Lösung der »sozialen Frage«, wenn neben der Überwindung der todbringenden gesellschaftlichen Strukturen und Verhältnisse auch das Verhältnis des Menschen zur Schöpfung in ein rechtes Lot gebracht werde. Die soziale Bewegung müsse – so Blumhardt – eine Menschheits-Bewegung, eine Friedens-Bewegung, aber auch eine Natur-Bewegung werden. Die entscheidenden Stichworte »Umwelt« und »Nachhaltigkeit« kannte Christoph Blumhardt natürlich noch nicht, von der Sache her waren sie allerdings bei ihm schon angelegt. Es ist bemerkenswert, dass er unter der »sozialen Frage« auch die Frage nach dem Umgang der Menschheit mit den natürlichen Ressourcen subsumieren konnte. Das Fundament für diese Ansicht war ein durchaus theologisches: Die »Allversöhnung der Welt«

oder die »Wiederbringung aller Dinge« wurden von Blumhardt von Anfang an konsequent kosmisch und nicht allein nur menschheitsumfassend verstanden.

Als Politiker setzte er sich deshalb für eine »Agrarwende« ein: für Zollfreiheit auf landwirtschaftliche Güter, für eine Beschränkung der landwirtschaftlichen Großbetriebe, für genossenschaftliche Strukturen in der Landwirtschaft sowie für eine Begrenzung des Einsatzes von chemischen Düngemitteln zur Nahrungsmittelproduktion. Aber auch für die individuelle Lebensweise habe dies Konsequenzen: In die Liebe zum Nächsten »schließen wir die ganze Erde, alle Tiere, alle Pflanzen ein, denn die ganze Kreatur, alles [ist] Schöpfung Gottes. Jeder edle Mensch kann nicht sehen, wenn mutwillig etwas zerstört wird, etwas verkommt oder einem Tier Leid geschieht; das beweist schon die Zusammengehörigkeit. Wenn jemand Blumen abreißt, nur um sie wieder hinzuwerfen[,] und sie liegen dann am Wege, dann ist es gleichsam, als ob sie klagten und weinten.«[222] Blumhardts letztlich an dem Widerstand seiner Gäste gescheiterter Versuch, im Kurhaus generell eine vegetarische Ernährung einzuführen, war ebenfalls diesem umfassenden Verständnis der »sozialen Frage« geschuldet.

Es gibt keine Hinweise dafür, dass er sich in diesem Zusammenhang mit der sozialdemokratischen Fraktion auseinandersetzen musste bzw. hier auf große Resonanz stieß – dafür war die Brisanz seiner Vorstellungen zu seiner Zeit noch nicht nachvollziehbar. Erst unter den Bedingungen der Moderne fällt ins Auge, dass und wie Christoph Blumhardt zur Reich-Gottes-Arbeit bewusst auch den achtsamen Umgang mit der Schöpfung gezählt hat.

Gottes sozialistischer Blick auf die Welt

»Gott sieht die Welt sozusagen sozialistisch an, er sieht, wie der Mensch das Produkt seiner Zeit und Umgebung ist.«[223] Mit diesem Satz lässt sich die Auffassung Blumhardts in dieser Phase sehr gut zusammenfassen: Der Mensch wird im Wesentlichen durch seine Verhältnisse bestimmt, und dadurch werden sein Leben, sein Charakter und sein Verhalten gegenüber der Welt fehlerhaft und verdorben. »Gott sieht die Welt sozusagen sozialistisch an«: Diese Prägung des Menschen durch seine Verhältnisse ist nach Christoph Blumhardts Überzeugung aber überwindbar, und in Jesus Christus gibt es auch für einen jeden Menschen keine Sünde mehr. Die durch Christus gewirkte Sündenvergebung ist für ihn eine Realität; sie schafft eine neue Wahrheit und ein neues Sein im Menschen, so dass er verwandelt mit sich und der Welt umgehen kann und zum »Vorwärts, vorwärts ins Reich Gottes« fähig wird. Diese Gewissheit durchzieht Blumhardts Äußerungen in diesen Jahren: Sünde ist zwar eine Tatsache und eine Realität, aber dennoch nur ein Oberflächenphänomen, das aus der göttlichen Sicht auf die Welt grundsätzlich überwindbar ist und weltgeschichtlich gesehen in Jesus Christus auch schon generell für alle Menschen faktisch überwunden ist.

Die verdorbenen Verhältnisse, in denen der gegenwärtige Mensch lebe, prägten sich (so Blumhardt) in dessen Bewusstsein, in dessen psychische Strukturen ein. Sie veränderten den Menschen, seine Reaktionsweise und sein Verhalten, so dass er zum Egoismus neige. Ende des 19. Jahrhunderts begann die Psychologie mit Sigmund Freud, die prägende Rolle des Unbewussten zu entdecken; in Blumhardts Andachten finden sich immer wieder Hinweise auf elementare Erkenntnisse der Psychoanalyse, die auch sein Verständnis der Sünde als prägende, aber überwindbare Kraft im Unbewussten bestimmt haben.

Blumhardt hat den Menschen von seinen unendlich großen Fähigkeiten her beurteilt und ihm eine bahnbrechende Potentialität zugeschrieben. Diese grundsätzliche Perspektive hat Blumhardts Äußerungen zur Sündhaftigkeit des Menschen bestimmt: Er sieht den Menschen eschatologisch an: Vom Reich Gottes, von der Neuschaffung aller Verhältnisse her wird der Mensch verstanden – und damit eben nicht von seiner gegenwärtigen Leistung und Fehlerhaftigkeit her. Der Satz »Gott sieht die Welt sozusagen sozialistisch an« ist deswegen durch einen zweiten, hinzutretenden Satz zu ergänzen: »Diese Weltgeschichte, die die Gerechten verdammt und die Heuchler, die Scheinmenschen zur Geltung bringt, diese Weltgeschichte soll überwunden werden durch das Reich Gottes.«[224] In dieser Reich-Gottes-Perspektive gibt es den grundsätzlich ungerechten Menschen nicht mehr. Der Sozialismus, der den ungerechten Verhältnissen zu Leibe rückt, wird in dieser Perspektive zu dem »Werkzeug«, mit dem der Mensch zu seiner wahren Bestimmung zurückfindet und seine ihm innewohnende Potentialität erst wirklich entfalten kann.

Der Versuch, diese Grundbestimmung des Menschen bei Christoph Blumhardt als »optimistisch« zu bezeichnen, läuft Gefahr, ihm damit Naivität und Utopismus zu unterstellen. Denn es dürfte damit verkannt werden, dass Blumhardt von den Fähigkeiten des Menschen, von dessen zu förderndem Selbstbewusstsein oder von dessen grundsätzlicher Entwicklungsmöglichkeit spricht. Diese aus der Reich-Gottes-Perspektive sich entwickelnde Sichtweise auf den Menschen gilt es zunächst grundsätzlich zu würdigen und in ihren Chancen auszuloten. Für Blumhardt sind nicht die realen Gegebenheiten und vorfindlichen Strukturen leitend, sondern die zukünftigen und zukunftsfähigen Entwicklungsstrategien der Menschheit. Er wendet sich damit gegen eine kulturpessimistische Sichtweise seiner Zeit, nicht aber, um diese durch einen blinden, auf Wachstum fixierten Fortschrittswahn zu ersetzen, sondern um an dessen

Stelle auf eine an den unveräußerlichen Rechten des Menschen orientierte Lebensweise zu vertrauen. Der Sünde, dem Tod, dem Egoismus, dem Geiz oder dem Verdammen hat er zwei andere Begriffe entgegenstellt: Leben und Freiheit.

Das »Unglück der Menschen« (so Christoph Blumhardt) bestehe darin, dass die Menschen nicht »zu dem ihnen gebührenden Leben geführt [würden], zum Leben, dessen sie auch fähig sind, sondern sie werden vergewaltigt zu einem Leben, das sie nicht als eigenes Leben erkennen können. Alles steht unter der Gewalt; selbst wir gebildete Europäer leben nicht frei; wir sind die Gewalt so gewöhnt, dass wir sie sogar aufsuchen, wir können nicht frei sein.«[225] Das wahre Leben, zu dem der Mensch bestimmt ist, gewinne seinen Halt zunächst einmal darin, dass die elementaren Rechte des Menschen erfüllt seien: Nahrung, Wohnen, sanitäre Versorgung. Nur so könne der Mensch sich entfalten, seine Fähigkeiten ausleben und ein »Stück Himmelreich« erleben. Bezeichnenderweise hat Blumhardt dann, wenn es ihm um die Überwindung der Sünde ging, nicht von grundsätzlich gerechteren Verhältnissen gesprochen, sondern von Verhältnissen, in denen der Mensch in aller Freiheit seine Fähigkeiten zur Entfaltung bringen könne. Sein Ansatz war also freiheitsorientiert: Das Ziel aller Gesellschaftsumgestaltung sei es, dass der Mensch wieder zum Menschen werde, an sich selber glauben könne und sich nicht wegwerfe. »Wir sollten Götter sein auf dieser Welt, vollkommene Menschen, so vollkommen wie jedes Mücklein, das in der Sonne tanzt.«[226] Freie, starke, kämpferische, auf ein »Vorwärts« angelegte Menschen – das ist das, was Blumhardt unter dem Stichwort »Leben« subsumiert hat. »Leben müssen wir zum Leben, nicht zum Tode.«[227] Es ging Christoph Blumhardt um eine Würdigung des Menschen und seiner Stärken, aber auch um die Würdigung der zivilgesellschaftlichen Bewegungen, die für die freiheitlichen Rechte der Menschen kämpften.

Der starke Begriff »Leben« hat daher als Gegensatz zu den Begriffen »Sünde« und »Tod« die Andachten und Reden Blumhardts in dieser Zeit durchzogen: »Ganz massiv muss das Leben besorgt werden.« Theologisch geleitet war er von der Überzeugung, dass Jesus eine neue Gesellschaft gründen wollte, in der der Mensch frei und recht leben kann, aber auch von der Hoffnung, dass nach diesem »Kanonenschlag« die Menschen »christusähnlich« werden und sich die geschichtliche Entwicklung kontinuierlich auf den »Zukunftsstaat« zubewegt.

Instrumente und Ansätze für ein solche Entwicklung des Menschen und der gesamten Menschheit hin zum »Zukunftsstaat« konnte Christoph Blumhardt eigentlich nur bei den Sozialdemokraten entdecken: Die Sozialdemokratie war für ihn die Bewegung, die die todbringenden Verhältnisse der Weltgesellschaft in Frage stellte. Sie ließ die Engstirnigkeit und Begrenztheit des feudalen Lebens hinter sich und sah in die Weite. Ihr gelang es, den Menschen »großlebig« zu denken. Schließlich ließ sie das alltägliche »Herumheulen« der Menschheit sowie deren destruktive Fixierung auf den Tod endgültig hinter sich. Die Sozialdemokratie war für Christoph Blumhardt die politisch agierende Bewegung, die – theologisch gesprochen – die Menschen als »Auferstandene«, als Träger des Lebens begriff. Oder anders formuliert: »Gott sieht die Welt sozialistisch an.«[228]

Es ist in den theologisch geprägten Ausführungen Blumhardts beeindruckend, wie durchgängig würdigend und positiv vom Menschen und seinen Fähigkeiten gesprochen wird. Dadurch, dass der Mensch in der prägenden Reich-Gottes-Hoffnung vom Ziel her angesehen wird, ergeben sich immer wieder theologisch überraschende Formulierungen, die sich von der überkommenen, zeitgenössisch vertretenen protestantischen Dogmatik markant abheben. So hat Blumhardt die Sünde zum »Mangel« erklärt und die Interpretation des Todes Jesu am Kreuz als Opfertod in Frage gestellt: Jesus ist nicht *für* uns gestorben, sondern *gegen* unseren Tod gestorben. Er ist nicht »für« unsere Sünden gekommen, sondern für die Menschen. Oder: Seine Auferstehung wird zum »Kanonenschuss«, der mit Macht in die Weltgeschichte hineinplatzt und damit alle Lebensverhältnisse auf den Kopf zu stellen beginnt. Im »Vorwärts, vorwärts zum Reich Gottes« geht die Menschheit sicher auf ein Reich des Friedens zu.

Schwerter zu Pflugscharen schmieden!

So wird das Reich Gottes von Christoph Blumhardt durch und durch irdisch-präsentisch verstanden und interpretiert: Ein »Jenseits« der neuen Welt ist für ihn vollkommen unvorstellbar. Hier auf Erden soll sich das Reich Gottes herausbilden, und dieser »Zukunftsstaat« besteht zentral in der Befriedigung nicht nur der Menschen, sondern der gesamten Schöpfung. Dabei wurde Blumhardt von der Überzeugung geleitet: In unserer Erde sind noch »Ewigkeitskräfte« vorhanden, so dass jeder Mensch schon jetzt die Natur genießen kann und die Erde nicht zugrunde gehen kann. Vielmehr bewege sie sich stetig auf einen Zustand zu, in dem es ein »Jauchzen« der gesamten Schöpfung geben werde, wenn das »Haus Gottes auf Erden«, die Befriedigung der gesamten Kreatur, erreicht sei.

Eine pazifistische Grundhaltung durchzieht damit also die gesamte Theologie Blumhardts: Das Reich Gottes wird als ein weltumspannendes, gesamtkosmisches Friedensreich vorgestellt. Die Erde soll dadurch zu einem »Glückseligkeitshimmel« werden, dass Menschen zu Menschen gemacht und damit die »Ewigkeitskräfte« in einem jeden Menschen angesprochen werden. Denn: Friede, Freude und Seligkeit sollen auf Erden kommen, und in einem jeden Menschen liege der »Keim einer neuen

Welt« schon bereit. Aufgabe eines jeden Menschen sei es, auf dieses Friedensreich hinzuarbeiten und dazu in der gesamten Kreatur die bereitliegenden Keime des Friedens ausreifen zu lassen, so dass die bestehenden Gewaltverhältnisse und das »Gewaltmenschentum« überwunden werden könnten.

Die zu seiner Zeit herrschenden politischen Verhältnisse wurden von Christoph Blumhardt aus diesem Grund aufs Schärfste kritisiert: Der »römische Kadaver«, der vom Römischen Reich ausgehende Geist des Todes und der Gewalt, durchziehe bis in die Gegenwart hinein die gesamte Menschheit. Auf diesem Geist aufbauend sei die Kulturmenschheit eine »Mördermenschheit« geworden: Alle Kultur basiere auf dem Blut von Millionen von Menschen. Die militärische Aufrüstung der deutschen kaiserlichen Politik, der imperiale Krieg gegen die aufständischen Chinesen im Boxeraufstand 1900/1901, aber auch der Krieg gegen die Buren (1899–1903) wurden aus dieser Überzeugung heraus von Christoph Blumhardt als »Gräuel« oder »Unrecht« der Europäer mit Nachdruck verurteilt.

Gegen dieses »Gewaltmenschentum« der Europäer stehe, so Blumhardt in dieser Phase seines Lebens, die von Gott ausgehende »Lebensmenschheit«. Die Reich-Gottes-Arbeit bestehe darin, für die Freiheit und das Recht eines jeden Menschen einzutreten und die »barbarische Finsternis der früheren Jahrhunderte« hinter sich zu lassen, in der jedes Reich gemeint habe, es habe das Recht, jedes andere Reich zu zerstören, und eine jede »Klasse« davon überzeugt gewesen sei, sie habe das ihr zustehende Recht, eine andere »Menschenklasse« zu unterdrücken. »Jetzt, gerade in unserer Zeit, wo die Leute nach Recht ringen, wo alles nach Freiheit ringt, wo alles sich so stellt, dass er zum Nebenmenschen sagt: ›Du hast mir nichts mehr zu sagen, ich bin selber ein Mensch‹, da braucht es Himmelreichsmenschen, die mit der ganzen Energie zu Gott rufen: ›Nehme uns zu deinen Kindern!‹ Das ist unsere Aufgabe.«[229] Friedensarbeit, Erziehung zum Frieden oder die Kultur des Friedens im göttlichen

Geist der »Lebensmenschheit« bestand für Christoph Blumhardt also in Menschenrechtsarbeit.

Mit diesem Zusammenhang gilt es ernstzumachen, um Blumhardt zu verstehen: Der Mensch wird erst dann zum wahren Menschen, wenn er in tiefer Überzeugung dem anderen Menschen seine freiheitlichen Rechte zuerkennen kann – und genau hier setzt das entstehende Friedensreich an. Reich-Gottes-Arbeit ist Menschenrechtsarbeit – und darin auch zugleich Friedensarbeit. Diese Gleichung bestimmte Blumhardts Auffassungen in der Zeit zwischen 1899 und 1903 durchgängig. Deswegen konnte er auch in einem Vortrag im November 1902 in Basel zum Ausdruck bringen, dass man sich heute »schämen« müsse, »wenn man einen Krieg führt. […] Früher waren es fast nur Kriegsfragen, welche die Völker bewegten. Heute ist es anders, heute ist es das Evangelium.«[230]

Menschen, die lernen, Feinde zu lieben und Schwerter zu Pflugscharen zu schmieden, wurden deswegen von Christoph Blumhardt in schroffer Ablehnung jeder nationalistischen Politik als die »besten Patrioten« bezeichnet. Sie trügen zum wirtschaftlichen und gesellschaftlichen Aufbau, zur Integration unterschiedlicher Interessen sowie zu einem wachsenden Internationalismus bei. Das ausschließliche Profitdenken, der die natürlichen Ressourcen ausbeutende Kapitalismus und die dominierende Orientierung an Spekulationen, Börsen und Finanzmärkten verstand Blumhardt als Ausdruck eines zu überwindenden »Gewaltmenschentums«. Dabei lehnte er ein an den freiheitlichen Menschenrechten orientiertes Wirtschaften keineswegs ab – ganz im Gegenteil. Pointiert konnte er einmal sagen: Rüstung bringt keinen Frieden, sondern nur das gemeinsame Wirtschaften und Gott.

Entscheidend dabei sei jedoch die Orientierung an den elementaren und basalen Rechten eines jeden Menschen, die Christoph Blumhardt auch in einer Rede in Berg als die »Prinzipien der Sozialdemokratie« bezeichnen konnte. Dieser Rede, den Beiträgen im Landtag wie auch seinen Andachten dieser Zeit ist zu entnehmen, dass zu den Rechten eines jeden Menschen gehören müssen: ein Recht auf freie Meinungsäußerung, ein Recht auf Versammlungsfreiheit, ein Recht auf Nahrung, auf Teilhabe an den gemeinsamen Gütern wie Boden und Wasser, ein Recht auf ausreichende Kleidung sowie ein Recht auf eine sanitäre Grundversorgung. Wesentliche Elemente der dann später 1948 verabschiedeten Menschenrechtsdeklaration finden sich auch schon hier. Wenn durch die Aufdeckung der todbringenden Lebensverhältnisse die freiheitlichen Rechte garantiert werden, kommt es zur Entwicklung einer zukunftsfähigen Menschheit. Dabei sind für Christoph Blumhardt die sozialdemokratischen »Freiheitsbewegungen« oder »Selbstbewusstseinsbewegungen« ein »Christuszeichen« oder das »tatsächliche Evangelium«, weswegen sich Christen an diesen Bewegungen beteiligen sollten, da auch Jesus Christus lediglich ein Reich habe gründen wollen, in dem jeder Mensch ausreichend gewürdigt werde.

Zu den todbringenden Verhältnissen seiner Zeit zählte Blumhardt auch das nationalistische Denken im deutschen Kaiserreich wie auch in anderen Weltregionen. Nationalismus ist für ihn »der größte Blödsinn« und ein Ausdruck von menschlicher Beliebigkeit. »An den Grenzen der Länder sitzt der Teufel.«[231] Nationalistische Orientierungen laden zum »gegenseitigen Fressen« ein und behindern die Vorwärts-Bewegung hin zum »Zukunftsstaat«. Dagegen feiert und begrüßt Blumhardt, dass gerade innerhalb der sozialdemokratischen Bewegung, aber auch im liberalen Wirtschaften das »Internationale« und »Großweltliche« aufkomme, das den »römischen Kadaver« hinausjage und dem kosmischen Frieden den Boden bereite. Auf diese Weise lässt sich auch Blumhardts Ablehnung der kaiserlichen Zollpolitik zu Beginn des 20. Jahrhunderts erklären; das gemeinsame, unbegrenzte Wirtschaften hilft, gegenseitiges Abgrenzen überwinden.

Die Grundsätze der Französischen Revolution, in denen die freiheitlichen Impulse der Reformation erst ihren wahrhaftigen Ausdruck gefunden hätten, wurden von Christoph Blumhardt durchgehend geschätzt und beachtet, wobei er auf das Nebeneinander der drei Prinzipien Freiheit, Gleichheit und Brüderlichkeit setzte. Nur freie Menschen könnten wachsen und sich entfalten, nur in der gegenseitigen Anerkennung ihrer gleichen Menschenwürde könne die Menschheit sich vollenden, und nur in der brüderlichen Vergebung komme es zur Entwicklung des Zukunftsstaates. Gegenüber der auch im Sozialismus vernehmbaren Begrenzung der Trias auf die beiden Werte Gleichheit und Brüderlichkeit verwies Blumhardt auf das entscheidende Fundament der freiheitlichen Entfaltung und damit auf das nicht aufzugebende Miteinander der drei Prinzipien der Französischen Revolution: »Das wollte und will Jesus, und das ist die soziale Frage. Und Gott lässt nicht nach, bis diese Gnade Jesu Christi zum Ziel gekommen ist. Darum schaffet, machet, das Ziel muss kommen.«[232]

Blumhardts feste Hoffnung auf das kommende Reich Gottes sowie auf eine in sich versöhnte Welt sind als ein theologischer Versuch zu verstehen, in der sich massiv transformierenden Weltgesellschaft des ausgehenden 19. Jahrhunderts den Zusammenhang des Ganzen sichtbar zu machen. Das »Rumoren« in der Gesellschaft, das Entstehen einer öffentlichen Sphäre und einer Zivilgesellschaft, das Erstarken von Freiheitsbewegungen und der Sozialdemokratie sind für ihn kein sinnloses Durcheinander und Chaos, sondern »das Evangelium«. Die Weltgesellschaft sieht er auf ein Ganzes zulaufen, nämlich auf ein kosmopolitisches Friedensreich. Die Weltgeschichte kann er als einen Prozess verstehen, in dem »das Evangelium« sich Bahn bricht. Sie nimmt damit einen normativen Charakter an – jedoch nicht als Geschichte schlechthin, sondern als eine Vorwärts-Entwicklung, in der der Mensch zunehmend mehr zu seinem Recht kommt. Bewegungen, die sich inmitten der Weltgeschichte und jenseits der verfestigten Nationalpolitik zu entfalten beginnen, werden von Blumhardt gewürdigt und normativ aufgeladen, weil er sie auf ein Friedensreich zulaufen sieht.

Religion ist Privatsache!

Im Prozess des Fortschreitens und der Entwicklung hin auf ein kosmopolitisches Friedensreich spielten für Christoph Blumhardt auch in dieser Phase seines Wirkens die konfessionell aufgestellten Kirchen keine Rolle mehr, pointiert konnte er formulieren: Die Zeit der Kirche ist vorbei. Oder: »Heute ist die Kirche das größte Hindernis zum Fortschritt. Sie erzieht zur Gedankenlosigkeit, und das hat sich der Staat zu Nutzen gemacht und unterdrückt auch das Inwendige der Menschen.«[233] Die Verbindung von Thron und Altar, von Konfessionskirche und königlicher Regierung kritisierte Blumhardt deswegen so scharf, weil sie zur »Vergewaltigung der Menschen und der Herzen« führten und das »Herrschaftsdenken« in der Kirche etablieren hülfen. Zugleich stellte er die innere Aufstellung der Konfessionskirche in Frage: Ein »Seligkeits-Christentum«, befördert durch amerikanische Missionsbewegungen, sei zu nichts mehr nütze; es befördere lediglich einen geistlichen Egoismus, konzentriere sich auf eine Abgrenzung von anderen Konfessionen und stehe damit dem Fortschritt hin zu einem kosmopolitischen Friedensreich massiv im Wege. Blumhardt schlussfolgerte deswegen: Das Christentum ist ein elender Fleck in der Menschheit, und wir müssen das Christentum verlassen. Dagegen kommt [!] die Rettung und der Fortschritt von den Menschen her, die nach ihrem Recht schreien, den »Jesus-Schwindel« aufgeben und sich an dem orientieren, was Jesus wollte: Er war Mensch zu Menschen und wurde deswegen Menschensohn genannt.

Die kritischen Argumente Blumhardts hatte dieser nach 1888 zunehmend intensiver werdend entfaltet: Sie sind aus den vorangehenden Phasen bereits sehr bekannt, zwischen 1899 und 1903 wurden sie jedoch mit einer Vehemenz und Heftigkeit vorgetragen, die in den Phasen zuvor so nicht hatte erlebt werden können. Seine persönliche Betroffenheit nach dem Verzicht auf den Pfarrertitel mag in diesem Zusammenhang eine gewisse Rolle spielen, doch erscheint sie nicht als tragend. Blumhardt ging es vielmehr darum, die Würdigung des Menschen und seiner Fähigkeiten in den Mittelpunkt zu rücken. Genau diese Achtsamkeit sah er systemisch und strukturell in den Konfessionskirchen seiner Zeit nicht mehr gewährleistet.

Die in der Kreuzestheologie inbegriffene Opfervorstellung lehnte Blumhardt deswegen ab: Sie schüre nur die Vorstellung, ein fehlendes Selbstbewusstsein des Menschen sei vorbildlich. Genauso wandte er sich gegen eine falsch verstandene Sündenlehre, der zufolge von einem Unvermögen des Menschen zu sprechen sei: Gott aber habe uns im Gegenteil das Vermögen gegeben, seinem Willen entsprechend zu handeln. Oder: Das Wort »Mission« hätte die christliche Theologie lieber nicht erfinden sollen, weil damit alles auf eine Bekehrung des falsch lebenden Menschen zum vermeintlich Guten hinauslaufe. Jede Rede von Bekehrung bedeutete für Blumhardt im Grunde: Mit Gewalt einen anderen Menschen umdrehen wollen. In die gleiche Richtung weist auch seine Kritik an der Praxis der Wassertaufe: Die Menschen würden dadurch zu Konfessionschristen erzogen und an den sichtbaren Talismann »Wasser« gebunden. Jesu habe hingegen die Geisttaufe gelehrt, und deswegen werde man auch dann schon getauft, wenn das Wort des Evangeliums einen Menschen im Herzen erreiche und zum wahren Menschen mache. Auch diakonische Einrichtungen, wie sie z. B. Adolf Stoecker aufgebaut hatte, wurden in diese Argumentationskette aufgenommen: Wenn sie einem bettelnden Menschen das Notwendige zukommen ließen, herrschten sie zugleich über ihn, ohne dabei die alles entscheidenden gesellschaftlichen Verhältnisse zu verändern.

In diesen verschiedenen Facetten systematischer und praktischer Theologie brach sich also das eine Argument Bahn: Im Mittelpunkt müsse die Würdigung, die Achtung oder das Empowerment des Menschen und seiner unveräußerlichen Rechte stehen. Theologische Lehre und kirchliche Praxis neigten (so Blumhardt) dazu, diesen Fokus nicht einzunehmen, sondern den Menschen »von oben herab« zu behandeln. Aus diesem Grund konnte er auch sagen: Wir brauchen keine Kirchen mehr. Oder aber in Anlehnung an sozialdemokratische Formulierungen: Religion ist Privatsache.

Zugleich reflektierte Christoph Blumhardt mit diesen Urteilen die sich in seiner Zeit verstärkende Säkularisierung der Gesellschaften in Westeuropa. Gegen alle kirchlichen Versuche gerade auch in Württemberg, durch Erhöhung von Druck und Zwang einer schleichenden Entkirchlichung zu begegnen, sprach Blumhardt positiv von einem vorhandenen »unbewussten Christentum«. Ein jeder Mensch wurde von ihm als gläubig angesehen. Dass Gott an einen Menschen glaube, war für ihn der wahre, objektive Glaube, nicht jedoch das subjektive Glaubensbekenntnis: »Jeder Mensch glaubt, weil Gott glaubt.«[234] Auch die »Türken« (also: Menschen muslimischen Glaubens) betrachtete Blumhardt aus diesem Grund nicht als Feinde, sondern er konnte sie zu Gott rechnen. Im gleichen Sinne konnte er von den Chinesen sprechen oder sogar betonen, dass die ungläubigen Menschen zumeist mehr von der Liebe Gottes wüssten als die konfessionell gebundenen, aber in dieser Bindung auch verängstigten Christen. Zugespitzt konnte er schließlich formulieren: »Marx hat mehr für das Reich Gottes getan als das ganze Christentum.«[235] Denn Karl Marx habe den Menschen endlich greifbare Rechte gebracht und versucht, sie aus versklavenden Verhältnissen zu befreien. Nicht die Quote der getauften und der zur Kirche gehörigen Christen war für Christoph Blumhardt das Merkmal einer auf das kosmopolitische Friedensreich zulaufenden Menschheit, sondern die Wahrung der Würde eines jeden Menschen.

Deswegen hat Blumhardt auch das sozialdemokratische Prinzip »Religion ist Privatsache« verteidigt: Es lenke den Blick weg von der zu bewahrenden Konfessionskirche hin auf den konkreten Menschen sowie zu dessen von ihm zu lebender Freiheit. Blumhardts Würdigung des Menschen und seiner Fähigkeiten wird genau damit verbunden: Je freier ein Mensch sich entwickeln könne, desto mehr werde er sich aus sich selbst heraus zu etwas Gutem entwickeln und damit zum Zusammenhalt, zur Befriedung der Gesellschaft und damit zur Entwicklung eines »Zukunftsstaates« beitragen.

KAPITEL 5

Vorwärts zum Zukunftsstaat!

(September 1903 bis März 1913)

Biographische Stationen

Zwischen zwei Wendepunkten: Zweifel an der Partei (September 1903) und Gründung der Bad Boll GmbH (März 1913)

Schon im Sommer 1903 machten sich Blumhardts Zweifel an der sozialdemokratischen Partei deutlich bemerkbar: Deren interne Auseinandersetzung um den Revisionismus Bernsteins zog immer weitere Kreise und löste sehr scharfe Debatten aus, in deren Verlauf es teilweise zu diffamierenden Äußerungen kam. Während des Parteitages der Sozialdemokraten in Dresden im Herbst 1903 wurde der Revisionismusstreit dann entschieden: Die Parteilinken wie z. B. Rosa Luxemburg, das marxistische Zentrum mit Karl Kautsky und die Parteiführung unter August Bebel überzeugten die Mitglieder des Parteitages mehrheitlich davon, dass die reformorientierte Position Bernsteins dem Parteiprogramm der revolutionären Abschaffung der Klassengesellschaft widerspreche.

Mit dieser Abkehr von einer reformorientierten Politik verabschiedete sich auch Christoph Blumhardt – zunächst nur innerlich – von der Partei: In den Gesprächen nach der Andacht am 1. September 1903 machte er zum ersten Mal deutlich, dass er die Sozialdemokratie sich an einem »Wendepunkt« befinden sehe. Deswegen sei er nicht mehr so oft bei den Sozialdemokraten zugegen. Bedeutungsvoll setzte er hinzu: »Ist in einer Partei Wahrheit, so hält sie sich (und so war's bei den Sozialdemokraten), bis wieder etwas kommt, was eine noch größere Wahrheit ist. So ist's in den Parteien, so auch im Einzelnen bei Menschen[,] und da, wo die größte Wahrheit ist, das ist dann das, was und wer augenblicklich Geltung hat.«[236] Diesen Worten ist zu entnehmen, dass Blumhardt die Wirksamkeit der Sozialdemokraten im Hinblick auf eine zukunftsfähige, menschengerechte und soziale Gestaltung der Gesellschaft als nicht mehr überzeugend ansah. Als Trägerin der Wahrheit konnte er diese Partei nicht mehr anerkennen, ohne dabei seinen Kampf für einen »Zukunftsstaat« aufzugeben. Nur: Er sah nun andere Kräfte am Werk, denen er eine »noch größere Wahrheit« zuschrieb. Die Sozialdemokraten waren für ihn eben auch nur ein Werkzeug auf dem Weg hin zu einer »neuen Weltordnung« – dies bedeutete aber auch, dass dieses Instrument durch ein anderes Werkzeug abgelöst werden konnte. Genau diesen Punkt sah Blumhardt mit dem Dresdner Parteitag erreicht.

Ergibt sich aus diesem »Wendepunkt« eine Abgrenzung dieser Phase seines Wirkens nach vorne, so gibt es auch eine entsprechende Abgrenzung nach hinten: Mit der Überführung des Kurbetriebes unter seiner Leitung in eine »Bad Boll GmbH« im März 1913 wurde ein anderer markanter »Wendepunkt« in der Biographie Blumhardts wie auch in der Geschichte des Kurbetriebes in Boll gesetzt. Sowohl der Herbst 1903 wie auch die Entwicklungen im Frühjahr 1913 werden daher in dieser Biographie als die entscheidenden Daten angesehen, zwischen denen sich Christoph Blumhardt in einer neuen Art und Weise mit den gesellschaftlichen Transformationen seiner Zeit politisch vorausschauend und theologisch innovativ auseinandergesetzt hat.

Eisenbahnbau, Schulpolitik und Altersversorgung für Selbständige: Kampf gegen die Macht der Ersten Kammer (Frühjahr 1904)

Auch wenn sich Christoph Blumhardt am Ende der Legislaturperiode, für die er gewählt worden war, öfters entschuldigen ließ, war er im Jahr 1904 im Württembergischen Landtag, in der Fraktion sowie in den Ausschüssen und Gremien noch präsent. Die Auswirkungen und Spuren seiner politischen Tätigkeit lassen sich zwar auf Grund der nicht mehr vorhandenen bzw. zerstörten Archivalien im Hauptstaatsarchiv Stuttgart nur noch teilweise nachzeichnen, jedoch sind mehrere Wortbeiträge im Parlament sowie Zeitungsberichte aus dieser Zeit erhalten geblieben. Blumhardt äußerte sich im Württembergischen Landesparlament insbesondere zu den Fragen Eisenbahnbau, Schulpolitik und Altersversorgung:

In der Debatte um den dringlich voranzutreibenden Ausbau des Eisenbahnnetzes in den verschiedenen Regionen ergriff Blumhardt das Wort, als über die Frage der Finanzierung des Eisenbahnausbaus entschieden werden musste. Wie auch in den Jahren zuvor setzte er sich für den massiven Ausbau der Verkehrswege in den ländlichen Räumen ein, wobei er sich als Landtagsabgeordneter für den Wahlkreis Göppingen für die Verbindungslinie zwischen Göppingen und Schwäbisch Gmünd starkmachte. Unter seinem Einfluss wurde in der Zweiten Kammer des Landtages die sogenannte »Hohenstaufenbahn« endgültig genehmigt. Mit Vehemenz wehrte Blumhardt sich jedoch gegen einen Gesetzesentwurf der Ersten Kammer des Landtages, demzufolge alleine der Regierung das Recht zustehen sollte, die Genehmigung des Ausbaus einer Eisenbahnlinie unter Vorlage eines Finanzierungsplanes zu erteilen. Blumhardt plädierte vielmehr dafür, nicht einer Reichseisenbahnbehörde, sondern zu gründende regionale Eisenbahngesellschaften mit entsprechenden Kompetenzen auszustatten. »Ich will ja annehmen, dass der Staat gewisse Nebenbahnen bauen muss, aber bei anderen Bahnen steht es so, dass es dem Staat nur lieb sein kann, wenn eine Eisenbahngesellschaft das Geschäft in die Hand nimmt.«[237] Deswegen solle die zweite Kammer des Landtages baldmöglichst Rahmenbedingungen erarbeiten und gesetzlich fixieren, die es den Gemeinden erlaubten, eigenständig zusammen mit regionalen Eisenbahngesellschaften alle notwendigen Entscheidungen zu treffen.

Schließlich meldete sich Blumhardt mehrfach im Mai 1904 zu Wort, als es um eine Gesetzesnovelle zum sogenannten »Leibgedingsvertrag« ging. Insbesondere bei Hofübergaben in der Landwirtschaft wurde auf diese Weise geregelt, dass der Nachfolger gegenüber dem bisherigen Besitzer die Verpflichtung einging, bis zu dessen Tod Naturalleistungen wie Wohnung, Ernährung und Pflege zu erbringen. Damit war eine Form der Altersversorgung für selbständig Tätige geregelt. In der konkreten Gesetzesnovelle der Ersten Kammer wurde beabsichtigt, diese Verpflichtungen des jeweiligen Hofnachfolgers zu lockern. Blumhardt wandte dagegen ein: »Ich halte das nicht für richtig. Ich glaube, wir müssen uns voll und ganz auf den Standpunkt des Berechtigten stellen. […] Die Hauptsache ist und bleibt, dass der Berechtigte zu seinem Recht kommt, und dass der Verpflichtete sich nicht seiner Verpflichtung entzieht.«[238] Auch in Bezug auf die Altersversorgung der Landwirte kämpfte Blumhardt gegen die Interessen der Ersten Kammer, in der die Standesherren vertreten waren.

Der gleiche Kampf gegen die Vormacht der Ersten Kammer des Landtags zeigt sich auch in der Frage der Schulpolitik: Als im Juni 1904 nach der Volksschule die Rolle der Mittelschulen zur Diskussion stand, setzte sich Blumhardt ebenfalls für eine Stärkung dieses Schultyps ein, der das »Bedürfnis einer höheren Bildung« verfolge. Zu einer freien Entwicklung dieses Bildungsstrebens komme es aber erst, wenn auch für die Mittelschulen den Ortsgeistlichen die Schulaufsicht entzogen und ein »Übermaß von Religionsstunden«[239] verhindert werde.

Nun brachte aber im Frühjahr 1904 die Erste Kammer des Landtags das in der Zweiten Kammer beschlossene Gesetz zur Reform der Schulaufsicht zu Fall und löste damit gewaltige Proteste aus. Christoph Blumhardt stellte sich an die Spitze dieser Protestbewegung gegen die faktische Entmachtung der demokratisch gewählten Zweiten Kammer. In Esslingen betonte er etwa im Juni 1904 vor 1.500 Zuhörern: Es sei Zeit, »mit kräftigen Worten dreinzuschlagen« und die Standeskammer mittels einer landesweiten Protestbewegung hinwegzufegen. Ein »Volkssturm« solle den »ganzen Baum schütteln, dass die Herren samt ihren Privilegien herunterpurzeln«. »Hinein in die neue Zeit!«,[240] rief er der Protestversammlung zu.

In allen drei Fällen kam das eine Anliegen zum Tragen: die Stärkung der demokratisch gewählten Zweiten Kammer des Landtages. Mehr noch: Christoph Blumhardt scheint mit Nachdruck die Legitimität der Standeskammer in Frage gestellt zu haben. Ihm ging es also um eine Demokratisierung des politischen Gemeinwesens in Württemberg.

Innerer Abschied von den Sozialdemokraten (Herbst 1904)

Im Herbst 1904 kam es zu einer erheblichen Zuspitzung der Auseinandersetzung unter den Sozialdemokraten in Göppingen, bei der es um die Haltung der Parteigenossen zum Revisionismusstreit ging. Christoph Blumhardt geriet nun in die Schusslinie der Auseinandersetzung.

Anlass dazu gab er selbst mit einer bemerkenswerten Rede am 5. November 1904, als er in Göppingen die Ansicht vertrat, dass »die Klasse der Arbeiter« sich nicht zum »Herrn der Menschheit« aufwerfen dürfe. Damit machte er gegen die Vorstellung vom revolutionären Klassenkampf Front. Zugleich kritisierte er die imperiale Kolonialpolitik und vor allem das Vorgehen der deutschen Truppen gegen die in Deutsch-Südwestafrika aufständischen Hereros scharf; er forderte den Aufbau eines weltweiten »Vereins für Menschheitsschutz« und unterstrich in diesem Zusammenhang: »Jetzt leben wir in einer Zeit der Arbeit. Wir müssen schaffen und schaffen, dass sich unser Volk erhält. Das erzeugt einen anderen Kampf, von dem wir wünschen müssen, dass er in milder Form sich vollzieht.«

Der Protest der marxistischen Kräfte innerhalb der Partei gegen diese kritische In Fragestellung der Klassenkampfparole ließ nicht lange auf sich warten: Direkt und offen wurde Christoph Blumhardt kurz nach der Berichterstattung über seine Rede in der örtlichen Zeitung schon am 25. November 1904 in seinem Wahlkreis der Vorwurf gemacht, er sei ein Revisionist. Die Zeitung »Hohenstaufen«, die sich in den Jahren 1903 und 1904 sehr sachlich mit dem Grundsatzstreit unter den Sozialdemokraten im Wahlkreis Göppingen auseinandergesetzt hatte, widmete am 3. Dezember 1904 Blumhardts Rolle die Titelseite: »Es muss genügen, sich zum großen Endziel überhaupt und im Allgemeinen zu bekennen, um ›Parteigenosse‹ zu heißen, sagt Blumhardt. Das genügt eben nicht.« Die Kommentatoren der Göppinger Zeitung hatten erkannt, dass Blumhardt sich lediglich formal mit der sozialdemokratischen Politik identifizieren wollte, sich jedoch nicht mit den konkreten Maßnahmen der Politikgestaltung im Sinne einer revolutionären Transformation der Gesellschaft einverstanden erklären konnte.

Am 17. Dezember 1904 musste sich Christoph Blumhardt dann der Kritik der Parteilinken in einer öffentlichen Versammlung stellen. Während dieser Versammlung vertrat er in ähnlicher Weise wie schon einen Monat zuvor zwar zunächst die Ansicht, dass der »Klassenkampf« »absolut notwendig«

für das »Proletariat« sei. Dabei meinte Blumhardt allerdings insbesondere den Lohnkampf der Arbeitenden; diesen verstand er als Instrument der Gesellschaftsgestaltung in reformorientierter Absicht. Das »Endziel«, durch Aufhebung des Eigentums an Produktionsmitteln den Klassenkampf zu beenden, erwähnte er in dieser Darstellung aber auch hier mit keinem Wort. Und so schränkte Blumhardt seine Zustimmung zum Klassenkampf auch sofort wieder ein: Man komme bei diesem Kampf weiter, wenn man nicht über Angehörige anderer Parteien schimpfe, weil eben viele von diesen Personen für neue Ansichten gewonnen werden könnten. Eher an der Überzeugungsarbeit orientierte Mittel zur Gesellschafts(um)gestaltung standen damit für Christoph Blumhardt im Vordergrund. Dem entsprach auch, dass er sich für Friedensbestrebungen sowie für einen Antimilitarismus in Deutschland in der gleichen Rede stark machte. Die Parteiversammlung zeigte sich zunächst mit den Ausführungen Blumhardts einverstanden, jedoch fasste die parteiunabhängige Göppinger Zeitung »Hohenstaufen« die Auseinandersetzung mit ihm dann doch so zusammen: Christoph Blumhardt sei »mit gutem Recht« den Revisionisten zuzurechnen.

Blumhardt, so lässt sich hier deutlich feststellen, unternahm den Versuch einer Gegendarstellung in der Versammlung am 17. Dezember 1904 nur aus deklamatorischem Interesse. Er hatte sich schon zu diesem Zeitpunkt von den Sozialdemokraten innerlich entfernt und verfolgte andere Absichten als die der Partei. Sie sah er in einem »allgewaltigen Herrschaftswesen« gefangen, so dass Feindseligkeiten, Diffamierungen und Ausgrenzungen immer häufiger zu Tage träten und andere Meinungen nicht mehr zugelassen würden. Letztlich stellte Blumhardt die Demokratiefähigkeit seiner Partei in Frage und sah sie von dem gleichen »Virus« Herrschaftswesen befallen wie die Standeskammer des Landtags oder die Politik Kaiser Wilhelms II. Zugespitzt konnte Blumhardt im Februar 1905 an seine Tochter Salome gar schreiben: »Wer ins menschliche Herrschen hineinkommt, trennt sich vom göttlichen Herrscher.«[241]

Mit der Auseinandersetzung in seinem Wahlkreis im Spätherbst 1904 verabschiedete sich Christoph Blumhardt endgültig aus der parteipolitischen Arbeit innerhalb der Sozialdemokratie. 1905 und 1906 lassen sich bei ihm keine wesentlichen parteibezogenen Äußerungen mehr finden: Er ließ sich im Landtag entschuldigen, besuchte nicht mehr die Parteitage und äußerte sich auch in der Öffentlichkeit nicht mehr zu Fragen der Sozialdemokratie.

»Wir müssen«? Blumhardts Kritik an Hermann Kutter (1904)

Einen weiteren Anstoß zur kritischen Auseinandersetzung mit der sozialdemokratischen Partei gab die Veröffentlichung der Streitschrift »Wir müssen« des Züricher Pfarrers Hermann Kutter. Dieser entscheidende Vertreter des religiösen Sozialismus in der Schweiz hatte von Christoph Blumhardt viele Anregungen aufgenommen und war seit vielen Jahren immer wieder Gast in Bad Boll. Im Herbst 1903 veröffentlichte Hermann Kutter eine viel beachtete und schon 1904 in sechster Auflage erschienene Schrift »Wir müssen«. Darin legte er dar, dass er die Sozialdemokratie als »Werkzeug« des lebendigen Gottes ansah. Ihre Anhänger seien unbewusste Diener Gottes, die der Welt das Gericht und die große Wende verkündigen müssten. Die bekannten letzten Worte des Buches lauten: »Gottes Verheißungen erfüllen sich in den Sozialdemokraten: Sie müssen.«

Christoph Blumhardt tauschte sich mit seinem Schweizer Freund Howard Eugster-Züst brieflich mehrfach über dieses Buch aus, wobei jener Hermann Kutter geistigen Diebstahl vorwarf: Allein Blumhardt sei dazu legitimiert gewesen, sich zur Sozialdemokratie zu äußern. Noch drastischer wurde Christoph Blumhardt selbst in seinem Urteil über Kutters Werk: »Das Buch ›Sie müssen‹ wäre freilich besser nicht veröffentlicht.«[242] Die sozialdemokratische Partei, die er zur »Weltgeschichte« und nicht zum »Himmelreich« zählte, sah er in einer selbstreferentiellen Rolle befindlich: Sie führe isolierende »Kämpfe«, vertrete eine »alleinseligmachende Politik«, jedoch nicht die Interessen des gesamten Volkes. »Jedenfalls hat Kutter falsch im Namen Gottes geredet. Gott ist bei allem Volk, auch bei den Konservativen, aber bei allem Volk sind auch noch Teufeleien, und merkwürdig – überall ganz die gleichen.«[243]

Hier bestätigte sich noch einmal: Die sozialdemokratische Partei hatte für Blumhardt nach dem Dresdner Parteitag als Instrument hin auf dem Weg zu einem kosmischen Friedensreich ausgedient.

Tsingtau und Bad Boll: Hier beginnt der »Zukunftsstaat«!

Blumhardts Schwiegersohn Richard Wilhelm war seit 1899 als Missionar in Tsingtau tätig. Durch die Gründung einer Mittelschule für chinesische Jungen, eines Krankenhauses (»Faber-Hospital«) sowie einer Grundschule für chinesische Mädchen hatte die dortige Missionsarbeit einen deutlichen Aufschwung erhalten. Die Schüler bekamen den Lerninhalt teilweise in deutscher Sprache vermittelt; zugleich jedoch wurde durch einheimische Lehrer der traditionelle Bildungskanon gelehrt. Richard Wilhelm wollte die Schüler nicht – wie es an anderen Missionsschulen oft geschah – der eigenen Kultur entfremden. Er hielt Morgenandachten, doch die Teilnahme daran war freiwillig.

Dies entsprach der vom Allgemeinen Evangelisch-Protestantischen Missionsverein propagierten Strategie der sogenannten »Säkularmission«, war aber in der Missionspraxis sehr ungewöhnlich. Das gilt insbesondere für Tsingtau: Diese kleine Hafenstadt wurde unter Kaiser Wilhelm II. in einem atemberaubenden Tempo in einen Flottenstützpunkt und eine Freihandelszone verwandelt. Chinesen lebten in der Stadt von den Europäern getrennt. Die interkulturelle Missionsarbeit Richard Wilhelms widersprach dem »weißen« Überlegenheitsgefühl und stand im Kontrast zum deutschen Kulturimperialismus.

Richard Wilhelm wurde in seiner Strategie durch seinen Schwiegervater Christoph Blumhardt seit seiner Ausreise nach Tsingtau sehr unterstützt. In den Jahren nach 1904 versuchte sich Richard Wilhelm von der Berliner Missionsgesellschaft unabhängig zu machen. Dazu verfolgte er die Absicht, die neuen Schulen der deutschen Regierung unterstellen zu lassen. Damit wäre aus dem Missionar Richard Wilhelm ein Regierungsbeamter geworden. Und in der Tat erwog die deutsche Reichsregierung zeitweise, die in Tsingtau gegründeten Schulen zu übernehmen. Weil dadurch das vom Allgemeinen Evangelisch-Protestantischen Missionsverein geführte Seminar ganz in den Hintergrund gedrängt worden wäre, schlug die Reichsregierung vor, alle Schüler und Lehrer zu übernehmen und Richard Wilhelm als Direktor einzustellen.

Blumhardt, der gerade in dieser Zeit seines Wirkens die Tätigkeit von Richard Wilhelm ganz besonders zu fördern suchte, tat alles, um durch seine Kontakte und Netzwerke diesen Plan voranzubringen, denn die Berliner Missionsgesellschaft wie die Missionsarbeit überhaupt beurteilte er als »sinkendes Schiff«. Sie werde nicht von der Liebe Gottes gespeist, sondern vom »Geschäftsgeist der Amerikaner«. Deswegen: »Alle Missionen, man mag's treiben[,] wie man will, werden [in] der Welt mehr und mehr etwas Überflüssiges«[244]; Missionen seien nichts anderes als »die gehorsame Stütze aller staatlichen Einrichtungen«, die durch »Bekämpfung der heidnischen Sitten« mehr und mehr zur »Sittenmeisterin der Europäer« verkämen. Hinzu kämen schließlich die sinkende Finanzkraft der Missionsgesellschaften sowie die unsägliche Praxis der Missionare, zur »Missionsbettelei« verdammt zu sein.

Auch in der neuen weltpolitischen Konstellation sah Christoph Blumhardt eine auf Vermittlung der europäischen Kultur fixierte Missionsarbeit für überholt, überflüssig und überkommen an: Durch den Russisch-Japanischen Krieg hatten sich die Gewichte innerhalb der Weltgesellschaft zu verschieben begonnen: »Mir ist's, wenn die Zeit der Heiden anbräche, d. h. die Zeit, da die Völker, nicht mehr die Christen maßgebend sein werden. Bis jetzt konnte das christliche Europa stolz alle Länder und Meere beherrschen, und nun treten Heiden auf, und zum ersten Male seit Jahrhunderten treten sie in eine Linie mit den Europäern.«[245] Die »stolzen Europäer« büßten, so Blumhardt weitsichtig, ihre beherrschende Rolle in der zusammenwachsenden Weltgemeinschaft ein und begönnen, »auf die gleiche Stufe« mit allen Völkern zu treten. Im Lichte des kommenden Reiches Gottes hielt er diesen Prozess für einen echten Fortschritt hin zum »Zukunftsstaat«: In ihm seien alle Völker gleich; der Vorrang der Christen vor den »Heiden«, des christlichen Bekenntnisses vor den Werten der anderen Völker, werde aufgehoben. Die Religionen, insbesondere auch das Christentum, verlören ihre tragende Rolle, und an ihre Stelle träten im »Zukunftsstaat« die Achtung des Menschen, seiner Würde und seiner Rechte. Diesen Prozess einer zunehmenden Universalisierung einschließlich des Zurückdrängens der Rolle der religiös besetzten Mächte sah Christoph Blumhardt als Gottes Werk hin zu einem weltumfassenden Frieden an: »Es ist ein Stadium der Entwicklung auf die Zeit hin, da in der gewollten Freiheit Gottes Recht sich offenbart, das den Menschen die menschlichen Gesetze und Rechte über Bord wirft und einprägt, was Recht und was Unrecht ist. Denn das ist doch der Grund, auf den uns Gott durch seinen Geist stellen muss. Die Menschen müssen wissen, was für sie als Menschen recht ist.«[246]

Die Überwindung der Missionsarbeit zugunsten einer auf den Menschen und dessen Rechte ausgerichteten Kultur- und Bildungsarbeit war das Ziel Blumhardts. Dies schloss für ihn sogar die Aufgabe auch des Begriffs »Mission« ein. Wilhelms Bestreben, die Kultur der Chinesen zu achten, die Bedürfnisse Chinas zu berücksichtigen und dessen Kultur zu pflegen sowie chinesische Schriften zu übersetzen, passte in diese Vision Blumhardts hinein. »Die bloße Verachtung der ›gelben Rasse‹ dürfte sich nicht mehr halten lassen. Wenn nur die Chinesen klug sind und jetzt nicht eingreifen, so wird allerdings die Zeit kommen, da auch sie, gekräftigt, Herren ihres Landes werden und die Europäer unter ihre Gerichte stellen.«[247]

Richard Wilhelm in Tsingtau und Christoph Blumhardt in Bad Boll passten zusammen: Tsingtau wurde für Blumhardt neben Bad Boll zu dem Ort, an dem die neue Zeit anbricht. Die Reich-Gottes-Arbeit in der Gemeinschaft von Bad Boll und die spezifische Missionsarbeit in Tsingtau wurden von ihm zusammen gesehen – das war das Neue dieser Phase seines Wirkens. Er nahm in seinen Briefen Einfluss auf die Besetzung der Personalstellen in Tsingtau, pflegte einen intensiven Kontakt zur Berliner Missionsgesellschaft und sorgte dafür, dass mehrere Mitglieder der Blumhardt-Familie in Tsingtau mitarbeiten konnten: Blumhardts zweitjüngste Tochter Hanna war schon 1902 nach Tsingtau gereist, um ihrer Schwester Salome zu helfen. Ebenfalls folgte 1906 die jüngste Tochter Gottliebin, um Salome im Haushalt zu unterstützen und um später an der neu gegründeten Mädchenschule zu unterrichten. Schließlich hielt sich auch Blumhardts Neffe Benjamin, Sohn seines Bruders Theophil, schon seit 1902 in Tsingtau auf, um Richard Wilhelm als Assistent zu unterstützen. Als nach 1910 auch noch Emilie Blumhardt von Neuseeland nach Tsingtau wechselte, waren fünf Mitglieder der Familie Blumhardt in die Arbeit der

Missionsstation Tsingtau eingebunden: Salome Wilhelm, Hanna, Gottliebin, Benjamin und Emilie Blumhardt.

Europas Blutschuld: Der Herero-Aufstand (1904)

Das Vorgehen der deutschen Kolonialmacht während des Herero-Aufstands in Südwestafrika 1904 verurteilte Christoph Blumhardt auch in seinen Briefen an Richard Wilhelm scharf: Es sei ein »scheußlicher Krieg«, mit dem Europa sich »doch viel Blutschuld auf den Hals« auflade.[248] Schuld seien nicht die Hereros, sondern die Europäer, denn die Hereros (die Blumhardt durch die Missionsarbeit seines Vaters kannte) seien gutartige Menschen »und sind jetzt durch die Barbareien der Europäer rasend gemacht« worden. »Merkwürdig und bezeichnend ist, dass die Missionare z[um] T[eil] mit Hass bekämpft werden, weil die Hereros ihnen als guten Menschen nichts tun.«[249]

Das auf Eigentum und Besitz fixierte kapitalistische Denken der Europäer und insbesondere auch der Deutschen machte Blumhardt für diese Katastrophe und diesen Völkermord verantwortlich: »Wir nahmen ihr Land und nahmen es ihnen übel, dass sie auch noch was wollen. Die Heiden lassen gern mit sich reden, wenn man mit Frieden zu ihnen kommt und nicht mit Eigentumssucht.«[250] Dagegen sei es ein Ruhm der Missionare, dass sie keine Waffen gebrauchten: »Seit 150 Jahren gehen sie hinaus und denken nicht daran, Waffen mitzunehmen, und sind nicht schlecht gefahren damit. Den Himmel müssen wir ihnen bringen, um ihre Arbeit zu heiligen, damit ihr ganzes Leben in eine Wahrheit und höhere Auffassung kommt.«[251]

Der Genozid an den Hereros und Namas wurde für Christoph Blumhardt mehr und mehr zu einer Negativfolie für eine Entwicklung der Weltgesellschaft, wie sie sich unter keinen

Umständen vollziehen dürfe, wenn sie dem »Zukunftsstaat« entgegengehen wolle.

Der Russisch-Japanische Krieg: Ein »Wahnsinn« (1904/1905)

Die deutsche Unterstützung Russlands im Russisch-Japanischen Krieg, in dem es um die Vormachtstellung in Ostasien ging, beurteilte Christoph Blumhardt als »Wahnsinn«: »Ob 60.000 Mann in ein paar Tagen fort sind«, scheine keinen Menschen mehr zu kümmern. »Habt ihr schon daran gedacht, was das ist: 1.000 Mann schon auf einen Schlag tot?«[252] Die Selbstverständlichkeit, mit der in ganz Europa die Menge an Toten achselzuckend zur Kenntnis genommen werde, konnte Christoph Blumhardt nicht nachvollziehen: »Es ist merkwürdig, wie verborgen dieses große Elend liegen bleibt. Scherzend nimmt man Partei für Russland oder Japan und denkt nicht an die Massen, die hinausgestoßen werden aus dem Licht in die Finsternis des Todes.«[253] Blumhardt hoffte auf eine neue Entwicklung, auch wenn Europa dabei »gedemütigt« würde.

Die Flottengesetze der deutschen Reichsregierung, die massive deutsche Aufrüstung auf den Meeren, die Anlage von Flottenstützpunkten sowie den sich unter Kaiser Wilhelm II. ausbreitenden »Geist des Militarismus« verurteilte Blumhardt in diesen Jahren scharf – das alles sei »ein Zeichen der Armut«.[254] Die »krampfhaften« Aufrüstungsversuche in ganz Europa, auch in England, das sich zunehmend mehr an Frankreich binde, seien das einzige, mit dem die Menschen meinten, noch überhaupt eine Rolle spielen zu können.

Es mehrten sich in den Folgejahren bei Christoph Blumhardt die Sorgen, dass ein Kriegsausbruch bevorstehen könnte, auch wenn er immer noch hoffte, dass durch die Arbeit in den verschiedenen Gemeinschaften überall auf der Welt der Boden für ein kosmisches Friedensreich bereitet werde. »Die etwas misslichen Verhältnisse beim revolutionären Geist, der über die Bevölkerung ausgegossen ist, beschäftigen mich sehr, auch im Zusammenhang mit unseren europäischen Verhältnissen, dem Zusammenbruch der Türkei und der Gefahr, dass ganz Europa mobil machen könnte. Es sieht sehr gefährlich aus, und es wäre nicht abzusehen, was alles käme, wenn der Krieg losbräche.«[255]

Bad Boll als Ort des Friedens und der internationalen Verständigung: Entwicklungen nach 1903

Nachdem Christoph Blumhardt im September 1903 erkannt hatte, dass die Sozialdemokraten nicht diejenige Kraft darstellten, mit der das »Vorwärts« und ein »Zukunftsstaat« im Sinne des kommenden Reiches Gottes gelebt werden könne, konzentrierte er sich auf die Rolle international vernetzter, freier Gemeinschaften, zu denen er auch Bad Boll zählte. 1905 drückte Blumhardt es so aus: »Mir ist jetzt das Wichtigste die Unterhaltung und Hebung unseres Hauses. Es geht um Vermehrung der Möglichkeiten, welche es dem Geist Gottes erleichtern, etwas Wesentliches – ich möchte sagen: Leibliches – zu schaffen, damit größerer Entwicklung ein Boden geschaffen wird. Denn darin liegt das Geheimnis der Zukunft des Reiches Gottes; mit Ideen kann es nicht kommen, sondern mit Leiblichkeit in rechter Art.«[256]

Auch offiziell begründete er seine fehlende Bereitschaft, für die Landtagswahl zu kandidieren, mit den ökonomischen Herausforderungen, die sich im Kurhaus Bad Boll ergeben hatten. Durch sein verstärktes Engagement in Bad Boll stiegen die Besucherzahlen bald auch wieder deutlich an. Insbesondere nahm er mit dem Jahreswechsel 1903/1904 eine alte Tradition wieder verstärkt auf, der entsprechend Freunde, Gäste, Mitarbeiter und Interessierte des Kurhauses am Altjahresabend zu einem Mahl ins Kurhaus eingeladen wurden. Für den Jahreswechsel 1907/1908, zu dem auch Richard Wilhelm und seine Familie in Bad Boll zu Gast waren, lässt sich der Ablauf dieser Feier einigermaßen rekonstruieren:

»Man kann aber auch nichts Schöneres sehen, als diesen lichterfüllten Speisesaal von Bad Boll, dem am Sylvesterabend etwa 200 Personen zuströmen aus allen Schichten oder Gesellschaftskreisen. Um diesen Abend mitfeiern zu können, reisen viele Freunde Herrn Pfarrers nach Boll, und außerdem sind die Bewohner der umliegenden Häuser zu Tische geladen sowie alle Angestellten, Herrn Pfarrers seine Dienstboten, Knechte und Mägde; alle eilen herbei, beseelt von der Freude, sich hier einfinden und ihn vom lieben Gott reden hören zu dürfen. Sehr ergreifend ist es, wenn Herr Pfarrer zum Gesang auffordert und wenn von diesen vielen und vielerlei Menschen ein ›Ehre sei Gott‹ oder ›Lobe den Herren‹ in die Höhe steigt und die ganze Luft erfüllt. Nach Herrn Pfarrers Rede, die sich unmittelbar an das Abendessen anschließt [...], sprach einer der Freunde Herrn Pfarrers; weiter erzählte sein Schwiegersohn vom chinesischen Neujahrsfest und von seinen Erfahrungen in China. [...] Ehe es 12 schlägt, nimmt Herr Pfarrer nochmal das Wort[,] und damit schließt die schöne, einzigartige Feier.«[257] In einigen Jahren dieser Wirkungszeit wurde am Altjahresabend zusätzlich das Abendmahl gefeiert, um die (in diesem Bericht deutlich vernehmbare) Mischung aller Schichten und Stände zu unterstreichen.

Generell wurde in dieser Zeit unter den Gästen und Mitarbeitern die Entwicklung in China immer wieder thematisiert. Dazu trugen ein Mitteilungsblatt bzw. eine Zeitung bei, in denen Richard Wilhelm regelmäßig aus Tsingtau berichtete. Damit versuchte Christoph Blumhardt, die auf »das Ganze« ausgerichtete Rolle Bad Bolls und damit seinen universalen Ansatz zu unterstreichen.

Insbesondere während der Oster- und Pfingsttage war Bad Boll nach den vorliegenden Briefen vollständig belegt, so dass sich die ökonomische Situation des Kurhauses ständig verbesserte. In den Jahren 1910/1911 verging kaum eine Andacht, in der nicht die Rolle Bad Bolls im universalen Kontext zur Sprache kam. Spätestens zu diesem Zeitpunkt wurden wieder regelmäßig und konsequent Morgen- und Abendandachten im Speisesaal abgehalten, nachdem sie in der Zeit, in der Christoph Blumhardt sein Landtagsmandat wahrnahm, teilweise hatten ausgesetzt werden müssen.

Blumhardt konzentrierte sich nach 1903 also in einem steigenden Maße wieder auf die Rolle Bad Bolls als Ort der Verständigung, der internationalen Vernetzung und des Friedens.

Reisen in den Vorderen Orient (1905/1906)

Im Zeitraum zwischen Oktober und Dezember 1905 unternahm Christoph Blumhardt zusammen mit Anna von Sprewitz eine Reise nach Ägypten. Er traf in Assuan auf Missionare und hielt Vorträge; leider sind weder ihr Inhalt noch der Kreis der Zuhörenden dokumentiert worden. Lediglich Briefen an Richard Wilhelm und Hans Weber lässt sich entnehmen, dass und wie Blumhardt auf diese Weise Bekanntschaft mit der muslimisch geprägten Welt machte und ihre wachsende Rolle »ohne den Boden des Christentums« einzuschätzen lernte. Auch die ersten negativen Einflüsse durch einen wachsenden Tourismus in Oberägypten konnte Blumhardt schon vermerken: »Die Bevölkerung wird leider sehr verderbt durch die vielen Europäer.«[258]

Eine weitere Reise führte ihn – ebenfalls zusammen mit Anna von Sprewitz – Ende Oktober 1906 bis zum 14. Dezember 1906 nach Palästina. Ein ausführlicher Reisebericht in der Form von mehreren Briefen an Richard Wilhelm liegt vor. Ihm ist die tiefe Enttäuschung, die Palästina bei ihm hinterließ, immer noch sehr deutlich anzumerken: »Zu einer freudigen Gemeinschaft in der Erwartung des Reiches Gottes« kam es nicht: Nach Blumhardts Eindruck spielte in den christlich-diakonischen und -missionarischen Einrichtungen die »ganz hervorragende deutschnationale Gesinnung eine große Rolle, so dass ich den Eindruck hatte, dass weniger die Liebe Christi als das deutsch-nationale Bewusstsein die sonst üblichen Streitereien in Glaubenssachen überdecken hilft. Es ist eben auch hier so: Die Missionen sind ein Fremdkörper«.[259]

Nach der Palästina-Reise unternahm Christoph Blumhardt lediglich noch im Oktober 1910 zusammen mit Anna von Sprewitz eine Ägyptenreise, wobei sich Reiseroute, Ziele und Kontakte während der Reise nicht mehr nachvollziehen lassen. Insgesamt gesehen trugen diese Reisen mit dazu bei, Blumhardts internationale Perspektiven zu vertiefen. Die – seinem Urteil nach verhängnisvolle – Rolle der europäischen Missionsarbeit trat ihm dort vor Augen, aber auch die zunehmend stärker werdende Bedeutung der muslimisch geprägten Regionen.

Rückzug nach Jebenhausen (1907/1908)

Nach der Rückkehr aus Palästina erkrankte Christoph Blumhardt schwer: Er hatte sich in Palästina eine Malaria-Erkrankung zugezogen. Erst Mitte Mai 1907 konnte er wieder Andachten im Kurhaus übernehmen. Im August 1907 schloss sich eine Kur in Bad Wiesau an, nach deren Rückkehr er beschloss, nach Jeben-

24 Postkarte aus der Villa Wieseneck, 1. Juni 1917, an Eleonore Vopelius. Schriftzug Christoph Blumhardts: »Liebe Loni! Herzlichen Dank für deine Gabe zu m[einem] Geburtstag. Ich befinde mich wohl und wünsche [weiter auf der Rückseite] die Hilfe und Kraft zu weiterem Leben nach Gottes Willen. Deinem Sohn gleichsam viele Grüße und Dank. Gottes Heil komme uns bald! Dein Christoph Blumhardt«

hausen in die Villa Wieseneck zu ziehen. Anna von Sprewitz hatte nach dem plötzlichen Tod Luise von Oertzens dieses Haus zu günstigen Konditionen erworben und schon während der Kur Blumhardts in Bad Wiesau Umbaumaßnahmen in der Villa Wieseneck vornehmen lassen. Durch Gartenarbeiten versuchte sich Christoph Blumhardt von seiner Erkrankung zu erholen und Distanz von seinem Dienst im Kurhaus und der daraus sich für ihn ergebenen »Überanstrengung« zu gewinnen; lediglich zweimal pro Woche fuhr er nach Bad Boll. Erst 1910 konnte er seine theologische Arbeit dort wieder intensivieren.

Familiäre Veränderungen (1907 bis 1909)

Im Mai 1907 reiste Blumhardts Frau Emilie nach Neuseeland ab, um ihren Sohn Friedrich sowie ihre Schwester, die mit Blumhardts Bruder Nathanael verheiratet war, zu besuchen. Von dort sollte sie erst im Mai 1912 auf dem Weg über Tsingtau nach Deutschland zurückkehren. Eine Fülle von Briefen schrieb Christoph Blumhardt an seine Frau; in ihnen ließ er sie an seinen theologischen Entwicklungen Anteil haben. Umgekehrt erreichten Christoph Blumhardt stetig Briefe aus Neuseeland, so dass er die ökonomischen Entwicklungen seines Sohnes Friedrich, der dort eine Schafzucht aufgebaut hatte, zeitweise sehr kritisch begleiten konnte. Den Briefen lässt sich äußerlich nichts über eine Krise in der Ehe der Blumhardts entnehmen, jedoch sind die vielen Briefe von einer unübersehbar deutlichen Distanz zwischen Christoph und Emilie Blumhardt bestimmt. Die genaueren Umstände, die dazu geführt haben, lassen sich den Briefen nicht entnehmen, jedoch dürfte eher davon auszugehen sein, dass die fünf Jahre lang andauernde Reise Emilie Blumhardts ein Zeichen dafür war, dass es in der Ehe der Blumhardts kriselte.

Tragisch endete das Leben seines Sohnes Hermann, der als Kinderarzt tätig war, am 5. Oktober 1909: Er fand in seiner Wohnung in Wasseralfingen den Tod, nachdem während des Schlafs eine Lampe einen Zimmerbrand ausgelöst hatte. Christoph Blumhardt leitete die Trauerfeier mit einer eindrucksvoll persönlichen Begräbnisrede in Bad Boll am 8. Oktober 1909.

Leonhard Ragaz und der Fall Jatho (1911)

Neben Hermann Kutter gehörte Leonhard Ragaz durch seinen 1906 gehaltenen Vortrag »Das Evangelium und der soziale Kampf der Gegenwart« zu den Begründern des religiösen Sozialismus in der Schweiz. Schon 1910 hatte Christoph Blumhardt Kontakt mit Leonhard Ragaz aufgenommen, aber erst ein konkreter Anlass im Zusammenhang des Falls Jatho brachte beide Theologen zusammen: Der Kölner Pfarrer Carl Jatho sollte wegen umstrittener theologischer Aussagen zur Christologie des Amtes enthoben werden, wobei sich dies aus rechtlichen Gründen in der (alt)preußischen unierten Landeskirche äußerst schwierig gestaltete. Der Berliner Pfarrer Wilhelm Spiecker wollte deswegen im Kurhaus Bad Boll im Rahmen einer »Gasttagung« im Februar 1911 einen »Presseverein« gründen, um den liberalen Kräften innerhalb der Kirche den Kampf anzusagen und um damit auch die Amtsenthebung von Carl Jatho zu unterstützen. Christoph Blumhardt, der das Anliegen Spieckers durchschaute, untersagte die Durchführung dieser Zusammenkunft in Bad Boll.

Weil Leonhard Ragaz von Wilhelm Spiecker als Gewährsmann seines Unternehmens genannt worden war, nahm Christoph Blumhardt auch Kontakt zu dem bekannten religiösen Sozialisten in der Schweiz auf. Er äußerte sein Unverständnis über das Vorgehen Spieckers, um in diesem Zusammenhang auch eine Einladung an Leonhard Ragaz zum Besuch in Bad Boll auszusprechen. Zu einem solchen Besuch scheint es noch im Frühjahr 1911 gekommen zu sein. Da auch Leonhard Ragaz eine sehr kritische Stellungnahme zu Hermann Kutters »Sie müssen« verfasst hatte, verband beide Theologen schnell eine gemeinsame Position. Die entstehende Freundschaft sollte in den nächsten Jahren, nachdem der Erste Weltkrieg ausgebrochen war, an Bedeutung zunehmen.

Eine ausgezeichnete Managerin: Anna von Sprewitz (ab 1904)

Anna von Sprewitz (1847–1923) war die Tochter eines Anstaltsleiters aus Güstrow. Sie wuchs in einem pietistisch geprägten Elternhaus auf, das sehr enge Beziehungen zur Erweckungsbewegung pflegte. Sie ließ sich zur Diakonisse ausbilden, trennte sich dann jedoch vom Mutterhaus Güstrow, weil die dort herrschende Orthodoxie mit ihrer Auffassung vom Christentum nicht vereinbar war. Wegen eines schweren Lungenleidens begab sie sich schon in den 1880er Jahren mehrfach nach Bad Boll und lernte dort Christoph Blumhardt kennen und schätzen. Im Laufe der 1890er Jahre zog sie dann ganz nach Bad Boll und übernahm zunächst einmal die Leitung der Ökonomie nach der Auswanderung Nathanael Blumhardts nach Neuseeland. Mehr und mehr kümmerte sie sich in den 1900er Jahren um die wirtschaftlichen Belange des Kurhauses und nahm spätestens von 1904 an die Rolle der Hausmutter im Kurhaus ein. Nicht nachweisbar, aber sehr wahrscheinlich ist, dass mit der Neuaufstellung des Kurbetriebs nach Blumhardts Abkehr von den Sozialdemokraten auch Anna von Sprewitz mehr und mehr an Gewicht gewann.

Jedenfalls lobte Christoph Blumhardt schon im April 1904 in einem Brief an seine Tochter Salome die Manager-Qualitäten Anna von Sprewitz' aufs Höchste: Sie sei eine echte »Mutter« besonders für die weiblichen Bediensteten im Kurbetrieb geworden. Ihre Kritik an den Mitarbeitenden habe zwar etwas »Belehrendes«, aber nichts »Kommandierendes«.[260] Durch aufmerksames Begleiten in den verschiedenen Bereichen des Hauses habe sie sich fachlich bestens eingearbeitet, ohne dass sie in den Fehler verfallen sei, alles besser zu wissen. Die Mitarbeitenden sollten unter ihrer Leitung selbständig ihre Aufgaben wahrnehmen; »Schwester Anna sieht nur nach.« Auch die schwächsten Mitar-

25 Anna von Sprewitz, Aufnahme undatiert, vermutlich um das Jahr 1905 herum entstanden

beiter habe sie durch gezielte Förderung, so Blumhardt, zu den »treusten Dienern« gemacht, so dass alle Arbeit zur Freude und niemals zur Last werde. Es ist davon auszugehen, dass Christoph Blumhardt, der hier seine Mitarbeitenden im Kurhaus in ihrer Mitarbeit am Reich Gottes als »Diener« bezeichnen konnte, die sehr guten Manager-Leistungen seiner Geschäftsführerin Anna von Sprewitz gerade in einer Zeit, in der er Bad Boll zu einer besonderen Gemeinschaft entwickeln wollte, außerordentlich zu schätzen wusste. Die ökonomischen Leistungen des Kurhauses stiegen unter ihrer Geschäftsführung erheblich an; die Anzahl sowie die Zufriedenheit der Gäste wuchsen in den Jahren bis 1913 allem Anschein nach stetig. Zugleich verfügte Anna von Sprewitz über einen Leitungsstil, der dem Charakter der besonderen Einrichtung von Bad Boll entsprach: Nicht Herrschen und Kommandieren, sondern Motivieren und Fördern machten ihren Leitungsstil nach der Beurteilung Blumhardts aus. So ist es gut nachvollziehbar, dass Anna von Sprewitz zur besten Mitarbeiterin an seiner Seite wurde; ohne sie ließ sich das Friedens-Projekt Bad Boll nicht realisieren.

Ob aus der kollegialen Ebene eine weitergehende persönliche Beziehung zwischen Anna von Sprewitz und Christoph Blumhardt in einer Zeit wurde, als es nach der Auswanderung der Familie Nathanael Blumhardt nach Neuseeland in der Ehe Blumhardts kriselte, lässt sich aus den vorliegenden Dokumenten nicht erweisen, könnte jedoch der Fall gewesen sein. Es lässt sich allerdings nicht belegen – doch auch nicht das Gegenteil. Dass hinsichtlich der Art der Beziehung zwischen Anna von Sprewitz und Christoph Blumhardt unter den Gästen und Mitarbeitern im Kurhaus viel »gemunkelt« wurde, ist leicht nachvollziehbar – auch deswegen, weil das Ehepaar Blumhardt nach der Rückkehr Emilies aus Neuseeland und China nach Württemberg getrennt lebte – Christoph Blumhardt in Jebenhausen und Emilie Blumhardt in Bad Boll. Leonhard Ragaz hat in seiner Autobiographie Anna von Sprewitz als »starke Gefährtin und Gehilfin der letzten Periode Blumhardts« bezeichnet.[261]

Reich Gottes in Bad Boll: Gründung der Bad Boll GmbH (1913)

Von entscheidender Bedeutung für die weitere Entwicklung in Bad Boll ist dann der Vorgang, der für den Abschluss dieser Wirkungsphase Christoph Blumhardts steht: die Überführung des Kurhauses in eine Bad Boll GmbH mit Wirkung zum 1. Februar 1913. Notwendig wurde der Schritt dadurch, dass Christoph Blumhardt nach 1911 mehrfach stark erkrankte, an Diabetes litt und immer wieder von Herzattacken heimgesucht wurde. Hinzu kam, dass seine Frau Emilie nach vielen Jahren der Abwesenheit aus Neuseeland über Tsingtau kommend im Mai 1912 wieder nach Bad Boll zurückkehrte. Das bedeutete nicht nur, dass Christoph Blumhardt dort bauliche Veränderungen vornehmen musste, sondern auch ausreichende Pensionsleistungen für sich und für seine von ihm fortan getrennt lebende Frau benötigte. In einem Brief an seinen Bruder Theophil wurde Christoph Blumhardt konkret: »Außer Preiswerk sind Eduard Vopelius, Frau Bauzenberger und Fräulein Ernst beteiligt. Ich habe die Kaufsumme auf 350.000 Mark festgelegt, so dass jedes meiner Kinder 30.000 Mark und meine Frau 50.000 Mark gut haben. Ich selbst beanspruche nichts, behalte aber das Umtriebskapital, das mir schon 3.000 Mark Zinsen bringt. Und ich hoffe, damit auszukommen. […] Der geistige Präsident bleibe ich selbstverständlich, solange ich lebe und Kraft habe.«[262] Die Kaufsumme von 350.000 Mark war wie folgt zu erbringen: Pfarrer Preiswerk sollte innerhalb von zehn Jahren 80.000 Mark sowie Eduard Vopelius im gleichen Zeitraum 50.000 Mark entrichten. Spätestens ein Jahr nach dem Tod von Anna Bauzenberger sollte die Summe von 200.000 Mark sowie nach dem Tod von Lina Ernst 20.000 Mark gezahlt werden. Da die Kaufsumme bei den Gesellschaftern nicht vorhanden war, wurde im Kaufvertrag zugleich eine Verzinsung von 80.000 Mark mit 4 % sowie von 270.000 Mark mit 2 % vorgesehen. Die von Blumhardt erwähnten »3.000 Mark Zinsen« ergeben sich aus der mit Pfarrer Preiswerk erwähnten Kaufsumme von 80.000 Mark, die innerhalb von zehn Jahren zu zahlen war. Zur Einordnung dieser Summe ist folgendes bedeutsam: Ein Arbeiter verdiente um 1910 herum durchschnittlich jährlich 1.000 Mark. Damit ist davon auszugehen, dass Christoph Blumhardt für sich einen gehobenen Lebensstandard beanspruchte. Dies betraf auch seine Familie, denn für Emilie Blumhardt wurde im Kaufvertrag vereinbart, dass ihr neben einer »standesgemäßen freien Wohnung« eine jährliche Rente von 2.000 Mark zustehen sollte. Ebenfalls wurde die Tochter Dorothee mit einer jährlichen Rente von 1.600 Mark sowie mit Erziehungsgeldern für ihre Kinder »nach Übereinkunft und freiem Ermessen« bedacht. Sollten die Erziehungsgelder wegfallen und Mittel frei werden, sollten diese an die anderen neun Kinder der Familie Blumhardt fließen. Diese Summen verdeutlichen noch einmal mehr den gehobenen Lebensstandard, der von Blumhardt für sich und seine Familie beansprucht wurde.

Die Vorbereitungen zur Übergabe der Leitung des Kurhauses lassen sich aus den vorliegenden Dokumenten leider nicht mehr ausreichend rekonstruieren, jedoch müssen die Pläne kurzfristig Anfang Januar 1913 konkrete Gestalt angenommen haben, da Christoph Blumhardt zu dieser Zeit mehrfach in seinen Andachten Andeutungen über bevorstehende Veränderungen in Bad Boll gemacht hat: In einem Gespräch am 16. Januar 1913 betonte er: »Hier im Haus kommen immer Veränderungen, Neuerungen. Aber das muss sein; der rechte Geist bleibt.«[263] Die Trennung von seiner Person sei nötig, damit »das Göttliche«, das ja »die Hauptsache« sei, wahrhaft leben könne.

Erst in der Abendandacht am 1. Februar 1913 informierte Christoph Blumhardt Gäste und Mitarbeitende über den eingetretenen Wechsel in Bad Boll umfassend: »Alle meine Freunde und meine Hausgenossen müssen ja teilnehmen an dem, was sich hier begibt. Und nun begibt sich wieder etwas Außerordentliches. Schon seit längerer Zeit bin ich innerlich bewegt durch allerlei Umstände, die mir ein Fingerzeig Gottes waren. Dazu gehört auch Krankheit von mir und der Schwester Anna, so dass wir nicht mehr in der gleichen Weise wie früher die Hauseltern sein und jeden Einzelnen anschauen konnten.«[264] Die eigene Person müsse deswegen zurücktreten, wie Blumhardt mehrfach betonte. Der Züricher Pfarrer Samuel Preiswerk werde zusammen mit seiner Frau die Rolle der Hauseltern übernehmen. Blumhardt führte weiter aus, dass er weiter in Bad Boll ein- und ausgehen wolle, um Reden und Andachten zu halten; der Charakter des Hauses solle nicht verlorengehen. Bad Boll lebe in

»der Erwartung des Reiches Gottes«; es sei ein Ort, an dem die Erde zum Himmel wird. Aber nicht die lokale Beschränktheit stand für ihn im Vordergrund, sondern die universale Dimension dieses Ortes: »Und dieses Zion soll die Zeichen der Hoffnung nicht nur für sich selbst, sondern für die ganze Welt in die Höhe halten; es soll treu bleiben bis ans Ende.«[265] Bad Boll als ein »Zion« sei darin Teil eines weltweiten Geflechts freier Gemeinschaften, wie Blumhardt weiter ausführte: »Das Große im Reich Gottes besteht ja immer in dem, dass es die ganze Welt angeht und den Einzelnen.«[266] In einer Welt, in der Krieg geführt werde, müsse es immer wieder Orte des Lichtes geben. »So stehen wir hier in Bad Boll immer mit dem Blick aufs Ganze; und je mehr wir aufs Ganze blicken, umso mehr wird unser Herz stark werden.«[267]

Mit der Übergabe von Bad Boll in einen Kreis von Gesellschaftern wird also noch einmal erkennbar, was Blumhardts Wirken in dieser Phase auszeichnete: Er verstand diesen Ort mit seiner Gemeinschaft, seiner Ökonomie und seiner Spiritualität als einen Ort des universal bedeutsamen Gesellschaftswandels, als eine Kraft im Geflecht weltweit existierender Orte, von dem auch politische Transformationen ausgehen.

Theologische Wegmarken

Bad Boll als Gemeinschaft des Friedens

Christoph Blumhardt hatte sich nach 1904 weitgehend aus den öffentlichen Debatten seiner Zeit als aktiver Redner zurückgezogen. Das heißt jedoch nicht, dass er sich von den politischen Herausforderungen seiner Zeit verabschiedet hätte – im Gegenteil: In unverminderter Deutlichkeit nahm er politisch Stellung. In diesem Zusammenhang spielte die Gemeinschaft in Bad Boll, die international vernetzt war, in den Jahren nach 1903 für ihn eine entscheidende Rolle: »Die Gerechtigkeit Gottes muss uns einhüllen; mit der wollen wir fortarbeiten und leben und hinauswirken in die Welt. Und mögen viele andere Gemeinschaften an Jesus Christus glauben, dass die Gerechtigkeit herunter gezogen wird von den Himmeln, was uns das größte Bedürfnis ist, die Gerechtigkeit Gottes auf Erden wohnend werde!«[268] Christoph Blumhardt geht davon aus, dass die spezifische Lebensweise in Bad Boll nicht auf den konkreten Ort begrenzt bleibt, sondern in Verbundenheit mit anderen Gemeinschaften dieser Art auf die gesamte Welt ausstrahlt.

In einer kaum zu überblickenden Anzahl von Andachten, Reden und Briefen hat er die spezifische Situation der Gemeinschaft in Bad Boll reflektiert: Er verstand sie als einen geradezu mythischen Ort, von dem »Gutes« und »Großes« ausging.

Das »Große« bestand nach Blumhardts Einschätzung zunächst einmal darin, dass die Gemeinschaft in Bad Boll durch keine äußeren Bekenntnisse zusammengehalten wurde: »Komme zu uns, wer wolle, ein Zwang, eine Regel, ein Glaubensbekenntnis, eine Weltanschauung verbinden uns nicht. Da kann jeder denken, was er will, wissenschaftliche Gedanken, politische Gedanken, naturwissenschaftliche Gedanken, wirtschaftliche Gedanken, theologische Gedanken. Jeder kann denken, was er will. In den Sachen vereinigen wir uns nicht. Aber auch radikal aus ist es mit dem!«[269] Die gelebte Freiheit der Anschauung, der inneren Bindung oder des Bekenntnisses war es, die die Gemeinschaft in Bad Boll auszeichnen sollte. Dies sollte nach Christoph Blumhardts Überzeugung so weit gehen, dass auch Atheisten Teil dieser Gemeinschaft sein könnten, die das »Vorwärts« hin zum »Zukunftsstaat« lebten. Die Berufszugehörigkeit, aber auch die Parteizugehörigkeit spielte in der spezifischen Gemeinschaft Bad Bolls keine Rolle. Damit sollte sich eine Lebensart vollziehen, die Teil der kommenden neuen Welt und neuen Zeit sein würde. »Wenn wir ganz still scheinbar hier in unserem Bad Boll leben, dann sind wir nicht umsonst da; das wirkt mehr als wenn wir Bücher schreiben würden, in welchen wir Gedanken in beschränkte Worte bringen; das wirkt mehr in die Ferne hinaus, überall hin, wo unsere Gedanken hingehen.«[270]

Die Verbindung dieser Gemeinschaft mit vielen »Tausenden« anderer Gemeinschaften »in Amerika oder Afrika oder Asien oder sonst wo« sah Blumhardt als entscheidend an. Konkret gelebt wurde sie in Bad Boll in diesen Jahren durch den intensiven Kontakt mit der Missionsarbeit in Tsingtau. Christoph Blumhardt war davon überzeugt, dass die freie Lebensweise dieser weltweit existierenden Gemeinschaften, die sich von allen äußerlichen Formen und Anbiederungen verabschiedeten, zur besseren Entwicklung der zusammengehörigen Menschheit einen wesentlichen Beitrag zu leisten vermochten. In der Grenzenlosigkeit der Bad Boller Gemeinschaft ereignete sich für ihn das Konkret-Werden des kosmischen Friedensreiches: »Wir wollen eine Gemeinschaft dieses Friedens sein, und von uns soll man nicht hören klagen und murren, verdammen und richten. […] Durch die Vergebung wird die Welt anders und durch nichts anderes; denn damit tragen wir eine Macht, die dem Guten den Weg bereitet.«[271]

Nicht nur das freie Zusammenleben mit Gästen jedweder Herkunft sollte in neuer Gestalt Form finden, sondern auch die Lebensweise unter den Mitarbeitenden des Kurhauses. Deswegen sollten in Bad Boll die »Herrschaftsverwirrungen, die das äußere Regieren bringt«, abgeschafft werden. In der Führung des Hauses sollte das »Kommandieren« nicht mehr gepflegt werden.[272] Im Gegensatz zur Zeit seines Vaters handelte es sich nach Christoph Blumhardts Vorstellung »darum, dass wir das Beispiel geben, wie man Frieden untereinander haben kann, auch wenn man verschiedene Gedanken hat darüber, wie man das Reich Gottes in sich hat.« In der Bad Boller Gemeinschaft als einer Gemeinschaft aus freien und deswegen in Pflichterfüllung miteinander verbundenen Menschen sollte das »Vorwärts« gelebt, erhofft und zur Sprache gebracht werden.

Menschheitsbildung im globalen Kontext

Im Zusammenhang mit dieser dann doch überraschenden Ortsbestimmung der Gemeinschaft in Bad Boll steht, dass Christoph Blumhardt in dieser Phase seines Wirkens das Globale, die zusammenwachsende Weltgemeinschaft und das Ganze der Menschheit sehr intensiv wahrnahm und auch theologisch reflektierte: »Der versöhnliche Geist Gottes wird auch die ganze Welt einmal bekehren, wird einmal das Licht geben, das alle Menschen erleuchten soll.«[273] Auch wenn das Zusammenwachsen der Menschheit eine in der Zukunft noch ausstehende Entwicklung darstelle, auf die Blumhardt mit der Gemeinschaft in Bad Boll zuzugehen versuchte, so sah er doch schon in der Gegenwart genügend Anzeichen dafür, dass die gesamte Menschheit im Begriff stehe, sich als ein Volk zu verstehen. »Heute haben wir das Bewusstsein nicht: Wir sind Deutsche oder Franzosen oder Engländer oder Juden; wir haben das Bewusstsein: Wir gehören zu den Menschen. Die Menschheit ist heute ein Volk; und wenn wir dem lieben Gott Knechte sind, dann dürfen wir zum Bund werden in der Menschheit. Es hat eine Bedeutung heute nicht für ein kleines Volk, für eine kleine Gesellschaft, für eine begrenzte Kirche oder Gemeinschaft; heute geht es weiter, heute darf sich unser Geist ausdehnen; er darf in der Hoffnung stehen: ›Gott wird sich aller Menschen annehmen.‹«[274]

Deswegen müsse das »Frommsein« der Menschen heute nach dem Urteil Blumhardts jenseits aller Konfessionen, Gesellschaften und Institutionen gesucht werden. Es bestehe in der Weltwahrnehmung, der Menschheitsbildung oder in der Achtung der lokalen Identitäten. »Es muss wohl heute viel Wahrheit auch aus nicht christlichen Völkern offenbar werden, damit man sehe, wie Gott von jeher über unsere engen Grenzen hinaus zu allen Zeiten Gutes und Wahrheit schaffen wollte, wo es irgend ging.«[275] Blumhardt sprach in diesem Zusammenhang in einem wachsenden Maße von einem »anonymen Christentum«, von einem verborgenen Wirken des göttlichen Geistes in der Weltgeschichte, das selbst unter den »Heiden« seine Wirksamkeit zeige. Es gehöre (so Blumhardt) zu den schönsten Erfahrungen des Christen, dass er die Fortschritte sehe, welche die Kraft Gottes unter den Menschen bewirke. »Das Christentum steht freilich vielfach nicht in der Kraft Gottes, bloß in menschlichen Gedanken und Bestrebungen, aber neben diesem Christentum, das menschlich geworden ist, schafft doch ganz im Stillen die Kraft Gottes weiter.«[276]

Der Fortschritt des Geistes, die Weiterentwicklung der Weltgeschichte, das »Vorwärts« des Evangeliums waren für Christoph Blumhardt gerade im Zusammenwachsen der Weltgemeinschaft, in einer nichtkonfessionellen Betrachtung sowie in der Achtung der Menschen und ihrer Rechte fassbar geworden.

Dass der Mensch den anderen als Menschen ansehen, beurteilen und achten könne, war für ihn gleichsam zur Religion der Moderne geworden. Darin könnten Menschen einstimmen, die christlich geprägt worden seien, aber auch Menschen anderer oder gar keiner explizit religiösen Prägung. »Religiös Gerichtete« seien heute nicht mehr von tragender Bedeutung, sondern es heiße einfach nur kurz: »Ihr Menschen«.[277]

Die politische Dimension einer solchen Anschauung ist leicht erkennbar: »Christliche Bildung, die sich bis jetzt bloß in Kriegen und Kriegsgeschrei groß gemacht hat gegen andere Völker, die auch im Richten und Verdammen groß geworden ist, das ist keine Bildung. Eine solche Bildung kann jeder Heide haben. Aber das ist Bildung, dass wir sagen: Wir Menschen alle, die schwarzen, die gelben, die braunen und die weißen, wir Menschen alle, die Katholiken und die Protestanten, die Inder und die Chinesen mit ihren Religionen, wir Menschen alle sind die Herde auf der Weide Gottes.«[278] Jede abgrenzende Politik, jeder Protektionismus und Nationalismus, jede an nationalen Eigeninteressen orientierte Kriegspolitik, besonders aber der koloniale Imperialismus werden von Christoph Blumhardt in aller Schärfe zurückgewiesen.

Krieg: Nein!

Wie schon auch in den zurückliegenden Phasen seines Wirkens hat Christoph Blumhardt auch in dieser Zeit außerordentlich pointiert betont, dass die umfassende Friedensbotschaft das Spezifische ist, das Jesus Christus in die Welt gebracht hat. »Ich möchte sagen, es ist diese Versöhnung das eigentlich Neue in dem, was wir von Gott erkennen durch Jesum Christum, und es muss bleiben. Das muss nach allen Seiten hier seine Geltung bekommen, in dir und anderen, in dir so, dass du es auch für andere glauben kannst, in dir so, dass du ein glückliches Menschenkind sein kannst trotz der Vorwürfe, die du dir oft machen musst.«[279]

Dieser »Mittelpunkt des Glaubens« sei allerdings nicht nur etwas, was den einzelnen Menschen zum glücklichen Menschenkind mache, sondern was auch enorme gesellschaftspolitische Auswirkungen habe. Christoph Blumhardt blieb auch in dieser Phase seines Wirkens bzw. wurde erst recht unter der voranschreitenden Militarisierung im späten Kaiserreich zum Pazifisten. Den Krieg lehnte er als Mittel zur Bewältigung von Konflikten radikal ab: »Da haben sie jetzt Händel zwischen Frankreich und Deutschland, und alle haben Angst. Manche meinen, wenn es Krieg gäbe, dann käme wieder ein Heldengeschlecht auf; manche meinen, wenn es Krieg gäbe, gehe alles zugrund[e]. Aber beide sollen still sein! Ich sage: Blutvergießen ist heute nicht eine Eigenschaft der Gerechtigkeit Gottes; da kann man fest hinstehen. Und wenn alle Kaiser und Könige Krieg wollen: Nein! Um der Gerechtigkeit Gottes willen, an die ich glaube, um Jesu Christi willen, durch den die Gerechtigkeit auf uns kommen soll, protestiere ich gegen alles, was dieser Gerechtigkeit entgegentreten will.«[280] Mehr noch: Blumhardt konnte darin ebenfalls einen Fortschritt der zusammenwachsenden Menschheit erkennen, dass Völker nicht mehr vom Krieg leben könnten, und er konnte das Opfern von Millionen von Menschen als nicht mehr denkbar bezeichnen. Zwei Jahre vor Ausbruch des Ersten Weltkrieges vermochte er zu formulieren: »Wer will sich schon der Menschenliebe entziehen? Wer will so grausam sein wie in den letzten Jahrhunderten? Wer will den Menschen das Recht des Lebens nehmen? Man kann es nicht mehr. Wir können uns nicht mehr den Krieg wünschen. Wir können keine Millionen Menschen mehr opfern für eine Idee. Es geht nicht mehr. Wer will heute anders denken? Wir stehen jetzt schon in einer Blüte des Reiches Gottes. Wir sehen heute schon ein Gewordensein. Jetzt erst recht vorwärts, bis das Vollendete gekommen ist.«[281]

Mit dieser Prophezeiung sollte sich Christoph Blumhardt gewaltig getäuscht haben. Nicht jedoch getäuscht hat er sich mit dem Urteil, die Beachtung der Würde eines jeden menschlichen Lebens sowie der Menschenrechte als Voraussetzung für eine friedliche Entwicklung der zusammenwachsenden Menschheit in den Mittelpunkt zu rücken. »Man muss für die Menschen sorgen, man muss die Menschen achten, man muss das Leben der Menschen schützen lernen. [...] Es müssen heute auch die Völker empfänglich sein für den Willen Gottes des Friedens, und der Wille Gottes der Eintracht und der Wille Gottes der Liebe für das menschliche Wesen dringt durch alle Völker und unter alle Menschen.«[282]

Der rechte Mensch als Erscheinung der zukünftigen Religion

Blumhardts Kritik am konfessionellen Christentum hat in dieser Phase seines Wirkens nicht abgenommen und ist auch nicht durch eine altersmilde Stimmung gegenüber »seiner« Kirche abgelöst worden – im Gegenteil. Das Christentum galt ihm lediglich als ein zu überwindender Teil der Weltgeschichte, nicht jedoch als ein Teil der nach vorne verweisenden Reich-Gottes-Bewegung. Für ein »Vorwärts« – einer der auch in dieser Phase entscheidenden Leitbegriffe, der deutlich an sein sozialdemokratisches Engagement anschloss – standen die Kirchen wie auch die national abgeschotteten Staatengebilde nach seiner Wahrnehmung in keiner Weise ein. An die Stelle der konfessionellen Kirchen trat bei Blumhardt die Menschheitsliebe: »Das ist meine Freude, das[s] ich [...] hier im stillen, kleinen Kreise etwas erleben darf; denn alles, was trennen will an Unterschieden in Stellung und Beruf schon auf irdischem Boden, hört auf, und wie man auf religiösem Gebiete auch nicht mehr nach Confessionen oder Nationen fragt, sondern einfach als Mensch zum Menschen verkehrt. […] Auch die in Neuseeland und China und wo sie sonst seien, gehören dazu, soweit sie nur wollen[,] und so dürfen auch Familienglieder einen festen Kern bilden, auf dem sich Weiteres aufbauen lässt zum Kommen des Reiches Gottes.«[283]

Religionen in der Form von Gemeinschaften, die auf Trennungen bedacht sind, beurteilte Christoph Blumhardt hingegen als minderwertig und überflüssig für eine neue, zukunftsfähige Gesellschaft, die dem Kommen Gottes den Weg bereite. Allein von Bedeutung seien Menschen, die vom Geist Gottes bewegt würden. Konfessionen hemmten nur den Fortschritt der Menschheit hin zur Weltversöhnung und Weltvollendung. »Jede einzige Kirche und Sekte hat nichts Eifrigeres zu tun, als zu beten: ›Ach, hilf doch uns und ja nicht den Anderen!‹, wobei sie nicht bedenken, dass die anderen geradeso das Recht haben wie sie. Aber wenn jeder nur für das Seine betet, so ist es doch eine üble Sache, so geht es bis aufs Letzte hinaus, dass man das Evangelium schließlich auf das konzentriert, dass eben nur ich selig werde, wenn ich einmal sterbe.«[284] In diesem Sinne verstand Blumhardt Christen nur als voneinander separierte Menschen, die zum Reich Gottes nichts beitragen.

Von einer positiven Bewertung der Kirchen und des Christentums kann also auch in dieser Phase keine Rede sein. In diesen Kontext ist auch seine nach wie vor deutlich werdende und sich nur noch weiter verschärfende Kritik an der üblichen Missionstätigkeit einzuordnen. Jedem Versuch, das »Bekehren« zum Inbegriff der Missionstätigkeit zu machen, wird von Christoph Blumhardt eine schroffe Absage erteilt. Den Taufbefehl aus dem Matthäus-Evangelium verwandelte Blumhardt deswegen in die Aufforderung, die Umgebung mit dem Geist der Menschlichkeit zu beleben: »So oft du liebst, so oft du vergibst, so oft du

Rücksicht hast, so oft du lieber der Geschlagene sein willst, als dass du auf einen anderen drückst, hast du ein Wort Jesu Christi in die Menschheit getragen. Hast du es hinein getragen, dann kannst du auch sagen: So, jetzt halte es, was ich euch gegeben habe.«[285] Pointiert konnte er sagen: »Nicht mehr der Christ oder der Mohammedaner oder Buddhist, sondern der rechte Mensch wird die Erscheinung der zukünftigen Religion sein. Gedanken aber mögen sich die Menschen machen, welche sie wollen, das hindert nichts an der großen Entwicklung der Völker zu einer einheitlich strebenden, höhere Ziele verfolgenden Menschheit, wobei das Schwache und Unvollkommene geschont und erhalten wird zu neuer Entwicklung. So läuft's, glaube ich, geradeaus auf breiter Basis, damit die ›Fülle der Heiden‹ eingehe.«[286]

KAPITEL 6

Die Welt des Krieges überwinden!

(März 1913 bis August 1919)

Biographische Stationen

Leonhard Ragaz und der Pazifismus zu Beginn des Ersten Weltkrieges (1914/1915)

Leonhard Ragaz, neben Hermann Kutter der Begründer des religiösen Sozialismus in der Schweiz, hatte Christoph Blumhardt in den frühen 1910er Jahren durch den Fall Jatho kennen und schätzen gelernt. Mit Beginn des Ersten Weltkrieges nahm der Kontakt zwischen beiden Theologen an Bedeutung zu, da beide zur pazifistischen Bewegung gehörten, wenn auch zu sehr unterschiedlichen Flügeln des Pazifismus. Die Auseinandersetzung zwischen Blumhardt und Leonhard Ragaz in der Beurteilung des Ersten Weltkrieges ist außerordentlich interessant, da sie Christoph Blumhardt als Pazifisten in einer spezifischen Ausrichtung sichtbar werden lässt.

Leonhard Ragaz fühlte sich Christoph Blumhardt aufs engste verbunden: Er sprach ihn in seinen Briefen mit »Hochverehrter Meister!« an und bemühte sich in seinem Briefwechsel mit Karl Barth immer wieder um eine korrekte Darstellung der Position Blumhardts. Schon eine Woche nach Beginn des Ersten Weltkrieges versuchte Leonhard Ragaz, unter kirchlichen Vertretern des Protestantismus einen großen internationalen Friedenskongress zu initiieren. Er sollte die Aufgabe haben, »zu einem großen, zähen Feldzug für den Frieden, für eine Verständigung, für eine Sammlung aller guten und heiligen Kräfte« zu sorgen. Zugleich sollte er einen Anstoß für das »Werk des Neubaus« geben. Leonhard Ragaz versuchte so die »religiös-sozial Gesinnten« auf internationaler Ebene zu mobilisieren, um sie für einen Protest gegen den Krieg zu gewinnen. Über Eugen

Jäckh, der zeitweise 1912 Christoph Blumhardt in einer Phase der Erkrankung in Bad Boll unterstützt hatte und zu Beginn des Ersten Weltkrieges mit Leonhard Ragaz sowie mit Howard Eugster-Züst im engen Kontakt stand, erreichte diese Einladung auch Christoph Blumhardt.

Auch wenn die Briefe zwischen Leonhard Ragaz und Christoph Blumhardt aus den Jahren 1914 und 1915 nicht mehr erhalten geblieben sind, hat als sicher zu gelten, dass Christoph Blumhardt das Anliegen eines »großen, zähen Feldzugs für den Frieden« nicht unterstützte. Ein Brief Blumhardts an den Baseler Pfarrer Adolf Preiswerk, der Anfang 1915 verfasst wurde, gewährt einen interessanten Einblick in Blumhardts Positionierung: Er wisse sich einig mit Leonhard Ragaz darin, dass das Christentum zu einem »Kulturteil« geworden sei und deswegen seine »Kraft zum Protestieren« verloren habe. Er wünschte sich »sehnlichst« ein »energisches Christentum«, das den Protest gegen die Kriegswelt aufnehme. Nur: Christoph Blumhardt wünschte es zunächst »im Geiste«, nicht in »äußeren Werken«. »Ein tolstojscher Standpunkt kommt mir sehr äußerlich und wenig versprechend vor. […] Der Mensch der Sünde kann nicht verborgen bleiben; er muss heraus und sein Werk treiben, damit er gerichtet werde und zu Fall komme.«[287] Die friedensethischen Beiträge in der von Leonhard Ragaz herausgegebenen Reihe der »Neuen Wege« würden nicht genügend zum Ausdruck bringen, dass nur Gott den Gegensatz gegen die heutige Welt und den Krieg schaffen und zu Kraft werden lassen könne. Es sähe in allen friedensethischen Beiträgen der Kirchen und der Theologen immer so aus, als ob die Menschen durch Reden und Protestieren etwas gegen den Krieg ausrichten könnten, ohne dass dabei von Gottes Macht und Recht die Rede ist. »Heute aber stehen wir unter einem Gesetz Gottes, der der Sünde den Weg lässt, dass sie gerichtet wird, und da müssen wir still sein und umso energischer im Geist auf die neue Zeit hoffen, da Gott zu seinem Recht kommen will.« Jede aktive Friedensbewegung – und hier bezog sich Christoph Blumhardt wesentlich auf die Initiative von Leonhard Ragaz – basiere doch nur auf »Tun und Streben« der Menschen, die dem Gesetz der Sünde unterstehen und damit lediglich »Kinder unserer Zeit« sind. »So bleibe ich still auf die Gefahr hin, dass auch das Leben in Bad Boll behaglich zu werden scheint. Ich sehe die Gefahr wohl; aber die Gefahr durch irgendein gemachtes Leben in allerlei Vorgreifen scheint mir größer.«[288]

Dies bedeutete jedoch für Christoph Blumhardt keineswegs, dem Kriegstreiben beliebig gegenüberzustehen: Innerhalb des Christenwesens müsse eine »Energie« und eine »Gemeinschaft« entstehen, »die von selbst in Kampf kommt« und eine »Art Gegensatz und Revolution gegen das Weltwesen« sei. Christoph Blumhardt setzte damit nicht auf einen Appell an die menschliche Kraft und Einsicht, sondern allein auf das Wirken Gottes. Die Menschen seien nur Kinder ihrer Zeit, und deswegen könne der anzustrebende Friede nur Menschenwerk sein. Damit sei er aber außerordentlich fragil und vorläufig. Die Vision eines kosmischen Friedensreiches, in dem Gott zur Welt kommt, bestimmt auch in diesen letzten Jahren seines Wirkens seine Theologie, seine Andachten und sein Reden.

Wie und wo Christoph Blumhardt als theologisch motivierter Pazifist Ansätze für die »Energie« und »Gemeinschaft« zur Überwindung des Krieges finden konnte, wird sich im weiteren Verlauf dieses Abschnitts zeigen, wenn Blumhardts Andachten ins Gespräch gebracht werden, denn fast jede seiner Andachten weist einen Bezug zum Kriegsgeschehen aus. In den bisher veröffentlichten Andachtsfragmenten der späten Jahre Blumhardts ist dies leider nicht erkennbar: Blumhardts jüngste Tochter Gottliebin, die nach dem Tod Blumhardts sein Archiv akribisch ordnete, hatte Abschnitte, die sich mit dem Krieg befassten, als »zeitgebunden« markiert und gestrichen. Diese Streichungen gingen dann leider auch in die Wiedergabe der von Johannes Harder besorgten dreibändigen Reihe ein.

Der Erste Weltkrieg beschäftigte, soviel lässt sich schon jetzt sagen, Christoph Blumhardt aufs äußerste, vor allem aber auch die Haltung seiner Kirche und ihrer Pfarrer zum Krieg. In einem Brief an den befreundeten Schweizer Arzt Paul Wiesmann im Heinrichsbad schrieb Christoph Blumhardt zeitgleich zum Brief an Adolf Preiswerk: »Ich leide natürlich noch sehr unter den Ereignissen, die so viel Not und Tod bringen. Im Ganzen sehe ich diese Not der Völker als einen Vorgang an, der zum Reich Gottes gehört. Die Trübsal muss vorausgehen und dann mag es leicht werden. Aber ohne besonderes Zutun Gottes durch seinen Geist, der den Kriegsgeist drücken muss, ist zunächst nicht viel zu erwarten. Es offenbart sich der ›Mensch‹, wie er ist und dieser hat sein Wohlgefallen am Losschlagen und der damit verbundenen Aufregung. Dabei geschieht viel Arges.«[289]

Begleitung des Neffen Benjamin Blumhardt (1915/1916)

Benjamin Blumhardt, einer der Söhne des Bruders Theophil Blumhardt, stand schon seit Jahren immer wieder im Zentrum der Sorge Christoph Blumhardts, wie die vielen erhaltenen Briefe zeigen: Nachdem er den jungen Theologen 1902 nach Tsingtau gesandt hatte, Benjamin Blumhardt jedoch unter den Belastungen nervlich zusammenbrach und 1905 nach Deutschland zurückkehrte, kündigte ihm der Berliner Missionsverein. Christoph Blumhardt sandte ihn auf seine Kosten nach Tsingtau zur Unterstützung seines Schwiegersohnes Richard Wilhelm jedoch zurück: Ab 1907 leitete er die Missionsstation in Kaumi und unterrichtete dort an der Kreisschule – auch für Salome Wilhelm, die 1911 zur Kur nach Deutschland gereist war. Am 6.

April 1913 reiste er endgültig über Sibirien wieder nach Deutschland zurück, um als Gemeindepfarrer in Württemberg tätig zu werden.

Christoph Blumhardt begleitete Benjamin Blumhardt in dieser Zeit ständig durch Briefe und Gespräche. Die im Familienarchiv vorhandenen Briefe lassen erahnen, in welch intensiver Art und Weise Christoph Blumhardt seinem Neffen verbunden war, um ihn zu fördern, zu unterstützen und auch zu korrigieren. Benjamin Blumhardt scheint depressiv und antriebslos gewesen zu sein, so dass Christoph Blumhardt ihn seelsorgerlich zu ermutigen suchte: »Du musst nicht sagen, dein Leben habe keinen Sinn und Wert. Auch in Krankheit liegt ein Sinn, und das Leben hat einen Kämpferwert im Ausharren bis ans Ende. So bleibe getrost! Sollst du gesund werden, so kommt das nun selbst und still. Das ist verborgen bei Gott selbst.«[290]

Der tragische Fall der jungen Chinesin Ding Tschun-Hiang (1916)

Die junge Chinesin, die »Almuth« genannt wurde, war zusammen mit Salome Wilhelm 1911 während ihres Kuraufenthaltes vom 2. Februar bis 9. November 1911 nach Bad Boll gekommen und blieb in Deutschland, als Salome Wilhelm wieder nach Tsingtau zurückkehrte. Ding Tschin-Hiang sollte in Deutschland eine umfassende Bildung erlangen und wurde zugleich im alltäglichen Betrieb des Mädchen-Internats in Eckwälden eingebunden. Während des Ersten Weltkriegs nahm sich die erst 18 Jahre alte Chinesin im November 1916 aus Heimweh und zugleich äußerst bedrückt durch die Bedingungen des Krieges selbst das Leben. Sie wurde auf dem Friedhof von Bad Boll beigesetzt.

26 Stiftung Wieseneck. Anna von Sprewitz und Christoph Blumhardt zwischen spielenden Kindern

Gottliebin Blumhardt, so lässt sich aus den Briefen indirekt erschließen, bedrängte dieser Selbstmord sehr und sie wurde vermutlich von Selbstvorwürfen geplagt. Christoph Blumhardt jedenfalls nahm dies zum Anlass, seine jüngste Tochter in seiner typischen seelsorgerlichen Art und Weise zu begleiten. »Dass Du Dir Vorwürfe machen wollest wegen des Sterbens der Tsun Hiang, ist umsonst. Solches ist ja in der Führung Gottes gelegen und unsere Gedanken sind nicht seine Gedanken.«[291] Neben dieser auf Gott setzenden grenzenlos wirkenden Vertrauensbekundung verweist Christoph Blumhardt jedoch auch auf fehlerhafte kulturelle Erwartungen: »Wir aber müssen daraus etwas lernen, was ich öfter gedacht habe, aber ich kann ja nichts machen. Die Meinung, als ob Chinesen durch europäische Bildung etwas Besonderes werden könnten für ihr Volk, ist grundverkehrt und die Tsun Hiang brach zusammen vor der riesigen Arbeit, die Jahre lang im Grunde vor ihr lag.« Deswegen, so Christoph Blumhardt, wären andauernde Vorwürfe »ein Sieg gegen Gott. […] Das Factum ist zu traurig, aber es lag im ganzen Wesen der Tsun Hiang und musste also herauskommen. Also sei fest und getrost.«[292]

Das »kleine Bad Boll«:
Die Stiftung Kinderheim Wieseneck (ab 1913)

Seit 1907 war Christoph Blumhardt der Ortschaft Jebenhausen durch seine zeitweise oder später dann völlige Umsiedlung in die Villa Wieseneck, die Anna von Sprewitz 1897 aus der Erbschaft der Blumhardt-Freundin Luise von Oertzen erworben hatte, verbunden. Im Laufe des Jahres 1913 nun brachten Anna von Sprewitz und Christoph Blumhardt eine Summe von 51.400 Mark in eine »Stiftung Kinderheim Wieseneck« ein; am 30. Dezember 1913 wurde in der Villa Wieseneck die Stiftungsurkunde unterzeichnet. Zuvor war schon am 23. Juni 1913 ein neu erbautes Kinderheim unter großer Beteiligung der Bevölkerung festlich eingeweiht worden. Als Zweck der Stiftung wurde in der Stiftungsurkunde festgelegt: »In dem Kinderheim Wieseneck sollen neben dem Betrieb einer Kinderschule solche Kinder der Einwohner ohne Unterschied der Konfession vom 3. Lebensjahr ab tagsüber kostenlose Aufnahme und Verpflegung finden, deren Eltern, Vater oder Mutter außerhalb ihrer Wohnung beschäftigt sind. Für die Kinder soll in erster Linie die Bedürftigkeit der Eltern maßgebend sein.«

Im Kindergartenbetrieb wurden die kleineren Kinder mit ausreichender, guter Nahrung versorgt und pädagogisch von zwei angestellten Schwestern betreut; die am Nachmittag hinzu kommenden Schulkinder mussten sich zunächst einmal im Schlafsaal des Kinderheimes ausruhen, bevor sich am Nachmittag der Bastel- und Strickunterricht anschloss. Für die damalige Zeit war diese Stiftung sozial fortschrittlich, modern und gut ausgestattet, für die Gemeinde und die Eltern war es eine große Erleichterung, ihre Kinder gut versorgt zu wissen, zumal es zu dieser Zeit in Jebenhausen überhaupt noch keinen Kindergarten gab und vier Fünftel der Einwohner von Jebenhausen einer Arbeiterfamilie angehörten.

Teil des Stiftungsvermögens war neben dem Stiftungsbarvermögen die Villa Wieseneck mit Lustgarten, das schon erstellte Gebäude des Kinderheimes, ein Ökonomiegebäude sowie Ländereien. Alle Angestellten der Stiftung, ein Ökonomieverwalter, eine Hausverwalterin sowie zwei Kinderschwestern, wurden aus dem Stiftungsvermögen vergütet. In den folgenden Jahren kamen weitere Zu-Stiftungen von Blumhardts Freunden aus der Schweiz und Deutschland hinzu, so dass mit dem Barvermögen – allerdings erst kurz nach dem Tod Christoph Blumhardts – der Waldeckhof samt dazugehörigen Nutzflächen erworben werden konnte. Die Pächter des Waldeckshofs sowie des Bauernhofes Wieseneck mussten täglich Milch für das Kinderheim abliefern; darüber hinaus oblag es ihnen, von der Kartoffel-, Weizen- und Obsternte eine fest vereinbarte Menge abzugeben. Am 9. Juli 1914 wurde der Stiftung durch König Wilhelm II. von Württemberg der Status einer rechtlich selbständigen Einrichtung verliehen. Den Vorstand bildeten Anna von Sprewitz, Christoph Blumhardt sowie der Jebenhauser Schultheiß Adam Failenschmid. Nach den Vorgaben der Stiftungsurkunde sollte der Vorstand nach dem Tod der beiden Stifter auf den Gemeinderat von Jebenhausen übergehen.

Insgesamt erwies sich das Konzept der Stiftung, zu dem neben dem Kinderheim die Tätigkeit einer Gemeindeschwester für die Ortschaft Jebenhausen sowie auch ein kleineres Kurpensionat gehörte, als außerordentlich erfolgreich und ökonomisch profitabel. Es kann vermutet werden, dass die Manager-Fähigkeiten, die Anna von Sprewitz schon in Bad Boll entfaltet hatte, in Wieseneck sehr gut eingesetzt werden konnten; Christoph Blumhardts Tätigkeit bestand in diesen Kriegsjahren in der seelsorgerlichen Betreuung der Kinder bzw. Eltern sowie in der Durchführung von Andachten, wobei sich am vorliegenden Archivbestand der Umfang seiner Tätigkeit nur indirekt erschließen lässt. Belegbar ist allerdings, dass Christoph Blumhardt sich mehrfach in Briefen voller Freude über den Fortschritt des

Kinderheimes gegenüber seinen Freunden äußerte. Auffällig ist ebenfalls, dass es Ähnlichkeiten zwischen der Aufstellung in Bad Boll und Jebenhausen gibt, so dass nicht zu Unrecht davon ausgegangen werden kann, dass die Villa Wieseneck für Christoph Blumhardt und Anna von Sprewitz mehr und mehr zum »kleinen Bad Boll« wurde, wie Christoph Blumhardt einmal selber zum Ausdruck brachte. Ebenfalls von Bedeutung ist die Tatsache, dass die Rechtsform in Bad Boll und Wieseneck sich von den üblichen Modellen abhob: in Bad Boll eine GmbH, in Wieseneck eine Stiftung.

27   Anna von Sprewitz und Christoph Blumhardt in der Veranda der Villa Wieseneck

Anna von Sprewitz und Gottes »Regierungstaten«

Während von Blumhardts Ehefrau Emilie in diesen Jahren von Blumhardts Wirken keine Nachrichten mehr vorliegen und sie entgegen ersten Überlegungen nicht in der Villa Wieseneck, sondern zunächst im Haus des Ehepaars Blumhardt unweit des Kurhauses wohnte, dann jedoch nach dem Tod Heinrich Theodor Brodersens 1913 in seine Wohnung im Haus Brodersen wechseln konnte, spielte Anna von Sprewitz eine entscheidende Rolle für Christoph Blumhardt: Sie war für ihn die entscheidende Mit-Kämpferin in der Reich-Gottes-Arbeit, nahm zeitweise die führende Rolle ein, leitete zusammen mit Christoph Blumhardt die Stiftung und hielt dort die entscheidenden ökonomischen Fäden zusammen. Von einer eheähnlichen Beziehung zwischen beiden kann allerdings nach den vorliegenden Dokumenten auch in diesen Jahren nicht gesprochen werden. Deutlich wird die Rolle, die Anna von Sprewitz für Christoph Blumhardt einnahm, in einem Brief an Howard Eugster-Züst vom 2. Juli 1913: »Wir haben jetzt unser Kinderheim unter dem Rauschen eines belebten Volksfestes einweihen dürfen, wobei ich und Schwester Anna die dankbar wärmsten Ehrenbezeugungen erhielten. Selbst der König hörte davon und verlieh Schwester Anna die ›Karl-Olga-Medaille‹ für ihr Verdienst um das Volkswohl, auch erhielten sie und ich das Ehrenbürgerrecht in Jebenhausen. Das ist mir wichtig, weil dadurch im ganzen Land kundgetan ist, was Schwester Anna leistet und geleistet hat, und böse Münder stille werden müssen. Das sind alles Regierungstaten Gottes und der endliche Sieg kann nicht ausbleiben.«[293] Das Stichwort »Regierungstaten Gottes« belegt, in welcher Rolle Christoph Blumhardt die Gemeindeschwester von Jebenhausen ansah: als die entscheidende Mitstreiterin an seiner Seite in der Reich-Gottes-Geschichte. Mehr ist den vorliegenden Dokumenten nicht zu entnehmen. Einigermaßen sicher wird wohl aber zu gelten haben, dass Chris-

28 Jebenhausen beim Heu-Einfahren. Anna von Sprewitz und Christoph Blumhardt rechts stehend

29 Unterschrift: Die Kinder der Villa Wieseneck während der Heu-Ernte. Christoph Blumhardt im Vordergrund mit Spazierstock, Anna von Sprewitz rechts im Hintergrund

toph und Emilie Blumhardt auch in den Jahren zwischen 1913 und 1919 getrennt in Jebenhausen und Bad Boll lebten. Einem Brief eines ihrer Söhne dieser letzten Jahre ist beiläufig zu entnehmen, dass Christoph Blumhardt zusammen mit Anna von Sprewitz »zum Tee« zu Besuch kam; diese Beschreibung lässt die nicht nur räumliche Distanz zwischen den Ehepartnern Blumhardt erahnen, sondern auch die Verbundenheit zwischen Christoph Blumhardt und Anna von Sprewitz sowie die Gelassenheit, mit der Emilie Blumhardt das Miteinander der beiden ansah, in einfacher Sprache spürbar werden. Auch wenn dies alles Anlass für vielsagende Gespräche »im Dorf« gegeben haben dürfte, ist die Art der Beziehung zwischen Anna von Sprewitz und Christoph Blumhardt für die Beurteilung des Lebenswerks Blumhardts eher als eine unwesentliche Randnotiz zu bezeichnen.

Veröffentlichung eines Andachtsbuches (1916)

1916 veröffentlichte Christoph Blumhardt sein letztes Werk: »Haus-Andachten nach Losungen und Lehrtexten der Brüdergemeine«. Es handelt sich dabei um sehr kurze Hausandachten, die Christoph Blumhardt für die kleine Hausgemeinde in der Villa Wieseneck gehalten hatte und »als einen Gruß für alle, die mit uns auf das Reich Gottes warten wollen« verstand. Die abgedruckten Hausandachten enthalten keinen politischen Bezug; sie sind vollkommen frei von jeder Anspielung auf gesellschaftliche Veränderungsprozesse.

Über die Genese, die zur Entstehung dieser Hausandachten geführt hat, ist kein Dokument vorhanden; es steht jedoch zu vermuten, dass Anna von Sprewitz erheblich Hand an das Manuskript gelegt haben könnte. Dafür spricht auch, dass sie die posthum herausgegebenen Andachten Blumhardts zur Bergpredigt ebenfalls von jedem Zeitbezug gereinigt hat, so dass sie damit einen deutlich frömmeren Bezug annehmen als in ihrer ursprünglichen Fassung. Einen Beleg für diese Vermutung gibt es für die Hausandachten jedoch nicht. Das Andachtsbuch wurde von Karl Barth rezensiert und besprochen, wobei er die Veröffentlichung Blumhardts eher zum Anlass nahm, seine eigenen Überlegungen zu entfalten.

Im Vorfeld der Veröffentlichung Barths kam es zu einer brieflichen Auseinandersetzung zwischen Leonhard Ragaz und Karl Barth, in deren Folge das der Rezension zugrundeliegende Blumhardt-Bild zwischen beiden Theologen Gegenstand einer heftigen Kontroverse wurde. Leonhard Ragaz hatte das Manuskript der Rezension dazu der Blumhardt-Kennerin Barbara Imhoff zum Gegenlesen gegeben, wodurch es zu Veränderungsvorschlägen kam. Karl Barth lehnte diese jedoch massiv ab und verstand das Vorgehen Ragaz' als unzulässige Einmischung.

Der »Heilandsboden«: Mitarbeit im Kurhaus Bad Boll (ab 1913)

Nach der Überführung des Kurhauses in eine GmbH zum Februar 1913, die eine neue Phase im Wirken Blumhardts eröffnete, wurden die neuen Hauseltern Preiswerk am 6. Mai 1913 von Christoph Blumhardt eingeführt. Unter dem Jesus-Wort »Gehet und predigt und sprechet: Das Himmelreich ist nahe herbeigekommen« (Mt 10,7), das Christoph Blumhardt als den »Wahlspruch von Bad Boll« auslegte, bezeichnet Christoph Blumhardt Bad Boll als den »Heilandsboden«, auf dem alle Anwesenden, Gäste und Mitarbeitende, nicht aufhören, die Überzeugung zu pflegen: »Der Heiland tut etwas. So können wir auch das Böse zum Guten drehen, das Übel zum Vorteil gestalten, weil wir in

30 Georg Blumhardt während des ersten Weltkriegs. Tod auf dem Heimweg nach Hause, als Emilie Blumhardt schon Willkommensfahnen angebracht hatte

alles, in die kleinsten Bedürfnisse hinein das Himmelreich zu ziehen wissen und uns freuen immer in dem einen Gedanken in Bad Boll: ›Es geschieht etwas‹.«

Dass die Welt sich in einem Fortschritt zum Besseren befindet, dass es ein Vorwärtsschreiten im Kommen des Reiches Gottes gibt, das war die Überzeugung, die sich in der letzten Phase des Wirkens Blumhardts durch alle Andachten hindurchziehen sollte – auch durch die Andachten während der Kriegszeit.

Christoph Blumhardt verstand sich auch nach seinem Ausscheiden aus dem Dienst der Leitung des Kurhauses als geistiger Ehrenpräsident der Bad Boll GmbH, hielt sich aber aus allen ökonomischen Angelegenheiten vollkommen heraus. Es stellte sich bald als Gewohnheit ein, dass er samstags und sonntags regelmäßig die Andacht im Kurhaus übernahm; ansonsten stand er für Seelsorgegespräche in der Villa Wieseneck zur Verfügung. Christoph Blumhardt schätzte diesen Predigtdienst sehr: »Ich sehe es als große Gnade an, dass Bad Boll noch, solange ich lebe, bestehen kann; und ich bin froh, dort immer wieder predigen zu können, was vielen Freude macht und in mir die Gnade Christi, aus der alles kommt, immer neu belebt.«[294] Seine letzte Andacht in Bad Boll leitete er am 16. September 1917.

Familiäre Veränderungen (1913 bis 1916)

Christoph Blumhardts Sohn Friedrich, der als Farmer in Neuseeland wirkte und bei dem sich Emilie Blumhardt mehrere Jahre aufgehalten hatte, war Anfang 1913 mit seiner Ehefrau Martha zu Gast in Bad Boll. Am 21. Februar 1913 verließen sie die Heimat und nahmen Blumhardts jüngsten Sohn Immanuel mit nach Neuseeland. Für Christoph Blumhardt sollte dies ein endgültiger Abschied von seinem jüngsten Sohn sein, da dieser in Neuseeland Anfang Juni 1916 an einer schweren neurologischen Krankheit plötzlich verstarb, nachdem er sich seit mehreren Jahren in ärztlicher Begleitung befand. An seinen Bruder Theophil schrieb Christoph Blumhardt: »Ich bin glücklich geworden durch das plötzliche Sterben meines Immanuel in Neuseeland. Es hat sich herausgestellt, dass er Gehirnschwund hatte und also unheilbar war. Dann starb er plötzlich in der Anstalt, wohin ihn mein Sohn Friedrich gebracht hatte. So wird das Sterben zur großen Gnade. Deine Söhne sind ja auch schwer krank, aber es soll auch ein Weg zum Leben werden.«[295] Ebenfalls Sorge bereiteten Christoph Blumhardt in diesen letzten Jahren seines Lebens die beiden jüngeren Kinder Georg und Gottliebin, die offensichtlich beide zeitweise an depressiven Krankheitserscheinungen litten und die er in sehr vielen Briefen zu stärken versuchte.

Erkrankung, Tod und Beerdigung auf dem Bad Boller Friedhof (1916 bis 1919)

Am Weihnachtsfest 1916 erkrankte Christoph Blumhardt in Wieseneck durch einen ersten leichten Schlaganfall, ein zweiter, deutlich schwerer Schlaganfall folgte am 6. Oktober 1917. Er hatte eine schwere Lähmung der rechten Körperhälfte zur Folge. Nach Bad Boll konnte Christoph Blumhardt in diesen letzten beiden Jahren nur noch mit Hilfe reisen. Auch an den Fortentwicklungen des Krieges, an der Ausrufung der Republik und an den Friedensverhandlungen, die zum Versailler Vertrag führten, konnte er keinen intensiven Anteil mehr nehmen. Zurückgezogen lebte er in Jebenhausen und wurde dort von Anna von Sprewitz gepflegt. Seinen baldigen Tod sah Blumhardt voraus und verfügte deswegen am 22. Februar 1919 ein Testament: Danach sollten von der seit 1913 noch nicht gezahlten Summe von 290.000 Mark von den Gesellschaftern der Bad Boll GmbH im Fall seines Todes 50.000 Mark seiner Frau sowie je 30.000 Mark seinen noch lebenden acht Kindern zustehen.

Am 2. August 1919 verstarb er friedlich in der Villa Wieseneck. Wenige Tage später wurde er am 6. August um 16:00 Uhr auf dem Friedhof gegenüber seinem Vater Johann Christoph Blumhardt beigesetzt. Anna von Sprewitz berichtete in ihren Lebenserinnerungen, dass das Begräbnis eher einer »Hochzeitsfeier« glich. Mit Blumen geschmückte Kinder begleiteten den Leichenwagen weit über die Grenzen der Ortschaft Jebenhausen hinaus. Christoph Blumhardt hatte sich nach den Aussagen Anna von Sprewitz' eine Predigt anlässlich seiner Beisetzung verboten, es sollte lediglich Psalm 46 gelesen werden. Nach einem Zeitungsbericht aus Göppingen hielt jedoch Pfarrer Eugen Jäckh eine »Grabrede«. Anschließend trat Wilhelm Keil, Landtagsabgeordneter der Sozialdemokraten, an das offene Grab, um für den Dienst Blumhardts zu danken: »Mit ihm ist ein edler Mensch, ein warmes Herz für alle Unterdrückten und Geknechteten dahingegangen. Seine Liebe für die unterdrückte Menschheit hat ihn in jener Zeit zum Sozialismus geführt, als die Reaktion am ungescheutesten ihr Haupt erhob. […] Und wenn er in den letzten Jahren auch ein Stiller wurde, der sich dem politischen Leben mit all seinen Ränken und Widerwärtigkeiten fern hielt, sein Herz schlug nach wie vor warm

31 Christoph Blumhardt im letzten Lebensjahr auf der Veranda der Villa Wieseneck

für die Sache der Unterdrückten; der sozialistischen Idee, die ein Teil seiner Religion war, ist er stets treu geblieben. Der Name ›Christoph Blumhardt‹ ist mit ehernen Lettern in der Geschichte der Sozialdemokratie Württembergs eingetragen; sein Andenken wird bei uns nicht untergehen.« Kränze des Landesvorstandes der Sozialdemokraten, des Vorstandes der Sozialdemokraten in Göppingen sowie des Reichstagsabgeordneten wurden von Vertretern der Partei niedergelegt. Erst anschließend traten der Schultheiß der Ortschaft Jebenhausen sowie der Pfarrer der Kirchengemeinde Boll und ein Vertreter der Freunde Blumhardts an sein Grab. Die Zeitung berichtete am folgenden Tag: »Die Feier, die einen sehr würdigen und ernsten Verlauf nahm, hinterließ bei allen Teilnehmern tiefsten Eindruck.«

Theologische Wegmarken

Die Kirche: Wie ein Holzwurm in der Kriegsgeschichte

Wer meint, dass Christoph Blumhardt in einer gewissen Altersmilde seine Kritik am konfessionell aufgestellten Christentum zurückgenommen habe, wird bei der Durchsicht der Nachschriften eines Besseren belehrt: Die Rolle der christlichen Kirchen ist so weit zurückgedrängt, dass sie überhaupt kaum mehr Beachtung finden. Jede Emotionalität in der Auseinandersetzung mit dem konfessionellen Christentum ist verloren gegangen; lediglich dort, wo das Christentum in alten Formen erstarrt und sich nicht mit der menschlichen Wirklichkeit kritisch auseinanderzusetzen bereit ist, wird Christoph Blumhardt noch sehr deutlich: »Auf Erden muss es anders werden. Die Ansicht, als ob es auf Erden immer gleich bleibe, muss man sehr stark abweisen; denn das heißt eigentlich die Bankrott-Erklärung des Christentums. Wenn es auf Erden nicht anders werden kann, als es immer gewesen ist in der Vergangenheit, dann macht das Christentum, ja, ich möchte sagen, dann macht Christus Bankrott.«[296] Die Kirchen sind für Christoph Blumhardt nicht mehr das Volk Gottes; lediglich innerhalb der Christenheit wie auch außerhalb der dogmatisch fixierten Glaubensgemeinschaften finden sich einzelne Menschen, die die Unendlichkeit Gottes erfahren haben und sich als Gottes Kinder verstehen. Insofern kann Christoph Blumhardt in der letzten Konsequenz wie auch in den Jahren zuvor sagen, dass die ganze Menschheit zum Volk Gottes werden soll, nicht jedoch konfessionell aufgestellte Kirchen: »Mich jammert es oft, wenn ich in so viele Teile der Christenheit schaue, wie lahm, wie träge alles zugeht. Auch wenn einmal ein Prediger auftritt oder sonst jemand, der anregen kann: im großen Ganzen, ach, wie lahm, wie tot liegt die Christenheit da! […] Aber in der Hauptsache bleiben wir bei dem Erlösenden, was im Namen Jesu Christi sein kann und unter uns bleiben wird, bis der große Tag Jesu Christi kommt und dann die Erlösung über alles Menschenvolk kommt, nicht bloß über die Christenheit.«[297] Die Kirchen haben für ihn jede Bedeutung in Hinsicht auf eine zukünftige Entwicklung hin zum Reich Gottes verloren. Die Zeit des Christentums ist vorüber, so Christoph Blumhardt; wer als Mensch nur für die Kirche kämpft, der kommt überhaupt nicht vorwärts.

An dieser fundamentalen Einsicht also, die sich auch in den vorangegangenen Phasen entwickelt hat, kommt Christoph Blumhardt auch in der letzten Phase seines Wirkens nicht vorbei. Der Unterschied zu den zurückliegenden Phasen besteht lediglich darin, dass die ablehnende Haltung in ihrer massiven Kritik keinen nennenswerten Raum mehr ausfüllt. Es ist endgültig die neue Botschaft des wachsenden Internationalismus hin auf das kosmische Friedensreich ganz an ihre Stelle getreten.

Lediglich in der Auseinandersetzung mit dem beginnenden Ersten Weltkrieg sowie in der Friedensverantwortung des Christentums wird Christoph Blumhardt in seiner Kritik am Christentum noch einmal leidenschaftlich und deutlich: »Ich begreife nicht, dass man so einen Stolz hat auf unser Christentum bei alledem, was wir erleben, was alle Tage vorkommt von Gräueln von Menschen gegen Menschen, abgesehen vom Krieg und Blutvergießen der Völker. […] Es ist kein Wunder, wenn manchmal ein Würmlein, ein ernsthaftes Menschenkindlein zum Satan wird. Das Menschliche vollbringt das ohne Wunder; es ist bloß ein Wunder, dass in den wärmeren christlichen Kreisen nicht genug auf das geachtet worden ist. Man hat gehütet und gebrütet auf seinen Glaubensbekenntnissen, über die Bibel geeifert, sich alle Mühe gegeben; aber ich weiß keine Zeit, wo wirklich die Fahne des Friedens, die Fahne der Versöhnung geschwungen worden wäre, so dass wirklich eine größere Schar von Menschen wirklich nachgefolgt wäre.«[298]

Mit besonderer Ablehnung und Abwehr reagierte Christoph Blumhardt, als zu Beginn des Ersten Weltkrieges in den Kirchen Kriegspredigten an der Tagesordnung waren, sich ein Nationalstolz breit machte und der Aufruf folgte, sich der Schlacht zu stellen, aus der Deutschland als Sieger zurückkehren werde: Anders als die Christenheit sollten wir, so Christoph Blumhardt, Teil der Gottesgeschichte werden. Jedoch: »Heute will das Christentum wie ein Holzwurm in alle Kriegsgeschichten hinein, heute will man in die Weltgeschichte hinein, und es geht da viel Innerliches verloren. Wir müssen uns scheiden, wir müssen weg davon. Verleugne dich! Weg davon! Im Bund Gottes stehst du und nicht im Bunde mit der Welt. Das bringt uns Frieden, und wenn das in allen Völkern die Christen hätten, dann könnten wir heute einen Friedensbund machen durch die ganze Welt. Aber schreibt man an irgendeinen Christen, so kriegt man die Antwort: Ja, es ist alles recht, aber die Deutschen sind das Hindernis für den Frieden. Und schreiben die anderen an uns, dann sagen wir: Wir können uns nicht mit euch verbinden, ihr seid unsre Feinde, ihr seid die, die uns mit Lug und Trug überfallen haben – also ist die Verbindung aus.«[299]

Die Bankrott-Erklärung des Christentums ereignete sich, so darf Christoph Blumhardt verstanden werden, in der Anbiederung des konfessionell aufgestellten und landesherrlich angebundenen Christentums an den aufschäumenden Kriegseifer im Herbst und Winter 1914. Wendet sich Christoph Blumhardt in der zuletzt zitierten Äußerung wie auch in vielen Ansprachen dieser Zeit ab Februar 1913 von der Welt ab, um an die bindende und fortlaufende Gottesgeschichte im Gegensatz zur Weltgeschichte zu erinnern, so muss diese bei Blumhardt neuartige Gegenüberstellung von Gott und Welt in dem Sinne verstanden werden, dass sie die Welt kontrafaktisch neu zu qualifizieren sucht. Die genannte Gegenüberstellung ist nicht aus einer Anti-Haltung gegenüber der Welt geboren, sondern aus der Liebe zu einer radikal zu erneuernden Welt. In diesem Prozess der Transformation der Welt hin zum Werden des Reiches Gottes spielen für Christoph Blumhardt die Kirchen durch den in ihr gelebten Kriegseifer erst recht keine Rolle mehr, wohl aber die »kleine Herde«, die von der Botschaft der Weltversöhnung erfasst wird und zum Hoffnungszeichen in der Kriegswelt werden kann.

Der Erste Weltkrieg erfordert eine theologische Antwort!

Christoph Blumhardt setzt sich in überraschender Art und Weise in fast jeder Ansprache, aber auch in fast allen Briefdokumenten dieser Zeit mit dem Ersten Weltkrieg auseinander. In den gedruckten Belegtexten ist dies nicht ausreichend erkennbar; dies betrifft insbesondere die von Johannes Harder herausgegebenen Texte aus dem Bestand des Familienarchivs in Bad Boll. In den maschinenschriftlichen Abschriften der jüngsten Tochter Blumhardts, auf die sich die Ausgabe von Johannes Harder weitgehend stützt, sind die Bezüge zum Ersten Weltkrieg zum größten Teil herausgefallen; in den Originalnachschriften werden die entsprechenden Passagen eingeklammert, ausdrücklich mit dem Vermerk »zeitgebunden« versehen und anschließend fortgelassen. Auf diese Weise haben die theologisch motivierten Antworten Blumhardts auf den massiven Militarismus seiner Zeit wesentlich zu wenig Beachtung gefunden. Dies ist äußerst bedauerlich, da auf diese Weise die friedensethische Position Blumhardts ausgeblendet wird und Christoph Blumhardt zu einem zeitlosen Mythos verkommt.

Als vollkommen verfehlt muss eine Interpretation bezeichnet werden, nach der Christoph Blumhardt in seinem »Alterswerk« eine politische Positionierung vollständig aufgegeben habe. Das Gegenteil scheint mir nach der Durchsicht des Archivbestandes der Fall zu sein. Leider hat der erste »Biograph« Blumhardts, sein Mitarbeiter Eugen Jäckh, zu dieser Missdeutung erheblich beigetragen. In seiner biographisch gehaltenen Abhandlung über Christoph Blumhardt heißt es für die beginnende Zeit des Ersten Weltkriegs, dass Christoph Blumhardt stark bejahend und protestlos in den Krieg hineinging. Dieser Interpretation ist entschieden zu widersprechen; meines Erachtens handelt es sich hier um eine fundamentale Verstellung der Aussageabsicht Blumhardts. Diese Fehldeutung Blumhardts in der Biographie Jäckhs liegt zwar auf der Linie seines gesamten Werks, in dem das Bild von Christoph Blumhardt als einem im Herzen »frommen und kirchennahen Menschen« gezeichnet wird. Für die Bewertung der letzten Jahre Blumhardts ist diese Deutung jedoch von sehr erheblichem Gewicht. Christoph Blumhardt wird dadurch auf einen kirchenkonformen, angepassten und frömmigkeitsliebenden Theologen reduziert, der er überhaupt nicht war – auch nicht in seinem Alterswerk.

Bezüglich seiner Einlassungen zum Ersten Weltkrieg wird in diesem Abschnitt seiner Biographie zu zeigen sein, wie sich Christoph Blumhardt von den Kriegspredigten seiner Zeit, die insbesondere zu Beginn des Ersten Weltkrieges im Protestantismus vorherrschten, radikal abhebt. Blumhardts Antwort auf die fundamentale Irritation, die sich durch den Krieg in ihm persönlich abzeichnete und nicht anders als Erschütterung zu bezeichnen ist, war eine eminent theologische: Er beabsichtigt, die Reich-Gottes-Botschaft als Hoffnungsperspektive stark zu machen und Jesus Christus als den bleibenden Siegesheld darzustellen. In dieser theologisch gehaltenen Antwort widersprach er dem kollektiven nationalen Rausch sowie der in Deutschland gelebten Freude über Siege an den verschiedenen Fronten. Zu dieser Einsicht kam er nicht erst, als die Zahl der Niederlagen sowie die Masse an getöteten Soldaten größer wurde, sondern diese Aussageabsicht lässt sich schon zu Beginn des Ersten Weltkrieges bei Christoph Blumhardt nachweisen. Dem entstehenden Wir-Gefühl während des Weltkrieges sowie dem nationalen Siegestaumel zu entgehen, war das von Christoph Blumhardt während dieser umwälzenden Zeit verfolgte Anliegen, das sich nachweisen lässt, wenn auch die zeitgebundenen Aussagen in seinen Andachten und Predigten Berücksichtigung finden. Insofern kann davon ausgegangen werden, dass die Reich-Gottes-Botschaft für Christoph Blumhardt die »Medizin« war, mit der er die durch und durch kranke Gesellschaft zu heilen versucht.

Ob Christoph Blumhardt angesichts der zunehmenden Gebrechlichkeit infolge seines voranschreitenden Alters an einer aktiven Teilnahme an den pazifistischen Bestrebungen seiner Zeit gehindert worden ist oder ob die fehlende Übereinstimmung mit den Friedensbemühungen der Religiösen Sozialisten in der Schweiz um Leonhard Ragaz herum Resultat seiner bewussten theologischen Reflexion war, lässt sich nicht mehr sagen.

Der Krieg ist keine Herrlichkeit!

Die überall präsente öffentliche und in weiten Teilen bejahende Kriegs-Berichterstattung in den Medien wird von Christoph Blumhardt immer wieder zum Anlass genommen, vehement vor einer Vereinnahmung durch Kriegsnachrichten zu warnen: »Wir stehen auch heute in einer besonderen Predigtzeit. Die ganze Zeit predigt uns: Pass auf! Pass auf! Du weißt nicht, was noch kommt. Du siehst vielleicht bloß den Krieg und lässt dich ganz von Kriegsgeschichten einnehmen und bist ganz voll davon. Pass auf! Das soll uns nicht einnehmen, sondern wir sollen los gelöst werden von der Erde, von vergänglichen Dingen und sollen sehen, dass der Menschen Sohn kommt. Denn was nützt uns aller Ruhm des Krieges, was nützt uns ein starkes Volk, wenn nicht endlich Jesus Christus kommt?«[300]

Die Kriegsberichterstattung in den öffentlichen Medien verstärke, so Christoph Blumhardt, den öffentlichen Diskurs, in dem sich alles nur noch um den Krieg drehe. Der Krieg werde dadurch zu einem totalitären Ereignis gemacht, »wie wenn das eine Herrlichkeit wäre. Man sucht Ruhm und Ehre im Krieg, man sucht Hoffnung und sucht Zuversicht in Kriegswaffen.«[301]

Durch diese Vereinnahmung der Menschen seien Deutschland wie auch international alle Völker wie vom Kriegsgeist »besessen«. Die kollektive Veränderung des gesellschaftlichen Diskurses, die Kriegsbegeisterung, aber auch das Absorbiert-Sein aller Menschen von friedensethischen Positionen wird von Christoph Blumhardt durchgängig während dieser Phase seines Wirkens scharf kritisiert und theologisch als Ausdruck der Besessenheit der Menschheit vom »Satan« verstanden.

Scheußlichkeiten des Krieges

Christoph Blumhardt, der in dieser Zeit in einem lebendigen Kontakt mit Soldaten an den Fronten stand und offensichtlich immer wieder Briefe erhalten und beantwortet hat, scheut nicht davor zurück, in seinen Andachten die Scheußlichkeiten des Krieges offen zu benennen. Der Krieg ist ihm einer »Hölle« vergleichbar, wobei er sich dabei zitierend auf Berichte von Soldaten bezieht: »Wir haben in den letzten Zeiten viel Reichtümer und viel Macht gesammelt und haben gedacht: Jetzt haben wir ewigen Frieden. Ja, die Reichtümer machen uns keinen Frieden. [...]

Wo stehen wir heute? Manche Soldaten schreiben mir, es sei, wie wenn sie in der Hölle wären: Dieses ewige Donnern der Kanonen, dieses fürchterliche Morden, dieses Zusehenmüssen, wie die Verwundeten leiden, wie sie zu Tode getroffen sind, wie sie herumliegen, wie man ihr Stöhnen hört und ihnen nicht helfen kann, sondern immer vorwärts muss in dieser Hölle, in dieser Qual. Das ist die Frucht, auch des Machtbewusstseins, des Reichtums, die Frucht all unseres bloß irdischen Lebens.«[302]

Die Scheußlichkeiten und das mörderische Leben des Krieges stehen für Christoph Blumhardt in einem engen Zusammenhang mit einer verfehlten Lebens- und Haltungsweise vor Beginn des Krieges. Blumhardts Kritik am Finanzmarkt-Kapitalismus in seiner Wirkungsphase ab 1899 lässt sich mit dieser nur angedeuteten Ursachenforschung gewiss in Zusammenhang bringen. Auf Grund dieser fehlgeleiteten Lebens- und Wirtschaftsweise sei es zu einer Entwicklung gekommen, die nun in den Kriegshandlungen ihren Niederschlag findet. »So ist die Hölle über uns gekommen. Wir können nicht bloß begeistert sein bei diesem Krieg, wir können nicht bloß jauchzen, wenn wir von einem deutschen Siege hören. Wenn ich so lese von deutschen Siegen, und wie viel tote Franzosen, Engländer und Russen um die unseren herumliegen und wie man ans Begraben gehen muss, da schaudert es mich immer von Kopf bis zum Fuß.«[303]

Der Krieg als Folge einer verfehlten Lebens- und Wirtschaftsweise ist für Christoph Blumhardt nicht nur die Hölle, sondern auch Ausdruck von Sünde: »Ein Krieg ist Sünde, ist nicht von Gott. Und so leben sie (sc. die Soldaten) in der Sünde und auch im Tode. Und es ist ein Glück, dass diese Sünde eines Krieges gleich ihr Urteil in sich hat. Unendlich viel wird im Tode entschlummern und geht von uns weg, und auch die Besten von uns müssen sterben.«[304]

Aus dieser theologischen Interpretation heraus ist es für Christoph Blumhardt auch kaum vorstellbar, wie denn die Zeit nach einem möglichen Ende des Krieges aussehen kann: Die Soldaten könnten die erfahrenen Gräuel nicht vergessen und das Übel stände ihnen immer noch vor Augen. In ihren alten Berufen, aber auch in der Familie finden sie keinen ausreichenden psychischen Halt mehr. »Es ist aus und vorbei.«[305] So würden die Soldaten an der Front innerlich gezwungen, immer weiter vorwärts zu kämpfen, bis sie den Tod auf dem Schlachtfeld erleiden. Dass ein Weltkrieg nicht nur äußere Narben für die ihn Überlebenden zurücklässt, sondern auch tiefe psychische Schäden bei den Kriegsbeteiligten auslösen kann, hat Christoph Blumhardt frühzeitig und weitsichtig erkannt und auch zum Thema der Auslegung sowie der geistlichen, seelsorgerlichen Begleitung werden lassen.

In allem lässt sich mit diesen und vielen anderen Belegen nachweisen, dass Christoph Blumhardt aller Kriegsbegeisterung zum Trotz die negativen Folgen des Krieges in seinen Predigten angesprochen hat. Alleine schon daran lässt sich seine bleibende und durchgängige friedensethische Positionierung ablesen. Eine Heroisierung des Todes auf dem Schlachtfeld oder eine Beschönigung der Kriegsschlachten lässt sich in keiner seiner Andachten nachweisen – im Gegenteil: Der bittere und scheußliche Realismus des Krieges sind Teil seiner Bibelauslegung.

Krieg ist Sünde

Christoph Blumhardt geht jedoch noch weit darüber hinaus: Eine ethische Rechtfertigung für eine Kriegsführung stellte er durchgehend in seinen Ansprachen und Briefen in Frage; seine persönliche Erschütterung über das, was ihn an Berichten zukam, ist überaus deutlich bei ihm vernehmbar. Von einer Rechtfertigung oder sogar Notwendigkeit eines kriegerischen Einsatzes ist Christoph Blumhardt weit entfernt – im Gegenteil: Alle Äußerungen lassen darauf schließen, dass Christoph Blumhardt die aktive Kriegsführung als »Sünde« bezeichnet hat. Kriege sind für ihn nicht nach dem Sinne Christi; wenn menschliche Kriege geführt werden, leidet, so Christoph Blumhardt, Jesus Christus im Himmel mit. Im »Weltkrieg« kommt das »Weltböse« zum Ausdruck. »Wir stehen auch heute in einer Finsternis, eine Völkerfinsternis umgibt uns, und viele Völker sind verwickelt in Tod und Graus, in arges Verderben.«[306] Völker beschuldigen sich gegenseitig, Völker entladen ihre boshaften Energien in einem bisher nicht bekannten Ausmaß, und alle Völker sind in dieses Geflecht aus »Weltbösem« einbezogen.

Christoph Blumhardt kann biblische Bilder aus der Offenbarung des Johannes sowie aus dem apokalyptischen Gedankengut heranziehen, um die Weltereignisse theologisch zu deuten: »Der Verkläger ist auf die Erde gekommen, weil er im Himmel verworfen ist.« Jedoch bleibt Christoph Blumhardt bei dieser theologischen Interpretation nicht stehen, sondern stellt selbst dieses absolut Negative und Welt-Böse unter die Perspektive des bleibenden Sieges Gottes:

»Viele Leute fragen sich: Was ist das für ein Sinn? Und viele reden von den Menschen und meinen, die Menschen seien jetzt besonders böse geworden, wahnsinnig geworden und denken, sie könnten es anders machen, wenn sie nur wollten. Das ist nicht so, meine Lieben. Diese Zeit ist von Gott gekommen, sie ist eine Prüfungszeit, da wir sollen lernen, für die Welt in Jesus Christus und für uns selber Frieden haben und auch für andere Friedensgedanken im Herzen tragen.«[307]

Das Welt-Böse ist Teil der Weltgeschichte geworden, soll jedoch die menschliche Wahrnehmung nicht so vereinnahmen, dass das sichtbar gewordene Böse alleine und ausschließlich mit Bösem beantwortet und eingedämmt werden kann. Christoph Blumhardt ist seiner im Laufe der Biographie gewachsenen Erkenntnis treu geblieben, dass die Aufforderung Jesu, den

Feind zu lieben, das wesentlich Neue und Revolutionäre an seiner Botschaft sei. »Wohl ist er noch da und tobt noch auf Erden, und sein Toben spüren wir, aber es soll immer ein Siegesgedanke in uns sein: Doch ist der Satan gerichtet, doch ist das Böse alles schon gerichtet.«[308]

Das theologische Fundament, dass das Böse dieser Welt letztlich nicht den Sieg davon tragen wird, die Überzeugung Blumhardts, dass nicht der menschliche Sieg irgendeinen Wert hat, sondern alleine der Sieg Gottes über die weltlichen Mächte des Bösen, kann als weltabgewandte theologische Predigtsprache verstanden werden, ist jedoch hier als Impuls zu verstehen, die Botschaft des Friedens wahr- und eine dazugehörige pazifistische Haltung einzunehmen: Der Krieg wird für Christoph Blumhardt zum Gericht über unsere Zeit. Alle Nationen, die in den Krieg ziehen, besonders auch Deutschland, müssen erkennen, dass sie nicht vollkommen sind, sich bekehren müssen und ihre Lebensweise radikal zu ändern haben.

Krieg ist nach Christoph Blumhardt Sünde, und die reale Kriegsführung des Ersten Weltkrieges zwingt den Menschen der Moderne dazu, die Grundlagen des internationalen Zusammenlebens auf den Prüfstand zu stellen: Die Hervorhebung eines Staates, die Besserstellung einer Region ist mit der barbarischen Erfahrung der Kriegsführung nicht mehr leb- und denkbar. Christoph Blumhardt sieht die Weltgemeinschaft vor einer gewichtigen Weichenstellung stehen: Eine neue internationale Friedensordnung müsse entstehen, wobei diese nicht Ausdruck des menschlichen Tuns ist, sondern Ausfluss des göttlichen Wirkens. An diesem Punkt unterscheidet sich Christoph Blumhardt markant von den Friedensinitiativen seiner Zeit, die sich z. B. um Leonhard Ragaz herum gebildet hatten.

Überwindung des Krieges durch eine »Vereinigung aller Völker«

Die Zielperspektive ist für Christoph Blumhardt nach wie vor das Volk Gottes, und das ist für ihn am ehesten erkennbar in einer neuen internationalen Gemeinschaft von »Weltmenschen«. Die nationalen Eigenarten bleiben in einer neuen, internationalen Bewegung zwar erhalten, werden jedoch von etwas Neuem überboten: »Die Deutschen werden Deutsche bleiben und die Franzosen Franzosen und die Engländer Engländer und die Russen Russen. Aber es kann darüber etwas stehen, und da hinein führt uns heute schon unsere Hoffnung auf etwas viel Größeres, als es die Menschen sind.«[309]

Das »viel Größere«, das sich Christoph Blumhardt lediglich als Ausdruck des voranschreitenden Reiches Gottes vorstellen kann und nicht das ausschließliche Resultat menschlicher Anstrengungen ist, führt zu einer friedlichen Koexistenz der Völker:

»Es soll gehört werden, dass eine Herde werden muss und ein Hirte. Eine Herde und einen Hirten: Dann gibt es keinen Streit und Krieg mehr, dann sind sie alle wie vom Himmel geboren und dann können sie nicht miteinander hadern. Auch wenn sie einander fremd geworden sind, werden sie einander wieder nahe. Sie fühlen: der andere ist auch ein Mensch wie ich, der andere muss genauso geschätzt werden wie ich, der andere soll mein Bruder sein, und ich will sein Bruder sein. [...] Diese Einheit der Menschen ist das Wichtigste, was uns verheißen ist, denn in dem wird Himmel und Erde um uns neu.«[310]

Das kommende Reich Gottes als Gottes zukünftige Welt, darstellbar in einer neuen internationalen Friedensgemeinschaft, setzt jedoch auch menschliche Mitarbeit voraus, wobei diese besonders darin besteht, das nationalistisch orientierte Freund-Feind-Denken zugunsten einer Orientierung am überall gleichen »Weltmenschen« zu ersetzen. An erster Stelle bedeutet dies für Christoph Blumhardt, auf Gottes neu machenden Geist zu setzen und auf diesem Weg alle Völker als »Gewächs Gottes« anzuerkennen: Das Reich Gottes umfasse alle Menschen und im Reich Gottes müsse jeder Mensch für den anderen »gute Wünsche haben«, auch wenn andere Menschen und Nationen uns »als Feinde umgeben und uns verlästern und verhöhnen, wie es gegenwärtig geschieht, so müssen wir umso mehr daran denken: dein Geist, Gott, mache die Sache anders, er segne uns und die Völker mit Wahrheit, damit dein Name verherrlicht werde auf Erden überall unter den Völkern. Alle Völker sind ein Gewächs Gottes, jedes einzelne Volk, und man kann sogar eine Liebe dafür bekommen, auch wenn sie ganz anders sind als wir.«[311]

Die Feindesliebe, die Christoph Blumhardt als den durch Jesus Christus am weitesten reichenden Neuanfang inmitten der Welt- und Menschheitsgeschichte erkennen kann, steht auch in der Verantwortung einer jeden menschlichen Wahrnehmung und Umorientierung: Es sei ein »großes, mächtiges Unrecht« oder eine »Sünde, die zum Himmel schreit«, wenn wir andere im Stolz und Übermut als »Feinde« bezeichnen. Mit der Vision eines kommenden, kosmischen Friedensreiches und einer Weltversöhnung ist jedes Verurteilen eines Menschen, jedes Richten und jedes Verdammen unvereinbar – eine Erkenntnis, die sich durch alle Phasen des Wirkens Blumhardts zieht. »Mir ist es fast unmöglich, solche Aufsätze zu lesen oder nur zu hören: wer hat den Krieg angefangen? Wer ist schuld? Da möchten wir immer alle Schuld auf einen anderen werfen und sehen doch nicht das große Ding, das heute geschieht, auf das große Gericht, das Gott gebracht hat über unsere Zeit.«[312] In den Friedenszeiten vor Beginn des Ersten Weltkrieges hätten es die Menschen in allen Nationen nicht verstanden, Gott zu lieben und darin zu wahrhaften Weltmenschen zu werden. Damit erledigt sich für Christoph Blumhardt die Schuldfrage. »Es ist schade, dass so viel in den Zeitungen über die Schuld der anderen Völker geschrieben wird. Das ist wahr: Sie haben ja gefehlt, aber wir, wir Deutschen haben nicht gefehlt? Sind wir schon ein Volk Gottes? Wir sollen eins werden, und je weniger wir Böses über andere sagen, desto mehr gehen wir auf dem Weg, auf dem wir können ein Volk Gottes werden. […] Mag es uns ärgern oder uns lieb sein, Gott hat auch die Franzosen lieb und die Engländer und die Russen und alle Völker, und Gott richtet so, wie es recht ist und wird auch Frieden bringen, wie es recht ist.«[313]

Christoph Blumhardt hat die politischen Konsequenzen aus dieser grundsätzlichen Haltung der neuen »Weltmenschen« lediglich angedeutet. Auch wenn sich in seiner Zeit international vernetzte Bewegungen entwickelten, die zum Völkerbund hinführten bzw. sich für eine multilaterale Friedensordnung einsetzten, ist Christoph Blumhardt nie aktiver Teil dieser Netzwerke geworden. Nur gelegentlich finden sich Hinweise darauf, dass er darum gewusst hat, ihnen jedoch als Ausdruck menschlicher Aktivitäten kritisch gegenüber stand. Der Erste Weltkrieg hatte ihm vor Augen geführt, dass das notwendige Neuwerden der Welt nicht beim Menschen ansetzen kann, sondern »von oben« her auszugehen hat, wenn es sich wirkungsvoll und nachhaltig durchsetzen soll. Aus diesem Grund werden alle menschlichen Aktivitäten, die auf das »viel Größere« abzielen, als indirekte Wirkungen Gottes verstanden: »Heute ist auch eine Zeit, die uns denken macht an alle Menschen. Wir werden herumgeführt durch die Zeitungen, durch Karten und alle möglichen Bilder nach Frankreich und England, nach Russland, Japan und China; überall müssen wir mit unseren Gedanken herumschweifen. Da können wir eine gewisse Einheit spüren zwischen den Menschen trotz des heftigen Streites. Wir hören es immer wieder von vielen, die gern Frieden möchten und keine Rache und Hassgedanken haben. Man hört von vielen, von allen Ländern. Das ist auch eine Wirkung unseres Gottes, eine Wirkung des Glaubens an Jesus, der gesagt hat: Liebet eure Feinde!«[314] Selbst der Krieg kann deswegen theologisch eingeordnet werden – nicht so, dass er gerechtfertigt wird, sondern so, dass er theologisch in einer neuen Friedensordnung überhöht wird. Der Militarismus seiner Zeit, den Christoph Blumhardt mit Vehemenz auch schon in den 1880er und 1890er Jahren ablehnte und für den es seinem Urteil nach keine sinnvolle Begründung geben kann, wird überwunden und durch ein neues Ziel ersetzt: die Vereinigung aller Völker. Alle Menschen seien vom Kriegsgeist befallen. Darin sind sich alle Menschen einig. »Und nun hoffen wir auf einen neuen Geist, wir hoffen auf den Geist, der uns wieder vereinigen kann. Diesen Frieden erhoffen wir, den Gottesfrieden auf Erden, damit wir können miteinander leben, und endlich die Erde nicht mehr ein Streitpunkt, sondern eine Vereinigung bringe unter alle Völker hinein.«[315] Auch die »Vereinigung aller Völker« ist jedoch ein Werk des göttlichen Geistes, der den »Kriegsgeist« ersetzt.

Insgesamt gesehen zeigt sich auch hier, dass Christoph Blumhardt sich keineswegs mit der Kriegführung abgefunden hatte, sondern zeit seines Lebens ein Pazifist blieb. Nicht erst die erschreckenden Berichte von den Schlachtfeldern des Ersten Weltkrieges und auch nicht die millionenfache Zahl an Getöteten zwangen Christoph Blumhardt zur Abkehr vom kriegsbegeisterten Nationalismus seiner Zeit, sondern schon zu Beginn des Krieges machte er aus einer Ablehnung des nationalistisch motivierten Militarismus mit seinen ungeheuren Folgen für die alltägliche Lebensführung keinen Hehl. All dies ließ sich seinem Urteil nach mit einer Orientierung am Reich Gottes in keiner Weise in Zusammenhang bringen. Mehr noch: Wer konsequent den Fokus des Reiches Gottes einnimmt, wird ein entschiedener Förderer des Internationalismus werden müssen, so Christoph Blumhardt.

Hoffnung auf das Wunder des Friedens

Konsequent und durchgehend macht Christoph Blumhardt in den Jahren des Ersten Weltkrieges deutlich, dass die Friedensarbeit keinesfalls innerhalb der menschlichen Leistung oder durch menschliche Bemühungen zu verankern sei: »Wir wissen in unseren traurigen Tagen, in Krieg und Blutvergießen nur die eine Hilfe, den Herrn, unseren Gott, der Frieden schaffen wird wieder, der auch wieder Gutes tut an denen, die schwer leiden.«[316] In einer markanten Art und Weise, die sich in dieser Form später auch in der frühen Dialektischen Theologie eines Karl Barth wiederfindet, unterscheidet Christoph Blumhardt zwischen der alle Völker überspannenden Gerechtigkeit Gottes und der vorlaufenden, darin aber nur vorläufigen Gerechtigkeit dieser Welt, ohne allerdings in einem billigen Quietismus zu verharren: »Was ist der rechte Weg? Einfach der, dass wir auf das Regiment Gottes trauen, dass wir auf Gott alle Hoffnung setzen, nicht auf Menschen, auch nicht auf die Waffengewalt der Menschen. Nichts von alledem! Gerechtigkeit Gottes soll in die Welt kommen und soll wieder Frieden bringen, denn das gehört auch zur Gerechtigkeit Gottes, dass es einmal wieder Frieden gibt, vielleicht den letzten! Wir möchten es hoffen, wir möchten hoffen, dass unsere Zeiten zu Ende gehen, dass Neues entsteht auf Erden, denn es ist doch schrecklich, was die Menschen alles tun und treiben, und alle berufen sich auf ihr Recht und ihre Gerechtigkeit.«[317] Die Menschen, die gegen die Welt des Krieges aufstehen, protestieren und auf Gottes Frieden hoffen, Christen, die die Reich-Gottes-Perspektive einnehmen und die Weltgeschichte nach vorne denken, sind für Christoph Blumhardt die wahren Friedensaktivisten: Das seien aus der Liebe Gottes geborene Menschen, die heute unendlich viel aufstehen und in denen zu sehen sei: Die Welt wird überwunden, auch die Welt des Krieges. »Das ist Jesus Christus!« Die Welt des Krieges wird in der

Theologie des bleibenden Sieges Gottes über den Satan überwunden – und aus dieser Vision des Friedens ergibt sich nach Christoph Blumhardt der »Beruf« des Menschen heute: »Also sei fest in der Gnade Jesu Christi und in deiner Arbeit. In deinem Beruf sei fest. Immer, immer auf die Gnade Gottes hoffen und immer in seiner Liebe bleiben! So kommt es auch zu dem neuen Frieden. Der besteht darin, dass wir immer denken dürfen: Der Herr Jesus hat die Welt überwunden. Ist das wahr? Kannst Du das glauben? Es sieht aus, als ob die Welt immer tun wollte und könnte, was sie will. Aber es ist nicht so. Das ist eine Täuschung, das ist lauter Betrug. Die Welt kann nicht tun, was sie will. Äußerlich scheint es noch so, aber überwunden ist es schon im tiefsten Kern. Alles, was die Menschen tun und alles, was die Welt tut und Satan tut in der Welt, es ist doch überwunden. Jesus ist der Siegesheld, Jesus ist der Herr, der auf Erden überwunden hat und diese Überwindung der Welt geht fort durch alle Zeiten und soll auch am heutigen Tage und in unserer Zeit uns Frieden bringen.«[318]

In diesem Sinne kann Christoph Blumhardt auch noch in der grauenvollen Zeit des Krieges, der für ihn Sünde ist, hoffend auf eine wunderbare Überwindung des Krieges setzen und kontrafaktisch eine neue Zeit des Friedens voraussehen: Die Menschen würden auch jetzt noch in einer »Verheißungszeit« leben. In Friedenszeiten hätten sie auf Technik und Industrialisierung geschworen, dem Kapitalismus gehuldigt und seien dem Mammon verpflichtet gewesen. Nun, in der Zeit des Krieges, würden die Menschen die Sinnlosigkeit ihres damaligen Unterfangens erkennen. Jedoch nicht nur der Kulturoptimismus, das unbeschränkte Fortschritts- und Wachstumsdenken, sondern auch die Konzentration auf nationale Interessen werde in Folge des Krieges endlich und endgültig überwunden. Die positive, wundervolle Seite des grausamen Weltkrieges sei, so Christoph Blumhardt, das Zusammenwachsen der Völker untereinander: »Es ist auch eine Erfüllungszeit, denn es geht etwas in Erfüllung.

Schon daran können wir sehen, dass sich so vieles verändert unter den Völkern. Die Stimmungen sind ganz anders geworden. Wie soll doch noch alles werden, und was muss noch werden! Es scheint alles äußerlich und menschlich und weltlich zu sein, und doch liegt ein tiefer Sinn darin. Es erfüllt sich etwas heute schon, dass die Völker sich zusammennehmen müssen, dass sie müssen miteinander beraten, was sie tun, dass sie nur Essen und Trinken haben, und dass sie gerüstet sind. Es liegt ein tieferer Sinn darin, dass wir folgen müssen und etwas gefallen lassen müssen. Es ist eine Erfüllung, ein Gericht, das kommt, und das ist Erfüllung.«[319] Christoph Blumhardt ist in der Mitte des Weltkrieges davon überzeugt, dass diese Zeit »bald« vorübergeht: Jetzt stünden die Menschen noch in einer »Völkerzeit« und in »Völkerschlachten«; sie stünden alle noch in einer kollektiven Verwirrung und wüssten nicht, was sie denken sollten. Aber: »Es kommt eine neue Zeit!« Aus dieser theologischen Wahrnehmung der Zeit als einer »Erfüllungs- und Verheißungszeit« heraus ergibt sich auch eine andere Haltung der Menschen: Die Menschen lassen sich zwar aktuell nur von Krieg und Kriegsgeschrei einnehmen, jedoch gelte: »Weichet von mir!« Die durch Gottes Geist belebten »Weltmenschen« werden zusammen mit allen anderen Menschen zum Frieden finden.

Bad Boll als Hoffnungsgemeinschaft

Der Zusammensturz des bisherigen Weltgefüges sowie das Heraufkommen einer neuen Welt, so Christoph Blumhardt, wird jedoch nicht nur durch die Ereignisse der Weltkriege auf den Weg gebracht, sondern auch durch die in Bad Boll und an anderen Orten der Welt bestehende Hoffnungsgemeinschaft. Insbesondere der Kraft der Sündenvergebung schrieb er wie in den vorangehenden Phasen seines Wirkens auch eine besondere Kraft und Bedeutung zu: »So müssen auch wir in der Vergebung der Sünden stehen, damit wir fähig werden, an den Menschen die Sünde zu vergeben, selbst unseren Feinden. Und wo wir einem Menschen begegnen, immer dürfen wir denken: das Wort Jesu Christi in der Welt heißt: Vergebung der Sünden, stehe auf und wandle. Wandle im Licht des Herrn.«[320] Dass Christoph Blumhardt in der Zeit des Älterwerdens in eine Jenseitigkeit christlicher Hoffnung geflüchtet sei, lässt sich an den vorhandenen Dokumenten des Familienarchivs nicht belegen: »Man muss nicht warten, bis man in den Himmel kommt und stirbt. Nein! Nein! Hier auf Erden sei selig, selig, weil du Gott schauen darfst.«[321] Gegenüber einer Gesellschaft, die Christoph Blumhardt durch und durch im Argen sah, setzte er auf eine Erneuerung durch »eine kleine Herde«, die einen anderen Weg wählt und sich vom »Verdammen« verabschiedet: »Die menschliche Gesellschaft ist eine Schimpfgesellschaft – was wird nicht gelogen in heutigen Tagen! Was wird nicht verleumdet! Kümmere dich nicht darum! Dein Lob liegt nicht bei den Menschen. […] Aber sei getrost, das Himmelreich bringt alles herein. Und wenn sie noch so viel Böses tun und wenn alles noch so trübe wird, sei getrost, das Himmelreich bringt es herein, und je nachdem wir uns stellen, haben wir das Himmelreich heute auf Erden. Denn das ist der Ruhm Christi, der Ruhm seines Lebens auf Erden, dass er uns eine neue Welt gebracht hat.«[322] Dem Richten, Hassen und Feind-Denken schrieb er – auch hier den vorangehenden Phasen seines Wirkens vergleichbar – eine hemmende Kraft in Bezug auf das kommende Reich Gottes zu: Die Eigenliebe, das Verdammen anderer Menschen seien »Drahthindernisse gegen den Frieden«. Gegenüber einer »finsteren Zeit« oder einer »Weltennacht«, von der Christoph Blumhardt in dieser Radikalität bisher nicht sprechen konnte, kommt der Gemeinschaft in Bad Boll und an anderen Orten der Welt der »Beruf« zu, eine neue Welt, eine Welt des umfassenden Friedens anzukündigen, diese Hoffnung nicht aufzugeben und gegen den Krieg zu protestieren. Wenn »gelebte Zuversicht« den Menschen »Schwingen des Adlers« verleiht, mit denen sie sich von der »Not- und Kriegszeit« erheben und eine andere, neue Welt visionär vorausleben, dann sei die »Gemeinschaft der Glaubenden« heute das »Land der Lebendigen«. Gerade weil sich die Bad Boller Gemeinschaft so verhält, als wenn sie von »Krieg und Kriegsgeschrei« nichts wüsste, trägt sie im kontrafaktischen, aber fest geglaubten und realen »Sieg Gottes« über den menschengewirkten Tod dieser Welt dazu bei, dass »mitten im Sterben der Völker seine Gnade« herrscht und »viele Menschen zum Frieden kommen«. Erneut zeigt sich in der Analyse der Dokumente aus der Kriegszeit, dass Christoph Blumhardt seiner pazifistischen Überzeugung treu geblieben ist und gegenüber einer Friedensbewegung seiner Zeit darauf aus war, eine theologische Antwort zu liefern: »So schauerlich die Zeit ist, so still kommt der Heiland. Die Kanonen donnern und die Welten ertönen von lauter Kriegsgeschrei. Er kommt leise und sanftmütig. Denn was ist sein Zweck? Er will der Welt helfen. Es soll ein Neues gegeben werden, sie sollen die Barmherzigkeit erfahren, sie sollen wieder recht lebendig werden in ihrem Glauben, in ihrer Hoffnung, in ihrer Geduld auf das Reich Gottes.«[323]

EPILOG

Der Durchgang durch Blumhardts Biographie und Theologie offenbart einen Pazifisten, Prediger und Politiker, der von der Vision eines gerechten, friedvollen Lebens für alle Menschen geradezu beseelt wurde. Dabei war diese Vision für Christoph Blumhardt keine menschlich ersehnte Utopie, sondern eine durch Gott in der Auferstehung Jesu gesetzte Wirklichkeit. Christoph Blumhardt sah den gesamten Kosmos unaufhaltsam auf diese umfassende Erlösung vorwärts fortschreiten. Nicht nur Gottes lebendigem Eingreifen in diese Welt durch eine zweite Ausgießung des Heiligen Geistes traute er dabei alles zu, sondern er setzte auch auf das nicht ausgeschöpfte Potenzial des Menschen, dem göttlichen »Vorwärts« hin zur kosmischen Erlösung den Boden zu bereiten.

Ohne dass Christoph Blumhardt dies bewusst zum Ausdruck bringen konnte, war er in dieser Theologie der Hoffnung im Studium an der Tübinger Fakultät durch seinen systematischen Lehrer Tobias Beck erheblich geprägt worden. Tobias Beck vermittelte ihm die Vorstellung von einem umfassenden Plan Gottes, der die gesamte Schöpfung auf eine Allversöhnung, auf eine Auflösung aller Gegensätze sowie auf eine Überwindung des Todes hier auf Erden zulaufen sah. Konsequent nahm Tobias Beck eine kosmologische Perspektive ein und verband damit die Ablehnung jeden Nationalismus und Imperialismus.

Bei Tobias Beck lernte Christoph Blumhardt es auch, sich von der individualistisch zugespitzten Lehre der Rechtfertigung des Menschen allein aus Gnade zu lösen. Diese Akzentverschiebung durchzieht alle Phasen seines Lebens – auch sein Wirken vor der entscheidenden Wende im Krisenjahr 1888: der Weg vom Jenseits zum Diesseits, vom Egoismus zum Reich Gottes, vom einzelnen Menschen zur Gemeinschaft, vom seligen Menschen zur gerechten Welt, vom Nationalismus zur internationalen Bewegung. Mit dem Abschied von der individualistisch zugespitzten Lehre von der Rechtfertigung des Sünders allein aus Gnade hieß dies bei Christoph Blumhardt allerdings nicht, den konkreten, einzelnen Menschen, seine Würde und seine Eigenart aus dem Blick zu verlieren. Ganz im Gegenteil: Der wahrhaft befreite Mensch ist dann das, was er vor Gott schon immer war und noch ist – Gottes Geschöpf, Teil eines wunderbaren Ganzen, Kämpfer für eine neue Weltordnung, dem Leben zugewandt, ganz leibhaftig, mit Rechten und Würde ausgestattet oder alles in allem: ein freier Mensch. Auf diesem Wege fand Christoph Blumhardt auch einen Zugang zu der im ausgehenden 19. Jahrhundert sich erst langsam entwickelnden Menschenrechtsbewegung.

Mithilfe dieser kosmischen Friedenstheologie, die auf einen stetigen Fortschritt hin zum Reich Gottes sowie zur endzeitlichen Ausgießung des Heiligen Geistes hofft, ist es Christoph Blumhardt gelungen, an das Möttlinger Heilungsnarrativ »Jesus ist Sieger!« anzuknüpfen, um es schließlich nach 1888 durch die neue Losung »Sterbet, so werdet ihr leben!« erheblich umzuformen. Die Lehre von der Allversöhnung wird in Weiterführung des theologischen Narrativs »Christus ist Sieger!« durch Christoph Blumhardt in eine Theologie der Hoffnung für den gesamten Kosmos transformiert. Sie sollte in einmaliger Art und Weise zum beeindruckenden theologischen Kontrapunkt zur Politik im wilheminischen Zeitalter nach 1871 werden. Christoph Blumhardt vertrat in seinen Reden, Andachten und wenigen gedruckten Werken zeit seines Lebens auf diese Weise eine politische Theologie, die auch noch in ihrer größten Entfernung von der konfessionellen Kirche eine bleibende »fromme« Basis erkennen lässt. Christoph Blumhardt vereint damit in seiner Person Frömmigkeit und Engagement mitten in der Welt, Christusglaube und Politik, Glaubenstiefe und Gestaltungswille, Spiritualität und Weltinteresse, Weltdistanz wie Wille zur Erneuerung dieser Welt – ohne dass dabei die eine oder die andere Seite zu kurz kommen würde.

Ohne jeden Zweifel hat sich Christoph Blumhardt gerade in seiner Zeit als Vikar sowie als Inspektor im Kurhaus an seinem Vater Johann Christoph Blumhardt orientiert, um sich dann aber deutlich von ihm zu entfernen. Erst in seiner Eigenständigkeit oder Weiterentwicklung über seinen Vater hinaus wird der interessierte Betrachter Blumhardts Wirken recht würdigen können. Dabei vollzog sich die Abwendung von seinem Vater in den Jahren 1888 bis 1890 außerordentlich schmerzhaft. Christoph Blumhardt hielt in dieser Zeit über ein Jahr hinweg keine Andacht, verabschiedete sich ganz aus dem Kurbetrieb und begann, die Sinnhaftigkeit seines Lebens grundsätzlich in Frage zu stellen. Nach seiner Gesundung ging er einen eigenen theologischen Weg, stellte die ökonomischen Grundlagen des Kurbetriebs auf neue Füße, verabschiedete nacheinander die vier miteinander verbandelten Familien aus dem Kurhaus und setzte eine fundamentale Professionalisierung im Kurbetrieb durch. Spirituelle Heilungen wurden von ihm nach 1890 nicht mehr durchgeführt – im Gegenteil: Er meinte sich für die hinter ihm liegende Zeit einer »Heilungsanstalt« in Bad Boll noch entschuldigen zu müssen.

Das Verbindungsglied zwischen der Zeit vor seinem psychischen Zusammenbruch und der Zeit nach 1888 stellt eine Reich-Gottes-Hoffnung mit klaren Konturen dar:

Die Lehre vom doppelten Gerichtsausgang, die Unterscheidung von Erlösten und Verdammten, die Hoffnung auf ein jenseitiges Reich der Seelen, die Vorstellung vom Satan oder der Glaube daran, dass das Reich Christi wie ein Dieb in der Nacht komme und deswegen der Mensch letztlich ohnmächtig sei, lehnt Christoph Blumhardt massiv ab. An ihre Stelle setzt er die Hoffnung auf eine Allversöhnung der gesamten Schöpfung, auf eine Überwindung des Todes, auf eine neue Leiblichkeit, auf ein kosmisches Friedensreich sowie auf eine neue Gesellschaft. Die

Hoffnung auf sowie der Kampf für das kommende Reich Gottes war das Zentrum seiner Theologie. Die Frage des Menschen nach dem gnädigen Gott war für Christoph Blumhardt lediglich Ausdruck eines fehlgeleiteten, selbstverliebten »Seligkeitschristentums«, das er zutiefst ablehnte und für das er zeit seines Lebens kein Verständnis aufbringen konnte. Es stellt sich für ihn im Gegensatz dazu vielmehr die Frage, wie die gesamte Schöpfung endlich zu ihrer Erfüllung findet und was der Mensch an Hindernissen aus dem Weg räumen muss, um der Erlösung der Schöpfung den Boden zu bereiten. Christoph Blumhardt sah den ganzen Kosmos seit der Auferstehung unaufhaltsam auf diese neue Zeit vorwärts schreiten. Die alles bestimmende und in dieser Art zugespitzte Reich-Gottes-Theologie stellte damit aber auch alle traditionellen dogmatischen Lehrsätze in Frage: Die Lehre von der Sünde ist für Christoph Blumhardt nichts anderes als schwarze Pädagogik, die Lehre vom Opfertod Jesu am Kreuz ist gegenüber der Auferstehung Nebensache, die Lehre vom doppelten Gerichtsausgang nicht biblisch, die auf den einzelnen Menschen bezogene Lehre vom Heiligen Geist nichts anderes als Seligkeits-Irrsinn.

Das ist das Neue und Faszinierende seiner Theologie: Christoph Blumhardt denkt grundsätzlich auf das Ganze der Welt, auf den Kosmos, auf eine neue, internationale Ordnung, auf die gesamte Kreatur hin. In der Allversöhnungslehre ist die heute sogenannte »ökologische Frage« geradezu eingebettet. Jeder Abwertung der gesamten Kreatur gegenüber dem Menschen als der vermeintlichen »Krone der Schöpfung« erteilte er eine Absage. Durch alle Phasen seines Wirkens hindurch werden diese grundsätzlichen Hoffnungen aufrechterhalten. Sie sind die Basis für Blumhardts In Fragestellung des Fortschrittsglaubens in der Zeit Kaiser Wilhelms II., für seine scharfe Kritik am aufkommenden Militarismus, an der imperialen Politik des deutschen Kaiserreiches, am nationalen Denken sowie an der schon zu Blumhardts Zeiten spürbaren Ausbeutung der Natur.

Von der Reich-Gottes-Hoffnung her werden aber auch die konfessionell aufgestellten Kirchen in einer Radikalität in Frage gestellt, die auf dem Boden des christlichen Glaubens seines gleichen erst suchen muss. Nicht die fundamentale Reform der Kirchen war Blumhardts Anliegen, sondern die Überwindung der konfessionell aufgestellten Kirchen. In einer Zeit zunehmender Säkularisierung infolge der Industrialisierung setzte er nicht wie Adolf Stoecker auf Volksmission, sondern gestand der Entkirchlichung als Christ und Theologe erstaunlicherweise, in seiner Zeit außerordentlich mutig ihr legitimes Recht zu: Der unbewusste Christ ist für ihn der Mensch der Zukunft, die Achtung der Würde eines jeden Menschen und seiner Rechte wird für Christoph Blumhardt in einer späteren Phase geradezu zur Religion der Zukunft. Radikaler konnte die Kritik an den Kirchen auf dem Boden des christlichen Glaubens nicht ausfallen. Auch hier ist die Reich-Gottes-Theologie das entscheidende Movens der radikalen Kirchenkritik: Es kommt auf den Menschen, seine Freiheit und seine Entfaltung an, damit Gott an den dann freien Menschen handeln, seinen Geist ausgießen und die neue Zeit realisieren kann. Christoph Blumhardt war davon überzeugt, dass Gott nur an freien Menschen sein Werk durchsetzen kann. In den konfessionell aufgestellten Kirchen konnte er zu seiner Zeit dagegen keine Freiheit erfahren: Sie standen seinem Eindruck nach für Engstirnigkeit, Begrenztheit, Dogmatismus und Ausgrenzung Andersdenkender. Wurde diese Kirchenkritik direkt nach 1888 von Christoph Blumhardt noch mit heftigen Worten zum Ausdruck gebracht, so setzte sich nach 1894 die Einsicht durch: Die Zeit der Kirchen ist vorbei. Erst von dort aus konnte es Christoph Blumhardt gelingen, die Freiheitsbewegungen seiner Zeit verstärkt in den Blick zu nehmen. Das Entdecken der Zivilgesellschaft jenseits des Nationalstaats und der Kirchen ist damit ebenfalls etwas vollkommen Neues in seiner faszinierenden Theologie.

Epilog

Etwas anderes kommt schließlich zu seiner spezifischen Reich-Gottes-Theologie hinzu: Christoph Blumhardt rechnete fest mit dem Wirken des lebendigen Gottes. Es ist für ihn Grund jeder Dynamik in der Weltgeschichte, nicht der von den Menschen zu erlangende wahre Fortschritt. Wie kaum ein anderer seiner Zeit hat er den eschatologischen Vorbehalt zur Sprache gebracht: Gott wirkt alles in allem – und nicht der Mensch. Darum kann er sich fröhlich der Friedensbewegung in den 1890er Jahren zuwenden, 1900 die Sozialdemokraten voller Überzeugung unterstützen, sich ebenfalls gelassen wieder 1904 von ihnen entfernen und später der internationalen Bewegung sowie den neuen Erkundungs- und Friedensräumen jenseits der kirchlichen Strukturen seine Aufmerksamkeit schenken. Überall kommt es ihm nur auf die Stärkung der Freiheit des Menschen an. Von hier aus ist es auch absurd und vollkommen verfehlt, über Blumhardts Engagement für die Sozialdemokratie zu sagen, dies sei lediglich ein Fehler gewesen, den Christoph Blumhardt später eingesehen und durch eine neue Kirchlichkeit ersetzt habe.

Blumhardts Glaube an den lebendig wirksamen Gott, sein Glaube an den Menschen sowie von dort aus sein Glaube an die Erneuerung der gesamten Schöpfung ist mutig, anregend, faszinierend und bedeutsam bis heute. Jede Kopie in unsere Zeit hinein wäre vollkommen unangebracht. Dennoch: Wie Christoph Blumhardt stehen wir zu Beginn des 21. Jahrhunderts an einem Punkt, an dem wir auf die wirtschaftlichen Leistungen der zurückliegenden Jahrzehnte mit Stolz zurückschauen, zugleich jedoch auch ahnen, dass diese Lebensweise nicht auf Dauer gesetzt werden kann, ohne dass es zur globalen Katastrophe kommt. Wie Christoph Blumhardt erleben wir in der Gegenwart, die nicht anders als global verstanden werden kann, die Wiedergeburt nationalistischen Denkens und wissen insgeheim doch, dass dieses Denken in »First«-Kategorien der falsche Ansatz ist. Wie Christoph Blumhardt beobachten auch wir im beginnenden

21. Jahrhundert verstärkt, dass die konfessionellen Kirchen ihre Relevanz eingebüßt haben und dass es eigentlich keinen Sinn mehr ergibt, mit allen Mitteln deren flächendeckende Existenz noch zu sichern. Längst haben sich neben den bestehenden, institutionell gefestigten Kirchen Bewegungen entwickelt, die sehr viel effektiver um die Freiheit der Menschen kämpfen als es die Kirche tut. Warum soll es abwegig sein, diesen Bewegungen in aller Freiheit eine besondere Würdigung zukommen zu lassen? Wie Christoph Blumhardt stehen wir in der Gegenwart des 21. Jahrhunderts an einem Punkt der Gesellschaftsentwicklung, an dem die Freiheit des Denkens und Handelns so groß war wie noch nie – und doch ducken sich die Menschen davor weg, diese Freiheit dazu zu nutzen, in eine neue Zeit, eine neue Gesellschaft und in eine neue, zukunftsfähige Weltordnung aufzubrechen. Stattdessen legt sich ein Kulturpessimismus wie Mehltau auf das Denken, auf das gesellschaftliche Leben und auf die seelische Befindlichkeit vieler Zeitgenossen. Die Worte, die Paulus im ersten Korintherbrief seinen Zeitgenossen in den Mund legte, »Lasst uns fressen und saufen, denn morgen sind wir tot«, dürfte auch heute auf die Befindlichkeit nicht weniger Menschen angesichts einer vermeintlich verschlossenen Zukunft zutreffen. Christoph Blumhardt setzte solch einer Haltung einen fröhlichen Optimismus entgegen, weil er fest an Gottes Wirksamkeit glaubte.

Christoph Blumhardt ist mit seiner Biographie ein Theologe, der mit einem lebendigen Optimismus und einem überzeugenden Enthusiasmus für eine neue Zeit gelebt hat. Darin ist er gerade in unserer Zeit ein faszinierender und prophetischer Pazifist, Prediger und Politiker, dessen Stimme wieder stärker Gehör finden sollte. Insbesondere durch einen Freundeskreis, der direkt nach seinem Tod Blumhardts Denken verkirchlichen wollte, hat uns seine Stimme leider in einem sehr unzureichenden, in weiten Teilen auch verzerrenden Stil erreicht. Wenn diese Biographie dazu einen korrigierenden Beitrag liefern konnte, wäre meines Erachtens viel gewonnen – gerade um unserer Zukunft willen. Diese nicht aus den Augen zu verlieren und diese engagiert zu gestalten, dafür leben wir als Gottes Zeugen in dieser Welt. Genau diese visionäre Kraft des Glaubens zu entdecken, auch die Vorstellung von der Allversöhnung zu bedenken und auf das Ganze der werdenden Schöpfung zu setzen, ist das, was uns abverlangt ist. Wir brauchen in unserer Theologie wieder eine in unsere Sprache übersetzte Reich-Gottes-Hoffnung. Christoph Blumhardt ist es zu seiner Zeit gelungen; für uns liegt die inspirierte und inspirierende Erfüllung dieser Aufgabe noch vor uns. Blumhardts Biographie und Wirken kann dazu anregen, diese Suche verstärkt wieder aufzunehmen.

NACHWORT

von Jürgen Kampmann

Was ein »Nachwort« nicht ist –
und was es zu leisten vermag

Ein Nachwort hat eine andere Funktion als ein Vorwort, als ein Grußwort, als ein Kommentar, als eine Rezension. Es steht bewusst der Lektüre nicht voran, will Leserinnen und Leser nicht (wie ein Vorwort) mit guten Argumenten und aufblitzenden Einzelaspekten erst für das Lesen der dann folgenden Darlegung gewinnen. Es schickt sich auch nicht (wie ein Grußwort) an, dem Autor des Textes und dem von ihm zur Darstellung gebrachten Sachanliegen die Reverenz zu erweisen und dieses ehrerbietige »Hutziehen« öffentlich zu machen. Aufgabe eines Nachwortes ist es weiterhin nicht, die gegebene Darstellung zu kommentieren, also sie zu erläutern, »a diligent meditation upon something, a studying, a careful preparation« zu sein, wie Charlton T. Lewis im »Latin Dictionary« 1879 die lateinische Vokabel »commentatio« in englischer Sprache umschrieben hat.[324] Und schon gar nicht wäre es angemessen, ein Nachwort als erste Rezension (also fachmännische Beurteilung, Prüfung, Einschätzung) des vorgelegten Werkes zu konzipieren, so dass Leserinnen und Leser per Nachwort mit dem Erwerb bzw. der Lektüre des Buches gleich auch dessen (mehr oder minder gegründete, mehr oder minder wohl- oder gar übelwollende) Kritik mit eingekauft hätten.

Das »Nachwort« (jedenfalls dieses) soll nicht mehr und auch nicht weniger leisten, als angesichts der unternommenen Lektüre der Darstellung und angeregt durch diese zusätzliche Perspektiven zu eröffnen. Dass es solche anderen Perspektiven auf einen Menschen und dessen hernach wahrzunehmenden Lebensgang gibt, ja dass es ganz viele solche anderen Perspektiven schon zu Lebzeiten eines Menschen gegeben hat, ist an sich eine Selbstverständlichkeit, weil schon die Gegenwart, die jetzt im Augenblick erlebte Wirklichkeit, von keinen zwei Menschen identisch wahrgenommen werden kann, weil sie, auch wenn sie ein Geschehen direkt nebeneinander stehend beobachten, dieses dennoch nicht exakt gleich wahrzunehmen in der Lage sind, weil ihr Standort eben nicht ein identischer, sondern ein verschiedener ist. Um wieviel mehr ist das aber der Fall bei einer nach vielen Jahrzehnten auf eine Persönlichkeit rückschauenden Betrachtung, die nicht auf unmittelbare Betrachtung, sondern in der Hauptsache auf Papier konservierten Textzeugnissen sowie einer Bildüberlieferung basiert, die aus einer 77 Jahre umfassenden Lebenswirklichkeit bei zehn Bildern zehn Sekunden, bei einhundert Bildern einhundert Sekunden optisch fixiert hat – und das wiederum jeweils auch nur aus einer von prinzipiell unendlich vielen möglichen Perspektiven heraus! Wenn Martin Luther auf dem Stück Papier, das er als letztes in seinem Leben in Eisleben beschrieben hat, unter anderem notiert hat: »Den Vergil kann in seinen Bucolicis und Georgicis niemand verstehen, er sei denn fünf Jahre Hirte oder Landwirt gewesen; den Cicero in seinen Briefen (so stelle ich mirs vor) versteht niemand, wenn er nicht zwanzig Jahre in einem hervorragenden Staatswesen sich betätigt hat«,[325] dann markiert das hinreichend, vor welcher Aufgabe eine jede biographische Darstellung steht, wie partiell sie unvermeidlich bleibt, wie nötig es ist, in ihr keine abschließende (im ureigenen Sinn dieser Vokabel) Betrachtung zu sehen, sondern eine Anregung, es bei der vorgelegten, gelesenen, skizzierten Kontur gerade für die Zukunft nicht allein bewenden zu lassen.

Nachwort von Jürgen Kampmann

Ungesuchte Begegnung mit Christoph Blumhardt – mit unklarem Profil

Wo begegnet man der Person und dem Denken Christoph Blumhardts am Ende des zweiten Jahrzehnts des 21. Jahrhunderts ungesucht – also wenn man nicht dezidiert nach Informationen oder Lektüre über ihn im Internet, einer Bibliothek, einem Archiv oder bei einer Exkursion an den Hauptort seines Wirkens nach Bad Boll Ausschau hält? Da es kein Christoph-Blumhardt-Museum, keine Christoph-Blumhardt-Dauerausstellung an prominentem Ort gibt, am ehesten wohl in einem Gottesdienst oder in einer kirchlichen Veranstaltung, wenn darin tatsächlich einmal das in der Ausgabe des Evangelischen Gesangbuchs (EG) für Württemberg bewahrte Lied »Des Menschen Sohn wird kommen, des freuen wir uns all« aus der Feder von Christoph Blumhardt aufgeschlagen und angestimmt werden sollte:

> »1. Des Menschen Sohn wird kommen,
> des freuen wir uns all;
> vereint mit allen Frommen
> und mit der Sel'gen Zahl
> sind wir darauf gerichtet,
> dass bald der Heiland naht,
> da sich's auf Erden lichtet
> in fühlbar großer Gnad.
>
> 2. Wir können's kaum erwarten,
> wir zählen Stund und Zeit;
> wie einst die Gläub'gen harrten,
> so stehn wir jetzt bereit.
> In göttlichen Geleisen
> wir glaubend schreiten fort.
> Fest steht, was uns verheißen
> nach Gottes Eid und Wort.

3. Doch will die Zeit uns lähmen,
man spottet unser gar,
und viele auch sich schämen
an dem, was fest und klar.
Da gilt es, fest zu glauben,
zu wachen allezeit,
dass niemand mög uns rauben
der Hoffnung Freudigkeit.

4. So wache denn, o Seele,
und schlummre ja nicht ein,
dass es dir dann nicht fehle,
wann bricht die Zeit herein,
die Zeit der großen Gnaden
für alle Kreatur,
die, jammervoll beladen,
kaum ahnt der Freiheit Spur.

5. O lerne wachen, beten
in diesem Jammertal,
wo alles seufzt zertreten
in herber, dunkler Qual.
Es gilt, mit heißem Flehen
zu schreien Tag und Nacht,
dass bald wir mögen sehen
der lautren Gnade Pracht.

6. Ja, wachet alle, alle!
Bleibt himmlisch hoch im Geist,
lauscht dem Posaunenschalle,
der bald die Luft zerreißt.
Doch wachet auch hienieden,
seid Kämpfer in der Zeit;
im Wachen habt ihr Frieden
schon jetzt in Kampf und Streit.«[326]

Die württembergische Evangelische Landeskirche hat damit immerhin ein kleines Stück »aktivierbares« kollektives Gedenken an Blumhardt eingerichtet, und das auch nicht erst seit kurzem, sondern schon (wenn auch – nur schwer nachvollziehbar – um die fünfte Strophe beraubt) auch in dem dem Evangelischen Gesangbuch von 1996 vorangehenden, 1953 herausgegebenen Evangelischen Kirchengesangbuch, Ausgabe für die Evangelische Landeskirche in Württemberg (EKG).[327] Welche »message« wird auf diese Weise mit Blick auf Christoph Blumhardt vermittelt? Aufschlussreich ist ein Vergleich der Informationen über ihn, die in den jeweiligen diesen Gesangbüchern beigefügten Kurzbiographien über die bloßen Lebensdaten hinausgehen. Seit 1996 (und damit in der Gegenwart) erfährt man im EG: »Vikar in badischen und württembergischen Gemeinden, seit 1869 Mitarbeiter seines Vaters Johann Christoph Blumhardt in Bad Boll und nach dessen Tod 1880 Leiter des Kurhauses, von 1900 bis 1906 sozialdemokratischer Abgeordneter im württembergischen Landtag«.[328] Man könnte auch formulieren: Irgendeine nähere Orientierung über Blumhardts Denken und Handeln wird damit nicht vermittelt. Im EKG von 1953 findet sich über die vergleichbar knappe Information über Blumhardts Wirken bis zur Übernahme der Leitung in Bad Boll hinaus immerhin der interpretierende Satz: »Seine Erkenntnis ›Jesus ist der Mensch der Menschen‹ führte ihn aus engen kirchlichen Bindungen auch in die Politik (1900–1906 Landtagsabgeordneter)«.[329] Aber was das nun de facto heißt, erfährt auch hier keine nähere Konturierung oder Erläuterung: Im Wesentlichen bleibt nur die in den Formulierungen der Strophen des Blumhardt-Liedes selbst zum Ausdruck kommende Perspektive, um eine Vorstellung von dessen Verortung und Verankerung, dessen Intentionen und Impulsen zu gewinnen und aufzunehmen. Die ist (angesichts der in evangelischen Gesangbüchern nun einmal üblichen Rubrizierung der Lieder) allerdings vorgeprägt dadurch, dass Blumhardts Lied eingeordnet worden ist in die Sektion »Ende des Kirchenjahres« und damit eingeordnet ist in einen Kontext, der in der öffentlichen Wahrnehmung in aller Regel geprägt ist von einer (ja erst in der zweiten Hälfte des 20. Jahrhunderts in dieser Weise konstruierten) Wahrnehmung der depressiv wirkenden kalendarischen Termin-Abfolge: Volkstrauertag – Buß- und Bettag – Totensonntag. Selbst wenn man dem (theologisch-liturgisch korrekt) die eschatologische, mit dem Ewigkeitssonntag ihren glanzvollen Höhepunkt findende himmelan-aufsteigende Linienführung durch die letzte Phase des Kirchenjahres entgegensetzt: Kommt das, was Christoph Blumhardt in seinen Strophen zum Ausdruck bringt, in diesem Kontext richtig zu stehen?

Wohl nur auf einen ersten, flüchtigen und damit ziemlich oberflächlich bleibenden Blick. Denn so deutlich Blumhardt schon mit der ersten Zeile »des Menschen Sohn wird kommen« unmittelbar an Matthäus 25,31(–46) und damit an das Himmelreichsgleichnis »Vom Weltgericht« anknüpft und auch dessen die Glaubenden letztendlich aufrichtenden Duktus ganz in den Vordergrund stellt (»des freuen wir uns al«, »wir können's kaum erwarten, wir zählen Stund und Zeit«, »fest steht, was uns verheißen nach Gottes Wort und Eid«, »bleibt himmlisch hoch im Geist«), so unverkennbar gilt sein vorrangiges Interesse doch nicht einem Träumen von dieser ersehnten Zukunft als solcher, sondern dem Wahrnehmen der bis dahin von den Glaubenden zu durchlebenden, zu gestaltenden, zu bestehenden Zeit und ganz und gar noch irdischen (!) Lebenswirklichkeit: »in göttlichen Geleisen wir glaubend schreiten fort«, »o lerne wachen, beten in diesem Jammertal, wo alles seufzt zertreten in herber, dunkler Qual«, »doch wachet auch hienieden, seid Kämpfer in der Zeit«. Das hebt Blumhardt hervor gerade angesichts der offenbar zeitgenössisch deutlich zu machenden Beobachtung, dass eine eschatologische Erwartung und eine dieser entsprechende Lebenshaltung in der Gesellschaft einfach abgetan wird (»man spottet unser gar«) und deshalb auch von Glaubenden nicht mehr öffentlich zu vertreten gewagt wird (»und viele auch sich schämen an dem, was fest und klar«).

So charakteristisch bei solch einer ungesucht-zufälligen Begegnung mit Christoph Blumhardt auf diesem Wege dessen Perspektive gerade auch auf die Situation der Glaubenden auf Erden in seinen Strophen aus dem Jahr 1888 zum Ausdruck kommt, so wenig gibt sie aber damit bereits einen Hinweis zum Beispiel auf dessen späteres (wenn auch auf wenige Jahre beschränktes) öffentliches parteipolitisches Engagement. Christoph Blumhardt auf dem Feld der praxis pietatis »über den Weg zu laufen«, lässt ihn erkennbar werden als erdverbundenen Theologen, der erfüllt ist von unbeirrbarer Zuversicht, dass Gott die immer wieder desolate irdische Wirklichkeit überwinden und zum Guten wandeln wird, und dass diese Perspektive auch in den Niederungen der Tage des irdischen Lebens trägt (»im Wachen habt ihr Frieden, schon jetzt in Kampf und Streit«). Aber damit ist eben gewiss nicht der »ganze« Christoph Blumhardt gesehen, entdeckt und verstanden!

Gesuchte Begegnung mit Christoph Blumhardt – nun mit klarerer Kontur

Jörg Hübner hat in seiner nun hier vorliegenden Darstellung eine neue Begegnung mit Christoph Blumhardt gesucht – genauer: Er hat mit dieser Darstellung Teilhabe an einer von ihm gesuchten Begegnung eröffnet. Wie eigentlich bei einer jeglichen historischen Darstellung, die auf Quellenmaterial fußt, stellt diese bei quantitativer Betrachtung nur einen kleinen, ja sehr kleinen Anteil der tatsächlich bestehenden Quellenbasis dar – wollte man einen Vergleich unternehmen, könnte man von der sichtbaren »Spitze des Eisbergs« sprechen. Fehlleitend an diesem Vergleich ist allerdings die sich wie von selbst einstellende Assoziation, dass die Quellenbasis so frostig, hart und unzugänglich wäre wie die unterhalb des Wasserspiegels liegende Hauptmasse eines Eisbergs, zutreffend daran indes, dass die große Menge dessen, was die sichtbare Spitze des Ganzen trägt, eben dem Auge des Betrachters und damit dessen eigener Beurteilungsmöglichkeit verborgen bleibt. Umso dankenswerter und hilfreicher ist es, dass Jörg Hübner diesem Problem immerhin dadurch entgegensteuert, dass er seiner Biographie acht Quellentexte (im quantitativ schon beträchtlichen Umfang von mehr als zehn Prozent des Gesamtumfangs der Darstellung) beigegeben hat, die Einblick in den Bereich der von Christoph Blumhardt unternommenen christlichen Verkündigung im Rahmen von Andachten geben – aus den vier Jahrzehnten zwischen 1875 und 1915. Dennoch: Selbst wenn man diesen Quellen zubilligt, pars pro toto oder repräsentativer Querschnitt zu sein, stellen sie aber doch nur einzelne Belege aus dem glücklicherweise so umfangreich erhaltenen und privaten Nachlass von Christoph Blumhardt dar.

Die Leistung, diesen Nachlass in den zurückliegenden drei Jahren nun breit durchmustert haben zu können, verleiht der vorliegenden Biographie ihr besonderes Gewicht – und bringt die Forschung voran. Sie ist vor dem Hintergrund zu lesen, dass frühere Editionen und Darstellungen (u. a. von Eugen Jäckh, Gottliebin Blumhardt und Johannes Harder) zu Wirken und Wesen Christoph Blumhardts unverkennbar von bestimmten, in der Rückschau auch recht präzise zu beschreibenden zeitgenössischen Interessen geleitet gewesen sind. Um die im Laufe der Jahrzehnte begegnende Bandbreite der Blumhardt-Interpretationen zu konkretisieren, sei nur auf folgende Charakterisierungen hingewiesen:

Eugen Jäckh 1927: »Die Botschaft beider B[lumhardts], die bei aller Verschiedenheit im einzelnen doch eine geistige Einheit bildet, ist nicht theologischem Denken entsprungen, kann deshalb auch so wenig wie die Botschaft der Bibel systematisch erfaßt werden, ohne daß ihr Gewalt angetan wird. Beide sind nicht Männer des Denkens, sondern des Lebens und Erlebens.«[330] –

Johannes Harder 1947: »Er [Christoph Blumhardt] stand im Hintergrund, sein Pfeifchen rauchend, und vermied es, sich irgendjemand aufzudrängen. […] Und in seinem ungewöhnlichen Vertrauen zu Gott lag seine Kraft. Die Frohe Botschaft ist ja kein Marktartikel, den wir den Leuten aufschwatzen müssen. […] Und darum konnte er hinter der Sache zurücktreten – der Sache Gottes.«[331]

Werner Raupp 1998: »So verlieh er [Christoph Blumhardt] Bad Boll einen betont freiheitlichen Charakter und bekämpfte den pietistischen Heilsindividualismus. […] Nicht zuletzt vom Fortschrittsoptimismus seiner Zeit angeregt, verkündigte B[lumhardt] in den folgenden Jahren [nach 1894] die Diesseitigkeit des anbrechenden Reiches Gottes […]: dessen politisch-gesellschaftliche Konkretion in den sozialen zeitgesch[ichtlichen] Ereignissen. […].«[332]

Und Dieter Ising 2016 mahnend: »Andere halten vor allem das Andenken des Sohnes [Christoph Blumhardt] hoch. […] Interessant ist nicht mehr die ganze Botschaft […] Hervorgehoben und verehrt wird nur noch das, was einem selber […] gefällt. […] Wenn das geschieht, muss Einspruch erhoben werden.«[333]

Es stand also an, aus Anlass des 100. Todestages Christoph Blumhardts im Jahr 2019 sich neu um eine biographische Darstellung zu mühen, gesucht und zielgerichtet bestimmt von den für eine (kirchen-)historisch-wissenschaftliche Untersuchung nun einmal zu beobachtenden Grundsätzen, also geleitet von nüchterner, möglichst von Sympathie wie von Antipathie frei bleibender, auch nicht von Meter zu Meter nach Gegenwartsbezügen und Wertungen lechzender Nachzeichnung dessen, was den Protagonisten (hier: Christoph Blumhardt) in seinem Denken und Handeln zu unterschiedlicher, nicht stehenbleibender Zeit mit sich deutlich verändernden Rahmenbedingungen des Lebens geprägt und bestimmt hat, was von ihm, mit ihm, durch ihn angeregt und ausgeführt worden ist, woran er sich vergeblich gemüht hat, was er – obwohl es in sein Blickfeld geraten ist oder hätte geraten müssen – doch nicht realisiert hat, wofür sein Blick gehalten war, was er vielleicht auch nicht hat wahrnehmen wollen.

Realisiert ist dies mit der nun vorliegenden Lebensskizze jetzt erst in einer (angesichts der gegebenen Rahmenbedingungen aber ausgesprochen eindrücklichen!) ersten Stufe. Angesichts der beruflichen Pflichten des Verfassers in und für Bad Boll beeindruckt die (auch in den Belegen für die Darstellung in den beigegebenen Fußnoten sich widerspiegelnde) breite Rezeption des vor Ort neu erreichbaren Quellenmaterials. Die (vorrangigen) Alltagspflichten haben im Wege gestanden, etwa nach den Gegenüberlieferungen zu dem in Bad Boll vorliegenden Schriftwechsel in anderen Nachlässen und auswärtigen Archiven zu forschen, nach noch weiteren Quellen in staatlichen Archiven, die Blumhardts politisches Engagement aus parlamentarischer oder Partei-Perspektive beleuchten – oder etwa auf der Ebene einer kontinuierlichen durch die Jahrzehnte hindurch vorgenommenen Auswertung der Tagespresse (und auch kirchlichen Presse) zu prüfen, wie »Bad Boll« und Christoph Blumhardt in der öffentlichen bzw. veröffentlichten Meinung zeitgenössisch lokal und regional wahrgenommen (oder nur wenig oder gar nicht?) worden sind. Hier »schlummert« noch ein sehr zeitaufwendiger Forschungsbedarf. Das Interesse, dem weiter und intensiv nachzugehen, erfährt durch die vorliegende neue Biographie einen sehr wünschenswerten Schub.

Deshalb wäre es auch ganz falsch wahrgenommen, wenn das angezeigte Desiderat verstanden oder ausgedeutet würde als eine Kritik daran, die ohne eine solche noch weitergehende Forschung konzipierte und formulierte Darstellung jetzt überhaupt veröffentlicht zu haben. Denn sie leistet in mehreren Hinsichten unverzichtbare Dienste:

1. eine klare Konturierung unterschiedlicher Lebensphasen und -orientierungen Christoph Blumhardts und eine dementsprechende, dann auch Deutung ermöglichende spezifische Zu- und Einordnung seines Wirkens in die jeweilign zeitgenössischen Kontexte,
2. eine Präzisierung der das Leben im Kurhaus Bad Boll bestimmenden Faktoren – personell-kybernetisch, ökonomisch, theologisch-spirituell wie ideell, ja in mancher Wegstrecke auch ideologisch,
3. den Vorschlag einer langfristig, ja lebenslang wirkenden dezidiert theologischen Prägung und Verortung des Denkens und Wirkens Christoph Blumhardts in den von Johann Tobias Beck in Blumhardts Studienjahren konturierten systematisch-theologischen Akzentsetzungen,
4. das Einbeschreiben der zwischen Blumhardt und der württembergischen Kirchenleitung sich entwickelnden tiefgreifenden Abständigkeit in diesen Horizont,
5. die Ein- und Zuordnung des politischen Engagements Blumhardts für die Sozialdemokratie in deren um die Wende zum 20. Jahrhundert bestehenden Gestalt und internen Konflikte in den Horizont seiner theologischen Ausrichtung,
6. die Ausformung seiner eschatologischen Reich-Gottes-Vorstellung zur Anwendung auf irdische Realitäten bis hin zu einer prononcierten Einforderung von Gewaltverzicht angesichts weltweiten imperialen Agierens und insbesondere der vernichtenden Wirkungen des Ersten Weltkriegs.

Die von Jörg Hübner gesuchte (und reich und vielgestaltig gefundene!) Begegnung mit Christoph Blumhardt in den Bad Boller Archivalien führt so bei aller in ihr deutlich werdenden Wahrnehmung der Blumhardts Lebensweg prägenden Realitäten (nicht zuletzt auch im unmittelbar familiär-privat-persönlichen Bereich) dennoch zu der Kontur einer außerordentlich klar immer wieder von theologischen Leitlinien bestimmt handelnden Persönlichkeit mit einer Perspektive allermeist weit über den jeweiligen Augenblick hinaus.

»Epilog« und »Nachwort« als Herausforderungen

Zum Schluss noch eine Bemerkung zu einer scheinbaren Doppelung in diesem Band, bietet doch diese Biographie über den »Epilog« des Verfassers hinaus nun noch dieses »Nachwort« aus anderer Feder. Hier ist kein Versehen bei der Konzeption unterlaufen, die dann oberflächlich durch die Verwendung unterschiedlicher Worthülsen kaschiert worden wäre, indem zunächst der aus der griechischen Sprache entlehnte Terminus (»Epilog«) und dann der der deutschen Sprache entnommene (»Nachwort«) genutzt wird. Es ging bzw. geht vielmehr darum, an diesen beiden Stellen sehr unterschiedliche Aspekte zum Tragen zu bringen und bewusst zu machen:

So hat es der Verfasser in seinem »Epilog« unternommen, den Ertrag des »Durchgangs« durch seine Forschung noch einmal pointiert zu präsentieren: Dass er Christoph Blumhardt nunmehr beschreibt als von »der Vision eines gerechten, friedvollen Lebens beseelten Pazifisten, Prediger und Politiker« (welch ein Stabreim!) – einer Vision, die er theologisch fundiert sieht als »durch Gott in der Auferstehung Jesu gesetzte Wirklichkeit« – und ihm eine »kosmische Friedenstheologie« attestiert, mit der er in einem bemerkenswerten Kontrast zum politisch-imperialen Mainstream des Wilhelmischen Zeitalters stand. Hand in Hand ging dies mit einer »Modernisierung« der Ausrichtung des Kurbetriebs in Bad Boll ab 1888/1890, die einerseits einen entschiedenen Abschied von der bis dahin (von

Blumhardts Vater etablierten und praktizierten) individual-subjektiven Spiritualisierung dargestellt hat, die aber andererseits an deren Stelle nun gerade nicht eine Säkularisierung, sondern eine neue Theologisierung hat treten lassen, die bestimmt war von dem Gedanken einer kollektiv orientierten Hoffnung auf die wirkmächtige Realisierung der Macht und des lebensraumwirkenden und -gewährenden Reiches Gottes nicht erst im Eschaton, sondern in der Welt hier und jetzt. Dabei hat er aber insistiert auf der Überzeugung: Gott wirkt alles in allem – nicht der Mensch. Dieses unbeirrte Vertrauen auf die Wirkmächtigkeit Gottes habe Christoph Blumhardt einen freien Rücken verschafft zum sozial-ökonomischen wie friedensethischen Engagement, konkretisiert etwa in der zeitweisen Unterstützung wie dann auch wieder der Abkehr von der Sozialdemokratie – und ihm einen weiten Horizont jenseits der kirchlich-konfessionellen Strukturen seiner Zeit eröffnet.

Dieses Resümee wird dann ausgezogen bis hin auf die Diskussion einer Gegenwartswahrnehmung des frühen 20. Jahrhunderts, die diese mit der Gegenwartswahrnehmung unserer Tage im 21. Jahrhundert parallelisierend ins Benehmen setzt: »Wie Blumhardt stehen wir …«.

Dieser (aus systematisch-theologischer Perspektive sich anbietende) Schritt eines Ausziehens der Linie des Forschungsergebnisses zu Blumhardts Wirken im späten 19. und frühen 20. Jahrhundert im »Epilog« in die Gegenwart soll indes hier im »Nachwort« bewusst nicht mitgegangen werden – und stattdessen (aus dem Blickwinkel des Faches Kirchengeschichte) ein Plädoyer für eine Zurückhaltung, solchen Weg einzuschlagen, vorgetragen und als Alternative zur Diskussion gestellt werden. Und zwar zuerst aus der ganz generellen Erwägung heraus, dass eine solche Parallelisierung von einst und heute nur zu leicht das bewusste Erfassen der Differenzen zwischen dem Damals und der Gegenwart zurücktreten lässt. Um es zu konkretisieren: Der mentale Horizont der deutschen/württembergischen Gesellschaft zu Beginn des 20. Jahrhunderts unterscheidet sich von dem unserer Gegenwart gravierend. Das seinerzeit breit propagierte und – soweit es sich feststellen lässt – auch in der großen Mehrheit der Bevölkerung wie selbstverständlich mitgetragene imperiale Denken, das Streben des Deutschen Reiches unter Kaiser Wilhelm II. nach einem Rang auf Augenhöhe unter den anderen europäischen Kolonialmächten, nach einem »Platz an der Sonne«, das einherging mit einem wie selbstverständlichen Überlegenheitsgefühl aufgrund eines immensen technisch-wissenschaftlichen Vorsprungs gegenüber anderen Kulturen und – schlimmer – gegenüber den in diesen anderen Kulturen verwurzelten Menschen, hat in unserer Gegenwart kein dem auch nur annähernd nahekommendes gesellschaftliches Pendant. Ebenso fand der gesamtgesellschaftliche Diskurs vor einem Jahrhundert in gänzlich anderen Bahnen statt: weithin bestimmt durch eine an Personenzahl (relativ an der Gesamtbevölkerung bemessen) nur sehr kleine (Bildungs-)Elite – der aber Christoph Blumhardt (als Pfarrerssohn schon von Kindesbeinen an) mit Universitätsstudium und durchlaufener pastoraler Ausbildung zugehörte –, was diesem selbst ja auch durchaus bewusst war.[334] Stehen diese Aspekte einer Parallelisierung von Einst und Heute nicht massiv im Wege – bzw. werden diese Aspekte nicht viel zu gering veranschlagt, wenn man sie überspringt?

Bei einer solchen Parallelisierung droht dann als (sicher ganz ungewollter) Effekt zudem, dass auch das theologische Gedankengut Christoph Blumhardts und das diesem Gedankengut zweifellos innewohnende kritische Potential im Ergebnis massiv an Relevanz gerade nicht gewinnen, sondern verlieren könnte – angesichts des leicht zu führenden Nachweises, dass Blumhardts »Breitenwirkung« schon zu seinen Lebzeiten eine durchaus begrenzte geblieben ist, jedenfalls wohl bei weitem nicht zu vergleichen mit der etwa von pastoralen Zeitgenossen wie Friedrich von Bodelschwingh[335] in Bethel oder Adolf Stoecker[336] in Berlin. Der erweislich von Christoph Blumhardt ausgehenden Ausstrahlung über sein unmittelbares Wirkungsfeld Bad Boll hinaus nachzugehen, sei an dieser Stelle als ein – sehr anspruchsvolles an Zeit und Aufwand – ausstehendes Forschungsdesiderat vermerkt. Setzte man Einst und Heute parallel, geriete man nur zu schnell auch vor die Frage, warum, wenn das kritische Potential der Überzeugungen Blumhardts schon seinerzeit nur wenig Gehör und Veränderung in Kirche und Gesellschaft zu gewinnen bzw. zu bewirken vermochte, denn dies – unter angeblich recht vergleichbaren Gegebenheiten – in der Gegenwart zu erhoffen wäre.

Dieses »Nachwort« sei darum genutzt, über den beeindruckenden Ertrag der hier unternommenen Forschung hinaus mit allem Nachdruck die Anregung zu geben, nicht damit nachzulassen, weiter Zeit und Mühe darein zu investieren, Christoph Blumhardt als einen Zeitgenossen seiner Zeit *in* seiner Zeit und *aus* seiner Zeit heraus zu erkennen und zu verstehen zu versuchen. Ganz konkret: Sich dafür einzusetzen, dass Forschungsbedingungen geschaffen werden, die nicht nur den wissenschaftlichen Zugang zum Nachlass Blumhardts durch dessen tiefere archivische Erschließung erleichtern, sondern es auch ermöglichen, Blumhardt-Forschung in weiteren Aktenbeständen und Nachlässen in auswärtigen Archiven zu betreiben. Ein (sehr wünschenswerter) (Neben-)Effekt dürfte darin bestehen, auch vom Beziehungsgeflecht Kirche/Gesellschaft jener Dezennien insbesondere in Württemberg einen viel präziseren Eindruck zu gewinnen und in diesem historischen Beziehungsgeflecht nicht nur Blumhardts Denken und Agieren, sondern auch das seiner (an ihm mehr oder auch weniger interessierten) damaligen Freunde und Kritiker differenzierter wahrzunehmen.

Nachwort von Jürgen Kampmann

(K)Ein letztes Wort

Das letzte Votum und damit die letzte Akzentsetzung im »Nachwort« soll (wie es sich für eine an den Quellen orientierte Arbeit schickt) Christoph Blumhardt selbst gehören:

> »Und wenn es weiter gilt zu kämpfen,
> wir kennen Dich, Du Siegesheld,
> der alle Feinde noch wird dämpfen
> und Heil bringt bald der ganzen Welt.
> Du aber, unser Heiland, stärke
> mit heilgem Geist die Herzen heut,
> dass wir hinfort in Deinem Werke
> mit ganzer Treue stehn bereit.«[337]

Der Schwung dieser ganz auf den auferstandenen Christus gerichteten Hoffnung und die Bitte um eine darauf gegründete Bereitschaft zum Handeln in *seinem* Werk: Bleiben sie nicht zeitlos für die Christenheit relevant? Und bieten sie nicht zugleich den Impuls, unbefangen darüber zu reflektieren, ob Christoph Blumhardt nicht doch in vieler Hinsicht reformatorisch-konservativer verwurzelt gewesen ist, als es auf den ersten Blick erscheinen mag, ja als er es selbst formuliert hätte? Liegt das, was etwa ein Paul Speratus[338] schon 1523 im reformatorisch-dogmatischen Lied »Es ist das Heil uns kommen her / von Gnad und lauter Güte« einschärft, nicht auf gleicher Wellenlänge: »Der Glaub gibt von sich aus den Schein, / so er die Werk nicht lasset«, »dem Nächsten wird die Lieb Guts, / bist du aus Gott geboren« und »Die Werk, die kommen gwisslich her / aus einem rechten Glauben, / denn das nicht rechter Glaube wär, wollst ihn der Werk berauben« – ja schließlich: »sein Reich zukomm, sein Will auf Erd / gscheh wie im Himmelsthrone«?[339]

Anhang

ZEITTAFEL

01.06.1842	Geburt in Möttlingen
03.07.1852	Übersiedlung nach Bad Boll
1858	Gymnasium in Stuttgart
1859–1862	Seminar Bad Urach
1862–1866	Studium in Tübingen
1866–1867	Vikariat
1869–1880	Inspektor in Bad Boll
12.05.1870	Heirat mit Emilie Bräuninger
26.01.1872	Tod von Gottliebin Dittus
25.02.1880	Tod von Johann Christoph Blumhardt
Februar 1881	Klärung der Nachfolgeregelung
1885	»Erbauliche Einblicke in die ersten Blätter der Heiligen Schrift«
1886	»Erbauliche Einblicke in die ersten Kapitel der Offenbarung«
06.07.1886	Tod von Doris Blumhardt, geb. Köllner
26.01.1887	Tod von Katharina Dittus
1887	Bau des Gästehauses Eckwälden
März 1888	Ansprachen und Vorträge in Berlin
20.03.1888	Tod von Hans-Jörg Dittus
Mai/Juni 1889	Italienreise
März 1890	Kur in Bad Wörishofen
16.06.1891	Tod von Friedrich Zündel
15.03.1892	Heirat von Theophil Brodersen und Dorothea Blumhardt
Mai/Juni 1892	Hermann Hesse zu Gast in Bad Boll
01.01.1894	Aufgabe des Sonntagsgottesdienstes im Kurhaus

Januar 1894	Verlust der parochialen Rechte
24.07.1894	Brunnenunglück
Herbst 1894	Auseinandersetzung mit Friedrich von Bodelschwingh
1895	»Gedanken aus dem Reich Gottes«
22.02.1895	Ausreise der Familie Nathanael Blumhardt nach Neuseeland
12.05.1895	Feier der Silbernen Hochzeit
1895	Ausschließlich vegetarische Ernährung im Kurhaus
02.09.1895	Sedanfeier in Bad Boll
18.05.1897	Beerdigung von Luise von Oertzen
Juni 1898	Kur in Bad Mergentheim
19.06.1899	Rede in einer Volksversammlung in Göppingen zur Zuchthausvorlage
02.10.1899	Rede in Göppingen zur Lage von Arbeiterinnen
Oktober 1899	Teilnahme am Parteitag der Sozialdemokraten
24.10.1899	Rede in Göppingen zum Parteitag in Hannover
04.11.1899	Rede im Gasthof »Zur Post« in Boll
14.11.1899	Aufforderung des Konsistoriums zum Verzicht auf den Pfarrertitel
November 1899	Antwortschreiben an Freunde
28.01.1900	Rede in Feuerbach
05.12.1900	Erster Wahlgang zur Wahl der Landtagsabgeordneten
19.12.1900	Stichwahl in Göppingen
1901–1906	Landtagsabgeordneter in der Zweiten Kammer
31.01.1901	Rede im Landtag gegen Getreidezölle
02.03.1901	Rede in Göppingen während einer Protestversammlung gegen Getreidezölle

15.04.1901	Vortrag in Berg
24.11.1902	Vortrag in Basel
12.04.1902	Ausreise von Richard Wilhelm nach Tsingtau
Herbst 1904	Auseinandersetzung mit Hermann Kutter
05.11.1904	Rede in einer Parteiversammlung der Sozialdemokraten in Göppingen
17.12.1904	Rechtfertigung Blumhardts in einer öffentlichen Versammlung
November 1905	Ägyptenreise
Oktober 1906	Palästinareise
Mai 1907	Ausreise von Emilie Blumhardt nach Neuseeland
Frühjahr 1907	Malaria-Erkrankung
01.09.1907	Übersiedlung nach Jebenhausen
1911	Eugen Jäckh als Gehilfe in Bad Boll
Mai 1912	Rückkehr von Emilie Blumhardt aus Tsingtau
01.02.1913	Überführung des Kurhauses in die Bad Boll GmbH
30.12.1913	Unterzeichnung der Stiftungsurkunde in der Villa Wieseneck
1916	»Hausandachten nach Losungen und Lehrtexten der Brüdergemeine«
02.08.1919	Tod in Jebenhausen
06.08.1919	Beisetzung auf dem Friedhof Bad Boll

AUSGEWÄHLTE, BISHER UNVERÖFFENTLICHTE BRIEFE ODER ANDACHTEN

Nr. 1: Christoph Blumhardt: Predigt gehalten am 1. Osterfeiertag (1. April) 1877 nachmittags

Archiv der Evangelischen Akademie Bad Boll, Nachlass Blumhardt, Predigten 1877; Abschrift aus den Ordnern mit losen Blättern, Ordner 1877

1. Kor 15,51–58

Es ist uns in diesem Abschnitt das Allergrößte und Wichtigste gesagt; das Ziel, das das Evangelium endlich erreichen soll. Wir müssen nämlich immer wieder das fest ins Auge fassen, dass das Evangelium nicht will eine Religion sein in unser Erdenleben hinein, damit wir da besser durchkommen und alle Geschlechter über das Elend ein bisschen besser hinwegkommen; sondern das Evangelium ist eine Arbeit, ein Werk Gottes, eine Mühe, die sich der liebe Gott gibt, damit zuletzt alles anders werde; und nie und nimmer ist der liebe Gott zufrieden und kann die Frucht des Todes und der Auferstehung Christi völlig sein, ehe das Ziel der Erneuerung aller Dinge erreicht ist.

Wir dürfen uns wohl an Ostern dessen bewusst werden, dass wir mit der Annahme des Evangeliums in eine Arbeit eintreten, die der liebe Gott mit uns haben will, dass endlich der Sieg komme und die ganze Schöpfung in ein Neues verwandelt werde. Man kann wohl sagen, als Christen, die das Evangelium bei sich tragen ohne das Bewusstsein, dass sie in dieser fortschreitenden Arbeit stehen, keine eigentlichen Christen, keine wahren Glieder am Leibe Christi [sind]. Da muss sich alles regen und bewegen, dass es Geschichte gibt, Siegesentwickelungen über alles Elend, über allen Tod, der uns noch entgegentritt.

Man hat es in der Christenheit sehr bald aufgegeben, den Tod – die Blüte des Elends nach abwärts – überhaupt anzugreifen. Es ist in der Christenheit gang und gäbe geworden, den Tod als etwas Unumstößliches zu nehmen. An dem Tode zu rütteln, fällt eigentlich seit der apostolischen Zeit niemandem ein. Ja, man macht auch dem Feinde einen Freund, und der böse Tod muss herhalten zu einem Trost, dass dann doch – wie man meint – das Elend ausgeht. Man hat Gedichte und erbauliche Besprechungen über den Tod, die diesen Mörder besingen wie einen Freund. Das ist's nicht, was das Evangelium hat bringen wollen. Das Evangelium ist eine Mühe unseres lieben Vaters im Himmel, unsers Herrn Jesu Christi, eine Mühe, die alles daran setzt, um anzufangen und fort zu machen so lange, bis auch der Tod weggeschafft ist.

Das macht die eigentliche Freude des Christenmenschen aus, denken zu können: »So, jetzt stehe ich im Bunde mit denen, die nicht ruhen und rasten, bis ein Übel um das andere weggeht, bis auch der letzte Feind – der Tod – aufgehoben wird.« Wenn man denken muss »es bleibt so in alle Ewigkeit«, dann versinkt man in eine Art Melancholie; wenn man aber denken darf »es wird alles anders«, dann wächst alle Tage der Mut, wenn auch das Übel sich zunächst noch riesengroß darstellt. Gott arbeitet mit seinen Heerscharen auf Erden diesem Ziele entgegen, und wer von uns mittut, der kommt in die Gemeinschaft vieler tausend Engel, wie der Hebräerbrief sagt. So entsteht oft Freude, man weiß gar nicht wie; selbst im tiefsten Elend gibt's glänzende Angesichter. Man kann das bei lauteren Christen oft sehen, die so recht vom Gedanken des Reiches Gottes erfüllt sind, dass sie auch im Elend fröhlich sind. Sie stehen eben in Gemeinschaft mit den aufs Ziel hin arbeitenden Engeln.

Was ist denn das Ziel? – Wir können alles, was das Evangelium bringen will, zusammenfassen in zwei Gedanken: Das Evangelium hat einen Sieg in der Zukunft, und da das so ist, hat es einen Sieg schon in der Gegenwart; und wer in diesem Siegesgedanken steht, der wird fröhlich.

Hier ist zuerst vom Siege in der Zukunft die Rede: »Wir werden nicht alle entschlafen.« Könnt ihr es denn auch glauben? Der Apostel redet eben zu solchen, die im Siege stehen, den wir schon in der Gegenwart haben, die können es glauben. Es kommt eine Zeit, da hört man eine Posaune; und das ist die letzte. Die erste ertönte auf dem Berge Sinai; das ganze Volk hörte sie, und zum Beweise, dass der liebe Gott mit dieser ersten Posaune nicht ruhe, hat man immer von Zeit zu Zeit in Israel müssen von den Bergen hinunter mit Posaunen blasen. Auch das Letzte, das Gott tun will, soll mit Posaunenschall eingeleitet werden; alle miteinander sollen es hören wie am Sinai. Gott will den Eindruck geben: »Ihr seid jetzt alle gemeint!« Es kommt eine Zeit, da ist alles soweit zubereitet, dass es heißt: »Jetzt hört alles miteinander auf; nicht mehr die sollen bekehrt werden, dann die, sondern alle miteinander.« Tönt die Posaune, dann kriegt jeder Mensch den Eindruck: »Das geht mich an; da ruft es vom Himmel.« Es ist das nicht das Kleinste des verheißenen Sieges, dass alle Unterschiede fallen sollen; alle hören's, und jeder bekommt den Eindruck: »Ich bin gemeint!«

Diese Posaune geht hauptsächlich als streitende Macht, als Siegeston gegen den Tod! Da muss voraus schon ungemein viel geschehen sein; denn da ist alles, was noch übrig bleibt, nur wie ein Kartenhaus, das mit dem Siegeston plötzlich zusammenfällt wie Staub. Die Toten stehen auf, die andern werden verwandelt; alle zusammen bekommen etwas Unverwesliches. Das ist das Ziel der Zukunft; darauf läuft alles hinaus. Das wird erreicht werden, und das macht unsre Freude, gibt uns Mut und Zuversicht.

Ja, glauben wir es denn? Wie sollen die Toten alle auferstehen? Wie die Menschen alle in Verwandlung kommen? – Ich habe schon gesagt: Es muss da viel, viel voraus geschehen sein; ehe die Toten auferstehen, muss vorher ein Wörtchen mit ihnen geredet werden[,] und ebenso mit den Lebenden. So wird es denn verständlicher, wenn wir es zubereitet wissen durch die Arbeit Gottes an allen Menschen. Und wenn man fragt: Ja, wo ist denn der Leib all der Toten? So muss man bedenken, dass, was wir sehen und greifen, lange nicht das Wichtigste ist am Menschen, auch nicht das körperlich Wichtigste. Es gibt einen Körper im Körper, und was wir sehen, ist nur die Schale! So ist es möglich, dass der eigentliche Leib im Grabe ruht, ohne zu vergehen; denn auch der Leib des Menschen hat ein sehr Gutes an sich, das nicht sterben kann; und wenn es heißt von den Toten: »sie ruhen, sie schlafen«, so schläft nicht der Geist, sondern das Leibliche; und das kann erweckt werden zur Zeit der letzten Posaune, damit alle Menschen das werden, wozu sie durch den Vater im Himmel bestimmt sind.

Damit das werde, ist es aber sehr notwendig, dass die Gegenwart auch ihren Sieg hat. Ohne Sieg in der Gegenwart rückt der Sieg in der Zukunft nicht näher. Das mag es uns erklären, warum der Heiland schon seit mehr als achtzehnhundert Jahren auferstanden ist und doch der Tod den Stachel noch hat. Die Sünde wuchert fort und sticht tödlich; noch verdammt das Gesetz zum Tode; der Siegesruf ist noch nicht da, dass wir sagen können: »Tod wo ist dein Stachel, Hölle wo ist dein Sieg!« Wir müssen noch sagen: »O weh! Du, Tod, hast noch viel Sieg!« Wie viele kommen noch in die Hölle und dürfen nicht zum Himmel eingehen! – Es hat eben am Siege in der Gegenwart gefehlt. Die apostolische Zeit fing siegreich an mit dem Wort: »Gott sei Dank, der uns den Sieg gegeben hat durch unsern Herrn Jesum Christum!« Sie arbeiteten, und nichts galt ihnen so sehr wie das Eine, dass der Herr Jesus bald komme und alles zu Recht bringe. Da war viel Sieg! Trotz der Schwierigkeit des damaligen Verkehrs haben ein paar wenige Leute die ganze Welt mit Sieg erfüllt. Das hat aber dann nachgelassen. Der Apostel sagt einmal, sie wissen wohl, wer es aufhalte; es sei jemand dazwischen getreten. Wir wissen nicht mehr, was das war; vielleicht das christliche Judentum. Kurz und gut, es kam etwas dazwischen; die Menschen taten nimmer mit. Und nun erhielt sich das Evangelium wohl als eine wohltuende Lehre, durch die einige eingehen durften in die Ruhe zum Heiland. Aber was ist das gegen das Große, das verheißen war? Natürlich war die Vorsehung auch darin, um den Sieg am Ende der Tage recht reichlich werden zu lassen. Aber vorher muss es wieder zu Siegen in der Gegenwart kommen, zu einem siegreichen Dastehen und Arbeiten der Jünger Jesu, dass sie ihren Heiland ganz fassen, der ein Herr ist auch über Tod und Hölle, dass sie aufblicken und sagen: »Lieber Heiland, so wollen wir nicht fortmachen, – wir richten nichts aus; hilf Du zum Siege, dass alle Widerstandskräfte sich Dir beugen müssen!« – bis es endlich heißt, der Feinde liegen darnieder! Jetzt Posaune, auf und ertöne!

Das heißt Christ sein; das heißt in die Gemeinschaft Jesu Christi treten; mit ihm streben wir nach dem Reiche Gottes, und mit ihm wird uns das Übrige alles zufallen. Ohne dieses Eintreten in das siegreiche Bemühen Jesu wird alles zum Zentner; jede Kleinigkeit wird uns zur schweren Last; und am Ende lässt man den großen Sieg ganz fahren und macht immer nur an seinen Sachen herum. Aber gesetzt auch, wir hätten viel Mühe und Arbeit bis ans Ende – das macht nichts aus; denn es kommt zum großen Sieg, und das ist die Hauptsache. Der Heiland ist da! Er ist auf dem Plan. Er arbeitet mit Seinen Heerschaaren. Das ist gewiss; denn er ist treu[,] und was er zusagt[,] das hält er gewiss. Wäre es nur einer, der Ihn so fasst – der Heiland käme zu ihm und würde helfen!

O, ihr Lieben; wenn die Osterfeste uns da hineintrieben, dass viele sich so stellten; unbeweglich, fest und eingedenk, dass keine Arbeit vergeblich ist, die man so tut, dann dürfte man bald viel erleben! Ja, wir hoffen es, es komme bald! Wir wenigstens wollen den Zusammenhang festhalten mit den himmlischen

Heerschaaren und wollen uns sehnen nach der letzten Posaune, denn danach gehen die Seufzer vieler Millionen Kreaturen – und dass sie dann so ertönen möchte, dass in allen Posaunentönen zugleich ein Trosteswort mit kommt. Wenn die Arbeit der Seinen so wirkte, dass dann alle vermöchten auf ihre Knie niederzufallen und auszurufen: »Ja, wahrhaftig, Jesus ist der Heiland! Was wäre ich ohne Ihn!« – das wäre eine Freude! Wir dürfen es hoffen, mindestens erbitten; denn die Barmherzigkeit Gottes hat sich so groß gezeigt in dem, dass Jesus gekommen ist und auferstanden ist und sitzet zur Rechten und vertritt uns, dass wir das Größte noch hoffen können. Über alles groß wird Sein Sieg noch werden!

Nr. 2: Andacht von Christoph Blumhardt am 1. Januar 1894 (in Auszügen)

Archiv der Evangelischen Akademie Bad Boll, Nachlass Blumhardt, Predigten 1894; Abschrift aus den Ordnern mit losen Blättern, Ordner Januar bis September 1894

»Jesus Christus gestern und heute und derselbe in alle Ewigkeit«
(Hebr 13,8)

Wir erwarten eine neue Zeit, eine von Gott gemachte Zeit, und nur in einer solchen, in welcher die natürliche Freiheit des menschlichen Wesens gedeihen kann, gedeiht der ganze Mensch. Spanne einmal eine Pflanze in die Zeiten hinein, da geht sie zu Grunde. Du musst lauschen, welche Zeit Gott dieser Pflanze gegeben hat. Man hat zwar Frühbeete, in denen man die Pflanzen treiben kann; aber das ist eigentlich nur bei solchen Pflanzen, die ursprünglich mehr Wärme brauchen, als wir sie in unseren Gegenden haben, da muss man ihnen damit nachhelfen. Aber sonst kannst du z. B. ein Weizenkorn nicht mit Gläsern zudecken und nach deinem Belieben zum Treiben bringen; da kann der Bauer nichts dazu machen, um es schneller zur Reife zu bringen; es braucht seine Zeit, die ihm Gott bestimmt hat. Und gerade so brauchst du Mensch die von Gott gegebene Zeit zum innerlichen und äußerlichen Wachstum. Insofern nun wird die Zeit nicht nur etwas gleichsam Unfassbares, Ungreifbares, denn auch für deinen Leib brauchst du eine Gotteszeit; sie muss gleichsam an dir leibbildend werden, und je nachdem sie leibbildend wird, wird der Mensch gedeihen. In welchem der Mensch die Zeiten vergewaltigt, wird er verkümmern.

Nun ist das natürlich eine schwierige Sache, denn leider wachsen wir eigentlich in Zeiten auf, die uns die Menschen gemacht haben. Man hat uns Kulturmenschen schon Treibhauspflanzen genannt; namentlich in den gelehrten Schulen werden solche Treibhauspflanzen heraufgebildet; und das hat insofern fürs ganze Volk seine Bedeutung, weil daraus die Männer hervorgehen, welche später den Einfluss auf das staatliche Leben haben, und es ist ja sprichwörtlich, dass das, was am »grünen Tisch« beraten wird, fürs praktische Leben nicht zu [ge]brauchen ist. So kommt es, dass die Zeiten, die wir uns machen und in die wir schon unsere Kinder hineinzwängen, gewisse Missbildungen nicht nur im Geist, sondern auch am Leib hervorbringen.

Darum, ihr Lieben, müssen wir das wichtig nehmen: Jesus Christus gestern, heute und in Ewigkeit. Das will auch das sagen: Ihr müsst aufpassen, dass ihr Gotteszeichen bekommt, d. h. dass ihr wieder Menschen werdet, die sich ausbilden und ausreifen lassen durch die Beeinflussungen des Schöpfers in der Welt. Wie für eine Pflanze[,] so gibt es auch für den Menschen Zeit, Gottes Zeit, und wenn man die hat, so reift es aus als ein natürliches Geschöpf Gottes ohne Missbildung und ohne Verderbnis in seinem Geist oder in seinem Körper.

Da liegt etwas, was für die Zukunft noch sehr wichtig werden wird, vielleicht für alle diejenigen, die nach dem Reich Gottes streben. Es muss auch in dieser Richtung eine Zeit wieder göttlicher werden, indem sie sich mehr in die Natur Gottes zu schicken weiß. Das ist heute so schwierig, dass man kaum daran denken kann; denn der Jammer ist gerade im Laufe der Jahrhunderte geworden, dass alle Menschen missbildet sind durch lauter Menschenzeit. Nicht nur die Christen, nein, auch die Chinesen, ja sogar die Neger, sie zwingen sich in ihren gemachten Zeiten in die von diesen Zeiten beherrschten Verhältnisse hinein, und wenn man da einmal drin ist, so steht man eben fest, da hilft einem niemand mehr heraus. Auch die Mission hilft da nichts; man kann wohl die Zeiten ändern, aber auflösen kann man sie nicht; mit unseren Kulturformen und christlichen Zeiten, mit Sonntagen und Festtagen machen wir die Völker nicht anders, wir müssen es aus Gott haben.

Ursprünglich war es bei den Christen auch so; leset einmal, was der Apostel Paulus sagt über das Fasten-Halten und Tage-Feiern. Er verdammt es; er sieht voraus: wenn die Christen wieder Tage feiern, dann kommen die heraus aus der Ewigkeitszeit, aus Gottes Zeit, aus der Freiheit in Christus[,] und werden wieder die Sklaven von Menschenzeiten. Da gibt es Zeiten, die anfänglich gar nicht heilig waren, und heute ist alle Welt hineingebunden.

Das sage ich nicht, um einen Vortrag zu halten und meine Ansichten darzulegen, sondern das sage ich, damit wir miteinander verstehen, im Kleinen anzufangen[,] in Christus zu leben und in Christus Gotteszeiten zu suchen. Pass auf! Mache es praktisch! Wenn du einmal merkst, es will dich etwas vergewaltigen und dein Menschentum verkümmern, so werde kein Revolutionär, kein »-ist« und kein »-aner«, sondern werde ein um Gottes willen freier Mensch, der sich da und dort zu drücken weiß und sagt: Lasset mich in Ruhe, ich muss meine Person Gott weihen, und zwar nicht bloß dem Geist nach in meiner

Stube hinter der Bibel oder beim Gebet, oder indem ich meine Seele mit frommen Regungen fülle, sondern auch leiblich muss ich mich auf Gott besinnen, auf das Wahre, Gute! Es tut Not, dass gerade dieses unser Leibesleben in Gottes Gesetze komme, in Gottes Natürlichkeiten, damit wir nicht mit lauter bleichen Gesichtern herumlaufen und Krebskrankheiten und Lungenschwindsucht und lauter solche abscheulichen Krankheiten zeitigen. Auch den Leib müssen wir hergeben und daran denken, dass wir das Gottes schuldig sind[,] und müssen im Kleinen probieren, wie wir leiblich und seelisch in Gottes Hand kommen.

So, das ist es, was ich heute zu Neujahr sagen möchte, und nun möchte ich noch etwas ankündigen: Ich habe mich entschlossen, in meinem Hause eine gewisse Veränderung vorzunehmen[,] und zwar aus innerer Überzeugung, die sich bei mir gebildet hat nach längeren Kämpfen. Ich bin sehr mit mir zu Rat gegangen und bin schließlich zu der Überzeugung gekommen, dass ich in meiner Lage und in meiner Berufsarbeit, die eine sehr große ist, nicht mehr länger so fortmachen darf wie bisher; wenn ich nicht will körperlich zu Grunde gehen und geistig mich überspannen, so muss ich mich auf das besinnen: Was ist bei mir hier die Hauptsache? Ich muss darauf mein Augenmerk richten und das Übrige fahren lassen, so schmerzlich es vielleicht vielen ist. Bei mir ist es dann auch so.

Ich weiß nicht, wie es sich weiter gestalten wird, aber zunächst möchte ich um Erlaubnis bitten, mir die Predigt am Sonntag zu ersparen, mir die Freiheit zu geben, dass ich ein wenig schweigen darf und in freier Weise, wie es sich gibt und wie ich es kann, vom Reich Gottes zu reden, wo wir uns gerade treffen. Damit die Fremden, die mich sprechen wollen, auch Gelegenheit bekommen, etwa eine Frage zu stellen, wollen wir an Sonntagen drunten im Speisesaal um 9 Uhr nach beendigtem Frühstück zusammensitzen bleiben; und es ist jedermann mit Freude eingeladen, sich mit an den Tisch zu setzen, und reden wir miteinander[,] wie es sich gibt und wie ich es natürlich geben kann als mit der Gotteszeit übereinstimmend, und sollen wir heute von diesem Lokal auf eine Zeit lang Abschied nehmen.

Im Übrigen schließen wir uns kirchlich an die Gemeinde Boll an; das will ich ausdrücklich gesagt haben. Ich will nicht der kirchlichen Obrigkeit ungehorsam werden. Es ist ursprünglich auch Bad Boll kirchlich ganz an die Gemeinde Boll gebunden gewesen. Wir haben nur die Erlaubnis bekommen – und zwar nicht ganz gern –[,] hier Gottesdienst zu halten; aber ursprünglich waren wir an die Gemeinde Boll kirchlich gebunden; auch was Taufe und Abendmahl betrifft, sind wir Rechenschaft schuldig der Gemeinde in Boll. So kann es kommen, dass ich manchmal dort in die Kirche gehen werde, und das heilige Abendmahl werden wir ebenfalls dort halten. Überhaupt wollen wir kirchlich unsere Pflichten tun und nichts verfehlen, um der Obrigkeit keinen Schmerz zu bewirken.

Es ist eben nur eine Einrichtung für mein Haus, in welchem ich in meinen Umständen freier werden muss. Insofern fängt ein neues Jahr an für uns, und Gott gebe, dass es sich richtig ausbilden lässt in dieser Art. Verlieren wollen wir nichts im Geist; im Gegenteil, wir hoffen dadurch zu gewinnen. Wir hoffen, mehr Gotteszeit, Gottesoffenbarung zu erleben, wenn wir stiller werden, und hoffen auch, im täglichen Leben mehr Wir-Zeit, Verstand, Eifer und Tatkraft zu erlangen, als wenn wir so viel kirchlichen Gottesdienst haben, dabei die Leute schließlich doch meinen, das sei die Hauptsache. In meinem Haus aber ist das Kirchliche gleichsam nur eine Kappe, die man seinerzeit aufgesetzt hat, weil es richtig schien. Heute legen wir sie wieder ab, und ich freue mich, damit euch auch wirklich als Brüder und Schwestern begrüßen zu dürfen.

Deswegen habe ich heute auch keinen Kirchenrock mehr angezogen, weil ich meinen Abschied nehme von dem, was ich als Pfarrer war. Ich will als Mensch unter Menschen leben, und jeder steht mir höher, als ich mir selber vorkomme; ich achte es auch so, dass ich jetzt auch von manchen unter euch Belehrung haben kann. Wir wollen uns auch manchmal im Erzählen versammeln, und es soll niemand an Rat fehlen, so viel ich ihn geben kann – aber frei.

Nr. 3: Christoph Blumhardt: Andacht am Sedanstag (2. September)1895

Archiv der Evangelischen Akademie Bad Boll, Nachlass Blumhardt, Predigten 1895; Abschrift aus den Ordnern mit losen Blättern, Ordner 1895

Der Friedensschluss von 1871 »legt eine düstere Wolke auf Europa. Dass sonst in Europa nichts anders mehr vernünftig wirksam werden kann als Friedensbestrebungen, das kann jedermann sehen, der noch Augen im Kopf hat. Wer heute noch ein Wort gegen den Frieden sagt, der verspielt's. [...] Von Jahrhunderten her ist eine gewisse Kriegslust in Fleisch und Blut der Europäer übergegangen und auf andere Völker hereingekommen. Diese Kriegslust herrscht immer in gewissen Teilen der Bevölkerung; aber das eigentliche sesshafte Volk weiß nichts davon. Immerhin lässt es sich auch leicht dafür begeistern, weil die Idee im Hintergrund schimmert: es muss Krieg sein. Man hat bis jetzt in der politischen Welt noch keine Lösung gefunden für gewisse Fragen, außer durchs Schwert; aber es ist eine Schande, dass es keine andere Lösung geben soll als das drauf los schlagen und sehen, wer gerade der Glücklichere ist; denn man kann kaum sagen: der Mächtigere. Man weiß aus der Geschichte des Krieges, dass 100mal die Mächtigeren zu Grunde gegangen sind. [...] Aber es kann auf einmal der Stärkste vor einem kleinen David fallen, und so ist [es] eigentlich das »Glück« des Krieges, das

entscheidet, d. h. ein höheres Moment entscheidet[,] und das
sollte man merken. Das hindert aber zu sagen: für die gebildete
Menschheit ist es doch eine Schande, nichts zu wissen, wie man
die politischen Fragen austrägt als durch Krieg. Heute aber ist es
eine gewisse Freude, dass doch ein starker Strom vorhanden ist
unter allen Völkern, der zum 1. Mal, so lange die Welt steht,
durch die Völker hindurch die Gewissheit verbreitet: Krieg ist
Verbrechen. Das war noch nie. Das ist auch so eine Neuheit des
19. Jahrhunderts; das ist wichtiger als Eisenbahnen. Es wird zwar
Mühe kosten, den Rest von Kriegslust, der noch vorhanden ist,
durch diesen anderen Friedensstrom zu überwinden; denn wir
sind wie hypnotisiert von den vielen Kriegsgeschichten. Es gibt
heutzutage Kinder, denen tut es leid, noch keinen Krieg erlebt zu
haben[,] und Alte, die sich glücklich schätzen, dass sie welchen
erlebt haben. Da ist also noch etwas zu überwinden. Aber ich
hoffe, es wird überwunden; damit dieses überwunden werde,
muss freilich ein gewisser Geiz in der Politik aufhören. Man
möchte die Länder auch behandeln wie Landgüter. Die kann man
kaufen, dann hat man sie – und weil das bei den Ländern nicht
geht, holt man sich sie mit dem Schwert. In früheren Jahrhunderten ist alles so geholt worden. Wenn ein Volk etwas wollte, so
hat es Krieg angefangen und hat ein Land geholt. Man kann da
keinem Volk besondere Vorwürfe machen, sie sind alle gleich
dran. Da hängt noch ein gewisser Fluch dran, ein Geiz. Die Völker sind geizig und in diesem Geiz liegt die Wurzel allen Übels.
Man will immer noch mehr, noch mehr, und das ist die Hebelkraft für den Krieg. Man kann sich nicht befriedigen, nicht nur
mit Beziehung auf den äußerlichen Besitz, sondern auch auf das
Innerliche. Es ist nicht nur Ländergeiz, es ist auch Ehrgeiz; nicht
nur Völkergeiz, sondern auch Ruhmgeiz, in welchem wir drinstecken; darin liegt eine gewisse Torheit. Ich möchte, dass in dieser Beziehung der Geist Gottes mehr Raum bekomme. Wer es
denken kann, der denke es einmal: wie beschränkt wir politisch
gesinnt sind mit Beziehung auf den Nationalitätsbegriff. Das

große Erdenrund mit seinen Völkern, was könnte das ein freier Tummelplatz sein für richtige Menschen, und wie kleinlich haben wir es gemacht, indem wir uns als Tiger und Lämmer, als Füchse und Gänse verteilt haben auf Erden, da natürlich die Füchse die Gänse fressen. So geht es auf Erden nach gewissen Regeln des animalischen Lebens zu, und die Regeln des Geistes sind fort. Man kann freilich nicht zu weit denken, sonst kommt man auf ein Wort, das heute sehr verpönt ist[,] und doch ist etwas drin und ich will es aussprechen: »Anarchie«. Mit Bezug auf das Bewohnen der Erde ist ein gewisses Freiheitliches, fast Regelloses, […] wo die einzelnen Völker gleichsam erfrieren auf ihrer Scholle und unfrei werden für jeden großen Gedanken. Man wird es mir nicht übel nehmen, wenn ich heute sage: Ich meine über die Franzosen, dass sie in Revanche-Gedanken so gebunden sind, dass das Große der Nation sicher dadurch zu Grunde geht. Sie werden immer wieder Schurken an ihrer Spitze bekommen. Das ist psychologisch gar nicht anders möglich, denn derselbe Geiz, der sie blind macht zum Drauflosschlagen, erzeugt auch […] sonstige Leidenschaftlichkeiten. Das sind Beschränktheiten, und dass in diese Beschränktheiten hinein ein freier Geist komme, das muss uns heute am Herzen liegen. Denn wir sollen nicht bloß Frieden wünschen für uns – das ist mir ein großer Gedanke, wenn ich mir etwas wünsche – sondern: wünschen wir Frieden, so wünschen wir's für alle Menschen. Und feiern wir dieses Fest als ein Fest des Friedens, denn dazu sind wir berechtigt, weil wir trotz der Gegenströmung, trotz der Waffenvermehrung, trotz aller Prophezeiungen des Gegenteils 25 Jahre lang Frieden behalten haben. Dann sind wir auch berechtigt, ein Jubiläum zu feiern um dieses Friedens willen. Diese 25 Jahre sind herausgetrotzt gegen die tierische Natur der Menschen, und vielleicht tragen diese 25 Jahre dazu bei, einigermaßen menschliche Triebe haben und erstarken zu lassen. Wenn wir noch einmal 25 Jahre Frieden haben und sonst noch etwas Vernünftiges dazu käme, dann würde vielleicht vieles von der angeerbten Kriegslust zu Grunde gegangen sein, bis es zuletzt eine Unmöglichkeit wäre, in dieser Weise loszuschlagen wie bisher. Der Mensch ist dazu da, Fortschritte zu machen, und wenn man Frieden will, muss man auch mithelfen dazu und es auf seinem Boden, in seiner Art in Same zu setzen suchen. Denn bloß davon reden und meinen, es komme von selber, das hat keinen Wert. So muss jeder, der Frieden will, auch Frieden besorgen, ein Friedensmensch sein. Das tun nun wir im Besonderen um Gottes willen; wir tun ja alles ein wenig in Rücksicht aufs Höchste, auf die höchsten Gedanken, die dem Menschen gegeben sind, aus Rücksicht auf die ewige Wahrheit und Gerechtigkeit, das ist unsere Sache; und wer weiß, ob wir nicht in dieser Situation die Stärksten sind. Ich will die Leute nicht verachten, die aus anderen Rücksichten sich Mühe geben, Frieden zu machen: aus Mitleid, Humanität und dergleichen; aber ich glaube nicht, dass diese Bestrebungen viel Kraft hinter sich haben. Eine gewisse unverfängliche Kraft aber hat das Bestreben: um Gottes willen, um der ewigen Wahrheit willen, wollen wir Frieden, wollen wir, dass die Völker anders werden, dass diese abscheuliche europäische Geschichte einmal untergeht, wie an Sedan der Napoleonismus. Denn das ist ein wahrer Blödsinn seit Jahrhunderten: Da sitzen ein paar Völkerchen und vergehen sich gegenseitig. Wären wir Wilde, dann könnten wir uns ja fressen; nun aber, da uns Gott den Geist gegeben hat, dass wir die übrigen Völker beherrschen können, nun sollen wir solche Völker sein wie vor Jahrhunderten gewesen sind?! Wohl uns, wenn uns die Augen aufgehen, dass das Blödsinn ist!

Die Deutschen haben am wenigsten eine Ursache, stolz zu sein; denn wir mussten ja am meisten im Blut baden – wenn ich nur an den 30-jährigen Krieg denke. Es ist Wahnsinn, der die Völker Europas gepackt hat. Ursprünglich waren sie auf einander angewiesen; dann haben sie sich verteilt und fallen übereinander her seit Karl dem Großen, das sollte man überlegen und größer werden als die bisherige Geschichte. Wer in der bisherigen Geschichte stecken bleibt und da eine Lösung finden will auf Grund dieser Ideen, der ist ein entsetzlich kleiner Mensch. Wer nicht merkt, dass das eine Farce ist, der ist so dumm wie die Franzosen bei Sedan, die nicht merkten, was Gott mit ihnen will. Aber weil sie es nicht gemerkt haben, ging der Augenblick vorüber. Und [wenn] wir in Europa nicht merken, dass diese ganze Geschichte des Völker-Zerfleischens ein Unsinn ist, dass ein Wahnsinn mit uns spielt, der macht denselben Fehler, und wir Europäer gehen desselben Geistes verlustig.

Es hat aber schon einen Wert, wenn nur wenige Menschen in diesem Sinn, um des Rechten, Ewigen und Wahren willen, die Augen aufmachen und es in sich zur Festigkeit machen »Da muss eine Änderung werden«, und insofern auch über die Zeitgeschichte sich zu erheben vermögen. Es wird das nicht unnütz sein, sondern im Gegenteil: es wird das schon, was wir »Reich Gottes« heißen, entgegenführen. So hat jeder eine Handhabe, Gottesdienst zu tun. Wer aber gleichgültig sein will und in den alten verkehrten Gleisen bleiben will, der soll's eben tun, er wird schon sehen, wie weit er damit kommt.

Nr. 4: Christoph Blumhardt: Nachschriften zur Andacht am 5. Juli 1896 (in Auszügen)

Archiv der Evangelischen Akademie Bad Boll, Nachlass Blumhardt, Predigten 1896; Abschrift aus Buch 21, S. 50ff

Der Mensch repräsentiert sozusagen das gesamte Leben auf Erden. Aber, nota bene, die Krone der Schöpfung ist der Mensch nicht; aber er ist sozusagen der Ausdruck des Lebendigen von Gott, und wenn die Krone, welche Gott selber ist, uns bleiben kann, dass wir gekrönt werden könnten gekrönt bleiben könnten von Gott, dass das Regiment Gottes bei uns ist, dann sind wir nicht nur der Ausdruck des Lebens von Gott im Allgemeinen, sondern auch die berufenen Lebensschöpfer, die Quelle des Lebens für die Erde, so dass man sagen kann: ohne Menschen stirbt das Lebendige auf Erden, mit dem Menschen lebt es. Gesetzt, es würde der Mensch ganz ausgerottet werden, so würde nach dem Sinn der Schrift das Lebendige keine Quelle mehr haben. So hat Gott den Menschen an die Spitze gestellt; auf der höchsten Linie des Lebendigen steht der Lebendige, der Mensch.

Nun ist es eine gewisse Calamität, dass dieser im besonderen Sinne lebendige Mensch stirbt; damit ist er degradiert und auf die Stufe des sonst Lebenden, der Pflanzen und Tiere heruntergesetzt, wenigstens mit seinem Leibe; sein Geist stirbt ja nicht, aber sein Leib stirbt, und somit ist er leiblich unlebendig, biblisch zum Sterben angelegt, und darum ist nicht mehr das Werkzeug des Lebens für Gott. Denn um lebendig zu heißen, ist es ganz notwendig, dass unser Leib auch lebt, so dass durch unser Leibliches auch das übrige Leibliche auf Erden gesegnet werden kann. Die ganze schwere Not, die auf Erden lastet, liegt im Leibe, nicht in der Seele; mit unserer Seele finden wir uns schon gerecht; das ist Illusion, welche Jahrhunderte lange Predigen den Leuten eingeimpft hat, böses Gewissen zu haben wegen ihrer Seele; die Seele ist ganz intakt, die Seele will auch nicht sündigen; da liegt etwas im Inwendigen des Menschen, das will immer recht sein, aber das, was um die Seele herum ist und den Leib ausmacht, das ist beherrscht durch falsche Situationen, aus denen dann Triebe herauskommen, die falsch sind. Da spielt das Blut mit, da spielen die Nerven mit, da spielt alles Mögliche mit, und das degradiert den Menschen. Ich will das fest gesagt haben: im Leibe liegt das Leben, und ich möchte fast bitten: lasset euch nicht so betrügen, als ob euer Leibesleben so gleichgültig wäre! Manche werfen ihr Leibesleben weg wie einen Schmutz, sie werden es aber einmal erkennen, dass das gerade das allerschlimmste ist, was sie erleben können: keinen Leib mehr zu haben.

Im Stillen werden die Leiber nicht preisgegeben. Es ist natürlich nicht zur eigentlichen Lehre geworden, wie nichts zur Lehre wird, was wirklich göttlich ist, weil wir es nicht fassen können; aber im Stillen bleibt der Leib verwahrt. Deswegen sagt auch der Heiland von Gott »Er ist der Gott Abrahams, Isaaks und Jakobs«, und er ist nicht ein Gott der Toten, sondern der Lebendigen. Es muss deswegen der Leib Abrahams, Isaaks und Jakobs wohl versorgt sein, den gibt man nicht preis. Der Leib eines Mose, eines Elias wird nicht preisgegeben, die Heiligen Gottes stehen auf einmal da, sie verwesen nicht; das heißt nicht, ihr Leib verwest nicht im Grabe, sondern das, was sie als Leben von Gott haben, weil sie treu gewesen sind, das wird nicht preisgegeben[,] und so leben die Lebendigen auch leiblich. Nun kommt der weitere Gedanke: Sie werden auch als Lebendige einmal wieder erscheinen; denn sie leben heute, sehen mit uns. Das ist also ein Sinn von Jesus und den Aposteln, dass Abraham und Isaak, Jakob, David lebt; sie sind nicht in den Himmel gegangen, den wir uns träumen, da man die Erde verlässt; der existiert in der Bibel prinzipiell nicht. Auch wenn der Heiland zum Schächer am Kreuz sagt: »Heute wirst du mit mir im Paradiese sein«, so ist das nicht der Himmel, sondern ein Erdenstück, ein Erdenhimmel, ein Himmelhimmel. Und so ist durch das ganze alte und neue Testament das Leibesleben hoch gehalten. Darum muss auch Jesus der Auferstandene heißen, weil Jesus nicht die Seele behauptet; er will nicht die Seele selig machen, sondern die Leiber behaupten; an den Leibern liegt es. Wenn er sagt: »Ich bin die Auferstehung und das Leben«, so will er damit sagen: Die Leiber müssen gerettet werden; ihr seid gefangen in euren Leibern, und wenn ihr in euren Leibern gefangen seid, so könnt ihr euch anstrengen, wie ihr wollt, ihr bleibt doch verkehrte Menschen. Es kann noch so richtig sein, hat er falsche Blutkörperchen oder falsche Nerven, so ist er eben doch ein Sünder; vielfach kommt es durch eingefleischte Sünde, dass er ein Sünder ist, er hat es von den Eltern und den Großeltern; dann entstehen ganze Familien- und Völkervertraktheiten.

Neuerer Zeit ist das sehr zurückgetreten in der Christenheit, und das macht uns heidnisch, das[s] wir den Leib haben fahren lassen, und die Religion auf das Seelische geht; damit sind wir Heiden geworden; dazu brauchen wir Christus nicht, dass wir im Himmel selig werden oder dass wir unsere Seele im Himmel in eine Art Bewahrung bringen. Dazu braucht man Christus nicht. […] Aber der Jammer liegt im Leibe[,] und dazu ist Christus gestorben und auferstanden, dass das Leibliche der Erde gerettet werde[,] und darauf liegt unsere Hoffnung. Wenn wir bloß für unsere Seele sorgen, dann sorgen wir für den Tod. Die Auferstehung Christi umgibt uns jetzt mit ganz neuen Kräften, die Kräfte sind vorher gar nicht dagewesen, und jetzt gilt es[,] aus dem alten Todesleibesleben heraus in den Glanz eines neueren Gotteslebens zu kommen. Da müssen unter Umständen Kranke gesund werden, wenn Jesus vor sie hintritt, und wenn sie nicht gesund werden, so ist Jesus nicht Jesus; es müssen Tote auferstehen, sonst ist Jesus nicht Jesus, da müssen die Leibesbesitzungen und Besessenheiten weichen, sonst ist Jesus nicht Jesus. Es muss auch leiblich dargestellt werden, oder Jesus ist nicht Jesus. Das ist wahr, auch wenn die ganze Welt dagegen streitet und ich der einzige bin, der das sagt. Hier liegt der Punkt. Ich möchte es in die Welt hinein schreien! Ja, ich möchte sagen: die sind alle Diebe und Mörder, die dem Volk nicht das Evangelium des Leibes verkündigen und nicht die Auferstehung für die Menschen behaupten und nicht das Land der Lebendigen sein lassen und die Erde mit einem Himmel vertauschen wollen. So wahr Gott im Himmel ist, so wahr die Sonne scheint, so wahr ist die Erde unser Land, und wenn wir sterben, so gehen wir davon nicht weg. Hier ist unser Gott, hier ist unser Christus, hier hat er gelitten und hier ist er auferstanden, und hier werden wir ihn als den Lebendigen preisen[,] und alle Betrügerei und Täuschung werfen wir von uns. Wir wollen doch sehen, ob man nicht wieder den Standpunkt einnehmen kann, mit dem Jesus auferstanden ist von den Toten. Wollet ihr aber sterben und alles aufgeben für diese Erden, so tut es! Mir ist es gleich; wenn ich der einzige Mensch bin auf dieser Erde, so frage ich nichts danach. Schließlich wird der liebe Gott mit einem Menschen mehr ausrichten als mit Millionen, die es nicht wagen, das durch zu behaupten, was durchbehauptet werden muss, wenn es soll überhaupt ein Heil der Menschheit noch geben.

Nr. 5: Christoph Blumhardt: Andacht am 31. August 1899 (in Auszügen)

Archiv der Evangelischen Akademie Bad Boll, Nachlass Blumhardt, Predigten 1899; Abschrift aus den Ordnern mit losen Blättern, Ordner Juli bis September 1899

»*Das Reich, die Gewalt und Macht in dem Himmel wird dem heiligen Volk des Höchsten gegeben werden, des Reich ewig ist, und alle Gewalt wird ihm dienen und gehorchen.*« (Dan 7,27)

Eigentlich gibt es kein Herrschervolk mehr, Herrenvölker mehr, seit Christus oder seit dem Untergang des römischen Reiches. Man hat überhaupt keine Herrscherideen mehr; kein deutscher Kaiser hat einmal eine Herrscheridee gehabt. Alle haben bloß die Idee Roms aufgefasst. Auch die Kirche, das ist ein Staat im Staat, hatte keine Herrscheridee, nur die Herrscherideen Roms, gar nichts anderes. Es ist ganz merkwürdig, es ist gar nichts aufgekommen von wirklich originellem Herrschen. Nun will man aber doch herrschen, und so sind ganz langsam die Warzen gewachsen auf dem Leib der alten Welt, der römisch, griechisch, babylonisch, ägyptischen[,] und im Lauf von zwei Jahrtausenden kann man wohl sagen, es sind die Hörner ausgewachsen in sogenannte »Nationalitäten«. Ich halte sie für den größten Blödsinn, der überhaupt aufgekommen ist in der Welt. Nationalitäten, wie wir sie haben, sind lauter Einbildungen. Sie haben keinen Grund im geistigen Wesen der Nationen [...]; höchstens halten uns die wirtschaftlichen Verhältnisse zusammen. Das animalische Wesen muss fort. Tiere sind wir auch nicht mehr, so dass der Tiertrieb auch nicht mehr zusammentreibt. Süd- und Nordfrankreich will nichts voneinander wissen, nur die wirtschaftlichen Verhältnisse halten uns zusammen. Und weil nun so verschiedene Nationalitäten gekommen sind, so hält eine Nation die andere im Schach. Ich muss ein Deutscher sein, ich bin aber lieber ein Mensch. Der andere muss ein Engländer sein usw. [...] Die Nationalitäten, die fressen einander. Mir geht immer ein Stich durch das Herz, wenn ich von Nationalitäten lese. Zwischen diesen Nationalitäten wächst aber etwas Sonderbares auf, und zwar ein Gebilde, das ganz modern ist. Das steckt aber schon seit Christus in der Luft, nämlich ein internationaler Trieb. Es gibt in den nationalen Verhältnissen internationale Verhältnisse: und wie es nationale Menschen gibt, so gibt es internationale Menschen, aus dem Nationalgefühl heraus internationale Kultur, ein internationales, großes Streben nach Anknüpfung, auch internationales Christentum. [...] Und ich glaube, dass wir am Untergang der nationalen Völker stehen, da mögen die lieben Könige denken, was sie wollen, und die lieben Völker. Wir stehen am Ende der Nationalitäten; die Internationalitäten kommen auf, und in unserer Zeit wird sich der internationale Mensch herausbilden. Man sieht es ja, wie heute der Kulturmensch, der große Kaufmann, der große Industrielle absolut international ist. Kein Deut fragt der Krupp nach nationalen Interessen, wenn er Kanonen liefern darf nach Frankreich. Der Kaufmann hat absolut keine anderen Interessen, als sich die Vorteile eines Kapitalisten zu verschaffen. Es ist also der Internationalismus schon riesengroß gegen den Nationalismus. Auch die Wissenschaft ist ganz international. Die Medizin z. B. ist vollständig international. Selbst der Militarismus ist international. Es wird alles gleichartig und strebt einander zu. Russische Regimente gehören dem deutschen Kaiser und umgekehrt; es dringt überall das Ganzweltliche durch. Und dieses Ganzweltliche auf Grund des alt-römischen Zeitalters [...], dieses Ganzweltliche kommt zunächst als eine Herrschaft der Gottlosigkeit auf. Denn dieses Ganzweltliche kennt Gott nicht. Damit ist nicht gesagt, dass das schlechtere Menschen seien als andere, aber Gott ist ihnen abhandengekommen im Lauf der Zeiten. Darum findet ihn im Internationalismus eine Göttervermischung. Es gilt für Ungebildete, im Internationalismus keinen Unterschied zu machen zwischen Christus und Buddha. Die Geister sollen alle gleich sein wie die Menschen. Es gilt allein noch ein großes geistiges Wesen in dem lieben Gott: die heutigen theosophischen und spiritistischen Keime. Das ist das eigentlich Charakteristische des Internationalismus. Der muss sich irgendwie geistig ausprägen, und so kommt aus dem Kadaver des alten Roms geistig und körperlich hinaus, nachdem sich die Nationalitäten abgeschafft haben, ein neues Reich, das guckt heute heraus; und dieses hat etwas furchtbar Starkes. Das spürt man auch, das kämpft bewusst und unbewusst gegen jede freie Regung. Gerade das große Weltliche wird wieder engherzig. Wer als Naturforscher tiefer nachsinnt in einem Buch, der wird ausgestrichen aus der Liste der Naturforscher. Und da bildet sich wie auch in anderen Regionen eine große Engherzigkeit aus. Es gibt gewisse Weltsitten, in die muss du hinein, und wenn du nicht hineingehst, dann streicht man dich. Auf diesem Boden gibt es eine neue Sklaverei; denn anders kann diese internationale Herrschaft nicht existieren. Das Herrschen ruht auf Unterworfenen; und daher kommt die heutige eigentümliche Lage. Der Mammonismus macht wieder Sklaven mitten in die heutige Umwelt hinein, welche dem Mammon sich hingibt. Denn der Lohnarbeiter ist nach meiner Überzeugung ein größerer Sklave als der alte Sklave. Es gehört zu größten Gefühlslosigkeit, wenn man sagt, der sei doch frei. Der ist aber hart frei; denn der Lohnarbeiter ist immer wie ein Vogel auf einem

Zweig. Selbst wenn er ein Häuschen und ein Gärtchen hat, ist er doch nicht einen Tag sicher, ob ihm nicht gekündigt wird. Das Kündigungsrecht nimmt dem Arbeiter die Sicherheit der Fortpflanzung. Das ist eine ganz eigentümliche Erscheinung der heutigen Zeit. Und diese Leute werden nicht mehr als Menschen angesehen. Man ist furchtbar empört, wenn Arbeiter mit 3 Mark am Tag nicht durchkommen. Das sind im Jahr etwa 1.000 Mark. […]

In diesen Kampf tritt Jesus ein. Die Brutalität ist der Antichrist; denn hier will wieder etwas Tierisches sich durchdrücken, etwas Groß-Menschliches gegen Klein-Menschliches. Ein Herrenmensch gegen Sklavenmenschen, wie es der Nietzsche in seiner Art ausgedrückt hat: Es müsse große Menschen geben und kleine Menschen. Das gibt nun den Kampf. Hier liegt der vorausgesehene Kampf zwischen Christus und Antichristus. Der Internationalismus ist aus Christus geworden. Es kommt mir gerade vor, wie wenn das Groß-Menschliche von einem Tiger weggefressen wäre, und der Kerl tut heut groß damit; denn sie könnten wohl wissen, dass das Großmenschliche von Christus geworden ist. Wäre Christus nicht in die Welt gekommen, so wären wir nie zu dieser antichristlichen Welt gekommen, in der wir uns wohlfühlen. Nun soll diese Zeit der Kämpfe kommen und der Antrag durch den wahren Christus. Hier gehört das Wort her: »Das Reich und Gewalt wird dem Volk des Höchsten gegeben.« Oder: dem Volk Jesu Christi gegeben werden, das unter dem Höchsten steht, dem einen Gott, der zu dieser Zeit seinen Stuhl vorrückt und Gericht hält. Dann hört dieses Falsch-Großmenschliche, Falsch-Internationale, der falsche Großbetrieb wieder auf, und der Gottesgedanke wird dann den Menschen gegeben werden. Heute handelt es sich darum: Wo stehst du, Mensch? Ich möchte, ich könnte diese Situation tief in euer Herz drücken. Hast du keinen Situationsplan, so kannst du kein Haus bekommen. Siehst du nicht die Situation der Menschen, so weißt du nicht, wo du leben sollst. Die meisten Menschen haben keine Situation mehr im Kopf. Deswegen sind es charakterlose Menschen. Sie lassen sich da und dort beeinflussen, eine grässliche Verwirrung herrscht namentlich in den gebildeten Menschen. Deren Charakterlosigkeit müssen wir Menschen des Höchsten den Krieg erklären, denn wir bleiben ja nun in der Liebe beim Volk Jesu Christi. Wir scheiden uns deswegen nicht von der Welt. Der Kampf geht Faust gegen Faust, wir stecken mittendrin, aber innerlich ganz geschieden, und werden die Menschen des Höchsten, weil wir ganz genau wissen, dass diese und jene Erscheinung der Zeit antichristlich ist oder falsch-international, falsch-großmenschlich, nicht einmal echt tierisch, sondern eine Mischung zwischen dem Menschensohn und einem anderen Geist. Da wollen wir uns besinnen[,] und es fragt sich, wer da hin steht. Ich glaube, wir sind der Zeit nicht fern, wo zuerst der Kampf scharf wird; ich mache mich wenigstens sehr darauf gefasst. Ich würde mich gar nicht wundern, wenn die Zeit käme, wo mich jeder Mensch verlässt, der nicht ganz die Situation weiß. Denn wer die Situation nicht versteht, kann unmöglich meinen Standpunkt verstehen. Ich bin ein Kämpfer, ich trotze der ganzen Welt, ich unterwerfe mich nichts, ich habe bloß das Reich Jesu Christi im Auge[,] und ich weiß, dass das Reich Christi zunächst von allen Klassen der Menschen unverstanden ist. Es können nur einzelne Menschen, nicht Klassen, hineinschlüpfen. Darum hört die Klassenzufuhr in diesem Reich zunächst auf.

So kommt es, dass auch der Daniel sagt, Christus werde ausgerottet, d. h. nicht ganz, aber er hat keine Klassen mehr. So lange ich in der Kirche lebte, hatte ich die Bauernsklaven für mich. Jetzt gibt es keine Klasse mehr, es zerstreuen sich die Klassen, und es können bloß Einzelne zum Reich Christi kommen, nur wenige, wie es der Heiland sagt. Mich freut es, dass der Dusel aufhört, wo alles läuft und keine Besinnung hat. Wir müssen als einzelne Menschen wieder bewusst werden, dass wir dem Reich Gottes angehören und Kämpfer sind für einen neuen Zustand auf Erden. Und dafür gibt es nicht viele Menschen, bis Gott Gericht hält. Dann wird es Licht werden, und dann werden auch alle Menschen von dem Urtierischen wieder frei werden und namentlich von dem römischen Kadaver. Ist einmal der hinaus, dann ist viel geschafft. Der römische Kadaver glaubte, die Welt in sich verfaulen lassen zu können. Mitten in dieser unglückseligen Zeit ist doch ein Mensch herausgewachsen, und wenn die Unglückseligen von diesen falschen Vorstellungen frei sind, dann sind sie für Gottes Reich bereit gestellt. Jetzt wollen wir fest hin stehen und wollen uns Mühe geben, das Reich Gottes zu verstehen.

Nr. 6: Christoph Blumhardt: Andacht am 3. Januar 1900 (in Auszügen)

Archiv der Evangelischen Akademie Bad Boll, Nachlass Blumhardt, Predigten 1900; Abschrift aus den Ordnern mit losen Blättern, Ordner 1900

»Meine Kraft ist in den Schwachen mächtig.« (2. Kor 12,9)

Der Mensch ist nämlich sehr stark, und die Stärke des Menschen erfüllt die Erde, und der Mensch kann die Menschen verderben, wenn er stärker ist als sein Nebenmensch. So kann Jesus verdorben werden, sozusagen zu Grunde gerichtet werden, nicht zwar so, dass man ihn vergessen möchte. Das hat Jesus herausgeschlagen: Er ist so tief in der Menschheit, in die Psyche der Menschheit hineingedrungen, dass jeder Blutstropfen, den man ihm auspresst, Tausende von Zeugnissen hinterlässt. Man muss ihn nennen! Geschlechter gehen vorüber, und Zeiten reißen ganze Völker mit sich fort, und Millionen werden vergessen. Jesus wird nicht vergessen; er muss immer wieder genannt werden. Aber was nützt es? Die Menschen können ihn doch immer wieder töten. Und darum ist es so wichtig, dass der Kampf in die Menschen durchgewonnen wird. Mensch gegen Mensch! Denn Jesus ist doch ein Mensch, und als Mensch unterliegt er den Gesetzen der Erde. Es denken sich viele, Jesus sei so eine Art Gott. Er ist freilich ungeheuer stark und siegesmächtig, aber nur menschlich. Er darf keine andere Kraft brauchen als Menschenkraft, und er muss deswegen durch Menschen die Menschen bekämpfen. Er kann nicht als Gott den Menschen gegenüberstehen. Nicht wie der Mensch die Tiere bekämpft und bezähmt, kann Jesus die Menschen bezähmen, als Übermensch oder Gott. Mensch gegen Mensch! Das ist Gesetz. Und das verstehen viele nicht und hängen sich ganz falsch an Jesus, ganz abgöttlich.

Nun, was ist denn Jesus? Was will denn stark werden? Das ist eben der Trieb, die Menschen alle ohne Unterschied zu berühren und durch Berührung zu erretten, [he]raus zu reißen aus der Sünde. Er kommt ins Fleisch, er geht im Fleisch immer wieder, bis er bei allen ist, mitten drin im Blut der sündigen Menschheit. Vorwärts, ihr faulen Christen! Hinein und nicht heraus! Nicht heraus aus der Welt! Hinein, ihr faulen Christen, ihr stolzen Christen, und wenn es Schmach kostet und ihr ertötet werdet in den Fluten der Sünde! Hinein, sage ich euch! Das ist Christus. Wer aber tut das? Wo? Immer [he]raus, Konventikel gründen, engelhaft über der Welt schweben, über den gottlosen Gesellschaften herumfliegen, dass man kann heruntergucken und sagen: Ihr schlechten Leute, zu euch geht Jesus nicht! So engelhaft über der Welt schweben wie die Heiligen in der katholischen Kirche, so dass man lauter Engel über sich hat. Die soll man doch umtreten!

So wird die Welt voll Aberglauben, während Jesus ja den Aberglauben aufheben und jeden Menschen in sich selber mit Gott verbinden will; dann ist die Anbetung von selber natürlich ohne all das gottesdienstliche Zeug. Alle diese Kulte und Gottesdienste sind ja lauter Menschendienerei, aller! Der Zwang muss aufhören mit Jesus im Fleisch. Anstatt dessen aber kommt's zu immer größeren und feineren Verirrungen, und das ganze Christentum ist bloß eine Riesenverwirrung in lauter Anbeterei von Menschen, tatsächlich von Menschen. Denn man hat schließlich nichts anderes als Menschen, die stark gewesen sind in früheren Jahrhunderten. Man studiert Kirchenväter und studiert Paulus und macht ihn zu einem großen Namen. Und die Theologen müssen ausklügeln, was dieser oder jener gesagt hat. Macht man es religiös, so hat man Heilige. So verehrt man Luther wie einen Heiligen; auch den Kaiser Wilhelm verehrt man wie einen Heiligen. Da schweben so Ideen, verkörpert in Namen, um uns herum; vor diesen Namen soll man in die Knie sinken. Aber da bin ich grad so stolz wie Luther. Das sind Dummheiten, wenn man vor Menschen zusammensinken soll und wunder was für eine Größe anbeten, während doch oft gerade die Größe dieses Menschen dem echten Jesus die Sache verdunkelt hat. Denn das sieht man sofort an der Scheiderei der Christen unter Christen. Wenn Luther gesagt hat: Ich will nichts von den Reformierten wissen, war er ein Satan für Jesus. Wo solche Schranken gemacht werden, wird Jesus im Fleisch gerichtet. Wo wir verdammen und Schranken aufstellen, seien es religiöse oder gesellschaftlich oder nationale, sind wir Satane, mögen die Leute sagen, was sie wollen.

Und deswegen will ich ein Sozialist sein, damit sie sich ärgern. So will Jesus ins Fleisch hinein und will sich mit anderen berühren. Da liegt der Hauptpunkt seines Wirkens. Für das findet er so wenig Menschen. Alles schreckt zurück. Nur das nicht! Selbst sonst liberale Menschen: Nur das nicht! Dieses einfache Menschliche, das die Sünden vergibt und übersieht, o wie wenig ist das vorhanden. Ich habe es in den letzten Jahren und Monaten so erfahren. Was auf mich [an] Schmach gehäuft wurde, war mir gleichgültig; da können sie es noch 10-mal ärger machen. Aber das Herz hat mir doch weh getan, zu sehen, welcherlei Menschen ein so schweres Gericht über andere Menschen in sich tragen und es gar nicht begreifen können, dass Jesus überall hingeht, dass das gleichgültig für ihn ist, ob einer König heißt oder Sozialdemokrat. Meint ihr, bei Jesus sei es wichtiger, ihr kriegt Audienz beim Kaiser oder ihr kommt zu einem Sozialdemokraten? Im Gegenteil! Schmeichelt einem Fürsten, ich wette, das gefällt Jesus weniger[,] als wenn ihr zu jedem Ungebundenen auf der Straße geht. Werdet stolz mit Ungebundenen! Aber wer will das? Wo Menschen-Widrigkeit ist, meint man, man blamiere sich sehr, wenn man zu solchen geht. Wenn man aber eine Exzellenz grüßt, meint man, wunder was man für ein Mensch sei. Wenn ein Haufe Militär daherkommt, da springen die Leute und beugen sich vor jedem Offizier; das ist eine Ehre! Und wenn ein Haufen armer Leute daherkommt und vielleicht zerlumpt und zerfetzt [he]rum läuft, dreht man sich um und meint, es sei eine Schmach, wenn man ihnen nur begegnet.

So verkehrt sind wir Christen. Das aber muss ausgelöscht sein. Darum sind wir schwach. Ja, ich halte mich herunter zu den Niedrigen. Es ist mir eine größere Ehre, wenn mir ein Ungebundener dankt, als wenn mir 10 Könige die Hand geben. Wenn es nicht so wird, dass wir Wonne haben bei den Niedrigeren, dann sind wir noch stark, dann verstehen wir nicht, dem Jesus die Türen aufzumachen, der bei den Schwachen mächtig ist. Und dann kommt er nicht zum Ziel. Denn es bleibt das Gesetz: Glaubt nicht, dass Jesus von oben herunterkommt, von unten herauf kommt er. Und es müssen hohe Menschen sein, die den unteren Menschen Bahn brechen. Darum muss man mit den Schwachen schwach werden. Es muss den Schwachen durch hohe Menschen geholfen werden. Wie Jesus ein hoher ist und mit Energie nicht Gott gleich sein wollte, sondern in die Schwachheit der Schwachen gehen, damit er niedriger wurde als ein Engel und sich untertänig mache den Menschen und in den

Menschen der Heiland bleibe, heilig und rein, so müssen nun hohe Apostel und hohe Menschen schwache werden. Ja, wenn ein Fürst wollte Proletarier sei, das könnte was werden.

Ich habe seinerzeit viel gehofft auf unseren lieben Kaiser. Heute bangt es mir. Er scheut sich, Proletarier zu werden. Darum rutscht ihm das Volk [he]raus. Das ist das Geheimnis Christi: Er muss Hohe haben, die niedrig werden, die schwach werden und die einsehen, dass aus den großen Massen des Volks, aus denen, die unterdrückt und zertreten sind, dass dort das Reich Gottes heraus kommt. Das ist die Menschheit. Unsere gebildete Gesellschaft ist nicht die Menschheit. Das sind 5 % oder 2 %. So ein paar Menschen fahren herum als gebildete Menschen, die lassen aber sofort dies los, welche die Menschheit lieb haben, die lassen den ganzen Plunder fallen und schmeicheln sich, dass Gott sich mit ihnen abgibt. Die Exzellenzen sind so selig in dem Wort »Lass dir an meiner Gnade genügen!« Da meinen sie, das sei ein Schmeichelwort für Paulus: Es heißt aber: Sieh doch in die Welt hinein! Siehst du nicht, wenn du geschmeichelt sein willst, dafür habe ich keine Zeit. Sieh hinein, was geschieht in der Welt[,] und lass dir daran genügen[,] und mach fort, und sei du schwach! Die aber selbst geschmeichelt sein wollen, so fromm Menschlein sein wollen, die, wenn man sie guckt, alles fallen lassen und selbst nur selig sein wollen, die fragen ja nichts nach Gott. Nun aber guckt es Jesus unter den Massen, unter denen und nach denen die Welt nie etwas gefragt hat, die man immer im Stich gelassen hat. Da unten wird Jesus kommen. Das ist seine Höhe. Darum ist es so wichtig, dass wir schwach werden mit den Schwachen und Jesus im Fleisch verstehen lernen. Gott gebe, dass das verstanden werde! Aber Mühe wird es kosten, das ist das Schwerste jetzt. Jesus ist einfach ein Mensch gewesen, der sich zu jedem Sünder gesetzt hat und hat nichts Besonderes sein wollen. Was braucht man denn so Heilige? Mach, dass du ein einfacher Mensch wirst! Sei innerlich ein Mensch, der sich zu allen hinstellt und innerlich frei und selig ist.

Nr. 7: Christoph Blumhardt: Andacht am 23. Mai 1915 (Pfingstsonntag) (in Auszügen)

Archiv der Evangelischen Akademie Bad Boll, Nachlass Blumhardt, Predigten 1915; Abschrift aus den Ordnern mit losen Blättern, Ordner Mai bis Juni 1915

Predigttext: Joh 14,15–21

Wir sind wirklich Kinder Gottes, und das ist der Geist der Wahrheit. Die Wahrheit besteht nicht bloß in dem, dass wir die Natur kennen, und dass wir allerlei gescheite Reden führen, sondern die Wahrheit besteht in dem, dass unser Leben gesichert ist. Das Unwahre auf Erden besteht in dem, dass unser Leben nie recht gesichert ist. Kein Mensch kann es, kein Volk kann uns sicherstellen, kein Vaterland und gar nichts kann uns wirklich sicherstellen. Die Wahrheit ist in dem, dass wir in Gott eins sind mit der Ewigkeit und dadurch unser Leben wirklich gesichert ist. Wie draußen in der Natur Wahrheit ist, wenn sie sprosst und blüht und sich zu guten Früchten rüstet, so bei uns Menschen, wenn wir aufleben in voller Freude: Herr Gott, wir gehören ja zu dir. Unser Leben ist dein Leben, also sind wir fröhlich und getrost. […]

Als Jesus geboren war, und wir feiern ja bis auf den heutigen Tag den Christtag als seinen Geburtstag, war es der Anfang des irdischen Lebens Jesu Christi mit uns. Aber nun ist ein neuer Geburtstag da. Jetzt müssen wir mit Jesus im Himmel leben, wir müssen jetzt seine Geburt in den Himmel hinein feiern. Er ist zum Vater gegangen, und das soll unsere Freude sein, weil es nun der Weg ist, den auch wir gehen können, dass auch wir beim Vater im Himmel sind, und so ist es wie ein neuer Geburtstag, das neue Leben Jesu Christi, das ewige, der Welt unsichtbare Leben des Heilandes, das wir vor Augen haben dürfen auch in einer Zeit wie der heutigen.

Das sieht ja alles tot aus und der Geist des Todes scheint zu herrschen. Es scheint der Geist Satans die Welt verderben zu wollen. Sie morden sich untereinander, und ein Volk kommt zum anderen, alle wollen getötet sein. Ein merkwürdiger Trieb hat die Menschen erfasst, und wir erleben es alle Tage immer wieder neu, wie die Menschen drauf los sind, in diese schreckliche Geschichte hinein zu gehen. Und viele Menschen preisen diese heutige Zeit wie einen Geburtstag der Völker; sie meinen, jetzt sei erst der Tag aufgegangen für unser Deutschland, und es werde ein Neues kommen. Aber sie meinen es irdisch, sie meinen es in bloß zeitlicher Weise, sie meinen, es komme in irdischer Kraft und Macht. Davon scheiden wir uns. Wir wollen einen höheren Frieden, wir wollen einen Frieden in der Kraft Gottes, und unser einziges Sehnen ist es, dass unsere böse Zeit aufhören möge in der Kraft Gottes, im Frieden Gottes, in dem Frieden, den Jesus gibt, nicht in dem, den die Welt gibt. Denn was die Welt von Frieden gibt, hört wieder auf, aber was Jesus Christus uns in die Herzen gibt, seinen Frieden, das hört nimmer auf, das bleibt uns[,] und wir sind fröhlich drin und getrost.

So stehen wir am heutigen Tage wirklich in einem großen Festtag, in einem Jubeltag, und ich glaube, die Engel im Himmel wollen auch mit uns singen und loben, denn wir gehören ja zu ihnen. Wir sind ein Teil des Himmels, ein Teil der Heerscharen Gottes; und wenn die Natur um uns her so herrlich ist wie dieses Jahr, dass wir nicht genug staunen können, dass unser Frühling so herrlich ist, als es nur irgendjemand denken kann, dann spüren wir auch etwas von der Kraft Gottes, von der Macht des allmächtigen Gottes, und wir spüren es, dass Gott wie ein Vater über allen Gräsern, über allen Früchten, über allen Bäumen waltet. Es ist etwas Väterliches in der Luft, und wie möchten unseren Mund auftun und es einsaugen, was Gott auch in der Natur ist, dass wir keine blinden und tauben Menschen sind, sondern wirklich fühlen, was der allmächtige Gott tut in unseren Tagen. [...]

So steht die große Verheißung vor uns. Wenn wir den heiligen Geist schon ein wenig empfangen haben, so taucht es in uns auf: »Ich will ausgießen meinen Geist über alles Fleisch.« Das ist es, was uns immer wieder ungemein bewegt. Es muss eine Ausgießung des heiligen Geistes als Vorstufe der Zukunft Jesu Christi, einer ganz neuen Welt[,] angesehen werden. Es soll eine Gemeinschaft werden, der heilige Geist ist nicht nur dir im Einzelnen gegeben, wenn du ihn hast, sondern es soll über alle kommen, über Alte und Junge, über Knechte und Mägde, über alles Fleisch, damit sie alle in der Wahrheit stehen und alle sich vereinigen können in dem höchsten Glück, das uns geworden ist, dass wir zum Vater im Himmel gehören wie Jesus Christus auch. […]

Wir wollen einen Fortschritt haben, wie wenn man einen fühlen würde: das Bisherige genügt nicht, um das Menschenleben zu verklären. Unser Menschenleben bleibt ein Rätsel, bis es offenbar wird, dass wir Menschen mit Gott leben, nicht bloß mit der äußeren Natur, sondern mit dem Geist Gottes, mit dem großen Ewigen, das auch uns gebührt. Denn wir sollen ewige Menschen sein, wir sollen nicht vergänglich sein. Wenn man uns ins Grab legt, so wollen wir nicht [im] Grabe bleiben, wir wollen Auferstandene sein von den Toten. Wir wollen lebendig sein, in die Ewigkeit hineingestellt, eins mit der großen Heerschar derer, die um Jesus Christus sich sammelt. Viele Leute wollen nicht einmal gern an ihr ewiges Leben denken. Es ist merkwürdig, dass dieser Fortschritt, dass die eigentliche Zuversicht noch nicht recht gekommen ist: Uns kann nichts vom Leben scheiden, uns kann nichts töten, uns kann nichts ins Grab legen, wir stehen auf, wir gehören zu Gott ewiglich. […]

Ach meine Lieben, wie viel Gutes haben wir doch auch in böser Zeit. Wenn ich dran denke, wie viel Großes geht jetzt in den Tod! Wie viele verscharrt man, als ob sie nichts wären! Wir jauchzen über Siege, über Schlachten, und mir geht es immer wie ein Schauer durch die ganze Natur, wenn ich höre: Wir haben gesiegt[,] und Tausende von Feinden sind dahingemordet. Ja, meine Lieben, wir können nicht eigentlich jauchzen, wir können nicht. Mir tut der Tod weh. Es ist gerade, wie wenn die Sichel des Todes ausgegangen wäre und die Frucht der Erde sammle, wie es in der Offenbarung [des] Johannes steht, dass die Frucht der Erde Blut sei, Blut, das bis an die Zäume der Pferde geht. Ja, Blut ist die ganze Weltgeschichte[,] und wenn nicht durch alle hindurch das Leben Jesu Christi wirksam wäre durch den Geist Gottes ganz im Verborgenen, was wären wir denn? Mir ist es alle Tage ein großes Wunder, dass wir doch immer noch so viel zu loben und zu danken haben. Auch wenn wir einmal Trauer haben, wir haben doch zu danken. Es geht ein großer Zug nicht bloß durch die Weltgeschichte vorwärts, sondern ein großer Zug der Gottesgeschichte. Es ist eine Ahnung des heiligen Geistes, des Geistes der Wahrheit, den wir finden wollen immer mehr, in dem wir leben wollen, in dem wir Pfingsten feiern wollen.

Nr. 8: Christoph Blumhardt: Andacht am 6. Juni 1915 (in Auszügen)

Archiv der Evangelischen Akademie Bad Boll, Nachlass Blumhardt, Predigten 1915; Abschrift aus den Ordnern mit losen Blättern, Ordner Mai bis Juni 1915

Predigttext: Lk 16,19–31

Willst Du ein Volk schätzen lernen, dann betrachte die Geschichte zwischen Reichen und Armen. Betrachte die Armen. Wie geht es den Armen? So sollte man fragen, wenn man ein Volk will kennen lernen. Wie geht es seinen Armen? Denn überall sind Arme[,] und überall sind Reiche[,] und die Reichen spielen die große Rolle, die haben sozusagen das ganze Leben in der Hand. Der Reichtum, der ist die Macht auf Erden scheinbar, und doch, er soll sich in Acht nehmen. Es ist ein zweischneidiges Schwert. Auch geistige Reichtümer ähnlich wie die Mammonreichtümer haben eine Gefahr in sich. Der Reiche leitet alles zu seinen Gunsten, lebt herrlich in Freuden und denkt an gar nichts anderes als nur, wie er recht nütze, was ihm an Gütern geschenkt ist.

Das ist eine Gefahr für alle, auch für die sogenannten Niederen. Auch dort bildet sich Reichtum unter den sogenannten Unmündigen und Unglücklichen, es bildet sich Reichtum. Nimm dich in Acht, es ist eine gefährliche Sache! Wie schaffst du unter denen, die um dich her sind und arm sind und auch leiden? Hast du eine offene Hand? Hast du eine geschlossene Hand? Das bestimmt deine Geschichte. Das gibt keine Geschichte, wenn wir reich sind, wie es hier auch heißt »Es war ein Reicher«, dessen Name wird nicht genannt. Aber es war ein Armer, der hat eine Geschichte. Ein armer Kranker hat seine Geschichte; dessen Name ist angeschrieben[,] und er hat eine Geschichte auf Erden und im Himmel.

So schätzt der liebe Heiland das irdische Leben als etwas, von dem aus auch in die Ewigkeit hinein eine Kraft kommt, dass wir ein gutes Örtchen bekommen im Jenseits, wenn wir sterben, nicht bloß begraben werden. [...] Meine Lieben, wir können nicht dankbar genug sein, dass der liebe Gott das irdische Leben wichtig gemacht hat, wichtig dadurch, dass er uns den Sinn für Gutes aufschließen will. Denn Gutes tun, Barmherzigkeit üben, Mitleiden haben, Teilnahme haben, Freundlichkeit und Güte im Herzen, die dann auch in die Hand übergehen kann, das ist wichtig. Dein irdisches Leben, auch deine Trübsal ist wichtig, und wenn du dich über die Trübsal erheben kannst und Trost finden kannst in Gott, zu ihm aufzublicken, deinem Vater, dann hast du dein Werk unter den Händen, das dem Himmelreich dient.

Man hat in den letzten Zeiten, den Friedenszeiten, sehr viel von dieser Frage geredet, und alle Völker waren ein wenig angetan von dem Gedanken, die soziale Lage der Menschen zu ordnen, damit nicht Elende auf der Seite liegen bleiben, sondern dass für alle irgendwie gesorgt werde. Es ist ganz richtig gewesen, wenn wir gesagt haben: Das ist ein Zeichen des Reiches Gottes auf Erden, dass man überhaupt darnach fragt. Der Heiland hat es gewollt, dass man darnach fragt[,] und hat einen Weg gezeigt: Mache dir Freunde mit dem ungerechten Mammon; es ist ungerecht, dass du ihn hast und der andere Not leidet, jetzt tu, was möglich ist.

Wir haben in den letzten Zeiten viel Reichtümer und viel Macht gesammelt und haben gedacht: Jetzt haben wir ewigen Frieden. Ja, die Reichtümer machen uns keinen Frieden. Man hat geglaubt[,] mit lauter guten Sprüchen halte man die Zeit aufrecht. Wo stehen wir heute? Manche Soldaten schreiben mir, es sei, wie wenn sie in der Hölle wären: Dieses ewige Donnern der Kanone, diese fürchterliche Morden, dieses Zusehenmüssen, wie die Verwundeten leiden, wie sie zum Tode getroffen sind, wie sie herumliegen, wie man ihr Stöhnen hört und ihnen nicht helfen kann, sondern immer vorwärts muss in dieser Hölle, in dieser Qual. Das ist die Frucht, auch des Machtbewusstseins, des Reichtums, die Frucht all unseres bloß irdischen Lebens. Denn so viel wir gesucht haben und so viel menschliche Kräfte sich Mühe gegeben haben[,] Gutes hervorzubringen, sie haben es denn doch bloß äußerlich gesucht und haben nicht eine offene Hand gehabt, wo es nötig gewesen wäre. So ist die Hölle über uns gekommen. Wir können nicht bloß begeistert sein bei diesem Krieg, wir können nicht bloß jauchzen, wenn wir von einem deutschen Siege hören. Wenn ich so lese von deutschen Siegen, und wieviel tote Franzosen, Engländer und Russen um die Unseren herumliegen und wie man ans Begraben gehen muss, da schaudert es mich immer von Kopf bis zum Fuß.

So ist das Bild, das Jesus gibt, wohl ein trauriges und stellt uns die Hölle vor. Es stellt uns unsere Sünde vor, aber es stellt uns auch die Gnade Gottes vor, die Hilfe in Jesus Christus, unserem Heiland. Er sei gelobt in Ewigkeit, auch in unserer Zeit! Wir dürfen hinweg schauen über das Böse, über Tod und Verderben. Wir wissen, es hört wieder auf, und der Heiland wird uns Frieden geben auf Erden. Vielleicht wird es auch Vielen, die im Krieg gewesen sind, ein neues Herz und einen neuen Sinn geben, dass sie recht leben lernen und ein Ruhm werden unseres Gottes im Himmel. Der Weg ist uns aufgetan. Du hast eine Kraft, du hast ein Leben, du hast auch ein Übriges, schaffe damit und sei lieb und freundlich und geduldig gegen deine Mitmenschen! Es ist ein Weg Gottes, der auf Erden aufgerichtet ist, auf dem wir alle Tage gehen und Gott preisen können, wenn wir etwas Gutes und Freundliches tun können irgendwelcher Art.

LITERATURLISTE

Archivmaterial

Im Archiv der Evangelischen Akademie Bad Boll befinden sich folgende Archivalien zu Christoph Blumhardt aus dem Familienarchiv der Familie Christoph Blumhardt sowie aus anderen Nachlässen:

Andachten und Predigten in der Form von Sammlungen loser Blätter aus der Handschrift verschiedener Personen, angeordnet in Ordnern. Darin auch enthalten: Reden, Tischgespräche, Gebete, Beerdigungsreden. Aus den Jahren 1866 bis 1917
Andachten und Predigten in Wachsheften aus der Handschrift verschiedener Personen. Aus den Jahren 1885 bis 1914
Andachten und Predigten in gebundenen Büchern aus der Handschrift verschiedener Personen. Aus den Jahren 1880 bis 1917
Abschriften (Auszüge) der Originalnachschriften von Gottliebin Blumhardt, angeordnet nach Jahren. Maschinenschriftlich. Mit Verweis auf die Originale. Mit zum Teil sehr großen Auslassungen. Geordnet nach Jahren und Themen. Aus den Jahren 1855 bis 1917
Briefe von Christoph Blumhardt, zum größten Teil als Original, teilweise als Fotokopien. An Angehörige und Freunde aus den Netzwerken Blumhardts in der Schweiz und Deutschland. Aus den Jahren 1859 bis 1918
Konfirmandenbücher, Liedbücher, Beerdigungspredigten

Ein digitales Findbuch aller Archivalien befindet sich im Aufbau bzw. in ständiger Erweiterung. Es steht unter www.ev-akademie-boll.de zur Verfügung. Eine stark gekürzte Fassung dieser Biographie Christoph Blumhardts mit ausgewählten Digitalisaten befindet sich im Aufbau und steht unter www.wkgo.de zur Verfügung.

Gedruckte Quellen

Blumhardt, Christoph, Blätter aus Bad Boll, Bad Boll 1882–1888
Ders., Erbauliche Blicke in die ersten Blätter der heiligen Schrift, 1. Mos 1–3, Bad Boll 1885
Ders., Erbauliche Blicke in die ersten Kapitel der Offenbarung, Kap. 1–3, Bad Boll 1886
Ders., Predigten und Vorträge, gehalten in der Schweiz 1886, Zürich 1886
Ders., Vertrauliche Blätter für Freunde von Bad Boll, Bad Boll 1889–1894

Ders., Gedanken aus dem Reich Gottes, im Anschluss an die Geschichte von Möttlingen und Bad Boll, und unsere heutige Stellung. Ein vertrauliches Wort an Freunde, Bad Boll 1895

Ders., Brief über eine Palästinareise im Jahre 1906 (an Richard Wilhelm), Zürich o. J.

Ders., Haus-Andachten nach Losungen und Lehrtexten der Brüdergemeine, 2. Auflage, Stuttgart 1921

Buchholz, Christian (Hg.), Christoph Friedrich Blumhardt. Reich Gottes in der Welt. Texte aus Predigten, Ansprachen und Gebeten, O.O., o. J.

Harder, Johannes (Hg.), Christoph Blumhardt, Ansprachen, Predigten, Reden, Briefe 1865–1917, 3 Bände, Neukirchen-Vluyn 1978

Jäckh, Eugen (Hg.), Abendgebete für alle Tage des Jahres von Christoph Blumhardt, neu durchgesehen und herausgegeben von Eugen Jäckh, Berlin 1937

Jäckh, Eugen (Hg.), Christoph Blumhardt, Vom Reich Gottes. Aus Christoph Blumhardts Predigten und Andachten ausgewählt und zusammengestellt von Eugen Jäckh, Schlüchtern 1922

Lejeune, Robert (Hg.), Eine Auswahl aus seinen Predigten, Andachten und Schriften, 4 Bände, Erlenbach-Zürich/Leipzig 1925–1937

Rich, Arthur (Hg.), Christus in der Welt. Briefe an Richard Wilhelm, Zürich 1958

Specker, Louis (Hg.), Politik aus der Nachfolge. Der Briefwechsel zwischen Howard Eugster-Züst und Christoph Blumhardt 1886–1919. Mit einer theologischen Einführung von Prof. Dr. Arthur Rich, Zürich 1984

Literaturverzeichnis

A Latin Dictionary. Founded on Andrews' edition of Freund's Latin dictionary, revised, enlarged, and in great part rewritten by Charlton T. Lewis and Charles Short, Oxford 1879

Barth, Karl, Vergangenheit und Zukunft. Friedrich Naumann und Christoph Blumhardt. Abgedruckt in: Anfänge der Dialektischen Theologie, hg. von Jürgen Moltmann, Bd. 1, München 1962, S. 37–49

Beck, Johann Tobias, Leitfaden der christlichen Glaubenslehre für Kirche, Schule und Haus, Stuttgart 1862

Ders., Vorlesungen über christliche Glaubenslehre, Band II, Gütersloh 1886

Beyer, Michael, Art. Speratus, Paul. In: RGG[4] 7 (2004), Sp. 1568

Buchholz, Christian, »Vorwärts« – Sozialistische und sozialkritische Wurzeln des jüngeren Blumhardt. In: Blätter für württembergische Kirchengeschichte 116 (2016), S. 11–28

Ders. (Hg.), Christoph Friedrich Blumhardt – Reich Gottes in der Welt: Texte aus Predigten, Ansprachen und Gebeten, Göppingen-Dessau 2010

Buess, Eduard /Mattmüller, Markus, Prophetischer Sozialismus. Blumhardt – Ragaz – Barth, Freiburg (Schweiz) 1986

Daur, Albrecht (Hg.), Und sonntags zur Demokratie. Lebensbilder aus 140 Jahren SPD in Göppingen, Göppingen 2009

Esche, Albrecht, Reich Gottes in Bad Boll. Religion, Kultur und Politik bei Johann Christoph und Christoph Blumhardt, 4. erweiterte Auflage, Bad Boll 2016
Evangelisches Gesangbuch. Antwort finden in alten und neuen Liedern, in Texten und Bildern, Ausgabe für die Evangelische Landeskirche in Württemberg, Stuttgart 1996
Evangelisches Kirchengesangbuch. Ausgabe für die Evangelische Landeskirche in Württemberg, Nachdruck der 35. Ausgabe von 1953, Stuttgart 1986
Friedrich von Bodelschwingh. In: Daheim-Kalender für das Deutsche Reich. Auf das Jahr 1911, Herausgegeben von der Daheim-Redaktion, Bielefeld/Leipzig o. J. [1910], S. 239–240
Groth, Friedhelm, »… bebel- und bibelfest«: Eschatologischer Universalismus und Engagement für den Sozialismus in der Reich-Gottes-Verkündigung des jüngeren Blumhardt: eine Hoffnung und ihre Nachwirkungen, Göttingen 1999
Ders., Chiliasmus und Apokatastasishoffnung in der Reich-Gottes-Verkündigung der beiden Blumhardts. In: Pietismus und Neuzeit. Ein Jahrbuch zur Geschichte des neueren Protestantismus, Bd. 9 (1983), Göttingen 1984, S. 56–116
Gründer, Horst, Tsingtau – eine deutsche Musterkolonie in China? In: Horst Gründer/Hermann Hiery (Hg.), Die Deutschen und ihre Kolonien, Berlin-Brandenburg 2017, S. 89–122
Esche, Albrecht, Reich Gottes in Bad Boll. Religion, Kultur und Politik bei Johann Christoph und Christoph Blumhardt, 3. erweiterte Auflage, Bad Boll 2009
Hirsch, Klaus (Hg.), Richard Wilhelm. Botschafter zweier Welten, Frankfurt am Main/London 2003
Ising, Dieter, Johann Christoph Blumhardt – Leben und Werk, Göttingen 2002
Ders., Christoph Blumhardt (1842–1919). In: Bad Boll 1595–1995. Vom herzoglichen Wunderbad zum Kurort, hg. von der Gemeinde Bad Boll, Weißenborn 1995, S. 224–244
Jäckh, Eugen, Christoph Blumhardt. Ein Zeuge des Reiches Gottes, Basel 1950
Jäckh, [Eugen], Art. Blumhardt, 3. Christoph. In: RGG² 1 (1927), Sp. 1153–1154
Jäckh, Werner, Blumhardt. Vater und Sohn und ihre Welt, Sindelfingen 1977
Jäger, Hans Ulrich, Politik aus der Stille. Ernesto Cardenal, Dom Helder Câmara, Martin Luther King, Christoph Blumhardt, Niklaus von Flüe, Zürich 1980
Kerlen, Eberhard, Zu den Füßen Gottes. Untersuchungen zur Predigt Christoph Blumhardts, München 1981
Kupisch, Karl, Adolf Stoecker. Hofprediger und Volkstribun. Ein historisches Porträt, Berlinische Reminiszenzen 29, Berlin o. J. [1970]
Kutter, Hermann, Sie müssen. Ein offenes Wort an die christliche Gesellschaft, Zürich 1904
Lim, Hee-Kuk, »Jesus ist Sieger!« bei Christoph Friedrich Blumhardt. Keim einer kosmischen Christologie, Bern u. a. 1996
Meier, Klaus-Jürgen, Christoph Blumhardt. Christ – Sozialist – Theologe, Bern/Frankfurt am Main/Las Vegas 1979
Nigg, Walther, Rebellen eigener Art. Eine Blumhardt-Deutung, Stuttgart 1988
Pfeiffer, Arnold, Zur Vorgeschichte des religiösen Sozialismus in Deutschland. In: Neue Zeitschrift für Systematische Theologie und Religionsphilosophie 19 (1977), S. 127–149

Ders., Kutter und Ragaz – Variationen des religiösen Sozialismus. In: Neue Zeitschrift für Systematische Theologie und Religionsphilosophie 21 (1979), S. 160–176

Ragaz, Leonhard, Der Kampf um das Reich Gottes in Blumhardt, Vater und Sohn – und weiter, Erlenbach-Zürich/München/Leipzig 1925

Ragaz, Leonhard, Leonhard Ragaz in seinen Briefen, 1. Band: 1887–1914, 2. Band: 1914–1932, hg. von Christine Ragaz, Markus Mattmüller und Arthur Rich, Zürich 1966/1982

Raupp, Werner, Art. Blumhardt, 3. Christoph Friedrich. In: RGG⁴ 1 (1998), Sp. 1647– 1648

Sauter, Gerhard, Die Theologie des Reiches Gottes beim älteren und jüngeren Blumhardt, Zürich 1962

Schönhuth, Elisabeth, Emilie Blumhardt im Schatten ihres Umfeldes, Göppingen 2010

Schütz, Paul, Säkulare Religion. Eine Studie über ihre Erscheinung in der Gegenwart und ihre Idee bei Schleiermacher und Blumhardt d. J., Tübingen 1932

Sprewitz, Anna von, Auf ewigem Wege. Eigenhändiger Lebenslauf, Gnadau o. J.

Staudinger, Franz, Ethik und Politik, Berlin 1899

Stober, Martin, Christoph Friedrich Blumhardt d. J. Zwischen Pietismus und Sozialismus, Gießen 1998

Thurneysen, Eduard, Christoph Blumhardt, München 1926

Troebst, Christian/Ising, Dieter, Christoph Blumhardt 1842–1919. Mahner zwischen den Fronten, Weißenborn 1992

Troebst, Christian, Christoph Blumhardt der Jüngere. Prediger zwischen den Fronten. In: Boll. Dorf und Bad an der Schwäbischen Alb, hg. von der Gemeinde Bad Boll, Weißenborn 1988, S. 298–316

Walser, Paul, Christoph Blumhardt, der Protestant, Bern 1946

Wilhelm, Salome (Hg.), Richard Wilhelm. Der geistige Mittler zwischen China und Europa, Düsseldorf/Köln 1956

Zündel, Friedrich, Johann Christoph Blumhardt. Ein Lebensbild. Neubearbeitet von Dr. Heinrich Schneider, 16. Auflage, Gießen/Basel 1954

NAMENS- UND ORTSREGISTER

A

Afrika 99, 139, 143, 239
Amerika 97, 143, 239
Appenzeller 120

B

Bad Mergentheim 109, 128
Bad Urach 29, 31
Bad Wörishofen 79
Barth, Karl (1886–1968) 7f., 11, 21, 249, 261, 281
Bebel, August (1840–1913) 150
Beck, Johann Tobias (1804–1878) 32f., 54, 74, 287, 305
Benn, Gottfried (1886–1956) 151
Bern 158
Bernstein, Eduard (1850–1932) 110, 176, 185
Blumhardt, Benjamin (1875–1953) 222f., 252f.
Blumhardt, Carl (1841–1892) 30, 35, 42, 88
Blumhardt, Clara (1874–1975) 78, 117, 127
Blumhardt, Doris (1816–1886) 40f.
Blumhardt, Dorothea (1872–1947) 40, 42, 86, 127
Blumhardt, Elisabeth (1877–1962) 42, 127
Blumhardt, Emilie (1849–1927) siehe Bräuninger, Emilie
Blumhardt, Georg (1885–1918) 127, 262f.
Blumhardt, Gottliebin (1889–1976) 19, 21, 75, 86, 88, 151, 254, 302
Blumhardt, Hanna (1883–1971) 127, 222f.
Blumhardt, Hermann (1873–1909) 121, 127, 230
Blumhardt, Maria (1840–1923) 41
Blumhardt, Nathanael (1847–1921) 35f., 41, 51, 80, 116–119, 230, 232, 234

Blumhardt, Salome (1879–1958) 127, 185f., 218, 222f., 232, 252f.
Blumhardt, Theophil (1843–1918) 29, 30f., 35, 37f., 45f., 49, 78, 115, 126, 222, 235, 252, 263
Bodelschwingh, Friedrich von (1831–1910) 113–116, 130, 144, 308
Bonhoeffer, Dietrich (1906–1945) 7f., 170
Bräuninger, Emilie (1849–1927) 36f., 41f., 75, 78, 8f., 90, 117f., 126f., 222f., 230, 234f., 258, 260, 262f.
Brodersen, Emil (1836–1895) 41
Brodersen, Heinrich Theodor (1829–1912) 41f., 75, 82, 258
Brodersen, Paul Theofil Emil (1859–1938) 42

C

China 99, 185f., 222, 226, 234, 245, 279

D

de Saint-Simon, Henri (1760–1825) 169
Dittus, Gottliebin (1815–1872) 25–28, 39–42, 75, 86
Dittus, Hans-Jörg (1812–1888) 27f., 60, 73f., 80, 86, 93
Dittus, Katharina (1807–1887) 27, 60, 127
Dornstetten 168
Dresden 185, 211
Dürnau 34, 43

E

Eckwälden 50f., 78, 80, 88, 253
Elberfeld 48, 88
England 224, 279
Esslingen 215
Eugster-Züst, Howard (1861–1932) 120, 166, 218, 250, 258

Europa 99, 125, 137, 141, 143, 177, 185f., 221, 223–225, 327, 330f.

F
Feuerbach 168f.
Fourier, Charles (1772–1837) 169
Frankreich 11, 67, 224, 243, 279, 336

G
Gernsbach 34, 178
Göppingen 34, 85, 91, 111, 150, 152, 155, 161, 165f., 168, 177, 179f., 213, 215f., 264
Gruibingen 43

H
Hamburg 48, 158
Hannover 152, 184
Harder, Johannes (1903–1987) 21, 251, 269, 302f.
Hegel, Georg Wilhelm Friedrich (1770–1831) 33
Herisau 113, 120
Hesse, Hermann (1877–1962) 84f.
Hohenstaufen 34

J
Jäckh, Eugen (1877–1954) 20f., 154, 179, 249, 264, 270, 302
Japan 140, 224, 279
Jebenhausen 51, 228, 234, 255–259, 264f.

K
Kaiser Wilhelm II. (1859–1941) 98, 123f., 149, 152, 188, 217, 220, 224, 290, 308, 342
Karlsruhe 34
Kaumi 252
Kautsky, Karl (1854–1938) 150, 211
Keil, Wilhelm (1870–1968) 155, 167, 179, 180f., 264
Kirchentellinsfurt 36
Kloß, Karl August (1847–1908) 167
Kneipp, Sebastian (1821–1897) 79
Knödler, Berta (1854–1890) 86
Köln 157
Korntal 160
Kutter, Hermann (1863–1931) 218f., 231, 249

L
Lejeune, Robert (1891–1970) 154
Luther, Martin (1483–1546) 296, 342

M
Marx, Karl (1818–1883) 158, 206
Möttlingen 25–27, 89

N
Neuseeland 117f., 222, 230, 232, 234f., 245, 263
Nürtingen 168

O
Oertzen, Luise von (gestorben 1897) 51f., 54, 229, 255
Oetinger, Friedrich Christoph (1702–1782) 33
Ostasien 224

P
Palästina 228
Pfullingen 169
Preiswerk, Samuel (1853–1923) 236
Puttkamer, Viktor von (1828–1900) 57

R
Ragaz, Leonhard (1868–1945) 21, 231, 234, 249–251, 261, 271, 276
Romanshorn 54,
Rorschach 158
Russland 224, 279

S
Schelling, Friedrich Wilhelm (1775–1854) 33
Schwäbisch Gmünd 180, 213
Spöck 34
Sprewitz, Anna von (1847–1923) 14, 52, 109f., 117, 128, 154, 227–229, 232–234, 254–260, 264
Stoecker, Adolf (1835–1909) 56f., 83, 102, 160, 205, 291, 308
Stuttgart 29, 78, 110f., 167, 174, 179, 213

T
Tsingtau 185, 219f., 222f., 226, 230, 235, 239, 252f.
Tübingen 31–33, 36, 39

V

Vopelius, Eduard (1870–1953) 42, 51, 151, 235
Vopelius, Eleonore (1845–1924) 42, 51, 229

W

Weber, Hans (1861–1926) 151, 227
Weizsäcker, Carl Heinrich (1822–1899) 32
Wilhelm, Richard (1873–1930) 127, 185f., 219f., 222f., 226–228, 252
Wilhelm, Salome (1879–1958) siehe Blumhardt, Salome
Winterthur 54f., 158

Z

Zündel, Friedrich (1827–1891) 55

SACHREGISTER

A

Allversöhnung 15, 33, 38f., 58, 90, 95, 121, 130, 134, 137, 190, 193, 287–289, 294

Auferstehung, Auferstehungszeit 8, 62, 94, 131f., 190, 199, 287, 290, 306, 317, 333, 334

B

Bekehrung 65, 69, 205

Bekenntnis 7f., 121, 124, 135, 150, 154, 160, 221, 238, 239

Beruf 35, 49, 53, 65, 77, 245, 274, 282, 284

Besitz 8, 19, 67, 223, 328

Bibel 31f., 102, 104, 145, 267, 303, 325, 333

Börse 201

Boxeraufstand 186, 200

D

Dekanat 162

Demokratie, Demokratisierung 175, 215

deutsches Kaiserreich 12, 37f., 50, 66, 123, 139f., 170, 186, 188, 191, 202, 243, 290

Deutsch-Französischer Krieg 37f., 66–68, 123

Dogmatik, dogmatisch 32, 62, 69, 95, 101, 114, 144f., 170, 198, 266, 290

E

Ebenbildlichkeit 53, 60, 63,

Egoismus 153, 156, 191, 195, 197, 204, 287

Eigentum 217, 223

Eisenbahn 124, 180, 328

Epilepsie 113

Erlösung 48, 64f., 120, 160, 192, 267, 287, 290

Ernährung 121, 123, 175, 194, 214

Erweckungsbewegung 26, 34, 232

Eschatologie 144, 145

Europa, Europäer 99, 124f., 141, 143, 177, 186, 197, 200, 220–225, 227, 327, 330f.

Evangelium 46, 58f., 80, 92, 98–101, 132, 145, 151f., 157, 160, 171–173, 192, 201–203, 205, 231, 241, 245, 317–319, 321, 334

F

Fabrik 102, 133

Feudalismus 172, 181

Fortschritt 61, 63, 89f., 102f., 105, 119, 121, 125, 138, 140f., 144, 169, 171–173, 182, 187, 191, 204, 221, 241, 243, 245, 256, 262, 288, 292, 330, 347

Fraktion 167f., 173, 177, 182–184, 188, 194, 213

Freiheit 54, 78f., 112, 139, 163, 171, 191, 197, 200, 203, 207, 221, 239, 291–293, 298, 322, 324f.

Friedenskonferenz 124, 150, 154

Friedensreich 39, 60, 70, 74, 93, 95, 100, 131f., 139, 146, 154, 172f., 199–201, 203f., 207, 219, 225, 239, 251, 267, 278, 289

Fürbitte 25, 116

G

Gebet 25, 36, 49, 120, 134, 325

Geist Gottes 125, 143, 171, 225, 240, 245, 328, 347f.

Geiz 66, 124f., 191, 197, 328f.

Gemeinschaft 7, 27, 29, 36f., 39–41, 46–48, 67, 78, 93f., 98, 125, 138, 172, 222, 225, 228, 233, 237–241, 245, 251, 277, 284f., 288, 318, 321, 347

Gerechtigkeit 97f., 141, 145, 152, 156, 238, 243, 281, 330

Sachregister

Gottesdienst 26, 77, 86, 90–92, 109f., 126, 146, 161, 183, 297, 326, 331, 342

H
Heilungswunder 26f., 44, 96
Herrschermoral 191
Hochzeit 36, 86, 88, 118
Humanität 53f., 330

I
Individualismus 70
Industrialisierung 97, 135, 193, 282, 291
Inspektor 43–45, 175, 289
Internationalismus 13, 94, 98, 112, 129, 140, 150, 153f., 158, 201, 267, 280, 336–338

K
Kapital 34, 51, 110, 156f.
Katholizismus 75, 102
Kinderheim 255–258
Kirche 7–13, 16, 22, 32, 39, 50, 55, 66, 70, 75f., 89, 91, 100–104, 112–114, 136, 138f., 146, 154f., 160, 163f., 170, 172, 181–184, 204, 206, 231, 241, 244f., 250, 252, 266–269, 288, 291, 293, 309, 326, 335, 339, 341
Kirchengeschichte 11, 26, 307
Kirchenkritik 100, 115, 291
Kolonialismus, Kolonialmacht 223, 308
Kommunismus 178
Konfession 95, 102, 137, 182f., 204, 241, 245, 255
Konfirmation, Konfirmandenunterricht 44, 47, 78, 145
Konsistorium 40, 43, 111f., 127, 161–164, 181
Kosmos 8, 39, 192, 287f., 290
Krieg 20, 37f., 66–68, 98, 123–125, 139f., 149, 172, 200f., 223, 225, 237, 242f., 249–253, 264, 267, 270–283, 285, 327f., 330, 339, 351
Küche 121
Kultur 48, 99, 200, 219, 221f., 308, 336
Kulturkampf 68f.

Kurhaus 10, 14f., 28f., 35f., 43, 44–54, 74f., 78, 80–83, 85, 89–91, 96, 109, 111, 113, 117–119, 121–123, 164, 175, 184f., 188, 194, 225–229, 231–234, 236, 240, 258, 261f., 289, 299, 305

L
Landwirt 77, 174, 176, 214, 296
Leiblichkeit 60, 64, 132f., 135, 225, 289
Liebe 38, 67, 82f., 85, 116, 129, 134, 142, 186, 194, 206, 220, 228, 244, 264, 269, 278, 281f., 339

M
Menschenrechte 134, 139, 153, 201, 244
Menschheit 7f., 53f., 59, 61, 65, 94f., 103, 136, 139, 141, 146, 155, 159, 171f., 189, 192f., 196, 198–200, 202–204, 207, 216, 239–241, 243, 245–246, 264, 266, 272, 328, 335, 340f., 344
Menschwerdung 96f.
Militarisierung 38, 124, 139, 186, 243
Mission 25, 99, 205, 220, 222, 228, 324
Muhammed 137

N
Naherwartung 56
Nationalismus 8f., 12, 37–39, 129, 191, 202, 242, 280, 287f., 337
Natur 33, 59f., 64f., 79, 97, 116, 122, 176, 178, 184, 187, 192f., 199, 290, 324, 329, 345–348

O
Offenbarung 53f., 114, 121, 275, 348
Öffentlichkeit 20, 136, 141, 150, 160f., 166, 218
Ökonomie 116f., 232, 237
Organisation 26, 45, 178, 180

P
Paradies 53, 132, 333
Parochialrecht 112
Partei 20, 57, 67, 83, 118, 143, 153–155, 157, 160, 165–167, 184f., 211f., 216, 217–219, 224, 265

Pazifismus 159, 249
Pietismus 13, 25, 33, 61, 94, 100, 160, 187
Politik 7, 9, 16, 22, 34, 37f., 57, 98f., 124f., 140f., 173, 177, 186, 188, 191, 194, 200f., 211, 216f., 219, 242, 288, 290, 299, 328
Predigtreise 48, 51, 54f., 57, 158
Profit 65f., 70, 134, 142, 156, 176, 186
Proletarier 153, 156, 170, 188, 192f., 344
Psychologie 195

R
Reich-Gottes-Arbeit 36, 61, 63, 92, 136, 144, 194, 200f., 222, 258
Reich-Gottes-Entwicklung 61f., 116, 138
Reich-Gottes-Hoffnung 10, 29, 64, 192, 198, 289, 291, 294
Reichtum 66f., 70, 272f., 349f.
Religion 15, 58, 77, 133, 136f., 140, 158, 165, 168, 20f., 221, 242, 245f., 265, 291, 317, 334
Religionsunterricht 183
Rente 235
Revisionismus, Revisionist 110, 176, 185, 211, 216f.
Revolution 11, 139, 169, 172f., 203, 251

S
Schöpfung 14f., 53f., 58f., 65, 89, 92, 97f., 103f., 120–122, 130–132, 138, 146, 192–194, 199, 287, 289f., 292, 294, 317, 331
Schulaufsicht 182, 215
Schulunterricht 29, 179
Sedantag 123, 143
Seelsorge 26, 29, 44f., 47f., 74, 114, 120, 128
Seelsorgezentrum 19, 29, 50
Segen 45, 134
Seminar 29–31, 220
Sozialarbeit 83f.
Sozialdemokratie 9f., 13f., 20, 57, 109f., 112, 124, 129, 141–143, 150, 154, 156, 159, 160–162, 165, 167–169, 171, 176, 184, 189–191, 198, 201, 203, 211, 218f., 265, 292, 305, 307

soziale Frage 12, 66, 133, 141, 156, 159, 193, 203
Sozialismus 110, 153, 155, 157f., 168, 189f., 196, 203, 218, 231, 249, 264
Speisesaal 50f., 82, 226f., 325
Spekulation 157, 201
Sünde 27, 61–63, 65, 130, 133, 141, 145, 160, 195, 197–199, 250f., 273, 275f., 278, 282, 284, 290, 320, 333f., 341, 343, 351

T
Thron und Altar 181, 204
Transformation 9, 22, 212, 216, 237, 269

U
Umwelt 193, 337
Universalität 172
Unternehmen 88, 231
Ursünde 38
Utopie 159, 169, 287

V
Vision 80, 103f., 125, 191, 222, 251, 278, 282, 287, 306
Volksschule 182–184, 214
Vollendung 14, 32, 62, 97, 103, 130, 132, 172, 187
vorwärts 15, 60f., 101, 117, 122, 129, 134, 141, 144, 159, 187f., 195ff., 225f., 240f., 244, 262, 286f., 340

W
Weltchristentum 95, 98, 102, 104f.
Weltgesellschaft 74, 198, 203, 221, 223
Wiederbringung aller Dinge 58–61, 63f., 68–70, 103, 114, 123, 194
Wiedergeburt 53, 58f., 69, 190, 292
Wirtschaftsweise 35, 273
Würde 8, 115, 134, 139, 207, 221, 244, 288, 291

Z
Zivilgesellschaft 189, 203, 291
Zoll 66, 176f.
Zukunftsstaat 190, 192, 198f., 202f., 207, 212, 221, 224f., 239

BILDNACHWEISE

Für alle Abbildungen liegen die Bildrechte beim Autor. Die jeweiligen Besitzer der Fotos (siehe unten) haben der Bildwiedergabe zugestimmt.

Foto 1: Archiv der Evangelischen Akademie Bad Boll
Foto 2: Elisabeth Schönhuth, Stuttgart
Foto 3: Elisabeth Schönhuth, Stuttgart
Foto 4: Archiv der Evangelischen Akademie Bad Boll
Foto 5: Archiv der Evangelischen Akademie Bad Boll
Foto 6: Elisabeth Schönhuth, Stuttgart
Foto 7: Archiv der Evangelischen Akademie Bad Boll
Foto 8: Elisabeth Schönhuth, Stuttgart
Foto 9: Familie Weber, Bad Boll
Foto 10: Elisabeth Schönhuth, Stuttgart
Foto 11: Familie Weber, Bad Boll
Foto 12: Elisabeth Schönhuth, Stuttgart
Foto 13: Elisabeth Schönhuth, Stuttgart
Foto 14: Elisabeth Schönhuth, Stuttgart
Foto 15: Elisabeth Schönhuth, Stuttgart
Foto 16: Elisabeth Schönhuth, Stuttgart
Foto 17: Elisabeth Schönhuth, Stuttgart
Foto 18: Familie Weber, Bad Boll
Foto 19: Familie Weber, Bad Boll
Foto 20: Elisabeth Schönhuth, Stuttgart
Foto 21: Archiv der Evangelischen Akademie Bad Boll
Foto 22: Archiv der Evangelischen Akademie Bad Boll
Foto 23: Archiv der Evangelischen Akademie Bad Boll
Foto 24: Archiv der Evangelischen Akademie Bad Boll
Foto 25: Archiv der Evangelischen Akademie Bad Boll
Foto 26: Archiv der Evangelischen Akademie Bad Boll
Foto 27: Archiv der Evangelischen Akademie Bad Boll
Foto 28: Archiv der Evangelischen Akademie Bad Boll
Foto 29: Archiv der Evangelischen Akademie Bad Boll
Foto 30: Elisabeth Schönhuth, Stuttgart

ENDNOTEN

1 Beerdigungsfeier für Katharina Dittus, 29.1.1887.
2 Brief an die Eltern, 31.3.1859.
3 Brief vom 9.8.1864 an seine Eltern Doris und Johann Christoph Blumhardt.
4 Brief vom 12.2.1865 an seine Mutter Doris Blumhardt.
5 Johann Tobias Beck, Leitfaden der christlichen Glaubenslehre für Kirche, Schule und Haus, Stuttgart 1862.
6 Johann Tobias Beck, Vorlesungen über Christliche Glaubenslehre, Band II, Gütersloh 1886, S. 389.
7 Ebd., S. 390.
8 Brief an Theophil Blumhardt, 7.12.1866.
9 Brief an Theophil Blumhardt, 3.3.1868.
10 Brief an Theophil Blumhardt, 14.9.1868.
11 Brief an Theophil Blumhardt, 25.3.1867.
12 Brief an Emilie Bräuninger, 29.1.1870.
13 Brief an Emilie Bräuninger, 5.3.1870.
14 Brief an Theophil Blumhardt, 2.11.1868.
15 Brief an Theophil Blumhardt, 18.7.1870.
16 Brief an Theophil Blumhardt, 29.11.1870.
17 Brief an Theophil Blumhardt, 18.1.1871.
18 Brief an Theophil Blumhardt, 26.3.1871.
19 Brief an Theophil Blumhardt, 2.11.1868.
20 Eigenhändiger Aufschrieb von Christoph Blumhardt am 26.1.1872.
21 Brief an Theophil Blumhardt, 5.3.1872.
22 Brief an Emilie Bräuninger, 13.2.1870.
23 Brief an Emilie Bräuninger, 1.3.1870.
24 Brief an Emilie Blumhardt, 6.7.1877.
25 Brief an Eleonore Vopelius, 1.3.1875.
26 Andacht am 26.2.1880.
27 Andacht am 26.2.1881.
28 Andacht am 6.6.1885.
29 Briefblätter 4/1885.
30 Brief an Elisabeth Wyß, 4.3.1885.
31 Andacht am 29.4.1885.
32 Briefblätter 1/1888.
33 Erbauliche Blicke in die ersten Blätter der Heiligen Schrift 1. Mos 1–3, Stuttgart 1885, S. 66.
34 Ebd., S. 54.
35 Ebd., S. 55.
36 Erbauliche Blicke in die ersten Kapitel der Offenbarung Johannis, Stuttgart 1886, S. 12.
37 Ebd., S. 6.
38 Predigten und Vorträge von Christoph Blumhardt gehalten in der Schweiz 1886, herausgegeben von einigen Freunden, Zürich 1886.

39 Luise von Oertzen, Bericht über die Reise in die Schweiz im August 1886, S. 1.
40 Ebd.
41 Ebd.
42 Brief an Emilie Blumhardt, 9.3.1888.
43 Brief an Emilie Blumhardt, 10.3.1888.
44 Brief an Emilie Blumhardt, 16.3.1888.
45 Brief an Emilie Blumhardt, 14.3.1888.
46 Brief an Pfarrer Christ-Siber, 12.4.1888.
47 Andacht am 1.4.1877.
48 Ebd.
49 Andacht am 1.4.1877.
50 Andacht am 1.6.1884.
51 Erbauliche Einblicke in die ersten Blätter der heiligen Schrift, S. 60.
52 Briefblätter aus Bad Boll 2/1884.
53 Ebd.
54 Brief an Friedrich Zündel, 26.5.1881.
55 Andacht am 25.4.1886.
56 Erbauliche Einblicke in die ersten Seiten der heiligen Schrift, 1885, S. 50.
57 Andacht am 4.4.1886.
58 Andacht am 3.4.1885.
59 Andacht am 1.11.1884
60 Ebd.
61 Andacht am 1.5.1886.
62 Andacht am 26.11.1885.
63 Brief an Friedrich Zündel, 20.5.1882.
64 Brief an Friedrich Zündel, 7.6.1881.
65 Andacht am 16.7.1882.
66 Andacht am 20.1.1886.
67 Andacht am 21.9.1879.
68 Briefblätter 8/1884.
69 Andacht am 31.12.1886.
70 Andacht am 11.2.1885.
71 Andacht am 19.2.1887.
72 Beerdigungsansprache am 23.3.1888.
73 Andacht am 1.6.1888.
74 Brief an Theophil Brodersen, 18.4.1889
75 Brief an Theophil Brodersen, 2.5.1889.
76 Brief an Theophil Brodersen, 16.5.1889.
77 Brief an Clara Blumhardt, 15.7.1889.
78 Brief an Emilie Blumhardt, 17.3.1890.
79 Brief an Emilie Blumhardt (aus Locarno), 22.4.1891.
80 Brief an Emilie Blumhardt (aus Riva), 19.10.1893.
81 Brief an Eleonore Vopelius, 2.7.1889.
82 Brief an Theophil Brodersen, 30.4.1889.
83 Brief an Pfarrer Heinrich Wolkewitz, 25.1.1892.
84 Brief an den Vater von Hermann Hesse, 5.5.1892
85 Brief an den Vater von Hermann Hesse, 23.6.1892.
86 Brief an Hedwig Brodersen, 3.3.1892.
87 Andacht am 14.4.1892.
88 Ebd.
89 Rundbrief an Freunde und Bekannte, 1894.

[90] Ebd.
[91] Andacht am 31.12.1893.
[92] Ebd.
[93] Ebd.
[94] Ebd.
[95] Andacht am 31.12.1888.
[96] Andacht am 1.6.1888.
[97] Ebd.
[98] Andacht am 22.7.1888.
[99] Andacht am 1.6.1893.
[100] Andacht am 10.8.1890.
[101] Andacht am 22.6.1890.
[102] Andacht am 14.10.1892.
[103] Andacht am 27.9.1893.
[104] Ebd.
[105] Andacht am 1.9.1892.
[106] Andacht am 12.6.1892.
[107] Andacht am 14.8.1890.
[108] Brief an Missionar Johannsen nach Usambara.
[109] Andacht am 12.6.1892.
[110] Andacht am 17.12.1891.
[111] Andacht am 9.2.1889.
[112] Andacht am 12.6.1892.
[113] Andacht am 18.6.1893.
[114] Ebd.
[115] Andacht am 18.6.1893.
[116] Andacht am 26.11.1892.
[117] Andacht am 25.5.1890.
[118] Andacht am 27.9.1893.
[119] Andacht am 13.9.1893.
[120] Brief von Friedrich von Bodelschwingh an Christoph Bumhardt, 29.10.1894.
[121] Ebd.
[122] Brief von Theophil Blumhardt an Friedrich von Bodelschwingh, 5.11.1894.
[123] Brief von Friedrich von Bodelschwingh an Theophil Blumhardt, 22.11.1894.
[124] Brief von Christoph Blumhardt an Clara Blumhardt, 24.12.1894.
[125] Brief von Christoph Blumhardt an Clara Blumhardt, 22.5.1895.
[126] Brief von Howard Eugster-Züst an Christoph Blumhardt, September 1897.
[127] Brief von Christoph Blumhardt an Howard Eugster-Züst, 2.11.1895.
[128] Brief von Howard Eugster-Züst an Christoph Blumhardt, 2.11.1897.
[129] Brief von Christoph Blumhardt an Howard Eugster-Züst, 30.3.1896.
[130] Brief von Howard Eugster-Züst an Christoph Blumhardt, 11.3.1895.
[131] Brief von Christoph Blumhardt an Emilie Blumhardt, 14.7.1895.
[132] Andacht am 1.9.1895.
[133] Ebd.
[134] Ebd.
[135] Ebd.
[136] Ebd.
[137] Ebd.
[138] Brief von Christoph Blumhardt an Emilie Blumhardt, 5.7.1895.
[139] Brief von Christoph Blumhardt an Emilie Blumhardt, 15.2.1898.
[140] Brief von Christoph Blumhardt an Emilie Blumhardt, 15.2.1898.

[141] Brief von Christoph Blumhardt an Emilie Blumhardt, 6.6.1898.
[142] Ebd.
[143] Brief von Christoph Blumhardt an Emilie Blumhardt, 18.6.1898.
[144] Andacht am 1.6.1898.
[145] Andacht am 18.6.1897.
[146] Andacht am 17.6.1897.
[147] Andacht am 13.7.1896.
[148] Andacht am 5.7.1896.
[149] Ebd.
[150] Andacht am 20.4.1894.
[151] Andacht am 13.7.1894.
[152] Gespräch nach der Andacht am 7.2.1897.
[153] Andacht am 29.5.1897.
[154] Andacht am 31.12.1897.
[155] Andacht am 19.8.1897.
[156] Andacht am 17.10.1897.
[157] Andacht am 19.3.1898.
[158] Andacht am 22.6.1898.
[159] Andacht am 1.12.1894.
[160] Andacht am 25.12.1886.
[161] Ebd.
[162] Andacht am 25.12.1896.
[163] Andacht am 26.5.1898.
[164] Andacht am 13.7.1896.
[165] Andacht am 13.7.1896.
[166] Andacht am 6.1.1898.
[167] Andacht am 29.4.1894.
[168] Andacht am 6.1.1898.
[169] Andacht am 5.10.1894.
[170] Andacht xam 17.5.1895.
[171] Andacht am 17.5.1895.
[172] Andacht am 6.1.1898.
[173] Andacht am 10.7.1897.
[174] Andacht am 29.12.1896.
[175] Ebd.
[176] Andacht am 17.5.1898.
[177] Andacht am 17.5.1898.
[178] Andacht am 3.2.1895.
[179] Andacht am 31.12.1898
[180] Ebd.
[181] Ebd.
[182] Andacht am 4.1.1899.
[183] Öffentliches Amtsblatt für den Oberamtsbezirk Göppingen und Anzeiger für das Filsthal, 30.10.1899.
[184] Andacht am 5.5.1899.
[185] Nach einem Bericht in der Zeitung »Hohenstaufen« vom 3.10.1899.
[186] Anna von Sprewitz, Auf ewigem Wege. Eigenhändiger Lebenslauf, Gnadau o. J., S. 27.
[187] Eugen Jäckh, Christoph Blumhardt. Ein Zeuge des Reiches Gottes, Stuttgart 1950, S. 212: Robert Lejeune, Nachwort. In: Christoph Blumhardt, Eine Auswahl aus seinen Predigten, Andachten und Schriften. Hg. von Robert

Lejeune. Dritter Band: Ihr seid Menschen Gottes! Predigten und Andachten aus den Jahren 1896 bis 1900, S. 460f.
[188] Brief von Wilhelm Keil an Eugen Jäckh vom 27.1.1930.
[189] Andacht am 25.10.1899.
[190] Ansprache am 4.11.1899.
[191] Ebd.
[192] Zusammenfassender Bericht und Belege in: Klaus-Jürgen Meier, Christoph Blumhardt, a. a. O., S. 67ff.
[193] Soziale Theologie. Einiges zu den Ausführungen des Pfarrers Blumhardt. In: Amtsblatt für den Oberamtsbezirk Göppingen und Anzeiger für das Filsthal, 31.1.1899.
[194] Ebd.
[195] Antwortschreiben an seine Freunde, 13.11.1899, S. 7.
[196] Bescheinigung von Christoph Blumhardt am 12.11.1899.
[197] Bericht des Dekanatsamtes betreffend Verzicht des Herrn Christoph Blumhardt in Bad Boll auf Titel und Rang eines Pfarrers vom 15.11.1899.
[198] Andacht am 19.4.1900.
[199] Brief an Howard Eugster-Züst, 30.12.1900.
[200] Bericht über Blumhardts Rede in Feuerbach am 28.1.1900. In: Schwäbische Tagwacht, 30.10.1900.
[201] Christus und das Evangelium in der modernen Welt, 24.11.1902.
[202] Ebd.
[203] Verhandlungen der Württembergischen Kammer der Abgeordneten auf dem 35. Landtag in den Jahren 1901, Protokoll-Band I, Stuttgart 1901, S. 210.
[204] Ebd., S. 211.
[205] Brief vom 12.2.1930 an Eugen Jäckh.
[206] Verhandlungen der Württembergischen Kammer der Abgeordneten auf dem 35. Landtag in den Jahren 1901/1902, Protokoll-Band III, Stuttgart 1902, S. 2189.
[207] Ebd., S. 2190.
[208] Brief an Wilhelm Keil, 17.11.1901.
[209] Verhandlungen der Württembergischen Kammer der Abgeordneten auf dem 35. Landtag in den Jahren 1901/1902, Protokoll-Band IV, Stuttgart 1902, S. 2792.
[210] Ebd.
[211] Ebd.
[212] Ebd.
[213] Christoph Blumhardt, Christus in der Welt. Briefe an Richard Wilhelm, herausgegeben von Professor Dr. Arthur Rich, Zürich 1958.
[214] Brief an Salome, 26.6.1900.
[215] Andacht am 3.1.1900.
[216] Andacht am 7.1.1901.
[217] Ebd.
[218] Andacht am 21.3.1900.
[219] Andacht am 20.4.1900 (Gespräch).
[220] Andacht am 5.5.1899.
[221] Aus Gesprächen im August 1899.
[222] Andacht am 21.6.1900.
[223] Andacht am 17.11.1899.
[224] Ebd.
[225] Andacht am 20.5.1899.

226 Andacht am 24.8.1900.
227 Ebd.
228 Andacht am 17.11.1899.
229 Andacht am 14.10.1899.
230 Vortrag in der Burgvogtei Basel am 24.11.1902.
231 Andacht am 27.4.1900.
232 Andacht am 26.6.1900.
233 Gespräch nach der Andacht am 24.4.1900.
234 Andacht am 1.6.1900.
235 Ebd.
236 Gespräche am 1.9.1903.
237 Protokollband, Samstag, 4.6.1904, S. 5177.
238 Protokollband, 19.5.1904, S. 4927.
239 Ebd., S. 5270.
240 Protestversammlung gegen die Erste Kammer. In: Schwäbische Tagwacht, 30.6.1904.
241 Brief an Salome Wilhelm, 22.2.1905.
242 Brief an Richard Wilhelm, 7.7.1904.
243 Ebd.
244 Brief an Richard Wilhelm, 21.3.1905, S. 151.
245 Brief an Richard Wilhelm, 9.5.1904, S. 137.
246 Brief an Richard Wilhelm, 3.4.1912, S. 244f.
247 Brief an Richard Wilhelm, 9.5.1904, S. 137.
248 Brief an Richard Wilhelm, 24.3.1904.
249 Ebd.
250 Andacht am 28.8.1904.
251 Ebd.
252 Andacht am 6.11.1904.
253 Ebd.
254 Brief an Howard Eugster-Züst, 5.11.1907.
255 Brief an Richard Wilhelm, 13.11.1912.
256 Brief an Salome Wilhelm, 16.6.1905.
257 Rundlauf. Brief nach Eckwälden, Anfang Januar 1908.
258 Brief an Hans Weber, 6.12.1905.
259 Christoph Blumhardt, Briefe von seiner Palästinareise an Richard Wilhelm, o. J. und o. O., S. 6f.
260 Brief an Salome Wilhelm, 14.4.1904.
261 Ebd.
262 Brief an Theophil Blumhardt, 8.2.1913.
263 Ebd.
264 Andacht am 1.2.1913.
265 Ebd.
266 Ebd.
267 Ebd.
268 Andacht am 15.9.1911.
269 Andacht am 29.12.1911.
270 Ebd.
271 Andacht am 18.4.1909.
272 Predigt am 28.11.1909.
273 Andacht am 1.4.1911.
274 Andacht am 25.3.1911.
275 Brief an Richard Wilhelm, 8.12.1910.

[276] Andacht am 29.5.1910.
[277] Ebd.
[278] Andacht am 12.7.1912.
[279] Andacht am 1.4.1911.
[280] Andacht am 15.9.1911.
[281] Andacht am 9.6.1912.
[282] Andacht am 10.4.1909.
[283] Andacht am 24.12.1907.
[284] Andacht am 31.7.1910.
[285] Andacht am 6.6.1910.
[286] Brief an Richard Wilhelm, 13.6.1904.
[287] Brief an Adolf Preiswerk, Anfang 1915.
[288] Ebd.
[289] Brief an Paul Wiesmann, 15.2.1915.
[290] Brief an Benjamin Blumhardt, 15.11.1916.
[291] Brief an Gottliebin Blumhardt, 19.11.1916.
[292] Ebd.
[293] Brief an Howard Eugster-Züst, 2.7.1913.
[294] Brief an Theophil Blumhardt, 5.6.1916.
[295] Brief an Theophil Blumhardt, 5.6.1916.
[296] Andacht am 18.7.1913.
[297] Andacht am 4.7.1913.
[298] Andacht am 9.2.1913.
[299] Andacht vom 5.9.1914.
[300] Andacht am 27.11.1915.
[301] Andacht am 19.3.1916.
[302] Andacht am 6.6.1915.
[303] Ebd.
[304] Ebd.
[305] Ebd.
[306] Andacht am 6.1.1916.
[307] Andacht am 3.4.1916.
[308] Andacht am 16.5.1916.
[309] Andacht am 6.8.1915.
[310] Andacht am 7.5.1916.
[311] Andacht am 30.9.1916.
[312] Andacht am 8.7.1915.
[313] Andacht am 8.7.1915.
[314] Andacht am 29.8.1915.
[315] Andacht am 11.6.1916.
[316] Andacht am 19.6.1915.
[317] Andacht am 10.7.1915.
[318] Andacht am 28.5.1916.
[319] Andacht am 3.12.1916.
[320] Andacht am 29.10.1916.
[321] Andacht am 20.6.1915.
[322] Ebd.
[323] Andacht am 3.12.1916.
[324] A Latin Dictionary. Founded on Andrews' edition of Freund's Latin dictionary, revised, enlarged, and in great part rewritten by Charlton T. Lewis and Charles Short, Oxford 1879.
[325] WA Tr 5, 318, Nr. 5677 (in deutscher Übersetzung).

[326] Evangelisches Gesangbuch. Antwort finden in alten und neuen Liedern, in Texten und Bildern, Ausgabe für die Evangelische Landeskirche in Württemberg, Stuttgart 1996, Nr. 558, S. 1024f.
[327] S. Evangelisches Kirchengesangbuch. Ausgabe für die Evangelische Landeskirche in Württemberg, Nachdruck der 35. Ausgabe von 1953, Stuttgart 1986, Nr. 430, ohne Paginierung.
[328] EG S. 1560.
[329] EKG S. 1220.
[330] Jäckh, Art. Blumhardt, 3. Christoph. In: RGG² 1 (1927), Sp. 1153–1154; Zitat Sp. 1154.
[331] Harder, Johannes, Christoph Blumhardt – eine Botschaft an die Gegenwart, Gladbeck o. J. [1947], S. 14.
[332] Raupp, Werner, Art. Blumhardt, 3. Christoph Friedrich. In: RGG⁴ 1 (1998), Sp. 1647–1648; Zitat Sp. 1647.
[333] Ising, Dieter, Zum Verständnis von Blumhardt Vater und Blumhardt Sohn. Über alte Schubladen und neue Perspektiven, masch. Manuskript 2016.
[334] S. Blumhardts diesbezügliche Bemerkung in dessen Andacht vom 3. Januar 1900 (hier abgedruckt als Quellentext Nr. 6): »Unsere gebildete Gesellschaft ist nicht die Menschheit. Das sind 5 % oder 2 %.«
[335] Zu Leben, Wirksamkeit und Ausstrahlung Friedrich von Bodelschwinghs s. als zeitgenössische Würdigung: Friedrich von Bodelschwingh. In: Daheim-Kalender für das Deutsche Reich. Auf das Jahr 1911, herausgegeben von der Daheim-Redaktion, Bielefeld/Leipzig o. J. [1910], S. 239–240.
[336] S. dazu Kupisch, Karl, Adolf Stoecker. Hofprediger und Volkstribun. Ein historisches Porträt, Berlinische Reminiszenzen 29, Berlin o. J. [1970].
[337] Buchholz, Still zu Gott, S. 59.
[338] Paul Speratus (1484–1551), u. a. Pfarrer in Iglau (Mähren), später lutherischer Bischof von Pomesanien; s. Beyer, Michael, Art. Speratus, Paul. In: RGG⁴ 7 (2004), Sp. 1568.
[339] Evangelisches Gesangbuch Nr. 342, Zitate aus Strophen 6, 8, 9 und 11.

Matthieu Arnold
Albert Schweitzer
Seine Jahre im Elsass
(1875–1913)

368 Seiten | 13 x 21,5 cm
Hardcover
ISBN 978-3-374-06103-7
EUR 25,00 [D]

Matthieu Arnold legt eine gründliche Untersuchung über Albert Schweitzers elsässischen Lebensabschnitt bis zur Ausreise nach Afrika vor (1875-1913). Er stützt sich dabei auf bisher kaum ausgewertete deutsche und französische Quellen sowie unveröffentlichte Dokumente (Briefwechsel). Detailliert wird Schweitzers Entscheidung zum Aufbruch nach Afrika nachgezeichnet. Dabei kommen auch die unverbrüchliche Freundschaft und Unterstützung von Helene Bresslau (seiner späteren Frau), sein langes medizinisches Vollstudium und die – wegen der politischen Spannungen zwischen Deutschland und Frankreich – aufreibenden Verhandlungen mit der Pariser Missionsgesellschaft zur Sprache.

EVANGELISCHE VERLAGSANSTALT
Leipzig www.eva-leipzig.de

Tel +49 (0) 341/ 7 11 41 -44   shop@eva-leipzig.de

Klaus-Rüdiger Mai
Leonardos Geheimnis
Die Biographie eines Universalgenies

432 Seiten | 13 x 21,5 cm
Hardcover | mit farb. Tafelteil
ISBN 978-3-374-05784-9
EUR 25,00 [D]

Leonardo da Vinci gilt als das Urbild des Universalgenies der Renaissance, als der große Magier, der erste Naturwissenschaftler, der geniale Künstler. Er war eine Ausnahmeerscheinung in einer Zeit voller Ausnahmeerscheinungen. Und Leonardos Leben bleibt wie das Lächeln der Mona Lisa geheimnisvoll. Es entzieht sich, wenn man sich ihm nähern will. Der Renaissance-Experte Klaus-Rüdiger Mai folgt dem Universalgenie auf bisher unbekannten Wegen. Er entdeckt einen Menschen, der wie wenige andere für seine Zeit steht und doch seiner Zeit weit voraus war. Obwohl mit den Mitgliedern der Platonischen Akademie verbandelt, schlägt Leonardo einen anderen, neuen Weg des Denkens und Forschens ein. Er will der Natur ihre Geheimnisse entlocken, überwindet den Neuplatonismus der Renaissance und wird, wenn man so will, zum ersten modernen Naturforscher Europas.

EVANGELISCHE VERLAGSANSTALT
Leipzig   www.eva-leipzig.de

Tel +49 (0) 341/ 7 11 41 -44   shop@eva-leipzig.de

Joachim Köhler

Luther!

Biographie
eines Befreiten

408 Seiten | 13 x 21,5 cm
Hardcover | mit farb. Tafelteil
ISBN 978-3-374-04420-7
EUR 22,90 [D]

»Christsein heißt, von Tag zu Tag mehr hineingerissen werden in Christus.« Dieses leidenschaftliche Bekenntnis des Reformators steht im Mittelpunkt dieser brillanten Biographie, die Luthers dramatische Entwicklung in drei Stadien – Bedrängnis, Befreiung und Bewahrung – darstellt. Mit Sympathie und beeindruckendem psychologischen Gespür lässt der Autor den Glaubenskämpfer lebendig werden.

EVANGELISCHE VERLAGSANSTALT
Leipzig   www.eva-leipzig.de

Tel +49 (0) 341/ 7 11 41 -44   shop@eva-leipzig.de

Bettina Röder
Axel Noack
Biografie eines frohgemuten Protestanten

ca. 224 Seiten | 13 x 21,5 cm
Hardcover
ISBN 978-3-86160-565-2
EUR ca. 18,00 [D]
erscheint 09.2019

Pfarrer, Bischof, Bürgerrechtler: Axel Noack gilt als einer der Wegbereiter der Friedlichen Revolution in der DDR. Die pointiert erzählte Biografie zeichnet wichtige Lebensstationen nach. Mitte der 80er Jahre übernahm er – allen katastrophalen Umweltbedingungen zum Trotz – das Pfarramt in Wolfen-Bitterfeld. Dort hat er auch beim Umbruch in den 90er Jahren und bei der Aufarbeitung der Stasi-Vergangenheit eine wichtige Rolle gespielt: mit Bodenhaftung und einem untrüglichen Gespür für die Nöte der Menschen. Er selbst hat sich einmal als »fromm und links« bezeichnet. Ein Ruf, der ihn nicht nur als Magdeburger Bischof begleitete, sondern auch in den Leitungen des DDR-Kirchenbundes und der EKD. Als Pazifist, streitbarer Theologe und Zeithistoriker war er nicht immer bequem. Sein Engagement hat er sich etwas kosten lassen. So schlägt das Buch eine Brücke in die Gegenwart und zeigt, wie Verantwortung gelebt werden kann.

EVANGELISCHE VERLAGSANSTALT
Leipzig   www.eva-leipzig.de

Tel +49 (0) 341/ 7 11 41 -44   shop@eva-leipzig.de

Vordenker, Mahner, Seelsorger

Festschrift für
Heino Falcke zum
90. Geburtstag

*Evangelische Kirche in
Mitteldeutschland und
Evangelischer Kirchenkreis
Erfurt*

272 Seiten | 15,5 x 23 cm
Paperback
ISBN 978-3-374-06036-8
EUR 38,00 [D]

Die vorliegende Festschrift zu Propst Heino Falckes 90. Geburtstag versammelt 29 Beiträge von Weggefährten, Politikern und streitbaren Theologen. Falcke ist einer der Vordenker des Konziliaren Prozesses, des gemeinsamen Weges der christlichen Kirchen zu Gerechtigkeit, Frieden und Bewahrung der Schöpfung. Die Beiträge eröffnen nicht nur einen ungewöhnlichen Blick auf die Evangelische Kirche in der DDR, sondern sie fragen, welchen Weg die Kirche heute nehmen muss, um zukunftsfähig zu bleiben. Inspiriert wurden die Autoren von der prägenden Persönlichkeit Heino Falckes, der nicht nur einer der wichtigsten Theologen der DDR, sondern bis heute ein mahnender Begleiter der christlichen Kirchen ist.

EVANGELISCHE VERLAGSANSTALT
Leipzig   www.eva-leipzig.de

Tel +49 (0) 341/ 7 11 41 -44   shop@eva-leipzig.de